한국 수어학 개론

나남
nanam

이준우 李峻宇

이준우는 1988년부터 수어통역을 시작하였으며 여러 권의 수어 학습교재를 출간하였다. 서울에 있는 충현교회와 남서울은혜교회에서 농인 부서를 섬기는 목회자로 사역하였으며, 2002년부터 4년 반 동안 천안에 소재한 나사렛대에서 사회복지와 재활, 수화통역 등을 가르치며 연구하였다. 2005년 8월부터 현재까지 강남대 사회복지전문대학원 교수로 있으면서 《수화통역 입문》, 《농인과 수화》, 《데프 앤 데프》 등 '수어' 그리고 '농인'과 관련된 책들과 여러 편의 학술논문을 발표하였다.

남기현 南基賢

남기현은 총신대 '밀알선교단' 동아리에서 한국수어와의 만남을 통해 수어를 배우고, 남서울은혜교회에서 수화통역사로 활동하였다. 2003년 한국수어를 학문적으로 연구하고자 단국대 특수교육학과에 진학하여 "한국수화의 통사적 수화 공간과 지형적 수화 공간"을 연구하여 석사학위를 받았다. 2012년 고려대 대학원 언어학과에서 "한국수화의 기호학적 연구(분류사구문을 중심으로)"로 박사학위를 취득하였다. 현재는 연세대, 한국복지대에서 강의하고 있으며, 한국수어 연구에 꾸준히 참여하고 있다.

사회복지학총서 102

한국 수어학 개론

2014년 3월 5일 발행
2014년 3월 5일 1쇄

지은이_ 이준우 · 남기현
사진 모델_김태욱
사진 촬영_이 준
교정_이지영
발행자_ 趙相浩
발행처_(주) 나남
주소_ 413-120 경기도 파주시 회동길 193
전화_(031) 955-4601 (代)
FAX_ (031) 955-4555
등록_ 제 1-71호(1979. 5. 12)
홈페이지_ http://www.nanam.net
전자우편_ post@nanam.net

ISBN 978-89-300-8747-6
ISBN 978-89-300-8001-9 (세트)

책값은 뒤표지에 있습니다.

사회복지학 총서 102

한국 수어학 개론

이준우 · 남기현 공저

나남
nanam

Introduction to Korean Sign Language Linguistics

by

Lee, Jun Woo
Nam, Ki Hyun

nanam

이 책을 내면서

2013년 10월 22일은 음성언어인 한국어를 대신하여 수화(수어)를 제1언어로 사용하고 있는 우리나라 농인들에게는 감격스런 날이다. 바로 '한국수어 법안'이 국회에 제출된 것이다. 지금까지 수화는 음성언어 중심의 사회에서 지속적으로 단죄되거나 폄하되어 온 대표적 언어라 할 수 있다. 그래서 그 이름도 '수어'가 아닌 '수화'로 명명되어 왔다. 수어에 대한 잘못된 인식으로 인해 아직도 우리나라는 농인을 재활과 치료의 대상으로만 보려 한다. 그래서 농인에 대한 사회적 관심도 당연히 언어적 재활과 치료에만 집중되고 있다. 이로 인해 농인의 삶에서 가장 중요한 시각적 정보수용이나 농인의 특성에 적합한 정보제공 등은 외면받고, 그 결과 한국수어 사용에 대해 매우 부정적인 인식을 갖고 있는 상황이다.

하지만 농인들 자신은 수어에 의한 완벽한 언어 기능에 너무나 익숙해져 있기 때문에 그들이 수어를 포기하는 일은 있을 수 없는 현실이다. 실제로 농인들은 말하지 못하는 사람이 아니라 말하는 방법이 다른 사람이다. 문제는 농인들이 수어를 사용하는 것을 무능한 것으로 치부하는 음성언어 중심의 사회에서 교육, 취업, 정보접근, 문화향유, 지역사회 참여 등 전 영역에서 농인들을 소외시키고 차별하는 '사회 인식 및 제도'와 '교육 및 문화 환경' 등에 있다. 이런 상황 속에서 '한국수어법' 제정은 향후 농인 복지와 교육이 바로 서는 소중한 밑거름이 될 것으로 기대된다.

수어가 언어로서 공식적 지위를 획득하게 되면 수어에 대한 일반 국민의 인식도 달라질 것이다. 동시에 농인들의 자존감을 높여 삶의 질을 높이는 데도 큰 힘이 될 것이다. 나아가 이를 기반으로 '정보통신 관련법' 등 농인에게 차별적인 제도들에 대한 개정 운동이 뒤따라 일어나고 사회적 서비스들의 개선이 본격화되어야 한다. 그렇게 되면 음성언어가 주류인 우리 사회에서 의사소통의 장애로 인해 다양한 정보 소외를 경험하는 농인들에게 수어통역서비스를 지원하는 일이 법적으로 더 확대될 것이고, 이는 청각장애를 가진 사람들의 언어를 권리로서 보장하는 첫걸음이 될 수 있을 것이다.

그렇다면 여기에서 한 가지 중요한 질문이 생긴다. '정말 수어는 언어인가?' 하는 것이다. 여기에 대한 분명한 대답을 할 수 있어야 '한국수어법' 제정을 향한 확고한 명분이 생긴다. 더 이상 설명이 필요 없는 대답이지만 다시 한 번 강조하면 한국수어는 한국어와 다른 독자 체계를 지니는 언어가 맞다! 한국수어에는 분명한 음운구조가 있다. 극히 제한된 요소와 그 조합이라고 하는 구조를 그 언어의 "음운구조"라 할 수 있을 것이다. 수어를 '모양 짓는 요소'가 소리는 아니지만 구조라고 하는 측면에서는 동일하므로 "수어에도 음운구조가 있다"고 하는 것이다.

예를 들면 수형(*handshape*), 수위(*location*), 수동(*movement*), 수향(*orientation*), 비수지 신호(*nonmanual signals*) 등이 수어의 음운구조라 할 수 있다. 그러므로 수어를 보고 이해할 수 있게 되려면 손의 위치나 모양 그리고 움직임이 어떻게 다른가를 구별할 수 있는 방법을 알아야 한다. 그것은 음성언어를 이해하기 위해서는 먼저 그 소리를 구분하지 않으면 안 되는 것과 같은 이치이다. 또한 한국수어에도 한국어와 마찬가지로 문법이 있다. 문장을 만들 때의 구조를 문법이라고 하는데, 한국수어에도 문법이 있다는 사실이다. 이외에도 한국수어가 언어라는 논증은 얼마든지 가능하다. 그러므로 국가는 언어인 수어를 공식적 · 제도적 · 사회문화적으로 인정해야 한다.

2012년의 국정감사 자료에 의하면 청각장애학교 15곳의 교사 391명 가운데 수화통역사 자격증을 가진 교원은 24명으로 6.1%에 불과했다. 더 이상 수화를 못하는 교사들이 농인들을 가르치는 일이 생겨서는 안 된다. 국내 청각장애인이 28만여 명에 이르는 점을 고려하면 전국 176곳의 수화통역센터도 턱없이 부족한 실정이다. 또한 농인들을 상담하거나 심리치료를 할 경우에도 우선적으로 수어사용 '가능 여부'부터 점검할 수 있어야 한다. 농인들이 삶의 모든 영역에서 수어통역을 권리적인 차원에서 당당하게 요구할 수 있어야 한다. 그래야만 농인들이 더 이상 사회적 취약계층이 되지 않을 수 있다.

이 책은 바로 이와 같은 문제의식 가운데에서 시작되어 농인들이 자신들이 원하는 삶을 당당하게 살아갈 수 있도록 그들의 언어인 수어가 단지 손짓이 아니라 진짜(?) 언어로서 인정받고 대접받게끔 수어의 본질을 밝히는 작업의 일환으로 집필되었다. 이 책의 저자 중 한 사람인 이준우 교수는 1994년부터 수어 학습교재를 세상에 내놓으면서 한국수어 보급에 일익을 감당해 왔을 뿐만 아니라 2002년에는 당시 재직하고 있던 나사렛대 재활복지대학원 내에 '수화통역' 전공을 개설하여 한국복지대학 '수화통역과'와 더불어 우리나라 수화통역사 양성에도 기여하였다.

하지만 사회복지학을 전공하고 농인복지와 재활 현장에서 실무를 감당해왔던 이준우 교수로서는 수어에 대한 언어학적인 접근에 대한 학문적 갈증이 늘 있었다. 솔직히 '수어'라는 말보다도 여전히 기존의 '수화'라는 단어가 더 친근하고, 수어를 가르치고 통역하며 사용하면서도 마지막까지 어느 정도 보편화된 '수화'라는 용어를 '수어'로 바꾸기를 주저해왔던 것도 어찌 보면 언어학적 배경이 없었기 때문이었을 것이다. 그러한 상황 가운데에서 수화통역사이면서 동시에 국내 최초로 고려대에서 '수어' 연구로 언어학 박사학위를 받은 남기현 박사와 한국수어를 공동으로 연구하고 이를 토대로 《한국 수어학 개론》이라는 책을 출간할 수 있게 된 것은 두 사람 모두에게 주신 하나님의 축복이라고 생각한다.

2012년 여름, 박사학위를 마친 뒤에 새로운 일을 시작하는 것에 엄두도 내지 못하는 상황에서 한국수어에 관련된 이론서를 함께 집필하자는 제안을 수화통역 분야의 선배인 이준우 교수가 하였고, 후배인 남기현 박사는 본인의 박사학위 논문을 통해 밝혀낸 핵심적 내용들을 아낌없이 내놓았다. 오로지 한국수어가 언어로서 학문적 입지를 구축해야 한다는 사명감이 두 사람에게 있었기에 가능한 일이었다고 본다. 귀한 남 박사의 자료들을 기초로 하여 두 사람이 그간 연구하고 여기저기에 발표한 글들을 보충하여 책이 되게끔 공동으로 집필하였다.

하지만 책을 쓰다 보니 당장 용어 선정부터 고민이 되었다. 파격적이었지만 소신껏 수어 관련 책 중에서는 '수화' 라는 용어를 국내 최초로 '수어'로 바꾸었다. 다만 우리나라 농 사회 전반에 걸쳐 널리 사용되어 현재는 거의 고유명사화되어 있는 명칭들까지는 어떻게 해볼 도리가 없었다. 가령 법정 용어로 되어 있는 '수화통역센터'를 저자들 마음대로 '수어통역센터'로 할 수 없었고, 청각장애인, 농아인, 농인 등 다양하게 사용되고 있는 용어들도 '농인'으로 통일하다 보니, '한국농아인협회'라는 협회 명칭이 문제로 다가왔다. 이것도 저자들 임의대로 '한국농인협회'로 할 수 없었다. 결국 이 책에서는 수어, 농인, 건청인 등 미래지향적 용어를 사용하면서도 현재 존재하는 명칭들은 부득이하게 그대로 사용할 수밖에 없었다. 어쨌든 '한국수어법'이 제정되어 사회 전반에 수어가 더 보편적으로 알려지게 되면 이 책에서 '수화'를 '수어'로 바꾸면서 경험했던 어려움들은 오히려 선구적 시도로 평가받을 것으로 기대해 본다.

이제 이 책이 나오기까지 많은 도움을 주신 분들에게 감사를 표하고자 한다.

가장 먼저는 우리 두 사람 모두에게 큰 가르침을 주신 한국수어 연구의 대부이자 선구자이신 김칠관 교수님께 감사의 마음을 전하고 싶다. 1998년과 1999년에 진행된 수화통역사 연수 시에 김칠관 교수님의 강연들은 우리 두 사람으로 하여금 한국수어를 연구할 수 있게 해준 강력한 동기부여의 시간이었으며 동시에 결정적 계기가 되었다. 강의시간 내내 숨죽이고 감격에 가득 차서 강연들을 경청하였던 그때의 기억이 아직도 생생하다. 나아가 김칠관 교수님은 '한국수화학회'를 통하여 후학들이 연구할 수 있는 기틀을 마련하셨고, 우리나라의 대학과 대학원 과정에서 수화통역 전공이 학문으로서 뿌리내릴 수 있게끔 크게 기여하셨다.

다음으로 이 책은 여러 농인들의 도움을 받아 완성되었다. 청인으로서 수어에 대한 언어적 직관이 부족한 저자들에게 농인들의 조언은 귀한 힘이 되었다. 용인은혜농인교회의 고덕인 목사님과 김은미 사모님, 그리고 여러 농인 성도님들, 한국수어연구회의 양흥석 목사님께 감사드린다. 이분들은 수어 표현에 대한 통찰력 있는 조언과 설명을 제공해 주었다. 그리고 이 책에서 수어 표현의 정확한 예시를 위해 사진작업을 함께해 준 김태욱 선생님과 남서울은혜교회 이준 전도사님에게도 깊은 감사의 마음을 전한다. 바쁜 일정 가운데에서도 몇 차례의 사진촬영과 컴퓨터 작업에 수고를 아끼지 않고, 멋진 사진으로 이 책의 완성도를 높여주었다.

또한 이 책의 내용을 처음부터 끝까지 몇 번이나 반복해서 읽고 교정을 해준, 이지영 선생님께도 고마움을 전한다. 고려대 대학원 박사과정 수업에서 남기현 박사와 만난 인연으로 지금까지 여러 모습으로 남 박사를 지지하고 응원해 주고 도움을 준 것에 대해 두 사람 모두 늘 감사하게 생각한다. 또한 남기현 박사에게 따뜻한 격려의 말을 아끼지 않으신 서울농학교 김미실 선생님께 감사를 드린다. 그리고 출판사에 원고를 넘기기 전 최종적으로 꼼꼼하게 교정과 교열을 봐 준 강남대 사회복지전문대학원 박사과정 박종미 선생님께도 감사드린다.

그 무엇보다도 한국수어라는 다소 생소한 연구주제를 학문적으로 연구할 수 있도록 이끌어주신 남기현 박사의 고려대 언어학과 김성도 지도교수님께도 큰 감사를 드린다. 김성도 교수님을 통해 윌리엄 스토키라는 미국수어학의 대가가 실은 여러 기호학자들과의 교류를 통해 미국수어 연구를 시작할 수 있었음을 알 수 있었다. 기호학의 심도 있는 내용들이 한국수어학 연구에 큰 도움이 되었음은 물론이다.

끝으로 언제나 수어관련 책들을 흔쾌히 출판해 주시는 나남출판 조상호 사장님과 임직원 여러분께 감사의 말씀을 전하고 싶다. 수어관련 책을 낼 때마다 항상 드는 마음인데, 바로 방순영 편집부 이사님과 이필숙 실장님의 수고와 노력에 감사드린다. 정말 마지막이다. 책 작업과 수어 연구에 전념할 수 있도록 늘 곁에서 힘과 지지를 보내준 우리 두 사람의 가족 모두에게 감사의 마음을 전한다. 우리 두 사람 각자의 가족이 없었더라면 이 책은 세상에 나올 수 없었을 것이다.

말하지 않아도 당연한 감사는 이 모든 일을 행해 주신 하나님이시다.

2014년 2월

이준우 · 남기현

사회복지학총서 102

한국 수어학 개론

차 례

2 한국수어의 구조

3 한국수어와 현장

일러두기

1. 이 책에서는 '수어', '한국수어'라는 용어를 사용하지만 인용한 원문에서 '수화'라고 한 경우는 원문을 그대로 따랐다.
2. 한국수어 단어의 정확한 예시를 위해 한국농아인협회에서 발행한 《한국수화사전》의 이미지로 제시하였다. 인터넷(http://222.122.196.111)에서 제공하는 이미지를 한국농아인협회의 사용 승인을 받고 사용하였다.
3. 《한국수화사전》에 등재되어 있지 않은 묘사 동사와 동사의 굴절형태는 사진으로 제시하였다. 또한 이 책에서 인용한 원문과 동영상의 사진은 다시 촬영하여 제시하였다.
4. 이 책에서 사용한 표기법은 다음과 같다.

표기법

항 목	설 명	예
단어	[ ] 괄호 안에 넣어 표시한다.	[사과] [어렵다]
문장	문장은 단어 사이에 + 부호로 연결하여 표시한다.	[꼬마] + [걷다]
비수지 신호	단어 옆에 어깨 글자로 표시한다.	[단어]$^{\text{비수지 신호}}$
영어 지문자	영어 지문자의 각 철자 사이에 -로 연결하여 표시한다.	M-O-R-P-H-E-M-E
한글 지문자	한글 지문자 옆에 어깨 글자로 ^{지문자}라고 표시한다.	김철수^{지문자}
순차적 합성어	합성어의 구성 단위 사이에 +로 표시한다.	[가수] = [노래] + [사람]
동시적 합성어	합성어의 구성 단위 사이에 /로 표시한다.	[간단하다] = [수고] / [없다]
외국수화 합성어	순차적 합성어의 구성 단위 사이에 ⌒로 표시한다.	CAR⌒PLANE⌒TRAIN
한 단어의 여러 형태들	한 단어가 여러 형태를 가질 경우 각 형태를 어깨 글자 원번호로 구분하여 표시한다.	[대만^{①}] [대만^{②}]
동음이의어	동음이의어는 어깨 글자의 숫자로 구분하여 표시한다.	[보다^{1}] [보다^{2}]
일치 동사	일치 동사가 수어자의 몸 쪽에서 대화 상대자 쪽을 향해 이동할 때 어깨 글자 1 → 2로 표시한다. 그 반대의 경우는 2 → 1로 표시한다.	[질문하다]$^{1 \to 2}$ [질문하다]$^{2 \to 1}$
	일치 동사가 수어자의 몸 쪽에서 수어 공간의 불특정한 지점을 향해 이동할 때 알파벳 소문자로 표시한다.	[질문하다]$^{1 \to a}$ [질문하다]$^{1 \to a,b,c,d}$
묘사 동사	단어 단위가 아닌 문장 단위에서 표현이 가능하기 때문에 한국어로 문장 형태로 표기하였다.	개가 달리다 두 로켓이 하늘로 오르다
지시 표현 : 단수	수어 공간의 특정 지점을 지시할 때 [지시] 다음에 어깨 글자로 지시 지점을 표시한다.	[지시]^{정면} [지시]$^{\text{오른쪽 공간}}$
지시 표현 : 복수	수어 공간에서 반원 수동으로 산출한다.	[숫자]$^{\text{반원 수동}}$
수형	사진과 함께 함부르크대학 독일수화연구소에서 개발한 전사기호 함노시스 수형(*Hamburg Notation System* : *HamNoSys 4 Handshapes*)으로 제시하였다.	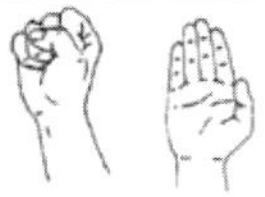 등등

1 사회적 상황과 한국수어

01 변화하는 사회와 한국수어

농인에 대해 알지 못하는 많은 사람들이 '청각장애인' 혹은 '농아인' 내지 '농인'[1]을 단지 말을 하지 못하는 사람 정도로만 이해한다. 그래서 큰 소리로 이야기하면 듣는다고 생각해, 청각장애인을 향해 고함치다시피 큰 소리로 이야기하는 모습을 자주 보게 된다. 그러다가 청각장애인이 여전히 이해하지 못하는 표정을 지으면 오히려 이해가 안 된다는 듯 답답해한다. 그러다가 청각장애인들이 '듣지 못하기 때문에 말을 하지 못하는 것'이라는 설명을 들은 후에는 종종 당황해하곤 한다. 그나마 여기서 끝난다면 다행이라고 봐야 한다. 큰 소리 때문에 본인에게 집중되는 시선이 부담스러워 얼른 상황을 피하고 싶은 마음에 농인이 내용을 이해하지 못한 상태에서 고개라도 끄덕여주는 경우엔 더 큰 오해가 생기게 된다. 이렇게 농인과 건청인[2] 사이에는 의사소통의 장벽이 굳건하게 존재한다. 의사소통의 장애는 이 두 부류 사이의 진정한 교류와 통합을 저해하는 핵심적인 요소가 된다(이준우 · 김연신, 2011).

1 장애인복지법에서는 듣지 못하는 사람을 청각장애인이라는 명칭으로 사용하고 있으며, 청각장애인 본인들은 '농아인'(聾啞人), '농인'(聾人)이라는 명칭으로 불리기를 원하고 있다. 따라서 이 책에서는 기본적으로 '농인'이라는 명칭을 주로 사용하였다.

2 '건청인'(健聽人) 혹은 '청인'은 청력이 건강한 사람을 말한다. 청각장애인들은 '비장애인'이나 '일반인'이라는 용어보다 '건청인' 내지 '청인'이라고 부르기를 바란다. 이 책에서는 '건청인'이라고 주로 사용하였다.

이와 같은 소통의 장벽은 농인들로 하여금 자신들만의 공동체를 굳건하게 구축해서 자기들끼리 대화하고, 생활하게끔 했다. 농아학교를 통해서 철저한 농문화를 형성해 왔으며 농아인협회와 농인교회 등을 통해서 농인 중심의 공동체를 이루어온 것이다. 이러한 농인 공동체는 건청인들이 알 수도 없고, 참여하기도 쉽지 않은 상당히 폐쇄적인 집단이었다. 이처럼 폐쇄적이며 배타적이던 농인 사회가 조금씩 열리기 시작한 것은 십수 년 전부터 세워지기 시작해 지금은 각 시·군마다 하나씩 있는 수화통역센터[3]가 생기면서부터이다.

오랜 세월 서로의 생각을 이해하기 위해 필요한 의사소통의 방법이 없었기에 수화통역센터는 건청인과 농인의 가교 역할을 하는 획기적인 사회서비스 기관으로 작용하고 있다. 가령 친구나 연인들이 대화하며 상대에 대해 알아가고, 그 시간과 기억들이 모여 서로를 진정으로 이해할 수 있듯이 작은 일부이지만 서로의 생각을 알아가는 대화가 수화통역센터를 통해 비로소 본격적으로 시작된 것이다. 마치 1800년대 미국의 '마서즈 비니어드' 섬에서 일부 농인들을 위해 지역의 모든 사람들이 수어를 배워 의사소통에 아무런 장벽이 없었던 것(Groce, 1985)처럼 수어를 통한 교류는 건청인과 농인을 하나로 만들어, 진정한 사회통합을 이룰 수 있게 하였다.

3 우리나라에서 농인을 대상으로 서비스를 제공하는 기관은 장애인복지시설 중에서도 장애인 지역사회 재활시설인 수화통역센터와 복지관으로 수화통역센터는 2013년 현재 전국에 191개소, 농아인복지관은 전국에 5곳뿐이다(한국농아인협회, 2013, "지역별 수화통역센터 개소 현황"). 수화통역센터는 일반적으로 3명의 건청인 수화통역사와 1명의 농아인통역사로 구성되어 있으며 대부분의 수화통역이 교통사고, 질병, 경찰서 관련 등 시급성이 요구되는 통역을 우선적으로 지원하고 있어 일상적인 생활에서 필요한 의사소통 지원은 제공하지 못하고 있다.

1. 수화인가? 수어인가?

역사적으로 농인 사회는 항상 농인의 상태에 대한 병리학적 관점을 배척하고, 사회문화적 입장에 서 있었다. 농인으로서 수화 사용자는 자신들을 장애인으로 보지 않고, 음성언어와 다른 또 하나의 독립된 언어 사용자로 인식한다. 농인들은 청각장애의 유무에 따라 구분되기보다는 '수화'(수어)라고 불리는 자신들의 언어가 사회로부터 배척받고 있다는 데에 문제를 제기한다. 그럼에도 지금까지 수어는 음성언어 중심의 사회에서 지속적으로 단죄되고 폄하되어 온 대표적 언어라 할 수 있다. 이러한 수어에 대한 잘못된 인식으로 인해 아직도 우리나라는 농인을 재활과 치료의 대상으로만 보려 한다. 그래서 농인에 대한 사회적 관심도 당연히 음성 언어적 재활과 치료에만 집중되고 있어 농인의 언어인 수어는 언어로서 인정되지 않고 있다. 그러나 농인들은 말하지 못하는 사람이 아니라 말하는 방법이 다른 사람이다. 문제는 농인들의 수어사용을 무능한 것으로 치부하는 음성언어 중심의 현 사회의 고질적 편견이다.

이렇게 수어가 언어임을 사회 전반에 인식시키기 위해서는 그동안 보편적으로 사용해 왔던 '수화'라는 용어부터 '수어'로 바꿀 필요가 있다. 물론 너무도 익숙한 용어인 '수화'를 '수어'로 바꾸는 데에는 적지 않은 시간과 노력이 요구될 것이다. 그럼에도 수화가 손짓이 아닌 분명한 언어임을 천명하기 위해서는 결국은 '수어'로 용어 통일을 해야 할 것이다.

1) 용어에 대한 문제제기

그동안 '수화'라는 용어에 대한 문제제기는 여러 연구자들과 전문가들에 의해 이루어졌다.

먼저 강주해(1998)는 수화라는 단어 대신 왜 수어를 사용해야 하는지에 대해 5가지로 설명한다. 첫째, 농인이 사용하는 모어인 손짓 언어는 엄연히 언어이기 때문에 수어라는 어휘가 타당하다고 판단되기 때문이다. 둘째, 한국수어는 한국어와 다른 고유한 문법체계 및 표현양식을 지니고 있어 한국어식으로 표현할 수 없다는 통사론적 · 구문론적 특징이 있기 때문이다. 셋째, 한문으로 볼 때 수화라는 말은 손짓 언어와 거리감이 있기 때문이다. 넷째, 농인의 인격을 존중한다는 차원에서 수어라는 어휘가 낫기 때문이다. 다섯째, 수화라는 말은 구화의 대비로 사용된 말인 만큼 언어로서의 가치를 못 느끼게 하기 때문이라고 보았다.

다음으로 강창욱(2000)은 수어로 사용해야 하는 이유에 대해 두 가지를 제시하고 있다. 첫째, 언어는 의사소통의 수단이며 동시에 그 언어를 사용하는 사람의 정신세계를 형성하는 것으로 농인의 삶의 모든 가치와 행동의 양식을 포함하는 농문화가 수화에 담겨져 있다는 측면에서 보면 하나의 손'말'(話)이라는 개념보다는 손'언어'(語)가 타당하며, 둘째, '말'(話)과 '언어'(語)는 달리 보아야 한다. 의미를 중심으로 하여 화용 규칙과 형식적 문법 규칙을 적용하여 어떤 메시지를 가진 추상적 존재를 언어(語)라고 한다면, 말(話)은 내면의 언어가 음성으로 표현되는 양식이라고 하는 것이 정확할 것이다. 수화라고 하면 단지 표면의 눈으로 지각되는 것만을 의미하지만, 수어라고 하면 언어가 갖추고 있어야 하는 의미와 화용의 규칙, 그리고 나름대로의 그것을 가시화하는 형식 문법도 가진 하나의 언어로 이야기하게 되는 것이다. 독특한 문법체계를 가진 '한국수화'를 이제는 '한국수어'라고 하는 것이 언어학적인 측면에서 타당하다고 설명하고 있다.

또한 최상배와 안성우(2003)는 수어라는 용어 사용을 지지하는 이유를 4가지로 설명한다. 첫째, 수어가 하나의 언어라는 관점으로 수어는 단순한 몸짓(*gesture*)이 아니라 언어로서의 체계를 가진다는 것이며, 둘째, 농교육의 패러다임이 수어를 강조하는 2Bi(Bilingual Bicultural)로 변화하고 있고, 셋째, 미국을 중심으로 일고 있는 사회언어학적 특징인 이중문화적(*bicultural*) 관점에서 농인의 인격과 삶의 질을 중시한다는 입장에서 수어라는 용어가 적절하며, 넷째, 과거 수화의 반대말이 구화였는데, 최근 구화라는 말 대신 구어(*spoken language*)라는 용어를 사용함에 따라 구어의 반대되는 용어는 수어(*signlanguage*)라는 것이다.

한편, 실제 한국의 농 사회에서는 수화와 수어를 혼용하고 있는 경우가 빈번한데, 수어는 언어학적 개념으로, 수화는 일상생활 수화로서 대화적 개념으로 사용하고 있는 것이 현실임을 강조하기도 한다. 대표적으로 김칠관(2001; 2013)의 주장이다.

2000년대 초반 김칠관(2001)은 수화를 수어로 바꿔야 할 필요성이 없다고 보았는데, 그 이유를 다음과 같이 설명하고 있다. 첫째, 용어의 출현시기가 확실하고 빠르다는 것으로 일본의 경우 '수화'가 드러난 시기가 1935년인 데 비해, 우리는 1928년이며 일반화 시기도 우리가 앞선다. 이는 사전 수록시기가 일본이 1972년인 데 반해 우리는 1960년대 이미 국어사전에 이를 수록한 것으로 알 수 있다. 둘째, 용어의 단일성과 일관성이다. 용어로서의 '수화'가 드러난 이후 우리는 70여 년을 한결같이 이것만을 사용했는데, 농교육이 90여 년에 이르는 것을 감안하면 결코 짧은 기간이라고 할 수는 없을 것이다. 셋째, '수화'라는 단어가 확고한 인식의 바탕 위에서 출발하고 있다는 것이다. 수화 강습을 통해 드러난 그와 같은 인식은 그것이 비록 수화가 농인의 언어라고 하는 좁은 의미에서 사용되기는 하였으나 시대적인 배경으로 보아 획기적인 것이 아닐 수 없다. 넷째, '수화'의 일반화가 일찍 이루어졌다는 것이다. 국어사전에 수록된 시기로 보아 일본보다는 10여 년, 중국보다는 거의 20년 가까이 앞섰다고 하는 것이 이러한 사실을 뒷받침한다.

이렇게 '수화'는 오랜 시간을 통해 우리나라에서 전통적으로 사용해온 용어이다. 이 용어를 언어로서의 의미를 부여한 '수어'로 바꾸어야 한다는 시대적 상황 속에서 김칠관(2013)은 '수화'와 '수어'를 함께 사용하되, 법정 용어는 '수화언어'의 줄임말로서 '수어'로 하는 것이 바람직하다고 하였다.

2) 용어에 담겨진 가치

우리나라 사람들이 지금 사용하는 언어를 '우리말'이라고 하는 것은 자신들의 언어에 대한 태도를 반영하는 것이다. 그와 마찬가지로 한국이라는 나라에서 살고 있는 농인들이 한 세기에 걸쳐 무의식적으로 사용했던 '수화'라는 용어는 자신들의 언어와 농인 자신들을 의식하는 내용의 반영이라 할 수 있다. 결국 '수화' 혹은 '수어'라는 용어에 대한 검토는 언어, 사회, 문화 등의 깊은 관계를 고려해야 하는 것이다.

'수화'이든 '수어'이든 가장 중요한 것은 그 용어가 언어로서의 본질을 드러낼 수 있어야 한다는 것이다. 수어에 대한 연구가 아직까지도 미흡하지만 그럼에도 몇몇 연구자들에 의한 수어 연구는 수어가 음성언어와 동등한 언어임을 확인했고, 그러한 연구는 지금도 이어진다. 수어 연구는 수어를 언어로 사용하는 사람들의 언어 태도에 변화를 주게 되고, 이러한 태도는 언어의 독자성을 두드러지게 함으로써 새로운 연구에 자극제가 된다. 나아가 수어의 독자성을 바탕으로 문화에 대한 성찰을 가능하게 한다. 결과적으로 농인들의 언어·문화에 대한 태도의 변화는 수어에 대한 사회적 인식의 변화로 이어지게 된다. 동시에 이는 한국의 토착 소수 언어·문화 공동체인 농인들을 바르게 이해하는 데서 비롯될 수 있다.

3) 용어 통일

'수화'라는 말보다 '수어'를 더욱 바람직한 용어라고 생각하는 사람들은 수어가 언어라는 점을 강조한다. 그럼에도 우리나라에서 '수화'는 오랫동안 전통적으로 사용해 온 용어이다. 농인들은 물론 많은 건청인들이 사용함으로써 널리 알려진 용어이기도 하다. 솔직히 '수화'는 거의 고유명사화 된 듯하다. 그래서 '수화'를 '수어'로 바꾸는 것은 결코 쉬운 일이 아니다. 그러나 어차피 '수어'라는 용어가 바람직하다고 한다면 어쩔 수 없이 '수어'를 보다 적극적으로 사용해 나갈 필요가 있다고 본다.

2. 농인과 의사소통

1) 농인의 개념

농인이란 청각장애를 가진 사람을 말한다. 그러면 청각장애란 무엇인가? 소리를 듣는 청각기관에 이상이 생기거나, 또는 들은 소리를 뜻 있는 말로 해석하는 중추기관에 이상이 생겨 의사소통에 어려움이 있는 경우를 말한다. 즉, 청력에 손실을 가진 모든 장애를 포함한다. 청력손실의 정도에 따라 특정 강도 이상의 소리를 듣지 못하는 경우를 농(*deaf*)으로, 그보다 청력손실의 정도가 양호한 경우를 난청(*hard of hearing*)으로 분류한다. 세계보건기구에서는 90dB 이하를 듣지 못하는 사람을 난청으로, 91dB 이상을 듣지 못하는 사람을 농으로 구분한다.

우리나라의 경우, '장애인복지법'에 의해 청각장애인을 "청각장애로 인하여 장기간에 걸쳐 일상생활 또는 사회생활에 상당한 제약을 받는 자로서 대통령령으로 정하는 기준에 해당하는 자"로 규정한다(이준우 · 김연신, 2011). 또한 '장애인복지법 시행령'에서는 60dB 이상을 듣지 못하는 사람을 청각장애로 분류한다.

오늘날 사회복지 분야를 포함하여 대부분의 휴먼서비스(*human service*) 영역에서 장애 개념은 사회문화적 관점에 따라 '손상'이나 '상실'보다는 사회적 참여를 적극적으로 할 수 있도록 지원해야 할 도전과 기회의 상황으로 정리된다(김종인 · 우주형 · 이준우, 2010). 농인을 바라보는 시각 역시 개인의 '청력 상태'에 초점을 맞추었던 병리적인 시각에서 사회문화적인 관점으로 변화하고 있다. 사회문화적 관점은 언어적 · 문화적 다양성 가운데에서 농인들이 자신들만의 독특한 언어와 문화를 가진 집단으로 스스로를 인식하는 관점이다(Lane, 1992). 이 관점은 농인을 장애인 혹은 교정할 필요가 있는 문제대상으로 보지 않고 동일한 언어를 사용하는 언어적 · 문화적 소수집단으로 이해한다(이준우, 2004).

농의 문화는 일반 사회의 문화와 분리된 문화로서 농인들에게는 가능성을 강조한 문화로 인식되면서 일반 사회와는 다른 독특한 문화를 형성하고 유지 · 발전시키고 있다(Rothman, 2003; 이준우 역, 2008). 특히 농인의 문화가 우리 사회

소외계층 중의 하나의 문화로 인식되면서 이들에 대한 사회적 이해가 상당히 부족했던 게 사실이다. 장애인의 정상화와 사회통합이 강조되는 오늘날의 장애인 복지 현실에서 농인들의 사회문화적 특성을 이해하고 권리적 차원에서 실제적 지원을 위한 노력이 요구된다.

2) 농인과 의사소통

빠르게 변화하고 있는 첨단 지식정보사회에서 사회적 관계와 소통의 중요성은 더욱 강조된다. 특히 우리 사회는 '토털 커뮤니케이션'(*total communication*)[4]을 추구하지만 일반적으로 완벽한 의사소통은 불가능한 일이다(Compton & Galaway, 1994). 그런데 특별한 장애가 없어도 완벽한 의사소통이 쉽지 않은 현실에서 의사소통에 제약이 따르고 의사소통 장애인으로 분류되는 농인들의 의사소통 권리는 이들의 사회참여와 삶의 질 향상을 위해 매우 중요한 요소이다(이준우 · 박종미, 2009).

농인은 소리를 잘 또는 전혀 듣지 못함으로 인해 음성언어를 기반으로 하는 의사소통에 취약하다. 우리 사회에서 농인들의 수가 증가하는 상황이므로 이는 중요한 사회적 문제이다. 이들 농인들이 청각장애로 인해 의사소통에 제한을 경험하는 것은 사회에서 살아나가는 데 다양한 모습으로 삶에 영향을 미치게 되는데 특히 음성언어 중심의 주류사회에서 철저히 소외되는 경우가 빈번하다(Rothman, 2003; 이준우 역, 2008).

의사소통에 제한이 있다는 것, 특히 농인의 문화 속에서 지속적으로 살아가야 한다는 것은 우리가 살아가면서 느끼는 모든 값진 경험의 세계를 자유롭게 나눌 수 있는 기회가 제한된다는 것을 의미한다. 이처럼 청각장애는 의사소통에 방해요소로 작용할 뿐만 아니라 개인과 개인 간의 인간관계를 형성하고 긴밀한 상호작용을 유지해 나가는 데 있어서도 부정적으로 작용하곤 한다.

---

4 '토털 커뮤니케이션'은 한 사람이 이야기한 내용을 전달받은 다른 사람이 상대방이 이야기한 내용, 이야기한 사람의 생각, 그리고 감정 등을 완벽히 이해하는 것을 말한다.

따라서 농인과 원활한 의사소통을 하기 위해서는 농인의 특성을 비롯해 사고방식이나 문화 등에 대한 이해가 필요하다. 한편 농인들도 누구와도 대화할 수 있고, 그러면서도 건청인들에게 동화되지 않는 자주적인 자기 나름의 의사소통 방식을 선택할 수 있는 권리를 보장받아야 한다(Rainer, Mindel & Vernon, 1971; 이준우, 2004 재인용).

3) 의사소통으로서의 수어 관련 연구 검토

박정란(2010)은 수어를 농인과 사회와의 연결고리 또는 유일한 의사소통의 방법으로 정의하였고, 수어 사용경험은 농인들에게 긍정적인 변화를 준다는 점을 강조하였다. 또한 수어통역 서비스 이용경험은 농인 자신과 세상을 만나게 해주는 문으로 정의하였다. 그리고는 수어를 제 2외국어로 지정하는 제도의 필요성을 지적하며 오로지 수어로 바깥세상과 소통할 수 있는 농인에게 분야별로 전문화된 수어통역사의 중요성을 강조하고 있다. 사회통합의 측면에서 농인들의 의사소통 권리를 살펴본 정은(2002)은 수어의 중요성에 대해 밝히고 있는데, 수어는 또 하나의 정식 언어이며 동시에 농인의 의사소통 권리의 실현은 사회통합의 필수조건이며 따라서 사회가 수어를 정식 언어로 인정해야 한다고 주장한다.

또한 농인의 의사소통 경험에 관한 현상학적 연구를 한 김미옥과 이미선(2013)은 '소리 없는 혼자만의 세계'로 정의된 농인의 의사소통 경험 시 유일한 소통의 방법이 수어임을 밝히고 있다. 분석결과를 보면 수어가 농인들이 세상을 알아가는 데에 아주 핵심적인 매개체 역할을 한다고 주장하며 이를 통해 농인들이 사회로 한 걸음 더 내딛을 수 있는 힘을 얻게 된다고 설명한다. 더 나아가 이들은 농인들이 사회로부터 배제되지 않도록 매스컴, 각종 국가시험 및 일반교육 현장에서의 수어통역 증대 등 세상과 소통하고 그들의 정보접근 권리를 향상시킬 수 있는 구조적 장치마련의 필요성을 지적하였다.

이밖에도 송지원과 양승호(2009)는 의사소통 수단으로서 수어의 중요성을 인식하고 농인들의 의사소통 욕구와 특성을 파악하여 이를 토대로 의사소통 지원

시스템의 디자인을 제안하였다. 이들은 수어를 사용하는 농인들이 경험하는 일상생활에서 전화 또는 필담을 통해 이루어지는 의사소통의 문제를 인지하고 이를 해소하기 위해 그들의 의사소통 욕구를 반영한 원격 통역 및 전화중계 통역 서비스와 영상통화와 디지털 필담 및 문자메시지에서 농인들의 특성을 반영한 실시간 의사소통 지원 시스템의 디자인을 제시하였다.

이와 더불어 농인의 의사소통을 분야별로 설명하는 연구를 살펴보면, 김연신(2011)은 농인이 수화통역사에게 기대하는 역할 수준이 법률통역, 의료통역, 일상생활통역, 교육통역, 직업통역 순으로 본인이 이해하기 어려운 전문 분야일수록 수화통역사의 역할 수준이 높아지기를 기대하고 있어, 수화통역사 양성기관의 확대 및 교육과정 개설을 통해 영역별 전문 수화통역사를 양성해야 한다고 밝히고 있다.

또한 황주희와 김지혜, 이선화(2013)는 사법영역과 의료영역의 전문 수화통역 자격증 제도를 신설해야 한다고 밝혔다. 이들은 현장 수화통역사를 대상으로 설문조사와 농인을 대상으로 한 심층면접을 통해 수어통역 서비스의 의무제공 현황을 조사하고 더 원활한 서비스 제공 방안을 제시하였다. 현행 수어통역 서비스에서 농인들은 선호하는 수화통역사로부터 지속적 서비스를 받을 수 없는 점과 기대 이하의 질 낮은 서비스, 해당지역이 아닌 경우 서비스를 제공받지 못하는 등의 어려움을 호소하였다. 이러한 문제를 개선하기 위해 수화통역사들은 전문분야 중 가장 어려움을 느끼는 법률과 의료 영역에서의 수어통역을 위해 체계화된 교육을 요구했으며, 농인 심층면접 결과에서도 법률과 의료분야에서의 질 높은 서비스를 위해 분야별 전문 수화통역사자격증 제도 신설을 제안하였다.

이를 토대로 황주희 등(2013)은 수화통역사가 매번 바뀌지 않고 지속적인 서비스를 제공하기 위해서는 수화통역사가 해당기관에 상주할 수 있는 국가적 제도 또한 필요함을 밝히고 있으며, 수화통역사와 서비스 이용자 또는 기관의 요청을 연결해 줄 수 있는 네트워크 구축 마련을 제시하였다. 마지막으로 의료와 법률 영역에서의 수어통역 서비스 질 향상을 위해서는 전문분야별 수화통역사를 양성할 수 있는 교육제도가 필요하다고 주장했다.

이와 같이 농인에게 수어는 의사소통을 위한 중요한 언어로, 농인의 원활한 의사소통을 위해 수어 통역과 보조기기 지원을 비롯해 문자통역이 필요함을 알 수 있다. 또한 수어통역의 경우 각 분야별로 농인들의 기대와 통역 수준이 달라 이에 대한 제도 개선이 필요하다는 것을 알 수 있다.

02 수어와 언어

수어학(*sign linguistics*)은 자연수어(*natural sign language*)를 과학적으로 연구하는 학문이다. 국내에서는 '수화언어학'이라고도 하며 학문적 용어로서 통일된 바는 없으나, 음성언어 연구에서 자연언어를 대상으로 하는 것처럼 수어학의 연구 대상은 인공수어가 아닌 농인 공동체에 의해 자연발생적으로 생겨나고 후대에게 전달되는 자연수어라는 것은 공통적으로 인식하는 바이다.

수어는 농인이 사용하는 비음성적 언어(*non-verbal language*)이다. 주변 청인 공동체의 음성언어에 근거하지 않으며, 역사적으로 농인 집단에서 생성되고 발달한 자연언어이다. 현재도 수어는 새로운 개념을 표현하는 단어들이 만들어지거나 있었던 단어들이 사라지는 등 언어 일반적 발전과 소멸의 과정을 걷고 있다. 그러나 이러한 인식은 그리 오래되지 않았으며 과거에는 수어는 제스처이고 따라서 수어를 사용하는 농인들은 언어를 가지고 있지 않고 수어를 통해서는 추상적인 사고가 불가능하다는 전통적인 신념이 팽배하였다. 이는 한국은 물론 서구에서도 유사한 분위기였다. 이러한 그릇된 편견에 맞서 미국의 인류학자이자 언어학자인 윌리엄 스토키(William C. Stokoe, 1919~2000)는 1965년《미국수어사전》을 편찬하여 수어가 언어라는 자신의 신념을 증명하는 데 성공했다. 그의 업적은 언어에 대한 우리의 잘못된 통념을 깬 중요한 계기가 되었다. 그의 연구성과는 언어는 말과 분리될 수 없다는, 달리 말하면 언어는 인간의 손과 몸짓을 통해서가 아닌 성도를 통해 발성된 소리로만 구성되어야 한다는 기존의 인식을 뒤엎은 획기적 사건이었다.

스토키(2001)는 수어가 언어라는 자신의 생각에 가장 큰 영향을 준 것이 기호학(*semiotics*)이라고 회고했다. 그는 기호학을 통해 언어 기호의 다양성에 대한 식견을 갖게 되었다. 우리가 귀로 들을 수 있는 청각적 기호뿐만 아니라 눈으로 볼 수 있는 시각적 기호가 있다. 이 점에서 수어라는 시각적인 기호는 존재 가능성의 여지를 갖게 된다. 그러나 모든 기호가 언어를 구성하는 것은 아니다. 가령 박테리아는 액체에 녹아 있는 설탕 분자를 향해 수영해 가지만 설탕이 없을 때는 무질서하게 뒹군다. 그리고 개미는 앞서 간 다른 개미가 분비한 페르몬 흔적을 따라간다. 동물의 이러한 행동은 본능적이다. 물론 울음소리, 춤, 화학물질 분비와 같은 동물의 신호는 그들의 의사소통 수단으로 볼 수 있지만 우리는 그것이 인간의 언어와는 다르다는 것을 직감적으로 안다.

이 장에서는 인간의 언어와 동물의 언어를 구별하기 위한 기준으로 호케트와 알트만(Hockett & Altmann, 1968)이 제시한 언어의 구성 자질(*design features*)을 수어와 관련지어 살펴볼 것이다(남기현, 2013: 34~41). 그다음에 수어의 기호적 특징과 수어와 제스처 사이의 관계를 차례대로 살펴보고자 한다.

1. 언어의 구성 자질

호케트와 알트만(1968)의 연구에서 언어의 구성 자질은 음성적이고 구두적인 언어에만 해당하며 문자와 수어는 제외되었다(Nöth, 1990: 235~236). 뇌트(Nöth, 1990)는 언어의 구성 자질 16개를 양식적, 화용적, 의미적, 기호생성적 차원으로 구분하였다. 이 책에서는 뇌트의 구분에 따라 언어의 구성적 특징을 차례대로 살펴보도록 한다. 먼저 양식적 차원의 특징 3가지를 보자.

(1) 음성 – 청각적 채널(*vocal-auditory channel*) : 언어는 성도를 통해 산출되고 신호는 귀를 통해 수용된다.
(2) 광범위한 전달(*broadcast transmission*)과 방향적인 수신(*directional reception*) : 소리는 그것의 근원에서부터 모든 방향으로 움직이고 장애물을 피하며, 수신자는 말소리의 근원이 어디인지 찾아낼 수 있다.
(3) 빠른 사라짐(*rapid fading*) : 음성적 신호는 더 많은 메시지를 위해 빠르게 사라진다.

한국수어는 제스처-시각적 채널(*gestural-visual channel*)을 사용하기 때문에 음성언어가 사용하는 음성-청각적 채널의 특징은 적용되지 않는다. 그리고 시각적 채널을 사용할 뿐만 아니라 수어자들의 면 대 면으로 의사소통이 이루어지기 때문에 음성언어의 청각적 정보가 전달되는 거리와 비교할 때 차이가 크다. 물론 수어자가 수어를 할 때 시각적 정보의 전달을 방해하는 장애물이 없다면 음성언어보다 더 많은 사람들에게 신호를 동시에 전달할 수 있다. 수어자들은 손의 움직임을 수용하여 어디에서 신호가 발생하는지 알 수 있다. 또한 음성적 신호가 빨리 사라지는 특징은 수어에도 동일하게 적용된다. 수어는 수어가 이루어지는 공간에서 산출된 후 곧바로 사라진다.

다음 3가지는 화용적 차원의 구성 자질로서 언어적 의사소통이 이루어지는 사회적 상황과 그것의 행동적 함축이 지닌 특징을 보여준다(Nöth, 1990: 235).

(4) 교환성(*interchangeability*) : 언어 공동체의 구성원은 메시지의 발신자와 수신자가 될 수 있다.
(5) 완전한 피드백(*complete feedback*) : 화자는 즉각적으로 들을 수 있고 그리하여 피드백에 의해 그 혹은 그녀 자신의 메시지를 모니터할 수 있다.
(6) 특수화(*specialization*) : 말하기 행위는 언어의 의사소통 기능을 위해 전문화된다. 말하기는 어떤 부가적인 생리적 기능을 하지 않는다. 그것은 물리적 수고를 적게 필요로 하고, 힘이 드는 결과는 생물학적으로 관련이 없다. 화자는 말하는 동안 다른 활동을 수행하는 데 자유롭다.

교환성에 있어서는 수어자들도 메시지의 발신자와 수신자의 역할을 번갈아 할 수 있기 때문에 수어는 음성언어와 동일하다. 완전한 피드백 역시 수어자가 자신의 손으로 산출되는 수어를 즉각적으로 눈으로 볼 수 있고 메시지를 모니터 할 수 있다는 점에서 동일하다고 할 수 있다. 특수화와 관련해서는 농인의 손은 사물을 조작하는 도구적 기능과 언어를 산출하는 의사소통적 기능을 동시에 수행한다는 점에서 차이가 있다. 따라서 농인은 청인보다 더 편리한 경우가 생기기도 한다. 농인은 음식을 먹으면서 동시에 손으로 대화를 나눌 수 있기 때문에 대화에 방해를 받지 않는다. 그러나 농인은 손에 물건을 들고 있으면 대화를 나누는 데 제약을 받는다. 수어자의 손이 언어를 산출한다는 수어의 매체적 특수성을 인정한다면 특수화 특징이 수어에 완전히 적용되지 않는다는 이유로 수어를 언어의 구성 자질 논의에서 배제할 수는 없을 것이다. 다음은 의미적 차원의 특징들이다(Nöth, 1990: 235~236).

(7) 의미성(*semanticity*): 호케트(1960)는 단지 언어의 지시적 기능만 고려한다. 그의 관점에서, 인간의 언어는 의사소통의 의미적 체계이다. 왜냐하면 의미적 체계의 요소들은 “사물과 상황, 혹은 그것의 사용자들의 환경에서 사물과 상황의 유형과 연상적 결합”을 가지기 때문이다. 이는 언어의 의미적 차원에서 나타나는 불충분한 특성이다.
(8) 자의성(*arbitrariness*): 신호 - 사물 관계는 자의적이지 도상적이지 않다.
(9) 전위성(*displacement*): 언어 기호는 시간과 공간에서 멀리 떨어진 사물을 언급할 수 있다.
(10) 기만(*prevarication*): 우리는 거짓이거나 혹은 의미 없는 것을 말할 수 있다. 에코는 이 특징을 일반적인 세미오시스의 특징으로 간주했다.
(11) 재귀용법(*reflexiveness*): 언어는 언어에 대해 의사소통하기 위해 사용될 수 있다. 이는 야콥슨이 말하는 메타언어적 기능이다.

음성언어가 언어를 통해 세상의 사물이나 사건을 지시하는 것처럼 수어도 외부세계를 지시할 수 있다. 다만 차이가 있다면 수어는 세상의 사물과 사건을 더 직접적이고 구체적으로 기술할 수 있다는 것이다. ‘기호와 지칭한 사물 사이에는 관계가 없다'(김성도, 1995: 25)라는 언어의 자의성 측면에서 음성언어와 비교할 때 수어의 단어는 기호의 형성 측면에서 실세계와 연결되어 지시체와 분리할 수 없다. 그러나 다행히 언어 기호의 절대적인 특성으로 간주되는 자의성에 대하여 기호학에서 다루는 대상의 중심부와 주변부를 갈라놓는 여과적 기능에 그친다는 탄력적 입장이 있기 때문에 수어의 기호는 설 자리가 생긴다.

스위스의 언어학자 페르디낭 드 소쉬르(Ferdinand de Saussure, 1857~1913)는 팬터마임이 기호학적 체계로 가능한가를 자문함으로써 기호학의 대상으로서 가능성을 배제하지 않았다. 즉, 소쉬르는 기호학의 외연에 언어는 물론 더 넓은 기호체계를 포함시켰다(김성도, 1995: 23).[1]

> 랑그가 기호들이 형성한 모든 종류의 체계를 포괄하지 못함은 명백하다. 따라서 언어학보다 더 넓은 기호 체계가 존재해야 할 것이다(해양 신호, 맹인들의 점자, 농아의 수화, 그리고 '가장 중요한' 문자 그 자체!).

언어 기호가 시간과 공간을 초월하여 소통될 수 있다는 전위성의 측면에서 보면, 수어는 이 기준을 만족시키고 있다. 농인들은 옛날에 있었던 일들을 회상하며 이야기할 수도 있고 미래에 대해 말할 수도 있으며 현재 한국에서 유럽이나 미국의 농 사회에서 일어나는 사건에 대해서도 말할 수 있다. 인간 사회에서 필요한 모든 의미가 표현적인 차이만 있을 뿐, 수어도 언어 공동체가 존재하기 때문에 기만도 가능하다. 농 사회에서도 서로를 속이거나 서로 간의 이해관계로 인해 상대를 비방하는 일이 발생한다. 재귀용법 역시 수어에 적용된다. 일례로 수어를 배우는 청인들은 농인에게 단어의 어원이나 용례를 물어보기도 하고 더 전문적으로는 수어의 문법적 특징을 수어로 논의하기도 한다. 즉, 수어를 메타언어적으로 사용하여 수어 그 자체에 대해 말하는 것이 가능하다. 아래 두 가지는 기호 생성적인 특징(*semiogenetic features*)으로 언어 습득 조건과 관련된다(Nöth,

1 원문을 따라 '수화'라고 하였다.

1990: 236).

(12) 전통(*tradition*): 언어의 관습은 생식질(*germ plasm*)을 통해서가 아니라 가르침과 학습에 의해 전해진다. 그리하여 언어는 자연이 아닌 문화에 의해 습득된다.
(13) 학습가능성(*learnability*): 한 언어의 화자는 또 다른 언어를 배울 수 있다.

생식질이란 생물체에 있어서 다음 대(代)의 개체를 형성하는 근원이 된다고 생각했던 물질로서 우리가 알고 있는 정자나 난세포 또는 그런 것을 만드는 세포 따위를 통틀어 이르는 말이다. 언어의 전수는 유전적으로 결정되는 것이 아니라 학습과 문화를 통해 이루어진다. 농 자녀(*deaf children*)는 부모로부터 자연스럽게 수어를 배우고 수어를 제 1언어로 사용한다. 이와 달리 청 부모(*hearing parents*)의 농 자녀는 대부분 농 형제·자매 혹은 농학교의 교사나 농인 선후배를 통해 수어를 배운다. 이처럼 수어는 농공동체에서 직접적인 전수를 통해 후대로 이어진다. 언어 공동체에 속하지 않은 농인들은 자연적인 가정 수어(*home sign*)를 통해 주변 사람들과 소통한다. 따라서 외딴 섬에서 다른 농인들과 접촉하지 않는 농인들의 경우에는 농 사회에서 사용하는 공통된 수어를 사용하는 것이 아니라 자신과 주변 사람들과 소통하면서 자연스럽게 생겨난 수어로 소통한다. 물론 농인들 중에는 수어나 가정 수어가 아닌 음성언어를 사용하는 경우도 있는데, 이들을 '구화인'이라 칭한다. 이처럼 농인은 성장 배경에 따라 다양한 언어적인 특징을 가진다. 학습가능성은 언어가 학습될 수 있다는 것이다. 한국 농인들은 다른 나라에 가서 그 나라의 수어를 배울 수 있다. 특히 20~30대 청년층은 미국수어나 국제수어(*international sign*)를 배우는 경우가 흔하다.

다음 3가지 특징은 언어를 코드로서 관련시킨다(Nöth, 1990: 236).

(14) 불연속성(*discreteness*) : 기호 레퍼토리는 불연속적이고 재발하는 단위로 구성된다. 언어적 요소는 더 혹은 덜이라는 점에서 단계적 차이가 없다. 언어의 단위는 연속적이지 않다.

(15) 창조성(*productivity*) 혹은 개방성(*openness*) : 새로운 언어적 메시지는 자유롭고 쉽게 조어되고, 맥락에서 보통 이해된다. 창조성은 주로 언어의 통사 때문이다. 새로운 메시지는 언어 기호들의 창조적인 결합으로 생성된다.

(16) 패턴의 이중성(*duality of patterning*) : 이는 마르티네(Martinet, 1949)를 따라, 기호학자들이 이중 분절 용어로 언급한 특징이다.

불연속성은 우리가 사는 연속적 세계를 언어를 통해 불연속적으로 표현한다는 특징이다. 예를 들어 무지개에서 어디까지가 빨간색이고 어디까지가 주황색인지 색의 경계가 모호하다. 그러나 우리는 무지개를 7가지 색으로 구분하며 각각에 명칭을 부여한다. 마찬가지로 수어도 무지개뿐만 아니라 사계절, 얼굴의 각 부위처럼 구분하기에 모호한 면이 있지만 각각 명칭을 정하여 표현한다. 창조성 혹은 개방성의 특징은 수어에서도 동일하게 적용된다. 수어자는 단어들을 조합하여 새로운 문장을 무한히 만들어 낼 수 있다.

언어는 일차적으로 의미를 가진 단위들이 존재하며 이들은 다시 의미를 가지지 않은 단위로 나뉜다. 즉, 언어는 패턴의 이중성을 가진다. 단어를 구성하는 각 요소들은 의미를 가지지 않지만 각 요소들의 변화는 단어의 전체 의미를 바꾼다(Oviedo, 2004). 한국수어에서 〔기분〕과 〔괴롭다〕는 손의 모양의 차이를 통해 의미의 차이를 발생시킨다(〈그림 2-1〉). 〔기분〕은 한손의 손가락을 모두 펴서 손바닥을 가슴에 대고 원형으로 한 바퀴 돌린다. 〔괴롭다〕는 동일한 위치와 손바닥의 방향, 움직임을 가지지만 손의 모양에서 다르다. 〔괴롭다〕의 손 모양은 손가락 관절을 구부린 형태이다. 이처럼 수어의 단어는 손 모양의 대립을 이룬다.

〈그림 2-1〉
손 모양의 대립

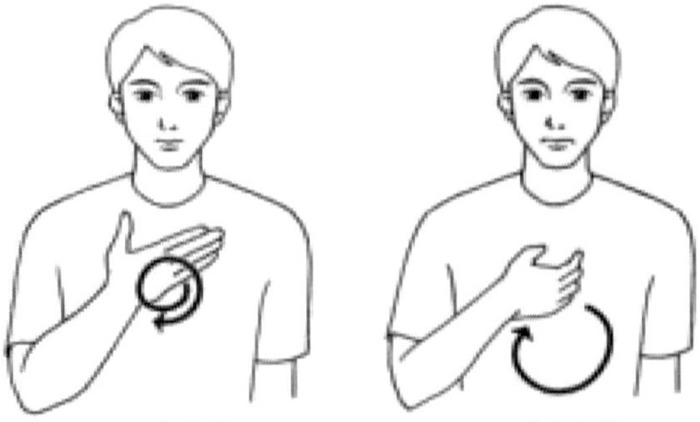

a. [기분] b. [괴롭다]

음성언어의 16가지 구성 자질 중에서 한국수어는 12개 특성과 부합한다. 한국수어와 음성언어의 가장 뚜렷한 차이는 시각-제스처적 채널이라는 양식적 특성과 자의성, 불연속성, 그리고 패턴의 이중성이다. 이 4가지는 언어의 근본적 특징으로 인식되어 왔고 수어 연구가 시작될 때부터 지속적으로 논쟁이 되었다. 이를 해결하기 위해 기존의 수어 연구들은 수어의 기호가 실세계에 존재하는 사물, 사람, 행위와 닮았다는 점에 대해서 언급을 회피해 왔다. 그러나 이는 수어 기호의 본연의 모습이라 할 수 있으며 더 나아가 음성언어에만 제한되었던 언어 연구의 대상을 시각-제스처 양식인 수어에까지 확장함으로써 수어와 음성언어의 보편적인 언어 기호의 생성 과정을 조명할 수 있게 한다.

마지막으로, 호케트와 알트만(1968)이 말한 언어의 구성 자질에는 빠져 있지만 소쉬르가 자의성과 더불어 언어 기호의 원칙으로 제시한 특징인 '선조성'이 있다(김성도, 1995: 31).

> 청각적 부분인 기호의 시니피앙은 하나의 공간 길이를 표상하고 이 길이는 오직 하나의 차원에서만 측정될 수 있다. 이것은 곧 시니피앙의 선조성에 해당된다.

소쉬르는 기표의 선조성 조건을 위반하는 시각 기호들의 존재를 여러 차례 강조했다(김성도, 1995: 31). 수어는 수어자의 신체 앞 공간에서 산출되기 때문에 동시성과 순차성을 동시에 지니고 이로써 수어만의 독특한 언어적 특징을 가진다.

크리스탈과 크레이그(Crystal & Craig, 1978)는 음성언어 중심의 관점에서 수어와 음성언어의 차이점을 강조하였다. 그들은 호케트(1968)의 언어의 구성 자질이 미국수어에 전적으로 적용될 수 없음을 지적하였다. 크리스탈과 크레이그(1978)에 따르면, 기준 12개에 근거하여 평가할 때 인공수어(*contrived sign language*)가 자연언어인 미국수어보다 더 언어적이다.[2] 인공수어란 음성언어의 단어에 대응하여 수어 단어를 가져와 음성언어의 문법에 따라 배치하는 형태를 말한다. 인공수어가 미국수어보다 더 언어적이라고 평가를 받은 것은 12개의 조건을 더 만족시켰기 때문이다. 이는 음성언어와 달리 수어가 가진 양식적 특징을 전연 고려하지 않은 데서 연유한 결과이다. 인공수어는 한국수어에도 존재한다. 한국수어에는 한국어처럼 조사가 존재하지 않기 때문에 한국어 문장을 구사하기 위해서는 주격 조사와 목적격 조사를 지문자 '-가 / -이', '-을 / -를'을 이용하여 표현한다. 이 수어 체계는 겉으로 보기에는 자연수어처럼 보이지만 음성언어의 수지적 표현에 불과하다. 국내에서는 인공수어라는 용어보다는 문법수화라는 용어를 사용한다. 이러한 수어 체계를 '한글식 수화'(*Signed Korean*)라 하는데(김칠관, 1999: 29), 한국에서는 《한글식 표준 수화》(교육부, 1991)가 대표적인 예가 된다. 한글식 표준 수화는 자연수어의 기호와 지문자를 병용하여 국어 문법에 맞게 정한 문법수화이다.[3]

인공수어는 농인들이 음성언어에 접근할 수 있도록 하기 위해 고안되었지만 농인들은 인공수어를 그들의 제 1언어의 대체로 수용하지 않았다(Stokoe, 2001: 165). 스토키는 인공수어가 그 고안 목적을 제대로 달성하지 못한 주된 이유는 농공동체의 수어를 포함하여 진짜 언어들은 오랜 사용 후에만 결정되는 사회적 욕구와 생리적 제약을 만나면서 자연적 진화의 역사를 가지기 때문으로 보았다.

---

2 12개 기준은 다음과 같다. 생산성(*productivity*), 유한성(*finiteness*), 범위(*range*), 상호성(*reciprocity*), 수용성(*acceptability*), 구성성(*constituency*), 위계(*hierarchy*), 이디엄(*idiom*), 이중성(*duality*), 체계성(*systemicness*), 자율성(*autonomy*), 비중의성(*disambiguation*).

3 한글식 수화, 한글식 표준 수화, 문법수화는 기존의 용어를 그대로 사용하였다.

수어는 분명 자연언어이다. 따라서 수어는 누군가의 일방적 권위로 성립되거나 사용이 강요될 수 없으며 오직 언어 공동체의 관습과 약속에 의해서만 생겨나고 변화한다. 이는 소쉬르가 말한 '기호의 유통성'(*circulation*) 문제와 직접적으로 연결되며, 더 나아가 언어는 오롯이 개인이나 사회의 의지에 따라서 변경될 수 없다는 언어 기호의 속성을 확고히 하는 증거가 된다(김성도, 1999: 278~279).

2. 수어의 기호

소쉬르의 언어 기호의 자의성 원리가 주장된 이후, 음성언어의 기호는 형태와 의미에서 서로 아무런 관련이 없다는 데에 이견이 없다. 비록 의성어처럼 언어 기호가 지시하는 바를 음성적으로 모방하는 경우가 있지만 그 또한 음성언어에서는 극소수의 예에 지나지 않아 큰 주목을 받지 못한다. 그러나 우리가 수어에 처음 접했을 때 그 단어의 의미를 쉽게 유추할 수 있다. 가령 한국수어에서 〔집〕이란 단어는 수어자의 양손을 펴서 가운데 손가락의 손끝을 접촉해 뾰족한 모양의 지붕 외형을 모방한다(〈그림 2-2a〉). 또한 처음에는 어떤 단어의 의미를 알지 못했더라도 그 뜻을 알려주면 곧바로 형태와 의미의 직접적 관계를 이해한다. 가령 한국수어 〔예쁘다〕는 한손 검지 끝을 같은 쪽 볼에 대고 앞으로 한번 돌리는 것인데 이 단어를 보자마자 단번에 그 의미를 유추할 수 없지만 이 단어가 보조개를 표현한 것이라는 설명을 들으면 단어의 동작과 의미를 쉽게 연결할 수 있다(〈그림 2-2b〉).

〈그림 2-2〉
기호의 형태와
의미의 관련성

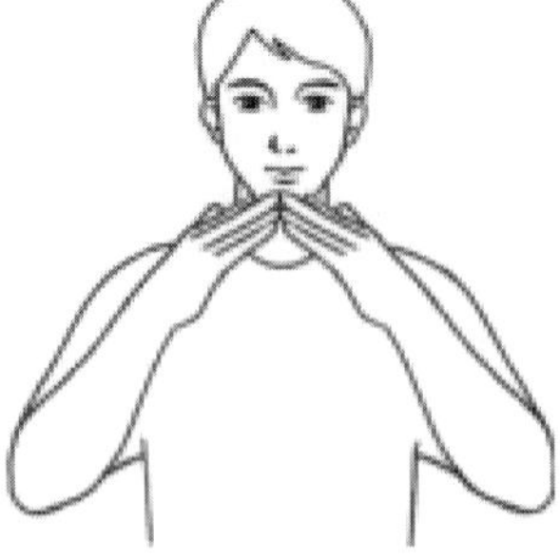
a. [집]

b. [예쁘다]

더 나아가, 수어를 접해 보지 않은 사람들은 한국 농인들이 다른 나라 농인들과 만났을 때 별 어려움 없이 의사소통이 가능하리라고 생각한다. 즉, 수어를 세계 공통어로 인식한다. 따라서 우리는 언어 기호의 자의적인 특징에만 초점을 둘 경우 시각-제스처 양식인 수어를 다룰 수 있는 토대를 찾기 어려워진다. 그러므로 언어 기호와 지시체 사이의 도상적인 특징을 포괄할 수 있는 기호의 분류가 요구되는데 이를 만족시키는 것이 퍼스(Charles Sanders Peirce, 1839~1914)의 기호 분류법이다. 퍼스에 의하면, 기호는 어떤 것을 대신하는 그 무엇이고, 기호가 대신하는 그 무엇은 대상체이다. 기호는 기호와 대상체가 맺는 관계에 따라 지표(*index*), 도상(*icon*), 상징(*symbol*)으로 나뉜다(김성도, 2006: 45).

> 도상 기호는 기호의 현존적 성격들이 대상체와 유사하다면 그것은 그 수단을 통해서 그 대상체와의 상관관계를 설정하고 그 기호는 도상이라고 불린다. 만약, 다른 한편, 기호의 현존적 성격이 그 대상체와 근접한 것이며, 그런 방식으로 대상체와 상관관계를 맺는다면, 그 기호는 지표라고 불린다. 끝으로, 만약 그 기호가 주로 기호의 계약적인 성격을 통해서 대상체와 상관관계를 맺는다면, 그 기호는 상징이 된다.

도상 기호는 기호와 대상체가 닮음으로 맺어진 것으로 사람의 사진이나 초상화가 그 예이다. 우리는 사진이 누군가와 닮았기 때문에 어떤 사람과 연결을 지을 수 있다. 지표 기호는 기호와 대상체가 인과관계와 인접성으로 맺어진다. 가령 눈 위의 발자국이나 벽에 남겨진 총알의 흔적은 누군가가 그 길을 지나간 것과 벽에 총을 쏘았다는 것을 의미한다. 상징 기호는 대상체와 계약적 관계를 갖는 것으로 그 대표적인 예가 언어이다. 가령 동일한 사물에 대해 각국의 언어는 달리 표현한다. 한국어로 '나무'는 영어로 'TREE'가 된다. 이를 한국수어로 표현하면 양손의 검지를 스치듯이 상하로 엇갈려서 나뭇가지의 모양으로 나타낸다면 미국수어로는 잎이 무성한 나무가 땅 위에 서 있는 모양으로 표현한다. 한국수어와 미국수어가 동일한 대상체에 대해 다른 특징을 선택한 점으로 보아 수어의 기호는 자의적이라고 할 수 있지만 근본적인 시각적 특징은 여전히 남아 있다. 사람이나 사물 자체와 그 움직임을 표현할 때 수어는 음성언어보다 외부 세계를 훨씬 쉽게 재현할 수 있다.

3. 수어와 제스처

수어에 대해 갖는 통념 중 또 다른 하나는 수어가 팬터마임 혹은 제스처라는 것이다. 농인 중에는 세계적으로 유명한 마임 전문가가 있다. 또한 전문가는 아니더라도 농인들은 전문가 못지않게 사람의 신체적, 행동적 특징을 잡아내는 데에 탁월하다. 일반적으로 제스처는 음성언어가 배제된 상황이나 앞서 말한 표현력이 풍부한 사람들만이 할 수 있다고 생각하기 쉬우나 실제로 청인들이 말할 때를 관찰해 보면 자신도 모르게 무의식적으로 말과 함께 제스처를 취한다.

제스처는 몸짓, 마임 등 여러 용어들로 사용되는데, 데이비드 맥닐(David McNeill)은 몇 가지 기준에 따라 제스처의 유형을 구분하였고 각 유형을 "켄든의 연속체"(Kendon's continuum)에 위치시켰다. 이 연속체 위에 몸짓(*gesticulation*), 팬터마임(*pantomime*), 엠블럼(*emblem*), 수어(*sign language*)가 위치한다.

이 절에서는 맥닐(2000: 1~10)이 제시한 4가지 기준인 말과의 관계, 언어적 특징, 관습, 세미오시스에 따라 제스처 각 유형들의 특징을 비교하고 특히 다른 제스처 유형들과 구별되는 수어의 특성에 집중하고자 한다.

〈그림 2-3〉 켄든의 연속체

몸짓 → 엠블럼 → 팬터마임 → 수어

자료: McNeill, 2000: 2.

각 제스처의 특징을 살펴보기에 앞서 제스처들의 예를 통해 고유한 특징을 살펴볼 필요가 있다. 먼저 맥닐이 제시한 제스처의 예는 다음과 같다(McNeill, 2000: 1~2).

몸짓은 어떤 화자가 "he grabs a big oak tree and bends it way back"(그는 커다란 참나무를 잡고 그것을 뒤로 구부렸다) 라는 말을 하면서 동시에 자신의 손을 마치 상상의 나무를 잡고 뒤쪽 아래로 잡아당길 때 나타나는 동작이다. 이때 말과 함께 나오는 뒤로 잡아당기는 제스처가 몸짓이다. 굵은 글씨에서 화자는 말과 함께 제스처를 한다. 엠블럼의 예는 우리에게도 친숙한 OK 기호이다. 엄지와 검지의 손끝을 접촉하고 다른 손가락을 편다. 이는 '허락'을 의미한다. 팬터마임은 흔히 무언극을 말한다. 그 예는 화자가 "what is a vortex?"(소용돌이가 뭐지?) 라고 말한 후에 손가락을 원형으로 빙빙 돌리는 제스처이다. 마지막으로 미국수어의 예는 TREE(나무) 이다. 한손 손등으로 다른 손의 팔꿈치를 받친다. 그리고 세운 손은 손가락을 모두 펴고 손가락 사이를 다 벌린다. 이 단어는 땅 위에 서 있는 잎이 풍성한 나무의 이미지를 나타낸다. 이 형태는 도상적이지만 관습화되고 제약이 된다.

1) 말과의 관계

말(*speech*) 과의 관계란 말이 의무적으로 존재하거나 아니면 의무적으로 부재한다는 것이다. 누군가가 말을 할 때 그 사람은 자신이 말하고 있는 내용과 관련한 행동을 동시에 실행한다. 맥닐은 이처럼 발화와 동시적으로 발생하는 제스처를 '몸짓'이라 하였다. 화자가 "He grabs a big oak tree and bends it way back"(그는 커다란 참나무를 잡고 그것을 뒤로 구부렸다) 라는 말을 하면서 동시에 자신의 손을 마치 상상의 나무를 잡고 뒤쪽 아래로 잡아당기는 제스처를 한다. 따라서 몸짓은 말이 의무적으로 존재하기 때문에 〈그림 2-4〉에서 보듯이 연속체의 가장 왼쪽 끝에 위치한다. 말과의 관계에서 엠블럼은 몸짓보다 자유롭다. 허락을 의미하는 OK 기호는 말을 동시에 해도 되고 하지 않아도 된다.

몸짓, 엠블럼과는 달리 팬터마임과 수어는 말을 동반하지 않는다. 팬터마임은 말없이 하는 의미를 가진 제스처로서 말을 동반하지 않는다. 마찬가지로, 수어도 말을 동반하지 않는다. 그러나 청인과 농인 사이에서 통역을 담당해야 할 때 별다른 의식 없이 수어와 말을 동시에 한다. 그렇게 함으로써 수어도 하고 말도 하여 농인과 청인 모두의 요구를 충족시킨다고 생각하지만 실제로 그 사람은 수어로도 말로도 정확한 의미를 전달하는 데 실패하게 된다. 맥닐은 이러한 점을 다음과 같이 진술하였다(McNeill, 2000: 2).

> 수어는 말과 함께 동시적으로 산출하는 것이 가능하지만 그렇게 하는 것은 말과 제스처 모두에 파괴적인 영향을 미친다. 말은 더듬게 되고 수어의 실행은 의미를 부호화하기 위해 시간보다는 공간을 이용하는 수어의 주된 문법적 메커니즘 단계에서 붕괴된다.

〈그림 2-4〉 말의 존재 여부

몸짓	→	엠블럼	→	팬터마임	→	수어
의무적으로 존재		선택적으로 존재		의무적으로 부재		의무적으로 부재

자료: McNeill, 2000: 2.

2) 언어적 특징

언어적 기준에 따르면, 각 제스처 유형들은 연속체상에서 점하는 위치가 바뀐다. 언어적 특징을 가지지 않는 몸짓과 팬터마임이 맨 왼쪽에 위치하고, 일부 언어적 특징을 가진 엠블럼이 가운데에, 그리고 언어적 특징을 가진 수어가 맨 오른쪽에 위치하게 된다(〈그림 2-5〉).

〈그림 2-5〉 언어적 특징의 존재 여부

몸짓	→	팬터마임	→	엠블럼	→	수어
언어적 특징 부재		언어적 특징 부재		일부 언어적 특징 존재		언어적 특징 존재

자료: McNeill, 2000: 3.

언어적 특징은 음운적인 형태 제약을 들 수 있다. 앞에서 맥닐이 제시한 몸짓의 예인 "(그는 커다란 참나무를 붙잡고) 뒤로 구부리다"는 형태적 제약을 따르지 않는다. 단지 구부림 자체의 이미지에서 온 제약만 있다. 손 모양과 자세는 나무를 뒤로 잡아당긴다는 화자의 이미지를 반영한 그 순간의 창작이다. 이와 대조적으로, 미국수어의 TREE '나무'는 그 언어의 음운적 특징에 의해 제약된다. TREE를 구성하는 손가락을 모두 편 손의 모양은 미국수어의 표준적인 손 모양 중의 하나이다. 엠블럼의 경우도 형태적 제약을 가진다. 가령 OK를 나타내는 엠블럼을 엄지와 검지의 접촉이 아니라 엄지와 중지의 접촉으로 했을 때 형태는 비슷하지만 OK로 인식되지 않는다. 즉, OK 기호는 수어의 단어처럼 어떤 음운적인 모양을 취한다고 볼 수 있다.

3) 관 습

관습은 언어적 특징 기준과 동일한 배치를 갖는다(〈그림 2-5〉). 관습화되지 않은 몸짓과 팬터마임이 연속체 상에서 가장 왼쪽에 위치하고 부분적으로 관습화된 엠블럼이 그다음에 위치하며 완전하게 관습화된 수어는 가장 오른쪽에 위치한다. 여기서 관습은 '제스처의 형태와 의미가 어떤 사회적으로 구성된 집단 표준과 만나는 것'을 의미한다.

4) 세미오시스

세미오시스 기준은 몸짓과 수어의 기호적 차이와 관련된다. 위 기준들에 비해 하나의 제스처가 4가지 특징 중에서 — 전체적(*global*), 통합적(*synthetic*), 분석적(*analytic*), 분절적(*segmented*) — 두 가지 특징을 동시에 갖기 때문에 더욱 복잡하다. 그러나 연속체에서 각 제스처 유형은 바로 앞에서 진술한 언어적 특징과 관습의 기준과 동일한 배치를 갖는다.

〈그림 2-6〉 켄든의 연속체

몸짓	→	팬터마임	→	엠블럼	→	수어
전체적이고 통합적 (*global-synthetic*)		전체적이고 분석적 (*global-analytic*)		분절적이고 통합적 (*segmented-synthetic*)		분절적이고 분석적 (*segmented-analytic*)

자료 : McNeill, 2000 : 5 ~ 6.

'전체적(*global*) - 분절적(*segmented*)' 특징으로 볼 때 몸짓과 팬터마임은 전체적이고 엠블럼과 수어는 분절적이다(McNeill, 2000: 5). 몸짓은 의미의 결정이 하향 방향으로 이루어진다. "뒤로 구부리는" 몸짓의 경우, 부분의 의미는 전체 의미에서 결정된다. 부분들 중의 하나인 손은 캐릭터의 손과 같고, 또 다른 부분인 움직임은 캐릭터의 움직임과 같으며 세 번째 부분인 뒤로 향한 방향은 캐릭터가 뒤로 향한 움직임의 방향과 동일하다. 이 부분들은 독립된 형태소가 아니다. 대조적으로, 음성언어로 표현할 경우에 나무를 뒤로 구부리는 캐릭터의 사건은 독립적인 의미를 가진 단어 혹은 통사에 따라 조직된 분절음으로 이루어진다. 즉, 문장은 쪼갤 수 있다는 것이다. 이 점에서 수어는 문장의 의미는 전체의 덩어리로 이해되는 것이 아니라 분절된 단위인 구, 단어로 이해된다. OK 기호도 엄지와 검지를 접촉하는 손의 모양일 때만 찬성, 승인, 허락, 허가의 의미를 전달할 수 있어서 분절적이다. 몸짓의 하향 방식(*top down*)의 전체적인 기호적 특성은 문장의 상향 방식(*bottom up*)과 대조된다.

팬터마임도 전체적이다. 돌리는 손가락으로 표현하는 소용돌이 제스처는 휘젓는 막대(*swizzle stick*)로 이해된다. 왜냐하면 전체로서 소용돌이를 의미하기 때문이다. 미국수화 단어는 기호적 원리에서 명백하게 분절적이다. 따라서 연속체에서 왼쪽에 위치한 몸짓과 팬터마임은 전체적이고 오른쪽에 위치한 엠블럼과 수어는 분절적이다.

다음으로, 통합적(*synthetic*)이라는 특징에서 보면, 몸짓과 엠블럼은 통합적이고 팬터마임과 수어는 분석적이다. 통합적이라는 것은 '단일한 몸짓이 별개의 의미를 가진 단일한 상징적 형태로 응축된다는 것으로 의미는 수반되는 문장 전체 표면에 퍼질 수 있다'이다(McNeill, 2000: 5~6). 가령 "뒤로 구부리다" 제스처는 행위자, 행위자의 행위, 나무의 경로를 나타낸다. 이 동일한 의미적 기능은 "그", "구부리다", "뒤", "-로"와 같은 문장의 전체 표면에 퍼진다. OK 엠블럼도 통합적이다. 가령 "A job well done"(일이 잘 됐어) 라는 문장을 말하면서 OK 엠블럼을 동시에 산출할 때 엠블럼은 전체 문장에 퍼진다.

이와 달리, 팬터마임은 분석적이다(McNeill, 2000: 6). 가령 '소용돌이'를 나타내는 제스처는 어휘적 용어의 번역이다. 누군가가 그릇을 가지고 액체를 붓고 액체를 젓는다는 전체 연속적인 행동을 할 때 '소용돌이' 제스처는 이 연속에서 전체가 아니라 한 단계를 언급한다.

결론적으로, 맥닐(2000: 6)에 의하면 수어는 음성언어의 단어처럼 관습화되고 분절적이고 분석적이고 언어적 특징을 가지지만 의무적으로 말과 함께 수행되지 않는다. 그러나 수어와 제스처는 시각적-제스처 양식이라는 공통점에 의하여 상당히 비슷하게 기능하는 경우가 발생한다.

4. 수어의 종류

수어는 크게 기본 수어(*primary sign language*)와 대체 수어(*alternative sign language*)로 나누어 볼 수 있다(김현강 외, 2012: 329〔Kendon, 2004〕). 기본 수어는 농인의 공동체에서 사용하는 자연언어를 말하며 대체 수어는 청인에 의해 음성언어가 사용되면서 동시에 특정한 상황에서 사용되는 정교한 동작 코드를 말한다. 대체 수어를 사용하는 공동체의 예로는 호주의 토착 원주민, 북미의 평원 인디언, 수도원의 수도자, 크레인 운전자, 제재소 노동자 집단 등이다.

1) 가정 수어

케글과 동료들(Kegl, Senghas & Coppola, 1999)은 중앙아메리카 중부에 위치한 니카라과의 농인들의 수어를 연구하였다(김현강 외, 2012: 336~337에서 재인용).

니카라과의 농인들은 가족과 함께 흩어져 살면서 가정 내에서 '홈사인'이라고도 하는 가정 수어를 사용하였다. 가정 수어는 완전한 언어는 아니며 피진어(*pidgin*)에 가깝다. 확실한 형태가 없으며 일반적으로 특정한 가족의 특징을 가진다. 흔히 가정 수어를 사용하는 농아동들은 가정 내에서 다른 농아동과 접촉하지 않고 수어로 교육을 받지도 않았다. 일반적으로 가정 수어는 한 세대에서 다음 세대로 전달되지 않는다는 특징을 가진다.

케글과 동료들의 연구에 통해 우리는 수어가 언어적 특징을 갖게 되는 과정을 관찰할 수 있다. 1980년 니카라과의 수도 마나과에 농인을 위한 최초의 특수학교가 설립되어 다양한 연령의 농인들은 각자의 다양하고 특이한 가정 수어를 가져와 공동체에서 공유되는 수어를 만들어 냈다. 케글과 동료들은 농인들이 가져온 가정 수어를 이용하여 상호작용을 통해 발전시킨 공통된 체계를 '니카라과 수어'(Nicaraguan Sign Language)라고 명명했다. 즉, 수어가 성립하기 위해서는 언어 공동체와 그것을 사용하는 언어 사용자들 간의 지속적이고 활발한 상호작용이 전제되어야 한다는 것이다(김현강 외, 2012: 336).

2) 마을 수어

마을 수어(*village sign language*)는 지역의 토착 수어이다.[4] 마을 수어는 선천적인 농이 많이 발생하는 비교적 고립된 공동체에서 몇 세대에 걸쳐 발생한다. 이 수어는 농인에게 국한되지 않으며 농 가족이나 농 친구가 있는 상당수의 청인 집단도 사용한다. 마을 수어는 청인 집단이 사용한 제스처에서 파생된 단어들을 포함하기 때문에 이웃하는 마을 수어들은 실질적인 관계가 없어도 어휘적으로 비슷하다. 왜냐하면 수어 이전의 제스처로서 문화적 유사성을 갖기 때문이다. 마을 수어의 대표적인 예는 우리에게도 잘 알려진 미국의 마서즈 빈야드 섬(Martha's Vineyard)의 수어이다.

4 가정 수어, 마을 수어, 농-공동체 수어에 대한 세부적인 내용은 다음의 사이트를 참고할 수 있다. http://en.wikipedia.org/wiki/Village_sign_language

3) 농공동체 수어

농공동체 수어(*deaf-community sign language*)는 농인의 공동체에서 발생한 수어이다. 여기에는 니카라과수어와 같은 학교 수어도 포함된다. 니카라과수어의 경우, 수어를 교수(*instruction*) 언어로 사용하지 않는 농학교의 농 학생들 사이에서 발달하였다. 뿐만 아니라 바마코수어(Bamako Sign Language)는 고용을 위해 도시로 모인 교육을 받지 못한 농인들에 의해 만들어졌다. 바마코는 말리 공화국의 수도이다. 이 수어는 말리수어(Malian Sign Language)로도 불린다. 농-공동체 수어는 일반적으로 청인 집단 그리고 많은 경우에 가까운 가족들에게조차 알려지지 않았다. 그러나 교육 상황에서의 교수 언어가 되고 공식적인 인정을 받으면서 성장했다. 미국수어의 경우가 그러하다.

4) 말금기 언어

호주 원주민 수어(Aboriginal Australian Sign Language)처럼 말금기 언어(*speech-taboo language*)는 청인 공동체에서 발달했고 농인에 의해서는 이차적으로만 사용된다.

호주 원주민 수어는 어떤 의식을 행하는 상황에서 말의 사용이 금지되고 사람들에 의해 감시되기 때문에 말을 대신하여 발전하게 되었다(김현강 외, 2012: 349). 호주 원주민인 왈피리(Warlpiri) 부족이나 와루문구(Warumungu) 부족의 경우는 애도와 같은 발화가 금지된 기간뿐만 아니라 일상생활에서 편리함을 위해 사용한다.

> 먼 거리에 있는 사람에게 소리를 지르는 것 대신에 사용되거나, 사냥을 할 때와 같이 사람들이 조용하기를 원할 때 사용되고, 다른 사람들이 엿듣는 것을 피하고 싶을 때, 피곤하거나 아플 때 역시 사용된다. 수화는 '존경을 표현하는'(*respect*) 언어로서 기능하는데, 두려워하는 문제를 언급할 때, 구두 언어보다 더 많이 사용된다.

말이 금기시되는 환경에서 수어가 사용된 경우는 수도원이다. 수도자들은 '모든 시간을 명상에 헌납해야 하기 때문에, 구두 언어를 이용하여 다른 사람과 의사소통을 하는 것은 금지된다.'(김현강 외, 2012: 344) 따라서 의사소통을 위해 몇 가지 제스처의 사용이 허락되었다. 그러나 공식적으로 허락받은 제스처만으로는 풍부한 의사소통이 불가능하고 다른 수도원의 수도자들과의 소통이 쉽지 않아서 비공식적인 수어도 발달하게 되었다.

마지막으로, 청인이 의사소통의 목적으로 발전시킨 수어로는 북미 평원 인디언들의 수어가 있다. 북미 평원 인디언들은 이미 수어를 사용하고 있었고 스페인 사람들로부터 말을 얻은 다음 버팔로를 따라서 평원으로 이동하기 시작하였다(김현강 외, 2012: 347~348). 이들은 이동하면서 서로 다른 언어를 사용하는 인디언들과 마주쳤다. 인디언 수어는 부족 간의 의사소통 수단으로 사용되었다.

5) 대체 수어와 기본 수어의 차이

음성언어 공동체에서 사용하는 수어는 음성언어를 배제하고 수어만을 사용하는 농인의 수어와는 분명한 차이가 있을 것이다. 그러므로 음성언어 화자들이 사용하는 수어를 살펴보는 작업은 제스처가 완전한 언어로서 성립되기까지 어떠한 과정을 거쳐야 하고 어떤 조건이 필요한지를 보여준다는 점에서 그 가치가 크다. 음성언어를 사용하는 공동체이지만 특정한 상황에서 대체 수어를 사용하는 예들을 간단히 소개하도록 한다(김현강 외, 2012: 339~355). 이를 통해 대체 수어와 기본 수어의 특징을 비교할 수 있을 것이며 궁극적으로는 기본 수어의 특징이 무엇인지 명백히 파악할 수 있을 것이다.

작업 환경에서 사용되는 경우로 크레인 운전자를 안내하는 사람이 사용하는 제스처와 제재소에서의 제스처이다.

먼저, 무거운 물건을 끌어올리거나 나르는 기계인 크레인으로 작업하는 환경에서 크레인 운전자를 안내하는 사람은 뚜렷한 손 모양과 팔 동작을 결합한 5가지 대조적인 신호 쌍을 가지고 크레인 운전자에게 지시한다. 이 신호 체계를 언어로 여기지 않는 데는 몇 가지 이유가 있다(김현강 외, 2012: 341).

> 첫째, 전달하는 메시지는 크레인 운전자를 안내하는 신호에만 국한되어 있다.
> 둘째, 동일한 작업 환경일지라도 새로운 발화 표현이 불가능하다.
> 셋째, 크레인 신호 체계가 비대칭적이다. 그렇기 때문에 안내자만이 운전자에게 크레인을 어떻게 움직이라고 지시할 수 있고 운전자는 그에 따라 크레인을 움직일 수 있다. 운전자는 안내자에게 응답할 수 없다.

즉, 이 신호 체계를 언어로 볼 수 없는 것은 상호작용이 부족하기 때문이다. 제스처가 언어로 발전하기 위해 체계를 수정하는 것이 전제되어야 하는데 크레인 신호 체계는 체계를 확장하거나 수정할 수 있는 상호작용 과정이 부재한다.

다음으로, 제재소에서 노동자들이 사용하는 체계가 있다. 제재소는 나무를 가공하는 곳으로 환경적으로 소음의 강도가 세고 노동자들 사이에 거리가 멀어서 구두 언어로 메시지를 전달하는 것이 불가능하다. 따라서 노동자들은 서로의 협력을 위해 손 신호를 사용한다(김현강 외, 2012: 341~342).[5]

> 그렇지만 이러한 확장에도 불구하고 수화는 직업과 관련된 기술적인 것을 넘어서 하루의 일과 의논, 커피 마시는 시간, 점심시간, 일을 끝내는 시간과 같이 특별한 시간들, 그리고 맥주, 섹스, 부인들, 여자 친구들과 같이 화제의 범위에 있어서는 제한적이다. 작업 이외의 내용을 표현하는 데 있어서 수화는 재미있고, 농담과 비슷하다. 게다가 이 수화는 오직 제재소라는, 일하는 환경에서만 사용된다. 식당과 같이 제재소를 벗어난 장소에서는 사용되지 않는다.

제재소의 체계가 발달되지 않은 요인도 '제한된 의사소통 환경'에 둔다. 이 체계는 어느 정도 작업과 관련이 있으며 그들이 일을 하면서 잡담을 할 수 있을 만큼만 정교하고 그 이상을 넘어선 주제에 대한 의사소통은 나중으로 미룬다(김현강 외, 2012: 344). 마찬가지로, 바라캇(1975)은 수도원의 수어가 제재소의 수어

5. 김현강 외(2012: 342)의 '수화'라는 용어를 그대로 따랐다.

보다 훨씬 더 복잡한 것을 다루고 더 넓은 상호작용 환경에서 사용된다고 보고 하지만 그럼에도 불구하고 특별한 맥락에 한정되어 사용되기 때문에 더 발전할 만한 자극이 없다고 본다(김현강 외, 2012: 346~347에서 재인용). 또한 생산적인 표현 전략이 발전하지 않을 것이라고 예측할 수 있다.

2 한국수어의 구조

03 음운론

언어의 주된 특징이라 할 수 있는 것은 언어 기호가 더 작은 단위로 쪼개어진다는 점이다. 음성언어는 모음과 자음이라는 수가 한정된 분절음들이 결합하여 단어를 만든다. 수어도 언어로서 그 지위를 인정받기 위해서는 언어 기호의 분절성이라는 특징을 가지고 있음을 증명하는 것이 당연한 순서였다. 1960년, 윌리엄 스토키는 《수어의 구조》(*Sign Language Structure*)를 통해 수어가 음성언어의 단어처럼 더 작은 구성 요소로 쪼개어지고 그 요소들은 의미를 가지지 않는다는 것을 제시하였다.

> 이러한 오해를 정정하기 위해 언어라는 자격을 받을 수어 시스템에 대한 온전한 연구가 필요하다. 간단히 말해 올바른 관점은 그 자체로 의미를 가지지 않은 신체적인 움직임의 변별적 자질들로 이뤄진 작고 폐쇄된 세트가 개방되고 더 커다란 세트인 문장을 형성하기 위해 결합한다는 것을 인식하는 데서 온다(Stokoe, 1972: 12).

스토키(1960)는 트리거와 스미스의 음소 모델을 미국수어에 적용했고 수어에서 단어(*signs*)[1]의 하위 구성소에 대한 중요한 분석을 수행하였다(Sandler & Lillo-Martin, 2006). 그의 연구는 수어의 단어를 음성언어의 단어처럼 분석이 불가능한 제스처로만 간주했던 기존의 잘못된 인식에 새로운 통찰을 제공하는 중요한 계기가 되었고 이후 각국에서 수어 연구를 촉발시켰다.

스토키에 따르면, 수어의 단어는 세 측면으로 구성되는데 이들은 동시에 일어난다(1972: 24). 3가지 측면은 수어의 단어가 만들어지는 장소인 tabula(*tabs*), 단어를 만드는 손의 모양인 designator(*dez*), 손의 활동인 signation(*signs*)이다. 스토키는 소리를 기반으로 한 "phoneme"이란 용어를 사용하는 대신에 수어의 대응물을 위한 용어로서 handy로 번역되는 그리스어 cher로부터 "chereme"라는 용어를 사용하였다(Sandler & Lillo-Martin, 2006). 그러나 후속 연구자들은 스토키가 사용한 용어 대신에 수위(*location*), 수형(*handshape*), 수동(*movement*)이라는 용어를 사용하였다. 3가지 외에 손의 방향인 수향(*orientation*)을 로빈 베티슨(Robbin Battison)이 추가했다. 한국수어 문헌에서도 수위, 수형, 수동, 수향이라는 용어를 공통적으로 사용하고 있으며 이들을 '수어소'(*chereme*)라 칭한다. 수어의 단어는 수지적 요소인 수형, 수위, 수동, 수향뿐만 아니라 손을 제외한 수어자의 얼굴 표정, 상체의 방향과 움직임과 같은 비수지적 요소로 구성된다. 따라서 수어의 구성소로 비수지 신호(NMSs: *non-manual signals*)를 추가하기도 한다.

아담 셈브리(Adam Schembri, 2003: 10)는 수어 문헌에서 스토키의 용어 대신에 수형, 수위, 수동과 같은 용어가 일반화된 이유를 다음과 같이 밝힌다.

> 수어학(*sign linguistics*)은 1960년대 수어 연구의 시작을 열었던 윌리엄 스토키 이후 새롭고 급격하게 확장된 연구 영역이었다. 자연히 표준적인 용어에 대한 강한 요구가 있었고 음성언어 기술에서 차용한 용어는 가장 적절한 해결책으로 보였다. 왜냐하면 1960년대에 스토키가 미국수어의 구조를 밝히는 작업에서 음성언어의 음소와 음운론에 대응하여 '수어소'와 '수어소론'(*cherology*)이라는 수어 특정 용어를 고안했지만 그러한 시도는 성공을 거두지 못했기 때문이다.

1 학문적 연구에서 언어와 언어를 구성하는 단위의 구분이 필요하다(남기현, 2012: 8). 이 책에서 언어는 '수어' 혹은 '한국수어'라 하고 수어에서 말하는 sign은 음성언어의 word와 동일하게 '단어'라고 하였다.

스토키의 학문적 성과가 수어의 언어적 위상 정립에 중요한 주춧돌이 된 만큼 수어 연구는 음운론에서 활발하게 진행되었다. 스토키의 음소 모델은 수어 음운론 연구의 주를 이루었다. 이 장에서는 선행 연구들을 토대로 하여 한국수어 단어의 음운적 특징을 다루고자 한다. 먼저 한국수어의 수어소를 차례대로 살펴보도록 하자.

1. 수어소

개별 언어의 음운론 기술에서 가장 기본적인 작업은 그 언어의 음소 목록을 찾아내는 것이다. 가령 영어와 한국어를 비교할 때 영어에서 light는 〔layt〕로, right는 〔rayt〕로 발음되는데, 두 단어에서 다른 소리는 모두 동일하고 첫소리인 설측음〔l〕과 탄설음〔r〕만 다르다(이건수, 2000: 155). 그렇지만 영어 화자들은 두 단어의 의미가 다르다는 것을 안다. 이와 달리, 한국어에서는 달〔tal〕과 달이〔tari〕에서 〔l〕과 〔r〕은 다른 소리로 인식되지 않는다. 영어의 예처럼 단어의 의미를 구별하는 소리를 '음소'(*phoneme*)라 한다. 즉, 말의 뜻을 구별해 주는 소리의 최소 단위를 음운이라 하고 음운은 자음과 모음인 음소와 소리의 길이, 높낮이, 강세와 같은 운소를 포함한다. 음소를 구별하는 방법으로 최소대립쌍(*minimal pairs*)이 사용된다. 최소대립쌍이란 영어의 light와 right처럼 두 단어에서 동일한 위치에서 나타나는 한 음만 다르고 나머지 음은 동일한 단어의 쌍을 말한다. 이로써 두 단어의 의미의 차이를 발생시킨다.

1) 수 형

수형[2]은 단어를 구성하는 손의 형상이다. 수형의 대립은 손가락의 선택, 손가락의 자세, 내부 수동(*internal movement*)으로 이루어진다(Sandler & Lillo-Martin, 2006). 〈그림 3-1〉에서 두 단어는 손가락의 선택으로 구별된다. [보다[1]]는 검지만 선택했고 [비교하다]는 검지와 중지를 선택했다. 나머지 수동과 수위, 수향은 동일하다.

〈그림 3-1〉
수형의 대립:
손가락의 선택

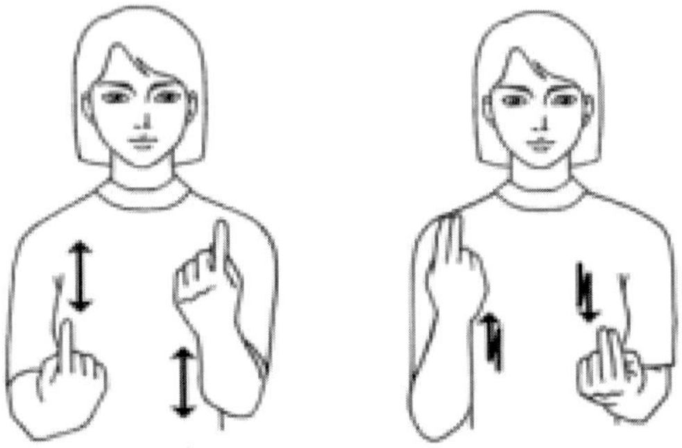

---

2 수어 단어의 산출과 지각의 측면에서 볼 때 수어자의 손과 팔은 매우 복잡하게 움직인다(Battison, 1978). 베티슨은 신체의 왼쪽 면과 오른쪽 면의 활동과 손과 팔의 관계를 언급하기 위해서 3가지 용어의 쌍이 필요하다고 하였다.
① 왼쪽 / 오른쪽 : 오른쪽과 왼쪽 대립은 변별적이지 않으며 기능과 관계없는 면에 대한 자의적 명칭이므로 잉여적이다.
② 우세 / 비우세 : 우세손(*dominant hand*)은 움직이는 데 가장 선호되는 손이고 비우세손(*nondominant hand*)은 다른 손이다. 두 손으로 이루어지는 단어의 기술에서 기능적인 용어로 능동적인(*active*)과 수동적인(*passive*)이라는 용어도 사용한다.
③ 동 측(*ipsilateral*) / 반대 측(*contralateral*) : 움직이는 손과 동일한 신체의 면은 동 측, 반대인 경우에는 반대 측이다.
이 용어 외에도 리델과 존슨(Liddell & Johnson, 1986 : 475)은 수어할 때 주되게 움직이는 손을 강한 손(*strong hand*), 덜 중심적인 음운적 역할을 하는 손을 약한 손(*weak hand*)이라 하였다. 이 책에서는 양손을 기능에 따라 구분하는 우세손과 비우세손이라는 용어를 사용할 것이며 베티슨이 동 측과 반대 측이라 한 것은 '같은 쪽'과 '반대쪽'이라는 명칭을 사용하겠다. 또한 한손으로 이루어지는 단어를 한손 – 단어(*one-handed signs*), 두손으로 이루어지는 단어를 두손 – 단어(*two-handed signs*)라 하겠다.

두 단어는 손가락의 자세로 대립된다. 〈그림 3-2〉에서 〔어렵다〕는 〔예쁘다〕와 동일하게, 선택된 손가락은 검지이지만 관절을 구부리느냐 펴느냐에 따라서 대립된다. 〔어렵다〕는 검지의 관절을 구부리지만 〔예쁘다〕는 구부리지 않는다.

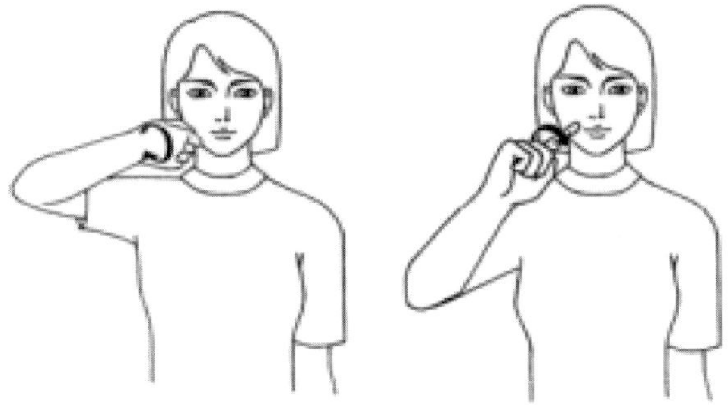

a. [어렵다] b. [예쁘다]

〈그림 3-2〉
수형의 대립 :
손가락 자세

손가락의 내부 수동은 위치의 이동 없이 손가락을 구부리거나 흔들거나 하는 등의 국지적인 움직임을 가지는 것을 말한다. 〈그림 3-3〉을 보면, 〔자다〕와 〔똑똑하다〕는 동일하게 반대쪽 눈앞에서 같은 쪽 눈앞으로 직선 이동한다. 손가락의 내부 수동의 유무에 따라 두 단어가 구별된다. 〔자다〕는 손가락 관절을 구부렸다 폈다 하는 내부 수동이 직선 이동 움직임과 함께 일어나지만 〔똑똑하다〕는 손가락의 내부 수동이 없이 반대쪽 눈앞에서 같은 쪽 눈앞으로 이동만 한다.

a. [자다] b. [똑똑하다]

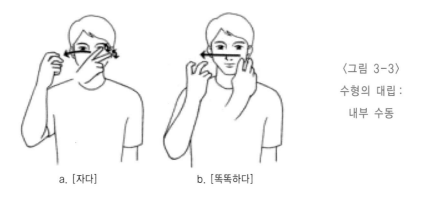

〈그림 3-3〉
수형의 대립 :
내부 수동

각국의 수어는 고유의 수형 목록을 가진다(Sandler & Lillo-Martin, 2006). 특히 수어에서 수형의 목록은 수위와 수동에 비하여 문제가 덜 제기되었다.

한국수어에서 수형은 김승국(1983)은 30개, 석동일(1989)은 44개, 김칠관(1998)은 52개, 최상배(2012)는 69개로 제안하였다. 특히, 최상배(2012)는 《한국수화사전》(2007)에 등재된 9,557개의 단어를 대상으로 하여 수형별 빈도 분석을 수행하였다. 그 연구에 따르면, 《한국수화사전》에 등재된 단어들의 평균 수형의 수는 대략 2.9개로 나타났다. 하나의 단어에 수형이 여러 개인 이유는 분석의 대상에 단일어뿐만 아니라 복합어도 포함되었고 한손-단어뿐만 아니라 두손-단어도 포함되었기 때문이다. 두손-단어의 경우는 두손의 수형이 다를 수도 있다. 또한 하나의 단어도 시작과 끝의 수형이 달라질 수 있기 때문이다.

(1) 무표 수형

수형의 출현 빈도인 고빈도와 저빈도 그리고 유표적인 수형들을 중심으로 하여 한국수어의 수형의 특징을 살펴보도록 하자.

수어 연구에서 일부 수형들은 '무표', '중립', '기본'이라고 불린다(Zeshan, 2000: 18). 무표 수형(*unmarked handshapes*)은 연구자에 따라 달리 보고되었다. 가령 미국수어의 경우, 베티슨(1978)은 A, S, B, 5, G, O, C수형을, 클리마와 벨루지(Klima & Bellugi, 1979)는 A, B, C, G, O, 5수형으로, Boyes-Bream(1990)은 A, B, C, G, O, bO, 5수형으로 제안했다(Zeshan, 2000: 18).

무표 수형을 판단하는 기준은 베티슨의 제안(Valli et al., 2005: 201~202)이 보편적이다.

(1) 무표 수형은 폭넓은 맥락에서 발생 빈도가 매우 높다.
(2) 무표 수형은 다른 모든 수어에서 발견된다.
(3) 무표 수형은 부모로부터 미국수어를 습득하는 농아동들이 처음 습득하는 수형이다.
(4) 시각적 지각 실험에서 가장 덜 혼동되는 것은 5, B, C, O수형이었고 A수형이 7번째였다.
(5) 농아동들은 이 세트들의 요소들에 대해서 수형 대치에서 산출 오류가 있다.
(6) 무표 수형의 이 작은 세트는 유표 수형들보다 제약적인 면이 덜하다.

〈그림 3-4〉
미국수어 무표 수형

A수형

S수형

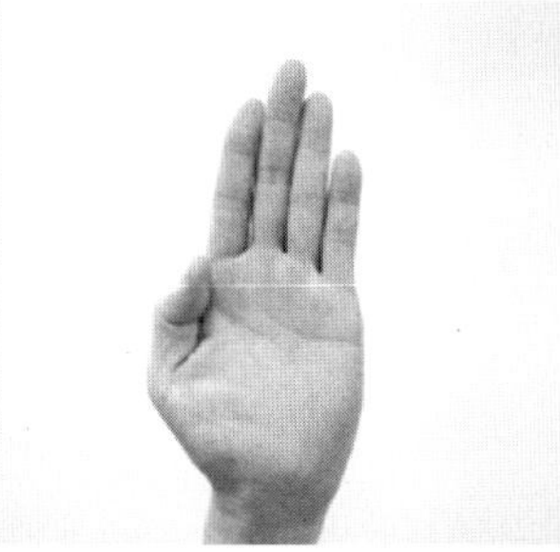

B수형

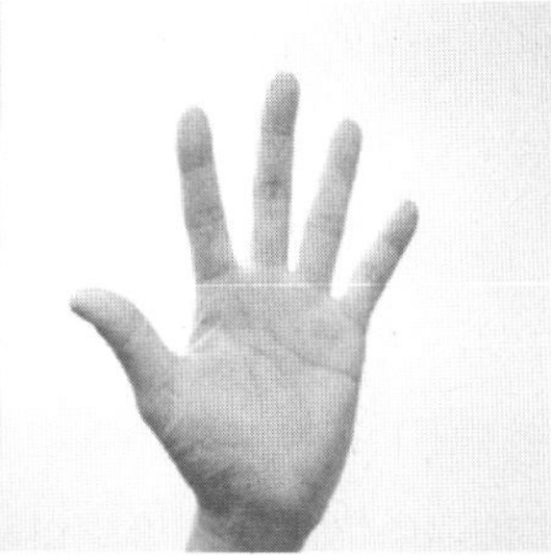

5수형

G수형

O수형

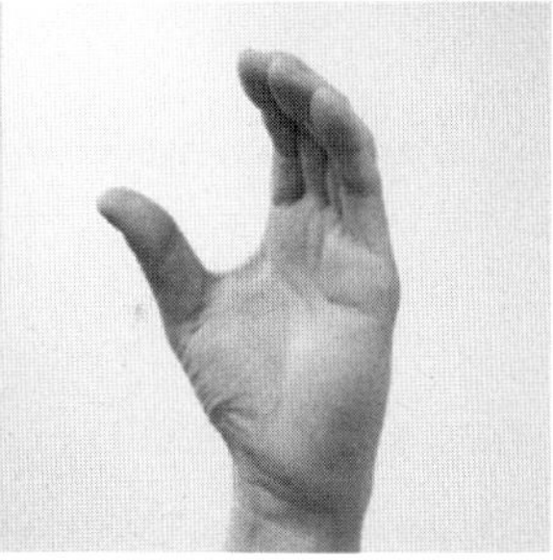

C수형

위 기준으로 볼 때, 무표 수형은 여러 나라 수어에서 보편적으로 나타나며 발생 빈도가 높은 수형으로 농아동들이 수어를 습득할 때 처음 숙달하는 수형이다. 여섯 번째 기준에서 제약적이라는 것은 첫 번째 기준처럼 빈도수가 아니라 단어의 다른 요소들과의 상호작용에서 나타나는 제약이다. 수어의 두손-단어를 산출할 때 한손은 다른 한손에 접촉하는 경우가 있다. 7개의 무표 수형은 단어를 만들기 위해 신체 혹은 다른 손과 접촉하는 방식에서 더 다양하다. 달리 말하면 많은 유표 수형들은 훨씬 한정된 접촉 지점을 가진다는 것이다(Valli et al., 2005: 202). 예를 들어 미국수어에서 무표 수형인 B수형과 중간적 위치에 있는 3수형 그리고 매우 유표적인 R수형의 접촉 지점을 비교한 결과, 접촉 지점이 가장 많은 것은 B수형, 3수형, R수형의 순서였다.

한국수어의 경우 무표 수형은 B, G, T, M, A, O, I, H, C수형으로 9개로 제안되었다(석동일, 1989: 72). 석동일은 베티슨의 6가지 기준으로 봤을 때 한국수어는 비교적 잘 적용된다고 보았다.[3]

(1) 사용도가 높은 순위를 보면, KSL에서는 B. G. T. M. A. O. G. H의 순이고 C는 사용도가 낮다.[4]
(2) 대부분의 수화에 나타난다는 것은 KSL에도 같은 양상이다.
(3) 시각적 변별이 용이한 형이라는 점에서, 이를테면 A는 [+닫힘]의 대표이고 B는 [-닫힘]의 대표이다. C는 [+굴곡], O는 [+접촉]의 대표이다. G는 [+검지], I는 [+소지], T는 [+엄지]에서 간단한 수형이고 시각적으로도 보기 쉽다.
(4) 다른 유표 수형에 비해 제약이 적다고 하는 것에 대해서 ASL에서는 유표수형은 손의 접촉점이 제한되나 무표수형은 그렇지 않다. 이점에서는 KSL도 비슷하다. 무표수형의 B는 많은 접촉점을 가지고 있다. 예를 들면, [끝], [모두], [꽃], [아파트], [지구], [집] 등이다.

3 원문을 따라 한국수화를 'KSL'로, 미국수화를 'ASL'로 표시하였다.

4 석동일(1989 : 72)에서 I가 제시되지 않고 G가 두 번 제시되었다.

〈그림 3-5〉
한국수어 무표 수형

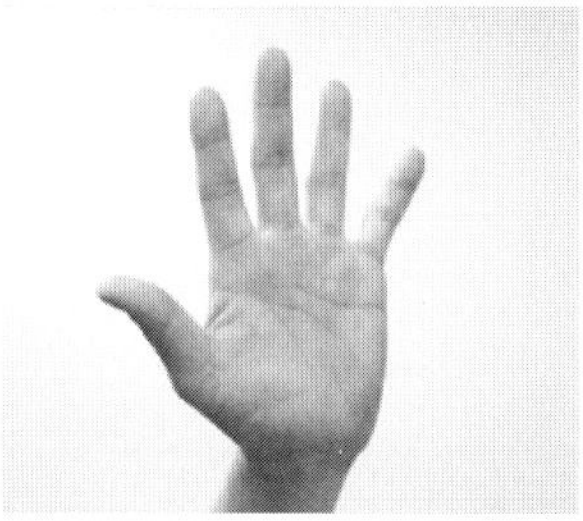

B수형

G수형

T수형

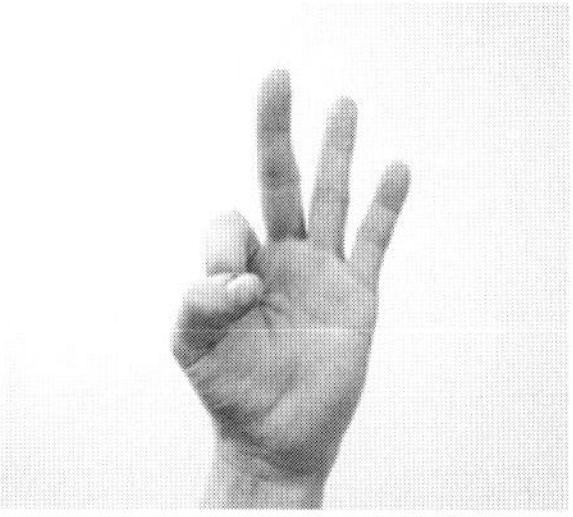

M수형

A수형

O수형

I수형

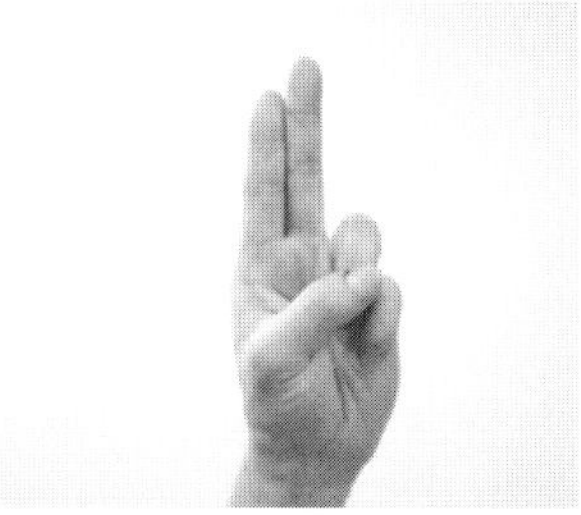

H수형

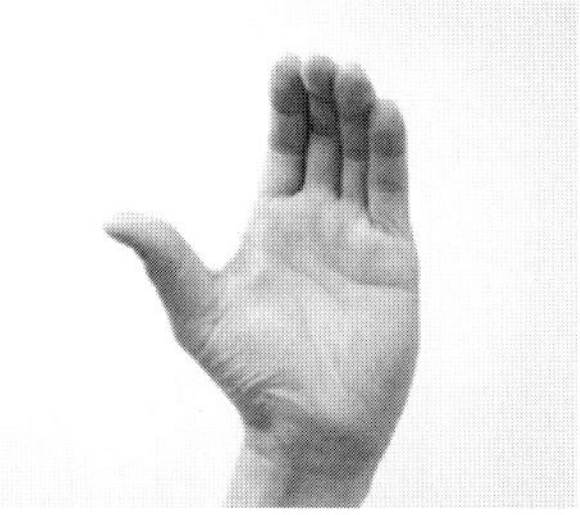

C수형

장세은(1999: 92)은 석동일(1989)이 유표 수형의 기준에서 '시각적 변별의 용이성'과 '다른 수형에 비해 제약이 적음'만을 언급하였고 나머지에 대해서는 통계치를 제시하지 않았다고 지적하였다. 아울러 언어 습득과 관련한 연구의 필요성을 주장하였다.

최근 이루어진 수형에 대한 연구는 최상배(2012)를 들 수 있는데, 두손-단어에서 비우세손의 수형 유형을 28개로 제안하였다. 그 결과를 〈그림 3-6〉과 〈그림 3-7〉에서 10 이상의 빈도수와 10 미만의 빈도수로 나누어 제시하겠다.

석동일(1989)과 최상배(2012)의 연구는 각각 《표준수화사전》(1982)과 《한국수화사전》(2007)이라는 문헌 자료를 대상으로 했다. 무표 수형의 기준 중에서 높은 발생 빈도에 근거하여 볼 때, 9형, 주먹형, 5형이 매우 빈번하게 사용됐다. 한국수어에서 특이한 점은 5형이다. 이 수형은 세 번째로 많이 나타나는 수형임에도

〈그림 3-6〉 두손 - 단어에서 비우세손의 수형 빈도 (빈도수 10이상)

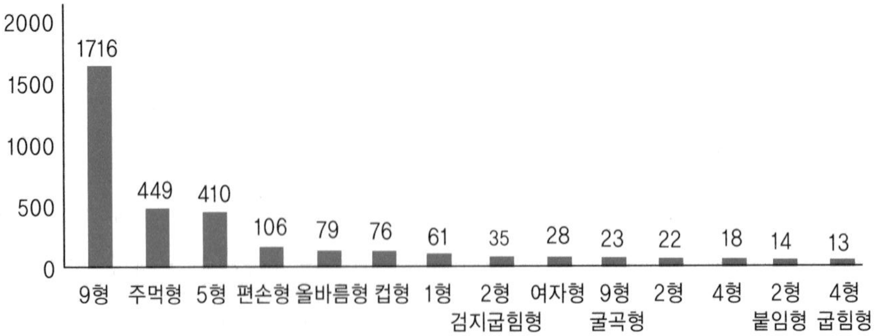

〈그림 3-7〉 두손 - 단어에서 비우세손의 수형 빈도 (빈도수 10미만)

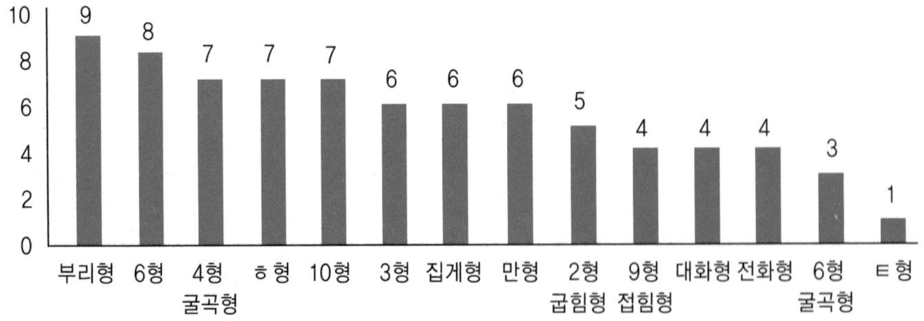

불구하고 외국 수어에서는 기본 수형이라고 제시되지 않았다. 한국수어에서 5수형은 특정적으로는 '남자'를 일반적으로는 '사람'을 나타낸다. 가령 〔교육〕, 〔방문〕, 〔나무라다〕에서 5수형이 사용되고 사람과 관련된 직접적 행위를 표현한다.

〈그림 3-7〉은 빈도수가 10 미만인 경우이다. 빈도수가 적을수록 외국의 무표 수형으로 제시된 것들과는 거리가 멀어진다. 예를 들어, ㅌ형은 〔센터〕의 비우세손의 수형으로 한글 지문자의 영향을 받았다는 점으로 볼 때 한국수어의 고유한 수형이라고 볼 수는 없지만 한국수어의 독특한 수형이라고는 할 수 있겠다.

지금까지 살펴본 바에 의하면, 한국수어에서 무표 수형을 선정하는 데 몇 가지 한계점이 있음을 확인하였다. 우선 무표 수형을 선정하기 위해서는 수형의 빈도수만을 기준으로 삼는 것은 문제의 소지가 있다. 특히 분석에서 사용된 사전들은 단일어뿐만 아니라 복합어도 포함한다. 복합어가 두손-단어일 경우, 두 손은 각각 의미를 가지고 복합어로는 하나의 의미를 갖게 된다. 이처럼 수어 단어의 동시적인 조어 특성 때문에 자연히 비우세손도 유표 수형을 취할 수 있다. 또한 문헌 자료를 토대로 하여 분석하였기에 농인들이 수어를 산출하는 상황에서 변이형으로 분류될 수 있는 형태들을 충분히 검토하는 데 한계를 가진다. 마지막으로, 장세은(1999)에서 지적하였듯이 무표 수형을 판단할 때 아동의 수어 습득 연구가 반영되지 않음이 가장 큰 한계점이라 할 수 있다. 아동이 수어를 습득하는 과정에서 가장 빨리 습득하고 쉽게 산출할 수 있는 수형의 목록이 고려될 때 무표 수형에 대해 더 정확한 목록 설정이 가능할 것이다.

(2) 고빈도 수형

한국수어에서는 빈도수가 높은 수형과 낮은 수형이 있다. 한국수어에서 고빈도 수형은 〈그림 3-8〉과 같다(최상배, 2012: 18).

〈그림 3-8〉
한국수어 고빈도 수형

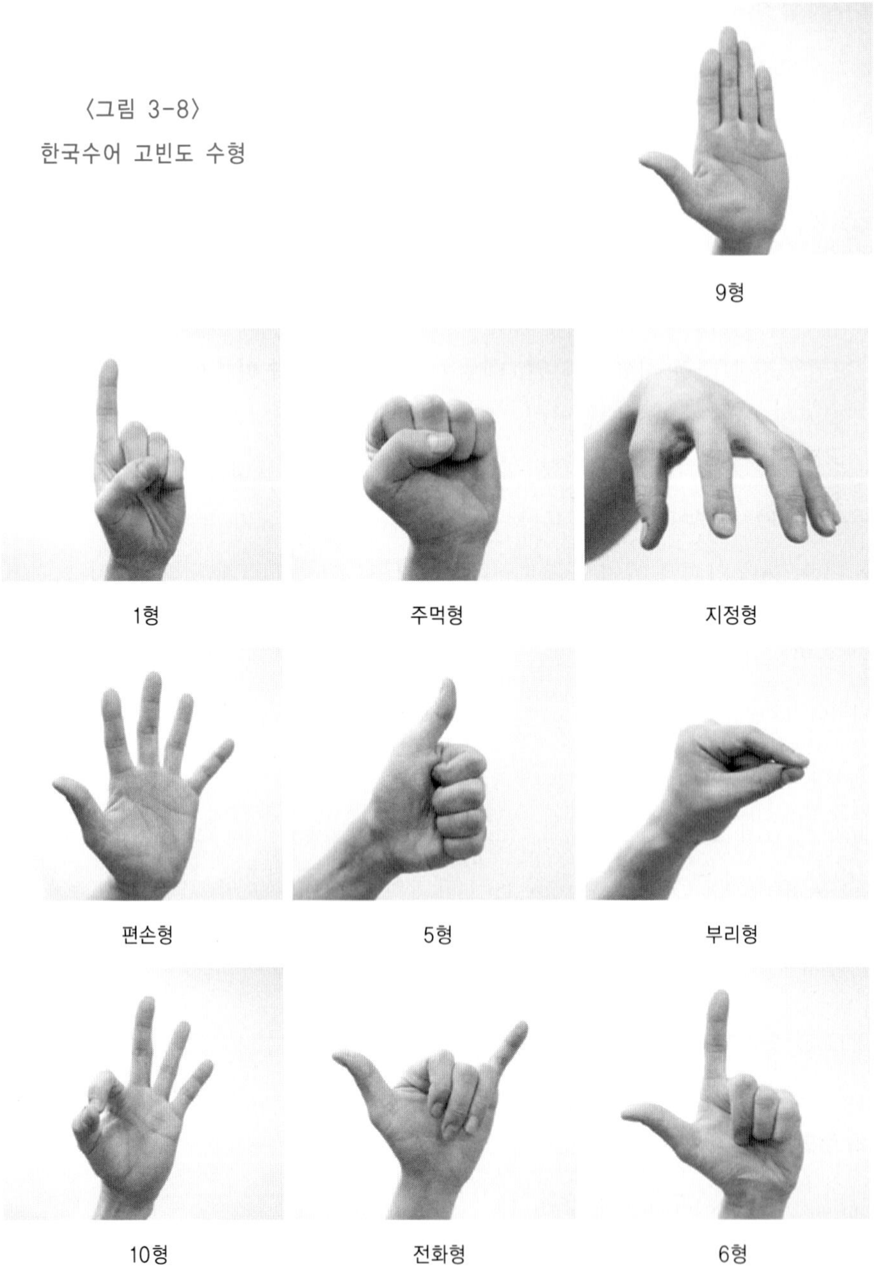

〈그림 3-9〉 한국수어의 고빈도 수형의 빈도수

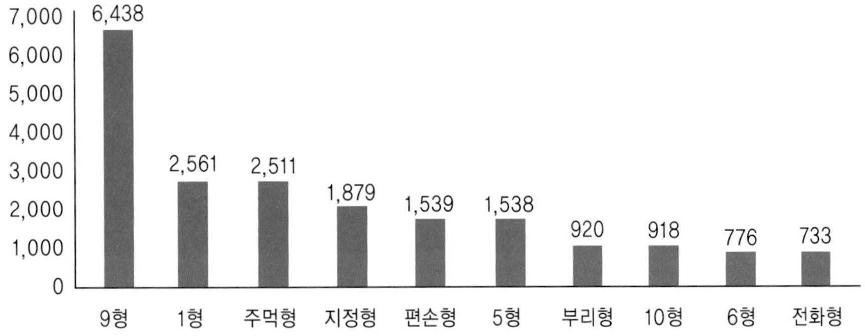

고빈도로 나타난 수형들의 출현 빈도는 〈그림 3-9〉와 같다. 수형의 설명은 최상배(2012: 12~17)를 따랐다.

① 9형

이 수형은 '편손형에서 엄지, 중지, 약지, 소지가 붙은 형태'[5]로서 〔급하다〕, 〔그리다〕, 〔도장〕, 〔막다〕, 〔안〕, 〔이끌다〕, 〔믿다〕, 〔대표〕, 〔법〕, 〔파리〕, 〔약〕, 〔위하여〕, 〔핑계〕에서 비우세손으로 나타난다. 물론 〔부탁〕의 경우처럼 우세손에서 나타날 수도 있다.

② 1수형

이 수형은 '주먹형에서 검지만 펴진 형태'로서 〔깃발〕, 〔낱말〕, 〔마늘〕, 〔만년필〕, 〔버섯〕, 〔봉화〕, 〔부처〕, 〔비율〕, 〔수다〕에서 나타난다. 1수형은 두손-단어에서 비우세손으로 혹은 우세손으로 나타난다.

③ 주먹형

이 수형은 '엄지가 검지의 밖에 있는 주먹 쥔 형태'로서 수형 설명을 볼 때, 억형과 구별된다. 억형은 '엄지가 검지와 중지의 속에 있는 주먹 쥔 형태'이다. 주먹

5 최상배(2012 : 15)는 9형을 '편손형에서 엄지, 중지, 약지, 소지가 붙은 형태'라고 설명했지만 엄지를 검지로 바꿀 필요가 있겠다.

형은 〔사랑〕, 〔불쌍하다〕, 〔간단하다〕, 〔잘〕, 〔뜻〕, 〔스타일〕, 〔자연〕, 〔과일〕, 〔목적〕에서 나타나는데 이 단어들에서는 모두 비우세손으로 역할을 한다.

④ 지정형

이 수형은 '편손형에서 모든 손가락이 약간 굴곡된 형태'로서 〔장소〕, 〔책임〕처럼 한손-단어에서 우세손으로 나타날 수도 있고 〔보호〕, 〔아기〕에서처럼 두손-단어에서 양손이 동일한 수형으로 나타날 수도 있다.

⑤ 편손형

이 수형은 '모든 손가락이 벌어져서 펴진 형태'로서 〔왕〕, 〔왕비〕, 〔차례〕, 〔보화〕, 〔누전〕, 〔새다〕, 〔알아맞히다〕, 〔맏딸〕, 〔매니큐어〕, 〔병신〕, 〔순서〕, 〔앞장〕, 〔채택〕은 모두 두손-단어인데, 편손형은 비우세손으로 기능한다.

⑥ 5형

이 수형은 '주먹형에서 엄지를 편 형태'로서 〔남자〕, 〔최고〕, 〔회의〕, 〔방문〕, 〔나무라다〕, 〔교육〕 등에서 나타난다. 한손-단어와 두손-단어에서 모두 나타나며 〔방문〕에서는 우세손으로 기능하지만 〔나무라다〕와 〔교육〕에서는 비우세손으로 기능한다.

⑦ 부리형

이 수형은 '주먹형에서 엄지의 끝이 검지의 끝에 붙은 형태'이다. 〔글〕, 〔글자〕, 〔세종〕(한글 + 왕), 〔자막〕(영화 + 한글이 이어짐을 나타내는 동작), 〔훈민정음〕(한국 + 글자), 〔첫째〕, 〔창간〕(첫째 + 간행), 〔둘째〕, 〔립스틱〕, 〔달〕, 〔같다〕에서 나타난다. 특히 '글'과 관련된 단어들에서 주로 나타남을 알 수 있다. 두손-단어에서는 주로 비우세손의 기능을 한다.

⑧ 10형

이 수형은 다른 나라의 수어에서는 F수형으로 알려졌다. '편손형에서 엄지와 검지의 끝이 서로 맞닿은 형태'이다. 〔당구〕, 〔돈벌이〕, 〔목구멍〕, 〔밀〕, 〔보리〕, 〔바퀴〕, 〔십일조〕, 〔타이어〕, 〔펑크〕 등에서 나타나는데, 주로 동그란 사물을 표현하는 것으로 볼 수 있다.

⑨ 전화형

이 수형은 '주먹형에서 엄지와 소지가 펴진 상태'로 외국 수어에서는 Y수형이라 불린다. 〔다이얼〕, 〔전화〕, 〔수화기〕처럼 수화기의 모양을 나타내는 단어와 〔폭격〕, 〔폭탄〕에서는 비행기의 양 날개를 나타내고 〔사람〕, 〔데이트〕에서는 남자와 여자를 나타낸다.

⑩ 6형

이 수형은 '주먹형에서 엄지와 검지가 펴진 형태'로서 외국 수어에서는 흔히 L수형이라 부른다. 〔거의〕, 〔남대문〕, 〔대부분〕, 〔로또〕, 〔무심〕, 〔생각 없다〕, 〔일부〕, 〔일부분〕, 〔나무〕, 〔날씨〕, 〔모습〕, 〔크다〕 등에서 나타난다.

(3) 저빈도 수형

다음에서 살펴볼 수형은 한국수어에서 하나 혹은 두 개의 단어에서만 발견할 수 있는 것들이다. 저빈도 수형은 최상배(2012)에 의하면 9개이다(〈그림 3-10〉).

〈그림 3-10〉
한국수어 저빈도 수형

N형

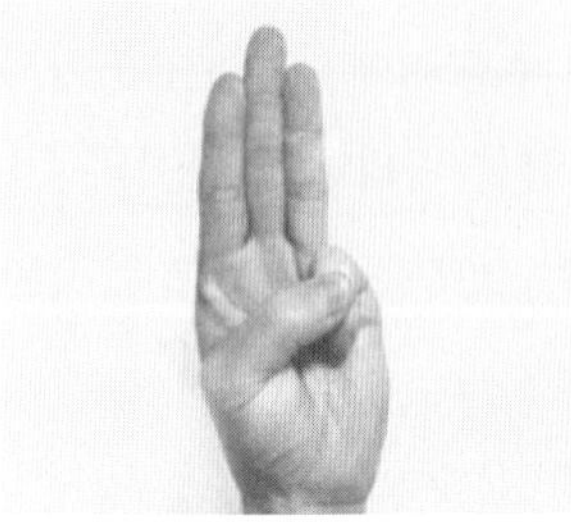

3형붙임형

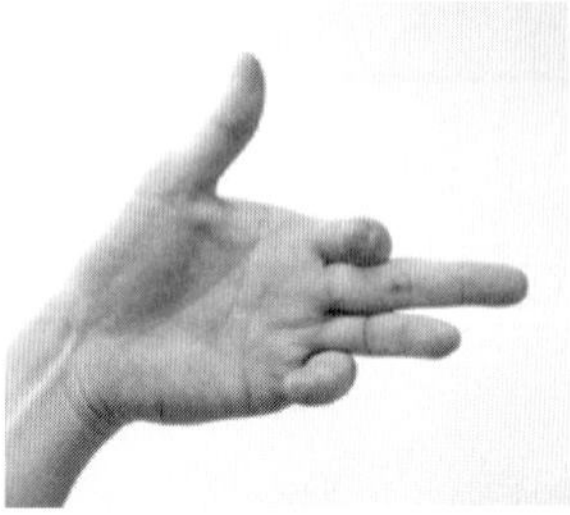

8형검지굽힘형

3형검지굽힘형

ㅌ형

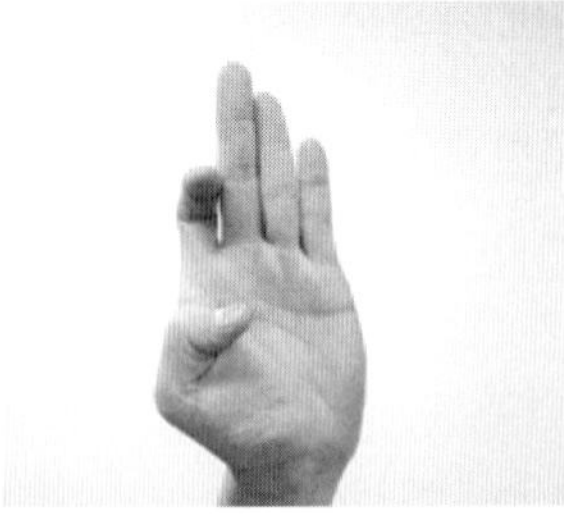

4형검지굽힘형

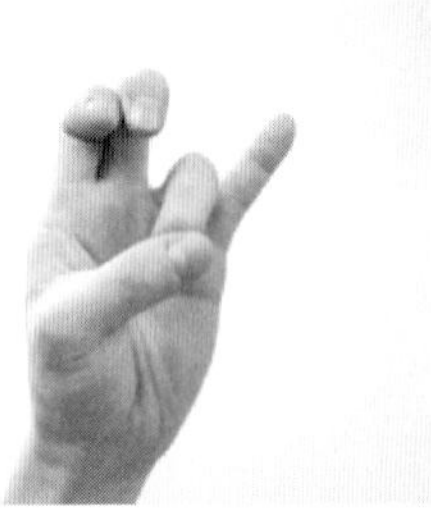

매춘부형

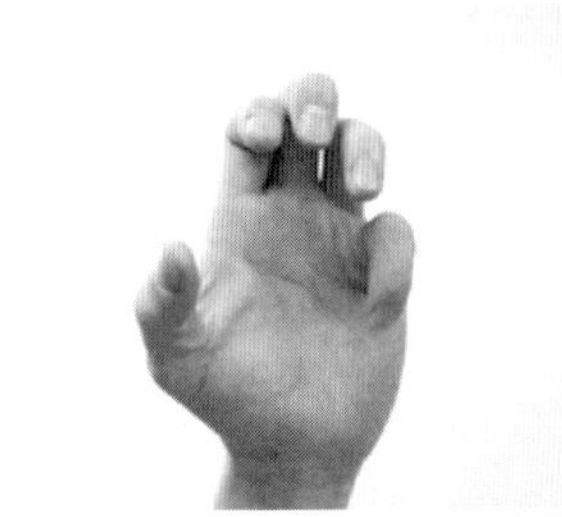

8형굽힘형

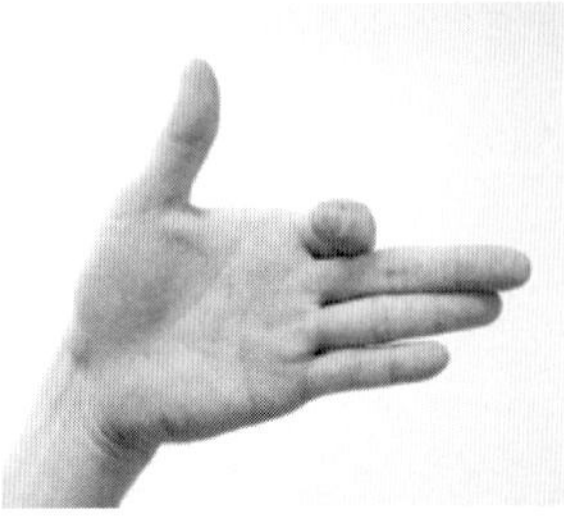

9형검지굽힘형

〈그림 3-11〉 한국수어의 저빈도 수형

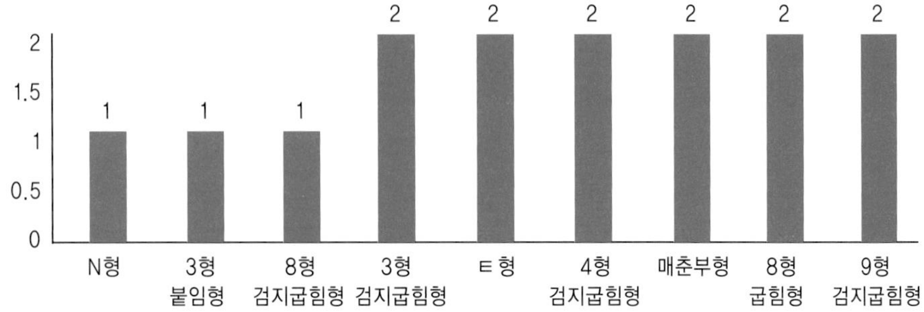

저빈도로 나타난 수형들의 출현 빈도는 〈그림 3-11〉과 같다. 각 수형은 하나의 단어와 두 개의 단어에서만 나타났다. 수형의 설명은 최상배(2012: 12~17)를 따랐다.

① N형

이 수형은 '2형에서 검지, 중지가 내려와 엄지가 덮인 형태'이다. 단어로는 〔유엔〕이 있다. 이는 영어 알파벳 U-N을 차례로 표현하는 것으로 한국수어의 고유한 어휘가 아니라 영어 단어를 영어 지문자로 표현한 경우이다.

② 3형붙임형

이 수형은 '3형의 검지와 중지와 약지가 붙은 형태'로서 〔스카우트〕에서만 발견된다. 이 단어는 '스카우트의 경례 동작'을 모방한 것으로 한국수어의 고유한 수형이라고 보기는 어렵다.

③ 8형검지굽힘형 (18형)

이 수형은 '8형에서 검지의 두 번째 마디가 약 90도 굽혀진 형태'로서 숫자 〔십팔〕에서만 나타난다.

④ 3형검지굽힘형 (13형)

이 수형은 '3형에서 검지의 두 번째 마디가 약 90도 굽혀진 형태'로서 숫자 〔십삼], 〔열셋〕에서 나타난다. '십삼'이나 '열셋'는 한국어로는 다르게 표현되지만 수어로는 숫자 13이라는 점에서 동일한 단어로 본다면 출현 빈도는 1회로 볼 수 있다.

⑤ ㅌ형

이 수형은 '3형에서 중지가 약지 방향으로 붙은 형태'로서 〔태평양〕과 〔센터〕에서 나타난다.

⑥ 4형검지굽힘형 (14형)

이 수형은 '4형에서 검지의 두 번째 마디가 약 90도 굽혀진 형태'로서 숫자 〔십사〕, 〔열넷〕에서 나타난다. '3형검지굽힘형'과 마찬가지로, 십사와 열넷은 한국어로는 달리 표현하지만 한국수어로는 숫자 14를 나타낸다.

⑦ 매춘부형

이 수형은 '2형굽힘형과 여자형이 결합된 형태'이다. 〔매춘부〕와 〔창녀〕에서 나타난다. 마찬가지로, 매춘부와 창녀는 한국수어에서 동일하게 표현되므로 출현 빈도는 1회라 할 수 있다.

⑧ 8형굽힘형 (80형)

이 수형은 '8형에서 엄지와 검지와 중지와 약지의 두 번째 마디가 90도 굽혀진 형태'이다. 숫자 〔팔십〕과 〔여든〕에 나타난다. 이 단어도 동일한 80을 나타내기에 출현 빈도는 1회이다.

⑨ 9형검지굽힘형 (19형)

이 수형은 '9형에서 검지의 두 번째 마디가 약 90도로 굽혀진 상태'이다. 숫자 〔십구〕, 〔열아홉〕에서 나타나지만 위에서 언급한 이유로 1회의 발생 빈도를 가진다.

저빈도 수형을 살펴본 결과, 〔스카우트〕의 '3형붙임형'과 〔매춘부형〕의 '매춘부형'을 제외하고는 나머지 7개의 수형은 지숫자를 나타내는 수형, 영어 지문자를 나타내는 수형, 한글 지문자를 나타내는 수형이었다. 울리케 제스한(Ulrike Zeshan)이 인도-파키스탄수어에서 '최소한의 수형'(*marginal handshapes*)으로 언급한 수형과 연관이 된다. 울리케 제스한은 최소한의 수형은 '공통된 도상적인 토대를 가진 제한된 수의 단어에서 발생하며 이 단어들은 수어를 사용하지 않는 청인들에 의해 이해될 수 있다'고 하였다(Zeshan, 2000: 23). 울리케 제스한이 제시한 단어들은 지문자로 만들어진 'quick'과 지숫자로 만들어진 'three', 'thousand', 'four' 등이다. 즉, 도상적인 토대라는 것은 지문자와 지숫자 수형을 의미한다.

(4) 의미를 가진 수형

수어 문헌에서 수형에 대한 형태소 분석은 일상에서 손이 취하는 기능을 반영하지 않는다. 그러나 분류사 구문(*classifier constructions*)의 수형은 개체를 분류한다는 점에서 '분류사 형태소'로 간주된다. 하지만 이는 음소와 형태소를 구별하는데 어려움을 제공할 뿐만 아니라 언어의 특징인 이중 분절을 위반한다는 점 때문에 분류사 구문이 언어적 단위인가라는 논의에서 많은 도전을 받아 왔다(Schwager & Zeshan, 2008: 512).[6]

우리는 계산을 하거나 사물의 형태를 묘사하거나 사물을 취급하는 등 삶 속에서 손을 이용한다. 사물을 조작하는 손의 형태는 분류사 구문의 수형과 직접적인 관련성을 가진다. 수어 문헌에서 분류사의 정의는 다음과 같다(Sandler & Lillo-Martin, 2006: 76)

---

6 슈와거와 제스한(2008 : 512)은 이 문제가 분류사 구문뿐만 아니라 단어에서도 제기된다고 지적하였다. 단어의 하위 - 어휘적 부분의 형성적 기능과 의미적 기능의 겹침은 수어에서 형태소와 음소의 구별에 있어 이론적 문제를 야기한다. "비록 '최소한의 의미적 단위'라는 형태소의 전통적인 개념을 수어에 적용하는 것이 문제의 소지가 있을지라도 수어에서 폭넓게 수용된 형태소 단위에 대한 명백한 정의가 아직 없다."

수어에는 풍부하고 복잡한 형태론적 시스템이 존재하는데, 그것은 공간적 관계와 움직임, 사건을 나타내고 물체의 모양과 차원의 특징을 기술하기 위해 사용된다. 이 시스템은 다른 요소들과의 결합에서 명사 부류를 표현하는 형태를 사용한다. 수어 문헌에서 명사 부류는 일련의 수형으로 표현되며 수형 단위는 공통적으로 '분류사'라고 불린다.

1960년대 이후 수어가 인간의 언어로 취급되어야 한다는 분위기 속에서 수어의 단어는 의미를 가지지 않는 분절된 단위로 쪼개진다는 입장이 지지되었지만 분류사 구문의 형성적 자질들은 의미를 가진 단위이기 때문에 수어 연구자들은 예외적인 현상으로 다루었다(Hohenerger, 2008). 많은 연구자들은 분류사라는 용어가 오해를 일으킬 수 있기 때문에 사용하지 말아야 한다고 하지만 실제로 이 용어는 수어 연구에서 널리 보급되어 사용되고 있으며 이를 대신할 다른 대안적 용어가 없다고 보는 것이 일반적이다(Emmorey, 2002: 73~74).

① 사물을 나타내는 수형

수어자는 사물의 모양과 차원의 특징을 기술하기 위해 수어 공간에서 양손 혹은 한손으로 사물의 윤곽을 그린다. 사물의 윤곽을 그릴 때 한손은 고정하고 다른 한손을 한 방향으로 멀어지게 이동하거나 혹은 두 손을 반대 방향으로 움직인다(Supalla, 1982; Emmorey, 1999). 가령 한국수어에서 둥근 모양의 손잡이처럼 작은 사물의 윤곽을 그릴 때는 한손 검지로 수어 공간 수직면에서 원을 그리지만 물웅덩이, 접시, 탁자와 같이 비교적 큰 사물의 윤곽을 그릴 때는 양손을 동일한 수형으로 하여 수어 공간 수평면에서 해당 사물의 윤곽을 그린다.

② 사물을 조작하는 수형

사물을 조작하는 수형은 농인마다 다양할 뿐만 아니라 농인들 내에서도 다양하다. 가령 '손목시계를 주다', '아이스크림을 주다'라는 표현에서 전자의 경우는 각기 다른 수형을 사용하는 데 반해, 후자의 경우는 동일한 수형인 주먹 수형을 사용한다. 손목시계는 납작한 모양이므로 얇은 사물을 잡은 수형을 취하고 아이스크림의 콘은 원통형의 사물이기 때문에 주먹 수형을 취한다(〈그림 3-12〉).

〈그림 3-12〉
사물을 조작하는 수형

a. 손목시계

b. 손목시계를 주다　　c. 아이스크림　　d. 아이스크림을 주다

동일한 사물에 대하여 농인들 간의 수형 차이와 농인 내의 수형 차이가 발생하는 이유를 스토키(1960)가 제안한 수어소론으로는 포착할 수 없다. 수어소 모델로는 수형이 최소 대립 단위이지만 최근의 수어의 음운론 모델은 〔all〕과 〔one〕과 같은 자질을 대립 단위로 본다(Eccarius & Brentari, 2007: 1175). 〔all〕과 〔one〕은 수형에서 활동적인 혹은 움직이는 손의 손가락의 수를 말한다. 수형보다 더 작은 단위인 자질로 분석한 선행 연구를 통해 농인 간 그리고 농인 내에서 수형 사용이 다른 이유를 살펴보도록 하겠다.

한국수어 분류사 구문을 위한 유도 자료의 결과를 보면(남기현, 2012: 166), 동일한 사물을 취급할 때 농인마다 다양한 수형으로 표현하였다. 그러나 이 수형들은 공통적인 자질을 공유하고 있다. 인간이 사물을 조작하는 손의 기능은 집기(*grasping*), 밀기(*pushing*), 만지기(*touching*)이다(Boyes-Braem, 1981: 68). 그중에서 집기와 관련해서 '남자가 엄지와 검지로 못을 잡고 있다'에서 농인들은 〈그림 3-13〉처럼 다른 수형을 사용하였다.

〈그림 3-13〉 못을 잡은 수형

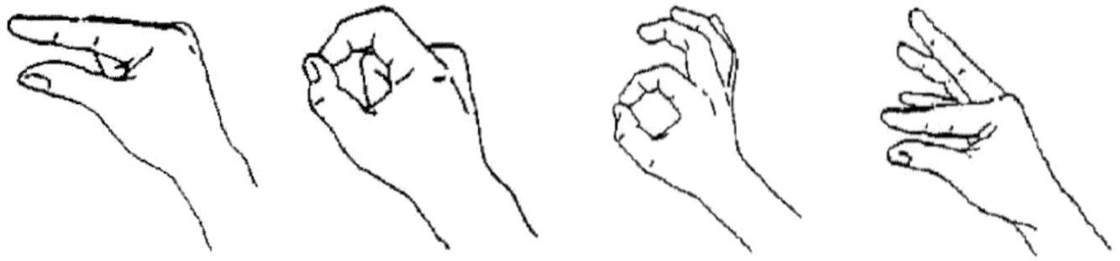

그리고 동일한 농인들이 '남자가 못을 들고 서 있고 망치가 스스로 움직이다'를 표현할 때는 앞에서 사용했던 수형과 다른 수형을 각각 사용했다(〈그림 3-14〉).

〈그림 3-14〉 못을 잡은 수형

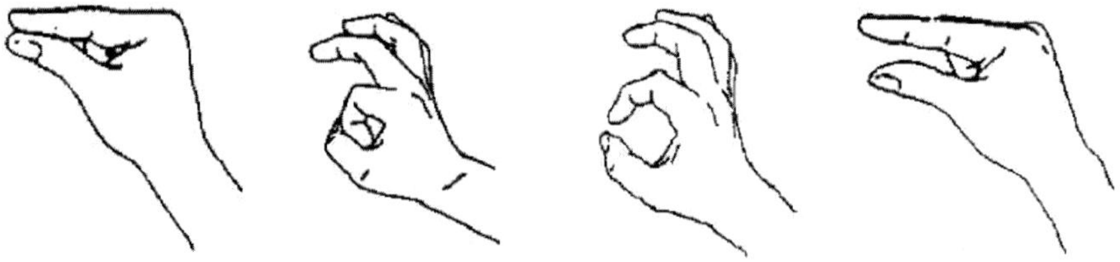

이 수형들은 모두 형태가 다르지만 검지와 중지를 사용한 '손끝 쥐기(*finger grasp*) 자질'을 가진다는 점에서 동일하다. 이때 중지부터 소지까지를 포함한 나머지 손가락들을 접거나 직선으로 펴거나 곡선으로 구부리는 등의 형태는 중요하지 않으며 어떤 의미의 차이도 발생시키지 않는다. 단지 검지와 중지로 집는다는 것이 중요하다. 이처럼 수형 단위에서 보았을 때는 다양해 보이던 것이 자질 단위에서 보았을 때는 사물을 집는다는 시각적 이미지만이 뚜렷하게 드러난다. 이로써 수형의 선택은 시각적 이미지의 영향이 절대적이라는 사실을 알 수 있다.

2) 수위

수위는 수어의 단어가 산출되는 위치이다. 즉, 음성언어에서 소리가 만들어지는 조음기관에 대응하는 것으로 차이가 있다면 음성언어에서는 눈에 보이지 않는 발성기관과 조음기관을 통해 소리가 만들어지고 수어에서는 눈에 보이는 물리적인 공간에서 이루어진다는 것이다. 수직적으로는 수어자의 머리 위에서 허리까지, 수평적으로는 팔이 신체 앞에서 느슨하게 구부렸을 때 양팔의 팔꿈치까지 가는 영역을 말한다. 따라서 수어자의 신체 뒤 공간은 시각적으로 볼 수 없기 때문에 수어 공간에서 제외된다.

수어 공간은 크게 수어자의 신체와 떨어진 공간인 중립 공간(*neutral space*)과 수어자의 신체로 나눌 수 있다. 수어자 신체와의 접촉 혹은 근접성을 갖는 위치는 두 범주로 나눈다(Johnston & Schembri, 2007: 90~92). 존스턴과 셈브리는 일차적 수위와 이차적 수위를 분류하였다.

첫째, 수어의 단어들은 일차적 수위인 신체와 신체 근처에서 산출된다. 이 수위들의 미묘한 차이는 다른 의미를 가진 단어들을 구별한다. 한국수어의 〔색깔〕은 '오른손의 손가락을 구부려 턱에 대고 좌우로 두 번 움직이고' 〔성〕은 '오른손을 약간 구부려 끝이 코끝으로 향하게 하여 좌우로 움직인다'(〈그림 3-15〉). 두 단어는 수형과 수동 그리고 수향이 모두 동일하지만 수위의 차이로 단어의 의미가 달라진다.

a. [색깔]

b. [성]

〈그림 3-15〉
수위에 의한 대립

둘째, 손과 손가락의 위치인 이차적 수위는 대립 위상의 명백한 근거를 제시하기 어렵다(Johnston & Schembri, 2007: 91). 이차적 수위를 가진 단어의 명백한 최소대립쌍의 부족은 손의 접촉 지점에서의 변화가 손의 움직임의 방향과 향함에서 변화를 거의 늘 요구하기 때문이다. 이 요인이 이차적 수위에서만 대립하는 최소대립쌍을 수집하고 비교하는 것을 어렵게 만든다고 보았다. 호주수어에서 단어들은 이차적 수위와의 접촉으로 만들어진다(Johnston & Schembri, 2007: 92). 즉, 엄지 끝과의 접촉, 엄지 측면과의 접촉, 검지의 끝과의 접촉, 검지의 측면과의 접촉, 중지의 끝과의 접촉, 약지의 접촉, 소지의 접촉. 또한 손은 엄지와의 접촉, 소지 면과의 접촉, 손가락들의 끝과의 접촉으로 만들어질 수 있고, 엄지와 손가락 사이 혹은 손가락들 사이에 위치할 수 있다.

(1) 한국수어에서 수위

석동일(1989: 60~64)은 한국수어의 수위를 원형 20개와 이형 20개로 모두 40개를 제안했다. 한국수어의 수위를 중립 공간과 신체에서의 주 영역을 목을 포함한 머리, 몸통과 가슴, 팔, 손으로 구분하였다. 〈표 3-1〉은 수위와 그에 해당하는 단어의 예이다. 석동일(1989: 61~62) 〈표 4-4〉에서 가져왔으며 이 책에서는 단어의 표기 항목은 생략했다. 각 수위별로 특징은 다음과 같다(석동일, 1989: 64~65).

첫째, 머리 수위소에서 사상성(*iconicity*)이 중요한 역할을 한다. 눈에서 이루어지는 단어는 눈의 기능과 눈으로 하는 일을, 코에서 이루어지는 단어는 콧물에 대한 더러움, 콧대의 높이, 콧구멍, 아래쪽 얼굴에서 이루어지는 단어는 입을 은유한 것과 입의 기능에 대한 단어가 산출된다.

둘째, 몸통과 가슴 수위는 머리 수위보다 변별성이 적지만 어깨 수위는 변별적 위치이다. 즉, 어깨 수위는 〔정부〕, 〔부자〕, 〔책임〕처럼 고도의 사상성(寫像性)을 보여주고 어깨의 중립 공간은 〔어제〕, 〔내일〕처럼 시간을 나타낸다.

셋째, 위쪽 팔은 변별성을 가진다.

넷째, 비우세손이 손의 위치가 된다. 비우세손의 수위는 주로 손등, 손바닥, 손가락을 포함한다.

〈표 3-1〉 수위와 그 실례

수	수위	실례	수	수위	실례
1	공간	만나다, 비행기, 결혼	11	어깨 (上) (側) (前)	책임, 정치 제일 제자
2	머리 (上頭) (後頭) (側頭) (全體)	옛날 대통령 기억, 망각 얼굴, 서울, 귀엽다	12	가슴	위험하다, 답답하다, 재미, 자랑
3	이마 (中) (端)	경찰, 닭, 아프다 생각하다, 思考하다	13	배	출산, 배짱, 챔피언, 배고프다
4	눈	보다, 울다, 盲	14	옆구리	체온계
5	코 (鼻孔) (콧등) (코끝) (코밑) (코옆)	냄새, 향기 시기, 질투, 분하다, 더럽다 딸기 점잖다 굉장히	15	허리	필요, 사용
6	입 (입술) (齒) (舌)	빨강, 조용히, 말하다 흰색 달다	16	상박	주사, 특별히
7	턱 (입아래) (턱밑)	맛, 행복, 밤(栗) 오징어, 나이, 기다리다, 성적	17	하박 (외측) (내측)	수고, 잘, 잘못하다, 사다 수혈
8	귀 (귓구멍) (외곽)	소식, 정보, 듣다 농아	18	팔꿈치	이야기, 야구, 신문
9	뺨 (우) (좌)	파랑, 밤색, 거짓 사탕	19	손목 (外) (內)	시계 맥박
10	목 (前) (側)	원하다, 갖고 싶다, 음성 여관, 퇴직	20	손 (손등) (손바닥) (손가락)	마귀, 진찰, 뼈 끝, 숙제, 팔다 이발, 의자, 우물

자료 : 석동일, 1989 : 61 ~ 62.

(2) 수위 재분류

존스턴과 셈브리는 수위가 최소대립쌍에서 중요한 역할을 하는가에 따라 일차적 수위와 이차적 수위를 구분했다. 그들의 분류는 의미 변별에 있어 수위들의 차이를 지적한 것으로 시사하는 바가 크다. 수어에서 단어의 정확한 기술을 위해 접촉 여부가 표시될 필요가 있음을 유추할 수 있다. 한국수어에서도 단어를 기술하기 위해 신체 혹은 손과의 접촉과 비접촉을 표시하는 것이 필요하다. 아래에서 석동일(1989)의 수위의 큰 틀을 유지하되 접촉과 비접촉을 추가하고, 그 예도 수정하여 제시할 것이다. 제시되는 단어의 예들은 《한국수화사전》을 참고했다.

① 중립 공간

중립 공간은 수어자의 신체 앞의 공간을 의미한다. 따라서 이 공간에서는 신체와의 접촉 유무가 구분될 필요가 없으나 수어 공간을 수어자의 신체 면과 움직이는 손이 같은 쪽인가 아니면 다른 쪽인가에 따라 같으면 같은 쪽으로, 반대이면 반대쪽으로 구분하는 것이 가능하다.

② 머 리

머리는 접촉과 비접촉으로 구분된다. 접촉하는 경우는 〔한국〕, 〔생각하다〕 등 머리의 측면을 접촉한다. 접촉하지 않는 경우는 〔학생〕, 〔아기〕, 〔공부〕 등으로 동일한 수위인 머리 옆에서 산출되지만 접촉은 이루어지지 않는다.

③ 이 마

이마에서도 접촉과 비접촉은 구분된다. 〔경찰〕과 〔닭〕은 이마 중앙에 엄지를 접촉하지만 〔어지럽다〕의 경우는 이마에 접촉을 하지 않는다.

④ 눈

눈에서도 접촉과 비접촉이 구분된다. 〔분명하다〕, 〔안경〕은 접촉으로 이루어지고 〔이상하다〕, 〔계란〕 등은 비접촉으로 이루어진다.

⑤ 코

코는 콧구멍, 콧등, 코끝, 코밑, 코옆과 같이 여러 위치가 사용된다. 대부분 접촉으로 이루어지나 〔배우다〕, 〔그냥〕처럼 비접촉으로 이루어지는 경우도 있다.

⑥ 입과 턱

입에서 산출되는 〔빨강〕, 〔흰색〕 등과 턱에서 산출되는 〔맛〕, 〔행복〕, 〔서울〕, 〔오징어〕, 〔나이〕 등이 있다.

⑦ 귀

귀에서 접촉과 비접촉으로 이루어진다. 〔농아〕, 〔보청기〕는 귀에 접촉되고 〔라디오〕, 〔깜깜하다〕는 비접촉으로 이루어진다.

⑧ 뺨, 목, 어깨, 가슴, 배

뺨, 목, 어깨, 가슴, 배에서는 대부분 신체와의 접촉으로 이루어진다. 이 수위들에서는 접촉보다는 같은 쪽과 반대쪽의 구분이 더 두드러진다.

뺨의 경우 〔파랑〕, 〔거짓〕은 같은 쪽에서 〔귀엽다〕, 〔부끄럽다〕는 반대쪽에서 접촉이 있다. 목에서는 〔원하다〕, 〔-적 있다〕가 목 앞에서 〔저혈압〕, 〔고혈압〕은 목의 측면에서 접촉이 있다. 어깨의 경우 반대쪽에서 〔등수〕, 〔제일〕 등이, 같은 쪽에서는 〔책임〕이 어깨와 접촉하여 산출된다. 물론 〔등수〕와 〔제일〕은 어깨보다는 상박에 위치한다.

가슴의 경우는 가슴 중앙, 가슴 같은 쪽, 가슴 반대쪽에서 다양하게 산출된다. 가슴 중앙에서 산출되는 단어는 한손-단어로 〔위험하다〕, 〔답답하다〕 등이다. 두손-단어의 경우 두 손 모두가 동시에 같은 쪽 공간에서 산출된다. 가령 〔반갑다〕, 〔자랑〕, 〔고릴라〕 등이 그 예이다. 같은 쪽과 반대쪽이 동시에 사용되는 경우는 〔군〕이 있다. 특히 반대쪽에서 산출되는 단어들이 두드러진다. 가령 〔이름〕, 〔명함〕, 〔우유〕 등이다. 같은 쪽에서 산출되는 단어는 매우 드물며 〔중국〕이 이에 속한다.

배에서도 접촉으로 이루어진다. 두손-단어인 〔출산〕, 〔배짱〕, 〔배고프다〕, 〔필요하다〕, 〔관대〕가 있으며 〔양심〕은 한손-단어로서 배에서 같은 쪽과의 접촉으로 산출된다.

⑨ 겨드랑이와 허리

겨드랑이와 허리 수위는 석동일(1989)의 구분과 다소 차이가 있다. 겨드랑이가 새롭게 추가되는데 여기에는 〔체온계〕가 속한다. 허리에는 〔허리〕, 〔허리띠〕 등이 있다.

⑩ 옆구리

옆구리는 〔학생〕, 〔제자〕, 〔동사무소〕에서 나타나는데 뒤의 두 단어는 수위의 이동이 있고 옆구리는 마지막 수위이다.

⑪ 상박과 하박

상박은 팔꿈치와 어깨까지의 사이를 의미한다. 상박은 〔주사〕, 〔권리〕, 〔수혈〕 등이 상박에서 산출된다. 하박은 팔꿈치에서 손목까지의 사이를 의미한다. 하박은 석동일(1989)에서 외측과 내측만 제시되었지만 여기서는 외측, 내측, 척측, 요측으로 세분화하였다. 외측에는 〔잘〕, 〔잘못하다〕, 〔특별히〕, 내측에는 〔다리〕, 척측에는 〔한복〕 요측에는 〔사다〕, 〔수고〕가 속한다.

⑫ 팔꿈치

팔꿈치는 팔의 아래위 관절이 이어진 곳의 바깥쪽이다. 석동일(1989)에서는 두손-단어의 비우세손의 경우인 〔이야기〕, 〔야구〕, 〔신문〕을 제시하였다. 두손-단어의 우세손의 수위인 경우는 극히 소수의 예에서만 발견할 수 있다. 그에 속하는 경우는 〔기본〕, 〔뿌리〕, 〔밑천〕(기본+돈)이다. 세 단어 모두 〔기본〕과 관련된 것으로 볼 때 그 수에서 미미하다.

⑬ 손목

손목은 손과 팔이 이어진 부분이다. 석동일(1989)에서 손목 외측, 내측이 제시되었지만 여기서는 손목 요측을 추가하였다. 손목 외측은 〔시계〕, 〔대령〕, 〔대장〕이 속하며 손목 내측은 〔맥박〕, 〔전염〕, 〔결박〕이 포함된다. 추가된 요측은 두손-단어에서 비우세손의 요측 부위를 우세손으로 두드리는 움직임으로 산출한다. 그 예는 〔선생님〕, 〔하다〕 등이다.

⑭ 손

손은 팔목과 이어진 손가락과 손바닥이 있는 신체 부분이다. 석동일(1989)에서는 손은 손등, 손바닥, 손가락으로 나뉜다. 이들에서 접촉이 있다. 손등 접촉으로는 두손-단어 〔마귀〕, 〔진찰〕, 〔뼈〕 등이 있다. 손바닥 접촉은 두손-단어인 〔숙제〕, 〔믿다〕, 〔물건〕 등이 있다. 손가락 접촉은 두손-단어인 〔이발〕, 〔의자〕, 〔칼〕 등이다. 그러나 〔핑계〕와 〔기차〕는 각각 손등과 손바닥과 관련하여 산출되지만 앞에서 제시한 예들이 접촉이 확실한 데 반해, 두 단어는 접촉인지 비접촉인지가 불분명하다.

석동일(1989)에서 제시되지 않은 접촉 유형을 살펴보기로 한다. 먼저는 손끝이다. 두손-단어인 〔집〕은 양손 손끝의 접촉이 있다. 그러나 〔구금〕은 두손-단어이지만 접촉이 일어나지 않고 근접하게 위치하기만 한다. 다음으로는 손의 요측 접촉이 있다. 〔사랑〕, 〔떡〕, 〔목적〕, 〔복숭아〕, 〔만들다〕, 〔돕다〕, 〔고발〕, 〔공작〕 등에서 나타난다. 마지막으로 손의 척측 접촉은 〔가설〕, 〔설명하다〕, 〔망원경〕 등이 있다.

3) 수어 공간의 기능

수어와 음성언어의 가장 큰 차이점은 수어의 단어와 문장이 3차원적 공간에서 두 손으로 산출된다는 점이다. 농인은 물리적 공간 혹은 추상적인 개념적 구조를 표현하기 위해 수어 공간(*signing space*)을 조직적으로 배열한다(Emmorey,

2002). 수어 공간은 조음 공간과 통사적 공간, 지형적 공간으로 구분된다(남기현, 2012: 24~28).

(1) 조음 공간

수어 공간은 수어가 산출되는 조음 장소로 사용된다. 수어는 수어자의 신체와 신체의 앞인 수어 공간에서 산출된다. 음운적인 단계에서 수어 공간은 조음적인 공간이며 특정한 의미를 전달하지 않는다. 수어의 공간은 크게 세 면으로 구분할 수 있다.

첫째, 수평축(전후 공간)으로 수어자를 기준으로 하여 수어자 앞의 수평면에서 수어자와 가까운 공간과 먼 공간으로 구분된다.

둘째, 시상축(좌우 공간)은 수어자를 기준으로 하였을 때 왼쪽 공간과 오른쪽 공간을 말한다.

마지막으로, 수직축(상하 공간)은 수어자를 기준으로 하여 수직면을 말하며 위쪽 공간과 아래쪽 공간으로 나눈다.

〈그림 3-16〉 수어 공간

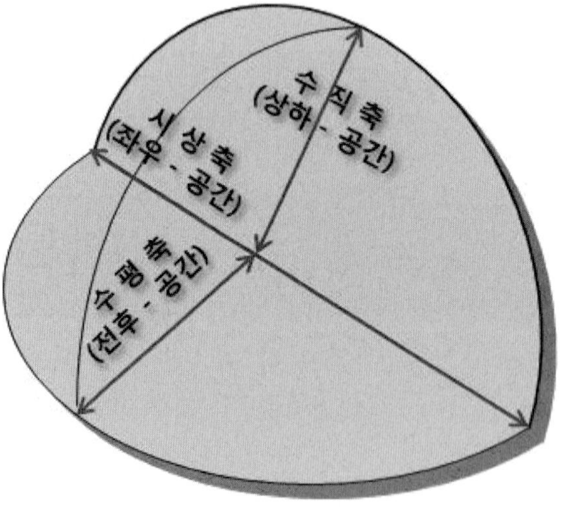

(2) 통사적 공간

수어 공간은 통사적으로 사용된다. 포이즈너 외(Poizner et al., 1987: 206)는 미국 농인 실어증 환자 4명을 대상으로 실행한 연구에서 수어 공간을 공간적 사상(*spatial mapping*)과 공간 통사론(*spatialized syntax*)으로 구분하였다. 공간적 사상은 위치를 표현하기 위해 수어 공간을 도상적으로 사용하는 것인 반면에 공간 통사론에서 수어 공간은 통사적 목적, 담화 목적으로 사용하며 수어 공간의 각 위치는 자의적이고 추상적이다. 수어 공간을 통사적으로 사용할 때 나타나는 기능은 지시 기능과 일치 표현이다.

① 지시 기능

수어 공간은 명사와 대명사 형태의 동일 지시어(*coreference*)를 표현한다. 명사를 산출한 뒤 수어 공간의 특정 위치를 지적하여 앞의 명사와 수어 공간의 그 위치를 연결한다.

예문(1)은 농인이 자신의 학창 시절을 이야기하는 동영상 자료에서 가져온 것이다. (1a) 문장을 보면 농인은 엄지 수형의 한손을 오른쪽 공간에 위치한 뒤 다른 손의 검지 수형으로 가리킨다. 이 수형을 지시 수형이라 한다. 엄지 수형의 한손은 일반적인 사람을 나타낸다. 그리고서는 〔이름〕+〔김철수〕(가명)를 연속적으로 산출하여 지시했던 사람이 '김철수'라고 한다. 바로 이어서 다시 오른쪽 공간을 지시하여 공간의 한 지점과 김철수를 연결한다. 농인은 두 번째 문장(1b)에서는 김철수를 지칭할 때 이름이 아닌 오른쪽 공간을 지시한다. 대화 상대자는 특정 위치의 지적이 김철수를 의미한다고 이해한다. 문장 마지막에 〔지시〕를 한 번 더 언급한 것은 강조 혹은 확인으로 볼 수 있다.

(1) a. [나] + [친구] + [남자]$^{오른쪽\ 공간}$ + [남자] / [지시] + [이름] + [김철수]^{지문자}
[지시]$^{오른쪽\ 공간}$ + [이름]
'내 친구의 이름은 김철수이다. 그 친구 이름이다.'
b. [진짜] + [똑똑하다] + [지시]$^{오른쪽\ 공간}$ + [말] + [잘하다] + [춤추다] + [잘하다] + [지시]$^{오른쪽\ 공간}$
'그 친구는 진짜 똑똑하고 말도 잘하고 춤도 잘 춘다.'

② 일치 표현

미국수어에서 동사는 결합되는 접사에 기초하여 3가지 유형으로 나눈다. 일반 동사(*plain verb*), 일치 동사(*agreement verb*), 공간 동사(*spatial verb*)가 그것이다. 일반 동사는 인칭 혹은 수를 위해 굴절하지 않으며 위치 접사를 가지지도 않지만 상을 위해서는 굴절한다. 이와 대조적으로 일치 동사는 인칭, 수, 상을 위해 굴절하지만 위치 접사는 가지지 않는다. 마지막으로 공간 동사는 인칭, 수 혹은 상을 위해 굴절하지 않지만 그 대신 위치 접사를 가진다.

리델(Liddell, 1993; 1994; 1995)은 분류사와 일치 동사에서 사용하는 수어 공간의 위치가 형태소도 아니고 문장의 통사적 표현도 아니라는 반론을 제기한다(Emmorey, 2000: 172에서 재인용). 그러나 수어 공간의 통사적 기능을 지지하는 입장에서는 일치 동사가 주어와 목적어 같은 문법적 기능을 위해 공간적 위치를 사용한다고 주장한다. 수어 공간에서 일치 동사의 시작 지점과 끝 지점은 동사의 논항을 위해 설정한 지점과 연결된다. 위치에 대해 리델이 반박한 골자는 다음과 같다(Emmorey, 1999: 153에서 재인용).

물리적으로 존재하는 사람 혹은 사물을 향하는 단어와 움직임의 방향은 어휘적으로 고정된 것이 아니라 지시체의 실제 위치에 의존한다. 지시체가 제한되지 않는 수많은 물리적 위치에 존재할 수 있기 때문에 단어의 방향을 명시할 수 있는 언어적 자질 혹은 분절적 형태소는 없다.

(3) 지형적 공간

수어 공간은 사물이나 사람의 위치와 방향을 기술하기 위해 사용된다(Emmorey et al., 1995: 44~45). 수어의 특징은 공간 정보를 전달하기 위해 공간 자체를 사용할 수 있다는 것이다. 에모레이는 마을 지도와 컨벤션 센터 지도를 기술할 때 영어 화자들이 사용하는 공간적 제스처와 미국수어 수어자들이 산출하는 분류사 구문 사이의 유사점과 차이점을 비교하였다(Emmorey et al., 2000: 157~180). 연구 결과는 수어자뿐만 아니라 영어를 사용하는 화자들도 실제의 공간을 기술하기 위해 다소 차이는 있으나 도식적 공간 형식과 구경꾼 공간 형식을 사용하는 것으로 나타났다. 〈표 3-2〉는 미국수어에서 수어 공간이 사용되는 두 가지 형식이다.

〈표 3-2〉 미국수어에서 두 공간 형식의 특징

도식적 공간 형식 (*diagrammatic spatial format*)	구경꾼 공간 형식 (*viewer spatial format*)
수어 공간은 환경의 지도 - 같은 모델을 표현한다	수어 공간은 특정 시간과 공간에서 환경에 대한 개인의 관점을 반영한다
공간은 2차원 "지도" 형식 혹은 3차원 "모델" 형식을 가질 수 있다	수어 공간은 3차원이다 (보통 - 크기)
유리한 위치는 변하지 않는다(보통 새의 시선)	유리한 위치는 변할 수 있다
비교적 낮은 수평적 혹은 수직적 수어 공간	비교적 높은 수평적 수어 공간

자료: Emmorey et al., 2000: 167.

〈표 3-2〉에서 왼쪽에 있는 도식적 공간은 2차원의 지도 같은 공간을 사용하는 것으로 시점은 변하지 않고 비교적 낮은 수평적 혹은 수직적 수어 공간을 사용한다. 다시 말해, 공간을 물리적 환경의 축소된 모델 혹은 지도처럼 사용한다. 에모레이의 연구에서 수어자는 컨벤션 센터에 위치한 방들을 기술하기 위해 도식적 공간 형식을 사용하였다. 수어 공간 안에 컨벤션 센터 지도의 방들을 동형적으로 사상시켰다. 이는 통람자 관점(*survey perspective*)과 연결된다. 통람자 관점은 '마치 높은 곳에서 사방을 내려다보는 듯이 고정된 한 시점에서 대상들을 동서남북으로 배열하는 것으로, 지도 그리기 과정과 비슷하다'(임정택, 2008: 308). 이와 달리, 〈표 3-2〉의 오른쪽에 있는 구경꾼 공간은 3차원 공간으로 실

제의 크기로 표현한다. 가령 컨벤션 센터를 미국수어로 기술할 때 구경꾼 공간에서 수어자는 마치 복도를 따라 움직이듯이 자신이 관찰한 것을 수어 공간 안에 사상한다. 시점은 고정되지 않고 공간 속의 움직임에 따라 변한다. 이때 사용되는 것이 여행자 관점(*route perspective*)인데 '공간 속을 통과하면서 대상이나 사건들을 서술하는 것을 말한다.'(임정택, 2008: 208)

결론적으로 에모레이(Emmorey, 2000: 177~178)는 다음과 같은 사실을 도출했다. 실험에 참여한 영어 화자와 미국수어 수어자는 공간을 기술하기 위해 다른 방식을 사용하였다(〈표 3-3〉). 영어 화자는 마을 지도는 통람자 관점으로 컨벤션 센터 지도는 여행자 관점으로 설명하였다. 그러나 미국수어 수어자는 마을 지도와 컨벤션 센터 지도 모두 통람자 관점을 취하여 설명했다. 그 이유를 두 가지로 보았다. 첫째, 복잡한 공간적 정보를 전달하기 위해 도식적 공간 사용을 선호하였다는 것이다. 도식적 공간 형식이 통람자 관점과 가장 잘 일치되기 때문이다. 둘째, 미국수어 수어자가 영어 화자보다 환경을 기술할 때 통람자 관점을 취한 것은 환경을 지도로 배웠기 때문이다. 지도에서 도식적 공간으로의 공간적 변환은 너무 직접적이어서 수어에서는 절대적이다.

수어 공간의 지형적 기능과 통사적 기능은 기능적으로는 구별이 되지만 서로 배타적이지 않고 동시에 발생할 수 있다(Emmorey et al., 1995: 44).

〈표 3-3〉 영어 화자와 미국수어 수어자의 관점 선택 비교

	마을 지도	컨벤션 센터 지도
영어 화자	통람자 관점	여행자 관점
미국수어 수어자	통람자 관점	통람자 관점

단어가 수어 공간의 왼쪽 혹은 오른쪽에서 조음되는지에 기초해서만 구별되는 최소대립쌍은 없다. 그러한 왼쪽 - 오른쪽 구별은 미국수어의 담화 구조, 통사, 형태론에서 공간의 지형적 기능과 지시적 기능을 위해 준비해 두는 듯 보인다.

4) 수 동

수어에서 수동은 일차적 수동과 이차적 수동으로 구분된다(Johnston & Schembri, 2007). 일차적 수동은 경로 수동(*path movement*)이며 이차적 수동은 내부 수동(*local movement*, *internal movement*)을 말한다. 경로 수동은 한 위치에서 다른 위치로 가는 이동을 의미하고 내부 수동은 이동 없이 수형과 방향에서의 변화를 의미한다.

(1) 경로 수동

경로 수동은 중립 공간에서 3가지로 구분된다. 중립 공간에서 상하로 움직이는 수직적 경로 수동과 좌우로 움직이는 수평적 경로 수동이 있다. 그리고 수어자와 가까이 혹은 멀리 간격을 두는 수평적 경로 수동이 있다(Johnston & Schembri,

〈표 3-4〉 수동과 그 실례

수	수 동	수화 어휘의 예	수	수 동	수화 어휘의 예
1	수직의 상방향 운동	형, 높다, 에레베타	16	수직 반원 운동(좌우)	임신
2	수직의 하방향 운동	아우, 싸우다, 아래	17	수직 반원 운동(전후)	연기하다
3	수직의 상하방향 운동	영화, 부탁	18	손목 바깥회전 운동	자연
4	수직의 우방향 운동	빨강, 계획, 방학, 아직	19	손목 안쪽회전 운동	딸, 아들, 되다
5	수평의 좌방향 운동	마치다	20	손목 내외회전 운동	소개, 애기
6	수평의 좌우방향 운동	무료, 무엇	21	손목 전방굴절 운동	허락
7	수평의 전방향 운동	택시, 보다, 장래, 말하다	22	손목 후방굴절 운동	고구마
8	수평의 후방향 운동	어제, 지키다, 빌리다	23	손목 전후굴절 운동	부채, 깃발, 조개
9	수평의 전후방향 운동	막다, 경주, 경기	24	괄호 여는 동작	축하하다, 새롭다
10	비스듬히 위 앞으로 운동	비행기	25	괄호 닫는 동작	기억하다, 붙잡다, 줍다
11	비스듬히 위 오른쪽 운동	꿈	26	손가락 여닫는 동작	가끔
12	비스듬히 위 좌측 운동	분하다, 제일	27	손가락 관절 굴곡	인사, 카메라, 사격
13	비스듬히 아래 우측 운동	제자	28	손가락 각자 운동	걷다
14	수평 원운동(손바닥 아래)	사랑하다, 약, 커피	29	손끝 비비기 운동	모래, 가루, 토요일
15	수직 원운동(전후)	기차, 수어, 동물			

자료 : 석동일, 1989 : 68 ~ 69.

2007: 92).

세 축으로 이루어지는 경로 수동에 원형 수동 혹은 타원형 수동도 가능하다. 한국수어에서 수동 유형과 그 예를 살펴보도록 하자. 석동일(1989: 68~69)은 운동방향으로 29개를 제시하였다. 〈표 3-4〉는 운동방향만을 가져와 제시하였다. 원래 〈표 4-9〉의 기호는 생략하였다. 또한 분석 자료의 차이와 분석 시의 시간적 차이로 인해 수동의 예로 제시된 단어들이 현재의 단어들과 맞지 않는 것이 있다. 가령 〔엘리베이터〕는 현재의 단어에서는 상방향 수동이 아니라 상하방향 수동으로 보는 것이 적합하다.

① 수직의 상하 수동

수직의 상하 수동은 상방향, 하방향, 상하방향으로 이루어진다. 각각 〔형〕, 〔아우〕, 〔영화〕가 속한다.

② 수평의 좌우 수동

수평의 좌우 수동은 좌방향, 우방향, 좌우방향으로 이루어진다. 대표적인 예로는 각각 〔빨강〕, 〔마치다〕, 〔무엇〕이 있다.

③ 수평의 전후 수동

수평의 전후 수동은 전방향, 후방향, 전후방향으로 이루어진다. 각각 〔보다[1]〕, 〔어제〕, 〔말하다〕가 있다.

④ 비스듬한 수동

〈표 3-4〉의 10~13에서 비스듬히 움직이는 수동은 좌하방향, 좌상방향, 전하방향, 전상방향으로 세분화하였다. 좌하방향 수동은 〔그냥〕, 〔빛〕 등이, 좌상방향 수동은 〔등산〕이, 전하방향 수동은 〔미끄럼틀〕이, 전상방향 수동은 〔교만〕이 속한다.

⑤ 원 수동

〈표 3-4〉의 14~15에서 원운동은 수평 원 수동, 수직 전후 원 수동, 수직 좌우 원 수동으로 세분화하였다. 수평 원 수동에는 〔우리〕, 〔커피〕, 〔교제〕, 〔교류〕가 속한다. 수직 전후 원 수동은 〔기차〕, 〔수화〕, 〔동물〕이 있고 수직 좌우 원 수동은 〔달다〕, 〔찾다〕, 〔고양이〕 등이 있다. 마지막 유형이 추가되었다.

⑥ 반원 수동

반원 수동은 석동일(1989)에서는 수직 좌우 반원 운동과 수평 전후 반원 운동으로만 분류되었지만 3차원적 수어 공간에서 산출되는 단어는 상하의 수직축과 전후, 좌우의 수평축을 모두 고려해야 정확한 단어의 기술이 가능하다. 즉, 〔임신〕은 상하의 수직축에서, 〔매장〕이 좌우의 수평축에서, 〔단체〕는 전후의 수평축에서 이루어진다.

(2) 내부 수동

내부 수동은 한 위치에서 다른 위치로의 이동이 없고 수형과 방향에서의 변화를 포함한다. 〈표 3-4〉의 18~29는 내부 수동에 속한다. 수동의 형태에 따라 굴곡(屈曲), 신장(伸張), 외전(外戰), 내전(內轉), 회전(回轉)으로 분류할 수 있다. 굴곡은 관절을 굽히는 동작이고 신장은 관절을 펴는 동작이다. 외전은 관절을 밖으로 뻗는 동작이고 내전은 관절을 중심축 방향으로 돌리는 동작이다. 한국수어에서 나타나는 내부 수동은 다음과 같다.

① 손목 회전 수동

〈표 3-4〉의 18~20은 손목 외회전 수동, 손목 내회전 수동, 손목 내외회전 수동으로 수정하였다. 손목 외회전 수동은 〔자연〕, 〔되다〕, 〔고구마〕, 〔저녁〕처럼 손목을 바깥쪽으로 회전한다. 손목 내회전 수동은 〔딸〕, 〔아들〕, 〔인정〕처럼 손목을 안쪽으로 회전한다. 손목 내외회전 수동은 〔소개〕, 〔깃발〕처럼 손목을 안쪽과 바깥쪽으로 회전한다.

② 손목 굴곡 수동

〈표 3-4〉의 21~23의 손목 굴절 운동은 4개로 세분화하였다. 손목 전방 굴곡 수동은 〔허락〕, 손목 후방 굴곡 운동은 〔고백〕, 손목 척측 굴곡 수동은 〔나침반〕, 손목 요측 굴곡 수동은 〔낳다〕 등이 있다.

③ 어깨 외전 수동

이 수동은 석동일(1989)에서 제시되지 않은 유형이다. 어깨 외전 운동은 〔저항〕, 어깨 내전 수동은 〔순종하다〕가 있다.

④ 수형 변화

수어자의 손은 손가락을 펴거나 손가락 사이를 쫙 벌린 수형에서 접거나 구부리거나 평평히 하거나 구부리는 수형으로 변한다(Johnston & Schembri, 2007). 〈표 3-4〉에서 24~29가 이에 속한다.

첫째, 펴는 수동이다. [축하하다], [새롭다], [이상하다]처럼 모았던 손끝을 편다.
둘째, 쥐는 수동이다. [기억하다], [줍다]처럼 편 손에서 주먹을 쥔다.
셋째, 관절 굴곡 수동이다. [잠자리], [경찰], [전철]에서 손가락 첫 번째 관절을 구부린다. [카메라], [잠], [사격]은 손가락 두 번째 관절을 구부린다.
넷째, 손가락 사이를 붙이거나 벌리는 수동이다. [잔주름], [젓가락]에서 손가락 사이를 붙인다.
다섯째, 손가락 비비기 수동이다. [기름], [땅]에서 엄지와 나머지 손가락을 차례로 스친다.
여섯째, 손가락 튕기기 수동이다. [작다], [자꾸], [틀리다]에서 접촉했던 손가락을 튕긴다.

(3) 수동에 따른 단어 유형

수어에서 단어의 유형은 한손-단어와 두손-단어로 크게 구별되고 두손-단어는 두 손의 운동의 상호관계에 따라 3가지 유형으로 재분류된다(Battison, 1978).

①~②은 한손-단어이고, ③~⑤은 두손-단어이다. 두손-단어에서 두 손의 운동 간에 어떤 상관관계가 있느냐에 따라 3가지 유형으로 다시 분류한다.

각 유형의 설명과 그에 해당하는 한국수어의 단어를 함께 제시하도록 하겠다.

① 유형 Ø

한손만 접촉 없이 자유로운 공간에서 움직인다. 한국수어의 예로는 〔얼마〕, 〔무엇〕, 〔곳〕, 〔처음〕, 〔전공〕 등이 있다.

② 유형 X

한손만 움직이며 반대 손을 제외하고 신체의 어디에나 접촉한다. 한국수어의 예로는 〔생각〕, 〔정말〕, 〔좋다〕, 〔나쁘다〕 등이 있다.

③ 유형 1

두 손이 모두 움직이고 동일한 움직임을 수행한다. 손은 서로 접촉하거나 혹은 접촉하지 않는다. 그들은 신체에 접촉하거나 혹은 접촉하지 않는다. 그들은 동시적이거나 혹은 교대로 움직인다. 한국수어의 예로는 〔아니다〕, 〔죽다〕, 〔아기〕, 〔만나다〕, 〔보다1〕 등이 있다.

④ 유형 2

한손만 움직이지만 두 손은 동일한 수형이다. 한국수어의 예로는 〔만들다〕, 〔감사〕, 〔한문〕, 〔아래〕, 〔역사〕 등이 있다.

⑤ 유형 3

한손만 움직이지만 두 손은 다른 수형을 가진다. 한국수어의 예로는 〔빵〕, 〔떡〕, 〔죄〕, 〔가르치다〕, 〔운명〕 등이 있다.

⑥ 유형 C

위 유형들의 둘 혹은 그 이상들을 결합하는 합성어를 위한 유형이다.

(4) 수어 단어의 구조 제약

베티슨(1978)은 미국수어에서 수어소들을 조합하여 단어를 만들 때 따라야 하는 두 가지 원칙, 즉 대칭 조건(*symmetry condition*)과 우세 조건(*dominance condition*)을 제시하였다.

> (1) 대칭 조건 : (a) 만약 단어의 두 손이 조음되는 동안에 동시적으로 움직인다면 (b) 두 손은 동일한 위치, 동일한 수형, 동일한 움직임으로 명시되어야 하고 방향의 명시는 대칭적이거나 동일해야 한다.
> (2) 우세 조건 : (a) 만약 두손-단어의 손들이 수형을 위한 동일한 명세를 공유하지 않는다면 (b) 한손은 수동적인 반면에 다른 손, 즉 활동적 손은 움직임을 조음하고 (c) 수동적 수형은 작은 세트 중의 하나로 제약된다. 미국수어에서는 A, S, B, 5, G, C, O 수형이다.

한국수어에서는 미국수어에서 볼 수 없는 유형에 속한 단어가 존재한다. 두 손 모두 움직이는데 수형이 다른 경우이다. 가령 〔초대하다〕, 〔데려오다〕, 〔팔다〕, 〔발표〕 등이다. 마찬가지로, 대칭 조건을 위반하는 예로는 수어의 분류사가 있다(Aronoff et al., 2003). 분류사에 대한 논의는 4장 형태론에서 세부적으로 다루기 위해 미루고 여기서는 대칭 조건을 위반하는 예로만 간단히 언급하도록 한다. 〈그림 3-17〉은 한국어로 '로켓이 사람을 뒤따라가다'이다. 수어자는 양손을 사용하여 한손은 도망하는 남자와 다른 한손은 뒤따라가는 로켓을 동시에 표현했다. 이때 남자를 표현하는 손은 앞으로 직선으로 이동하고 로켓을 표현하는 손은 지그재그로 앞으로 움직인다. 두 손이 동시에 움직이지만 두 손의 수형이 달라서 대칭 조건을 위반한다. 또한 우세 조건에 비추어 볼 때, 한국수어에서 유표 수형에 대한 논의가 충분하게 이루어지지 않은 상태라 무표 수형에 대한 정확한 목록에 근거해서 평가할 수 없다. 그러나 무표 수형이 일반적으로 기본적이고 자연스러운 형태라는 점에서 볼 때 남자와 로켓을 나타낸 주먹에서 엄지만 편 수형과 중지만 편 주먹 수형은 기본적이고 자연스러운 무표 수형이기보다는 유표 수형에 가깝다. 우세 조건과 대칭 조건이 어휘부의 단어가 거역할 수 없는 조건이라고 볼 때 분류사의 우세손과 비우세손은 독립된 분류사를 나타내고 각각 형태적 위상을 갖는다. 즉, 분류사는 단어의 음운적 형태를 갖지 않는다는 점에서 단어와 동일선상에서 다룰 수 없다(Sandler & Lillo-Martin, 2006). 따라서 이 두 음운 조건은 단어 차원에서의 후속 연구 결과가 뒷받침되어야 한국수어가 베티슨의 제약을 지지하는지 결론지을 수 있을 것이다.

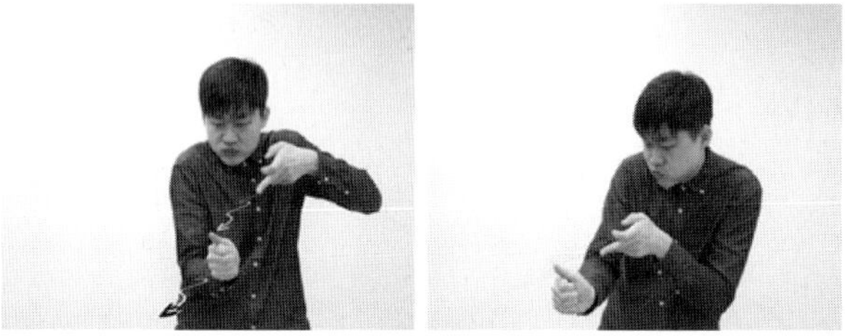

〈그림 3-17〉
로켓이 사람을 뒤따라가다

5) 수 향

수향은 단어가 산출될 때 손가락과 손바닥의 방향을 말한다. 손가락과 손바닥은 위, 아래, 오른쪽, 왼쪽, 수어자의 몸을 향하거나 몸에서 멀어지는 방향을 취하고 여기에 대각선 방향이 결합된다(Johnston & Schembri, 2007). 일부 학자들은 수향이 비교적 잉여적이라고 생각한다(Johnston & Schembri, 2007: 95). 왜냐하면 신체 혹은 공간에서의 수위와 손에서의 접촉 지점만을 가지고 특정 단어를 무리 없이 기술할 수 있기 때문이다. 이 경우 수향은 잉여적이다.

가령 한국수어에서 〔고맙다〕는 중립 공간에서 동일한 수형의 두 손의 접촉으로 이루어진다. 접촉점은 비우세손의 손등과 우세손의 척측 부위이다. 수어자가 편한 자세로 접촉점을 지켜 수어를 하려면 자연적으로 비우세손의 손바닥이 아래를 향하게 되고 우세손의 손바닥은 수어자의 주되게 사용되는 손에 따라서 왼쪽 혹은 오른쪽을 향하게 된다. 마찬가지로, 한국수어의 〔나이〕와 〔요일〕은 손가락사이를 벌린 동일한 수형과 손가락 끝을 상하로 작게 움직이는 내부 수동

〈그림 3-18〉
수향이 잉여적인
경우의 예

a. [고맙다]

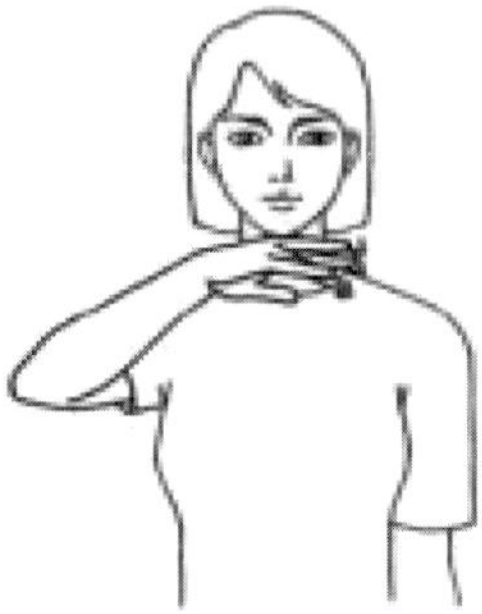

b. [나이]

c. [요일]

〈표 3-5〉 수향과 그 실례

구분	수	방향	예	구분	수	방향	예
손바닥	1	상	빌리다, 비교	손가락	1	상	뫼, 산
	2	하	계획, 방학		2	하	실패, 깊다
	3	좌	부터, 잡다		3	좌	마치다, 가깝다
	4	우	가깝다, 결석		4	우	언쟁, 가깝다
	5	전	앞, 멀다		5	전	충고, 주시하다
	6	후	뒤, 거울		6	후	여관, 여행

자료 : 석동일, 1989 : 67.

을 가진다. 다른 것은 신체와의 접촉 지점이다. 〔나이〕는 턱 밑에 손등을 접촉하고, 〔요일〕은 턱에 검지, 중지, 약지의 손끝 손바닥 면을 접촉한다. 이렇게 접촉 지점에 따라 손바닥과 손끝의 방향이 결정된다.

한국수어에서 수향은 손바닥의 방향과 펼쳐진 손가락 끝의 방향으로 결정되는데(석동일, 1989: 64) 앞에서 언급한 정의와 비교할 때 수어자의 몸을 향하거나 멀어지는 방향이 제외되었다.

6) 비수지 신호

수어는 시각적으로 수용되는 언어이기 때문에 청각적으로 수용되는 음성언어와 달리 여러 정보를 동시에 처리할 수 있다(Zeshan, 2000: 42). 수어자는 손으로 대화를 나누지만 동시적으로 자신의 신체 자세, 머리 향함, 얼굴 표정, 시선 응시 등을 함께 사용한다. 대화 상대자인 수어자 역시 이러한 동시적인 정보를 모두 수용하여 전체 의미를 해석한다. 이로써 단어 산출보다 두 배가량 시간이 더 걸리는 수어의 산출은 특히 문법적 목적으로 사용되는 비수지 신호를 통해 시간의 절감 효과를 지닌다(Zeshan, 2000: 42).

(1) 비수지 신호의 유형

수어 음운론에서 비수지 신호는 수위, 수동, 수향과 함께 수어소로 분류되었다. 음성언어에서 억양, 음의 크기, 높이 등의 초분절 요소들이 준언어적인 것으로 다루어진 것처럼 수어 연구에서도 수어자의 얼굴, 머리, 신체에서 이루어지는 비수지 신호에 대한 관심은 크지 않았다(Liddell, 1980). 또 비수지 신호로 말미암아 수어가 제스처로 오인 받아 온 경향도 있는데, 이는 비수지 신호가 주로 감정적인 표현을 위해 사용된다고 여겨졌기 때문이다. 그러나 비수지 신호는 단어의 의미 차이를 초래하는 변별적 자질이 되는 것은 물론 문법의 표지 기능을 한다는 제안이 나오면서 그 중요성이 인식되었다(남기현 외, 2011: 769). 이 절은 비수지 신호의 유형을 대략적으로 소개하는 것에 할애할 것이다. 특히 단어 단위가 아닌 문장 단위에서 통사적 기능을 하는 비수지 신호는 5장 통사론에서 다루기로 한다.

비수지 신호에는 입 모양(*mouth pattern*), 입 제스처(*mouth gesture*), 그리고 신체, 머리, 눈의 움직임, 다양한 종류의 얼굴 표정이 있다. 입 모양과 입 제스처는 비슷해 보이지만 서로 구별되어야 한다(Johnston & Schembri, 2007). 입 모양은 음성언어의 단어의 조음을 모방하는 것으로 '구화'(*mouthing*) 라고 한다.[7] 입 제스처는 음성언어의 단어와 관련이 없는 입의 움직임이다(Zeshan, 2000: 42). 일본수어 문헌에서 Mouthing은 구화(口話, *mouth talk*) 라고 한다. 구화는 수어를 하면서 음성언어를 말하는 것, 즉 동시적인 의사소통(*simultaneous communication*) 과는 구별된다(Sandler, 2009: 266). 흔히 청인과 농인 중간에서 의사소통의 목적으로 한국어를 말하면서 한국수어를 동시에 할 때가 있는데 두 언어의 구조와 단어 어순의 차이 때문에 음성언어에 대응하는 수어를 구사하게 된다. 따라서 두 언어를 동시에 구사하는 것은 불가능하다고 본다. 한국 상황에서 구화는 농교육에서 청각 장애인이나 언어 장애인이 특수한 교육을 받아 상대가 말하는 입술 모양을 보고 그 뜻을 알아내는 것을 의미한다.

입 모양은 각 나라의 수어마다 그리고 한 나라의 수어에서도 수어자마다 그 역할에서 차이가 있다. 미국수어에 비해 독일수어와 스위스독일수어에서 중요한 역할을 하고 인도-파키스탄수어에서도 상당히 빈번하게 사용된다(Zeshan, 2000: 42). 일본수어에서도 농인들이 구화교육의 영향을 받아 수어를 할 때 구화 구형과 유사한 입 모양을 구사한다(윤병천, 2003: 10). 한 나라의 수어에서도 개인에 따라 사용하는 입 모양은 상황과 대화 상대자에 따라 다양하다. 어떤 수어자는 전체 단어의 입 모양을 취하기도 하고 어떤 수어자는 단어의 자음만으로 축소된 형태를 취하기도 한다. 입 모양을 사용하는 것은 여러 목적을 위해서이다(Johnston & Schembri, 2007: 184).

첫째, 하나의 단어가 여러 의미로 사용될 경우 의미를 구별하기 위해 입 모양

7 자세한 내용은 http://en.wikipedia.org/wiki/Japanese_Sign_Language를 참조할 수 있다.

을 사용한다. 호주수어에서 'husband'(남편) 혹은 'wife'(아내)를 위해 SPOUSE(배우자)라는 하나의 단어로 표현된다. 그러므로 수어자는 SPOUSE 단어를 하면서 'husband' 혹은 'wife'라는 영어 단어를 구화로 한다.

둘째, 수어 단어의 의미를 확장하는 수단으로 사용할 수 있다. 호주수어에서 HAPPEN은 영어 단어 'opportunity' 혹은 'event'의 입 모양과 동시에 발생한다. 수어 단어는 HAPPEN으로 하나이지만 입 모양을 동시에 산출하여 '기회'와 '사건'이라는 두 가지 의미로 확장할 수 있다.

이처럼 수어에서 입 모양은 동음이의어를 구별하고 어휘를 확장하는 데 중요한 기능을 수행한다(Zeshan, 2000: 43).

입 제스처는 단어와 함께 항상 그리고 의무적으로 산출된다. 제스한과 샌들러는 입을 이용한 비수지 신호의 언어적 기능을 제시하였다. 즉, 입 제스처는 반복상과 지속상과 같은 굴절을 실현한다(Zeshan, 2000: 44). 샌들러(2009, 265~266)는 수어에서 입 제스처의 어휘적 명세는 드문 반면에 음성언어의 형용사적, 부사적 수식과 대응하는 관습화된 모양의 조음은 공통적이고 생산적이라고 하였다. 이스라엘수어를 사용하는 수어자들은 Tweety and Sylvester(트위티와 실버스타)라는 만화의 줄거리를 다시 수어로 할 때 공중으로 튀어 오르는 캐릭터에 대해 이야기하면서 '오래 끄는 움직임'(*protracted motion*)을 표현하기 위해 관습화된 부사적인 입 제스처를 사용했다. 입 제스처는 관습화되고 생산적이며 수어 문법을 구성하여 언어적이다.

(2) 한국수어에서 비수지 신호

한국수어에서 비수지 신호에 대한 연구는 김승국(1983)을 비롯하여 석동일(1989), 엄미숙(1996), 윤병천(2003), 이정옥(2012)이 수행했다.

김승국(1983)은 '체동소'라 하여 비수지 신호를 수어소의 하나로 연구하였다. 〈표 3-6〉에서 보듯이, 체동소는 사람의 행동과 표정을 모방하는 것으로 엄밀한 의미에서 언어적으로 기능한다고 보기 어렵다.

석동일(1989: 39)은 눈의 동작과 안면 동작의 기능을 제시하였다.[8] 수어자의

〈표 3-6〉 체동소

수	체동	수	체동
1	머리로 받는 시늉을 한다	11	숨을 들이키는 시늉을 한다
2	머리를 옆으로 숙인다	12	한숨을 쉬는 시늉을 한다
3	놀라는 표정을 지어 보인다	13	몸서리를 쳐 보인다
4	얼굴을 찡그려 보인다	14	거만한 태도를 취해 보인다
5	눈을 감는다	15	덥다는 시늉을 한다
6	입을 꼭 다문다	16	헐떡이는 동작을 한다
7	말하는 시늉을 한다	17	흐느끼는 시늉을 한다
8	입김을 불어내는 시늉을 한다	18	허둥대는 동작을 한다
9	침을 뱉는 시늉을 한다	19	몸을 좌우로 돌린다
10	무는 시늉을 한다	20	목과 몸을 움츠린다

자료 : 김승국, 1983 : 41 ~ 42.

〈표 3-7〉 눈의 동작과 안면 동작의 기능

	눈 동작의 기능	안면 동작의 기능
1	어휘의 뜻 보충 및 결정 : 〈찾다〉는 찾는 눈의 동작을 요구한다. 話者는 직접 수신자를 바라볼 수 없다.	어휘의 표현 ① 몸을 좌우 흔듦 = 싫다 ② 입가장자리 수축 = 신맛
2	수식어구의 일부로서의 역할 : 무엇인가 큰 것을 볼 때 눈꺼풀이 위로 올라간다.	수화 낱말에 안면 동작 수반 요구. ①〈늦다〉의 수화에 대해 "아직 않다"의 안면 표정 수반. ②〈잘못〉의 수화에 대해 "우발적" 안면 표정 수반.
3	대명사적 역할 : 공간에서 어떤 방향을 주시하면 〈저것〉을 가리키는 것과 같은 기능을 한다.	수식 어구 ①〈큰 나무〉는 〈나무〉라는 수화에 대해 "크다"라는 안면 표정 수반하여 나타난다.
4	직접 화법 : 말하는 話者를 보고 인용한다.	부정 ① 눈살 찌푸림, 기분이 좋지 않은 얼굴 표정, 코 실룩임
5		의문 신호 ① 눈썹 추켜올림, 눈꺼풀 수축

자료 : 석동일, 1989 : 39.

8 〈표 3-3〉 한국수화대화에서 눈 동작과 안면동작의 기능을 가져온 것으로 원문의 단어 표기법과 수화라는 명칭을 그대로 따랐다.

눈의 동작과 안면 동작은 어휘와 동반하여 의미를 더하거나 수식어구, 대명사, 부정 표현, 의문문을 표지한다. 또한 문장 단위를 넘어서서 대화에서 순서 바꾸기(*turn taking*)와 같은 담화 기능을 한다. 대화를 원활히 이어가기 위해서 대화자들의 시선 응시가 중요하다. 순서 바꾸기는 보통 머리의 움직임이나 시선 응시로 조절한다. 대화자들은 상대를 바라보아야 자신이 말할 차례인지 상대가 말할 차례인지 조절할 수 있다.

한국수어에서 의향법은 비수지 신호로 실현되는데 엄미숙(1996)과 윤병천(2003)의 연구가 이를 뒷받침한다. 비수지 신호의 문법적 역할과 구체적인 예문은 5장 통사론에서 상세하게 다루도록 하겠다. 지금까지 살펴본 바에 의하면 수어에서 비수지 신호를 단순히 몸짓으로 본 연구에서 출발하여 최근에 이르러서는 언어적 기능에 그 초점이 모아진 것을 알 수 있다.

(3) 비수지 신호의 수어소로서의 위상 문제

수어 음운론에서 일반적으로 비수지 신호가 수형, 수위, 수동, 수향과 더불어 단어의 의미 차이를 초래하는 변별적 자질이라는 데에 동의한다. 그러나 그와 대조적으로 제스한(2000: 45~47)은 비수지 신호의 수어소로서의 위상에 이의를 제기한다. 비수지 신호가 수어소로서 빈번하게 고려되었지만 명백하게 음운적 위상을 받은 적은 없다는 것이다. 달리 말해, 음성언어의 의미를 구별하는 기능을 가진 음소와 대응하는 것으로 명백하게 간주되지 않았음을 지적한다. 제스한은 어떤 알려진 수어에서도 비수지 신호만으로 구별되는 최소대립쌍을 제공하는 예는 없다고 덧붙인다. 인도-파키스탄수어에서 최소대립쌍(*minimal pairs*)과 근사-대립쌍(*near-minimal pairs*)인 예를 제시한다.

인도-파키스탄수어에서 GARAM 'hot'(뜨거운)는 크게 벌린 입(그리고 의무적으로 눈)이라는 비수지 요소를 가지지만 CUP 'be silent'(조용한)는 비수지 요소가 없어서 앞의 단어와 구별된다. 이 단어 쌍은 비수지 요소가 의미를 구별하는 '음소적' 기능을 하는 최소대립쌍이다.

다음은 근사-대립쌍의 예이다. 세 단어를 비교하면, TA:QAT_VAR 'strong'(강한), SARDI 'cold'(추운), MUSKIL 'difficult'(어려운)는 수지적인 차이가 있다.

- TA:QAT_VAR(강한) : 머리를 똑바르게 하고 정면을 바라봄(자신감의 표현)
- SARDI(추운) : 머리를 숙이고 긴장한 얼굴, 이가 보이도록 함(마치 추위에 떨 듯이)
- MUSKIL(어려운) : 눈썹을 올리고, 코를 찌푸리고 입을 약간 벌림(의심의 표현)

TA:QAT_VAR(강한)과 MUSKIL(어려운)은 손을 흔들면서 상하로 움직인다는 점에서 비슷하지만 TA:QAT_VAR(강한)는 더 긴장감을 갖고 산출하며 항상 두손-단어이다. 이에 반해 MUSKIL(어려운)은 한손-단어이거나 혹은 두손-단어이다. SARDI(추운)은 흔드는 움직임은 상하가 아니라 옆으로 움직이는 것이고 팔은 신체에 더 가까이 위치한다. 이러한 수지적인 구성소에 더하여 이 단어들에 동반되는 얼굴 표정이 유표적으로 다르다. 이 단어 쌍에서 얼굴 표정은 각 단어를 독립적으로 산출할 때 의무적인 비수지적 요소이며 수지적 요소보다 단어를 확인하기 위해 중요하다. 즉, 단어 쌍에서 각 단어를 구성하는 수지적 요소들은 약간의 차이가 있으나 그럼에도 불구하고 비수지 신호가 의미를 구별하는 데 중요한 역할을 한다고 보았다.

결론적으로 제스한은 비수지 요소들이 매개변수에 포함되어야 하는가와 음성언어의 음소의 대응물로 간주될 수 있는가라는 의문을 제기한다. 수형에 의해서만 의미의 차이가 있는 최소대립쌍과 GARAM(뜨거운)과 CUP(조용한)과 같은 비수지 신호에서 의미의 차이가 있는 최소대립쌍 사이의 차이는 없다. GARAM(뜨거운)에서 입 제스처가 수형, 수위 등등처럼 단어를 확인하는 데 중요하다고 해서 위상에서의 차이가 정당화되지 않는다. 의미를 구별하는 비수지 신호의 기능에 관하여 다른 나라의 수어들에서 수많은 유사한 단어들을 더욱 세밀하게 연구하는 것이 필요하다고 제언하였다.

그러나 한국수어에서 〔아깝다〕와 〔귀엽다〕는 동일한 수형, 수동, 수향, 수위를 가지고 수어자의 얼굴 표정에서만 차이를 띤다. 물론 《한국수화사전》에서 두 단어는 다르다. 〔귀엽다〕는 〔아깝다〕 앞에 〔얼굴〕이 있어 〔얼굴+귀하다〕이다(〈그림 3-19〉). 그러나 일반적으로 〔귀엽다〕는 앞의 단어 〔얼굴〕을 생략한다. 이 단어 쌍에서 얼굴 표정은 문맥에 따라 정해지는 것이 아니라 단어를 산출할 때부터 얼굴 표정이 달라진다. 즉, 무표정으로 이 단어를 산출한다면 대화자는 그것이 아깝다는 것인지 귀엽다는 것인지 알 수 없게 된다. 따라서 소수의 사례라 하더라도 한국 수어에서는 비수지 신호만으로 단어의 의미를 구별해 주는 단어가 있기 때문에 비수지 신호가 수화로서의 위상을 갖는 것은 지지될 수 있다고 하겠다.

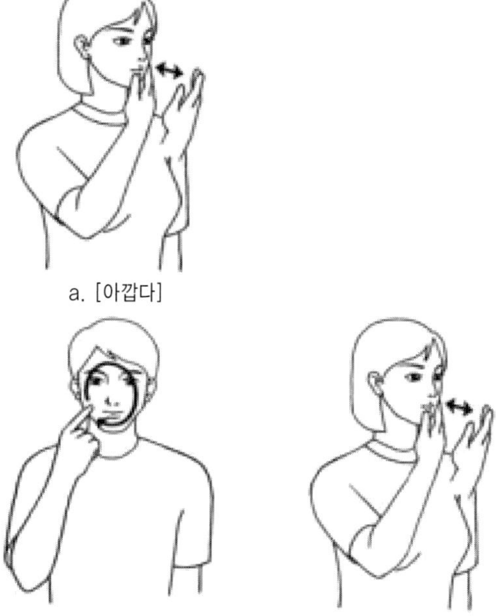

〈그림 3-19〉
비수지 신호로
구별되는 단어의 예

2. 수어의 순차성과 동시성

지난 30년 동안 미국수어 음운론자들이 관심을 가진 가장 오래된 이슈 중의 하나는 미국수어의 음운 구조가 동시적 단위인가 아니면 연속적 단위인가였다(Brentari, 1995: 616). 전통적으로 음성언어에서는 단어 내의 형태소들이 연속적으로 이어진다고 보았기 때문에 선형적인 구조를 이루는 것이 언어 기호의 주된 특징이라 할 수 있다. 그러나 3가지 매개변수가 동시적으로 발생한다는 미국수어의 동시적인 구조 개념은 1980년대에 이르러 반박을 받았고, 미국수어의 많은 현상들을 적합하게 기술하기 위해서는 매개변수의 연속을 인식해야 한다는 주장이 제기되었다(Liddell & Johnson, 2000〔1989〕: 281).

〈그림 3-20〉
연속적인 단어의 예

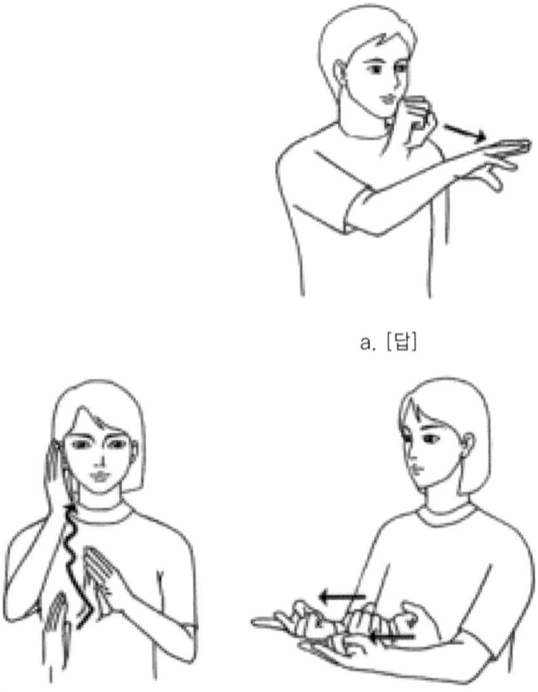

a. [답]

b. [화려]

c. [보내다]

리델과 존슨(1989: 245~255)은 미국수어의 연속적인 구조의 근거는 단어들의 음운적 매개변수에서 찾을 수 있는데, 수형, 수동, 수위의 변화는 수어의 단어가 연속적이라는 것을 보여 준다. 먼저 수형의 변화를 보면, 한국수어 〔답〕은 한 손을 입 앞에서 이동하면서 주먹 쥔 수형으로 시작해서 손가락을 모두 펴고 손가락 사이를 벌린 수형으로 끝난다(〈그림 3-20a〉).

수동의 변화는 경로 수동과 내부 수동으로 나누어 볼 수 있다. 경로 수동의 경우 단일어는 수어자의 손이 한 위치에서 다른 위치로 이동하는 것이 일반적이다. 단일어뿐만 아니라 합성어와 일치 동사에서도 한 위치에서 다른 위치로 이동이 일어난다. 또한 어떤 단어는 두 개의 수동으로 이루어지기도 한다. 가령 한국수어 〔화려〕의 경우 우세손의 손바닥을 비우세손의 손바닥에 부딪힌 후 우세손의 손목을 흔들면서 위로 이동한다(〈그림 3-20b〉). 내부 수동의 변화의 예인 〔보내다〕는 양손을 동일한 수형으로 하여 수어자의 몸 앞에서 몸과 떨어진 위치로 이동하면서 손가락의 형상을 바꾼다(〈그림 3-20c〉). 이 예들은 한국수어의 단어가 연속적인 구조를 가진다는 것을 보여 준다. 그 외에 단어의 연속적인 구조를 지지하는 언어적 현상은 샌들러와 릴로-마틴(2006)을 참조할 수 있다.

1) 움직임 - 정지 모델

리델과 존슨은 음성언어의 단어처럼 미국수어 단어가 음운적 분절의 연속으로 구성된다는 움직임-정지 모델(*movement-hold model*)을 제안하였다(Sandler & Lillo-Martain, 2006: 287~288).

> 수어에서 분절(*segment*)은 두 주된 구성소로 구성된다. 하나는 손의 자세(*posture*)이고 다른 하나는 손의 활동(*activity*)이다. 손의 자세의 기술은 손이 어디에 있는지, 손이 어떻게 향하고 있는지, 손의 움직일 수 있는 부분들은 어떻게 형성되는지 등과 관련된다. 이 세부사항들을 기술하는 자질들은 집합적으로 조음 자질(*articulatory features*)이다. 우리는 손의 자세를 "조음 다발"(*articulatory bundle*)로 명시하기 위해 요구된 조음 자질들의 결합을 언급한다.

조음 다발은 4가지 자질 다발을 포함한다. 첫째, 손의 형상(*hand configuration*)은 손가락과 엄지의 상태이고 둘째, 접촉 지점(*point of contact*)은 손을 위치하는 주된 위치, 위치를 지적하거나 접촉하는 손의 부분, 손 부분과 위치의 공간적 관계를 명시한다. 셋째, 향함(*facing*)은 두 번째 위치를 명시하는 자질과 그 위치를 향하는 손의 부분을 나타내는 자질이며, 넷째로 방향(*orientation*)은 손 부분이 향하는 면(*plane*)을 명시한다(Sandler & Lillo-Martain, 2006: 288).

네 자질 다발은 모두 함께 단어의 산출에서 손의 자세를 기술하지만 손의 활동은 기술하지 않는다. 분절의 산출 동안에 손의 활동을 명시하는 자질들은 별개의 분절 자질 다발로 묶인다. 이 자질들은 손이 움직이는지 만약 그렇다면 어떤 방식으로 움직이는지를 기술한다(Sandler & Lillo-Martain, 2006: 288).

움직임(*movements*)은 조음의 일부 측면이 전이(*transition*) 상태에 있을 동안 지속되는 시간의 기간으로 정의된다. 정지(*holds*)는 모든 조음 다발의 모든 측면들이 정지 상태에 있는 동안 지속되는 시간의 기간으로 정의된다.

미국수화 GOOD과 동일한 분절 구조를 가진 한국수어의 〔농아〕 단어의 예를 보도록 하겠다. 〔농아〕는 정지(H)-움직임(M)-정지(H)라는 3개의 분절로 구성된다. 수어자는 한 손을 손가락을 모두 펴고 손가락 사이를 모두 붙인 손 모양으로 하여 손바닥을 같은 쪽 귀에 댔다가 입에 댄다. 첫 번째 정지는 평평한 손의 손가락 면을 같은 쪽 귀에 대며 산출한다. 이 조음 정보의 복합을 "자세a"로 부른다. 정지로부터 손은 마지막 정지를 위해, 손바닥은 입을 향해 움직인다. 이 조음 정보의 복합을 "자세b"로 부른다.

〈그림 3-21〉
[농아]

〈그림 3-22〉 미국수어의 GOOD의 정지 - 움직임 - 정지 분절 구조

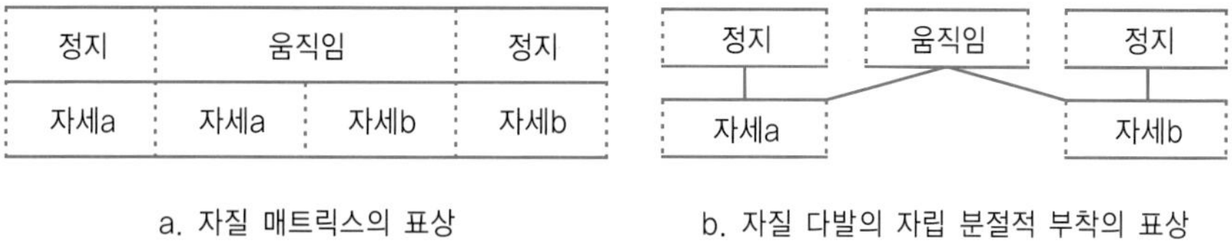

자료 : Liddell & Johnson, 2000 [1989], 290 ~ 291.

〈그림 3-22a〉의 자질 매트릭스 표상을 보면, 시작 움직임 분절의 조음 명시는 처음 정지 분절의 조음 명시와 동일하고(자세a), 마지막 움직임 분절의 조음 명시는 마지막 정지 분절의 조음 명시와 동일하다(자세b). 즉, 자세a와 자세b가 두 번씩 반복된다. 처음 분절과 마지막 분절은 위치와 수형의 자질이 다를지라도 그들 사이의 움직임은 항상은 아니지만 종종 동일한 자질을 가진다. 따라서 움직임은 주위의 "정지" 분절과 동일한 자질을 가져 잉여적이다. 리델과 존슨은 자립-분절 표상(*auto-segmental representation*)의 사용을 추천한다(〈그림 3-22b〉).

2) 동시적 구조와 연속적 구조의 통합

수어의 음운적 구조에 대한 최선의 모델은 단어의 연속적 측면과 동시적 측면을 함께 표현하는 것이다(Sandler & Lillo-Martain, 2006). 앞에서 살핀 것처럼 수어의 음운 구조 연구는 동시적 구조에서 연속적 구조로 발전했다. 샌들러(1989)는 연속적 구조를 지지하는 입장을 더 정교화했다. 단어 내에서 위치(L: *Location*)와 수동(M: *Movement*)은 연속적으로 순서화되고 손 형상(HC: *Hand Configurations*)은 자립분절적으로 위치와 수동과 연결된다. 연속적 그리고 동시적 특성은 알려진 모든 수어들에 있어 공통적이고 표준적으로 나타난다. 형태적 과정은 위치 분절 혹은 수동 분절의 명시를 바꾸면서 이 동일한 LML 형판을 지킨다. LML 연속에 걸치는 손 모양은 많은 연구자들이 음절(*sign syllable*)로 간주하는 단위에 대응한다(Aronoff et al., 2005: 309). 〈그림 3-23〉은 수어 단어의 기본 형태다(Aronoff et al., 2003: 70).

〈그림 3-23〉 수어 단어의 기본 형태

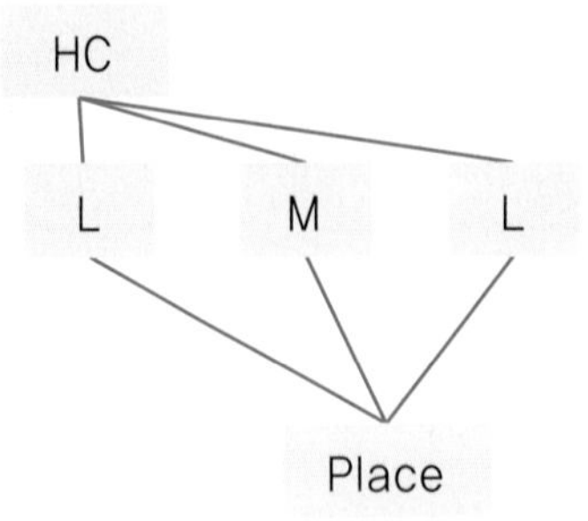

3. 음운 현상

미국수어에서 음운 현상은 리델과 존슨(1989)에 의해 삭제, 삽입, 동화, 전환이 집중적으로 연구되었다(Valli et al., 2005: 40~43). 각각의 음운 현상의 이해를 돕기 위해 한국수어의 예를 제시하였다.

1) 움직임 분절 삽입

수어에서 단어가 연속적으로 이어지는 경우에 첫 번째 단어의 마지막 분절과 다음 단어의 처음 분절 사이에 움직임 분절이 삽입되는 경우가 있다. 이 과정을 움직임 분절 삽입(*movement epenthesis*)이라 한다(Valli et al., 2005: 40). 예를 들어 미국수어에서 FATHER과 STUDY는 내부 수동을 가진다. 두 단어가 연속적으로 이어지는 경우, 움직임 분절이 두 정지 분절 사이에 삽입된다. 〈그림 3-24〉를 보면, 정지 분절(H)로 끝나는 단어 FATHER 다음에 정지 분절(H)로 시작하는 단어 STUDY가 이어질 때, 그 사이에 운동 분절(M)이 삽입된다. 〈그림 3-24〉는 발리 외(2005: 40)에서 가져왔다.

움직임 분절 삽입으로 인해 단어와 단어가 매끄럽게 이어진다. 이 음운 현상은 합성어에서 많이 나타난다. 〈그림 3-25a〉에서 한국수어의 합성어 〔일요일〕

은 〔빨강〕+〔결석〕+〔날〕로 구성된다(원성옥 외, 2003: 92~93). 보통은 〔날〕이 생략되어 〔빨강〕+〔결석〕의 구조로 보아도 무방하다. 〔빨강〕은 오른손 검지로 입술 아래를 수평적인 직선 움직임으로 스친다. 〔결석〕은 양손을 펴서 손바닥을 아래로 향하게 나란히 위치한 후 두 손의 엄지 부분이 가까워지도록 양팔의 간격을 좁힌다. 두 단어를 연속적으로 하기 위해 두 단어의 정지 분절 사이에 움직임 분절이 삽입된다(〈그림 3-25b〉).

〈그림 3-24〉 움직임 분절 삽입

FATHER		STUDY (오른손)
H		H
FATHER		STUDY
H	M	H

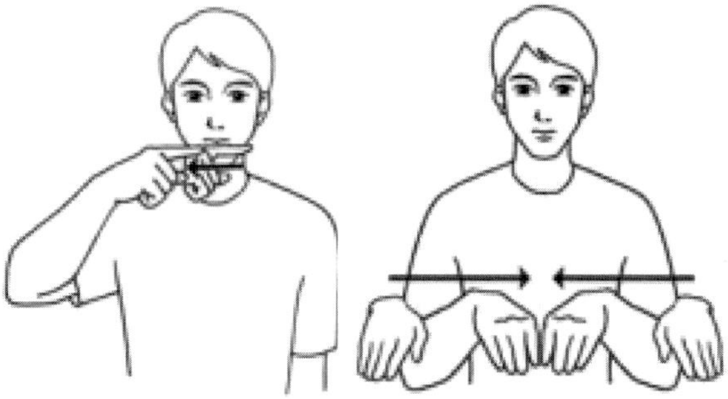

a. [일요일]

[빨강]				[결석]		
H	M	H		H	M	H
			[일요일]			
H	M	H	M	H	M	H

b. [일요일]의 분절 구조

〈그림 3-25〉 한국수어에서 움직임 분절 삽입의 예

2) 정지 분절 삭제

정지 분절 삭제(*hold deletion*)는 두 단어가 연속적으로 이어질 때 두 단어 사이에 있는 정지 분절이 삭제되는 것이다. 미국수어의 단어 GOOD는 정지-움직임-정지(H-M-H)로, IDEA는 짧아진 정지-움직임-정지(X-M-H)로 구성된다(〈그림 3-26〉). 두 단어가 연속적으로 이어질 때 GOOD의 마지막 정지와 IDEA의 처음 정지가 삭제된다. 결과적인 구조는 정지-움직임-움직임-움직임-정지(H-M-M-M-H)가 된다(Valli et al., 2005: 41).

한국수어에서 합성어의 예는 〔안산〕이다(원성옥 외, 2003: 92). 합성어 〔안산〕은 〔평안〕이라는 단어와 〔산〕이라는 단어가 결합된 것이다(〈그림 3-27a〉). 〔평안〕은 양손을 가슴 위치에서 몸과 떨어진 위치로 이동하며 수형을 바꾼다. 이 단어는 정지-움직임-정지(H-M-H) 구조를 가진다. 〔산〕은 한손을 '山'(산) 모양의 수형을 취해 아래로 내린다. 움직임-정지(M-H) 구조를 가진다.

〈그림 3-26〉 정지 분절 삭제

		GOOD				IDEA	
	H	M	H		X	M	H
움직임 삽입	H	M	H	M	X	M	H
정지 삭제	H	M		M		M	H

〈그림 3-27〉 한국수어에서 정지 분절 삭제의 예

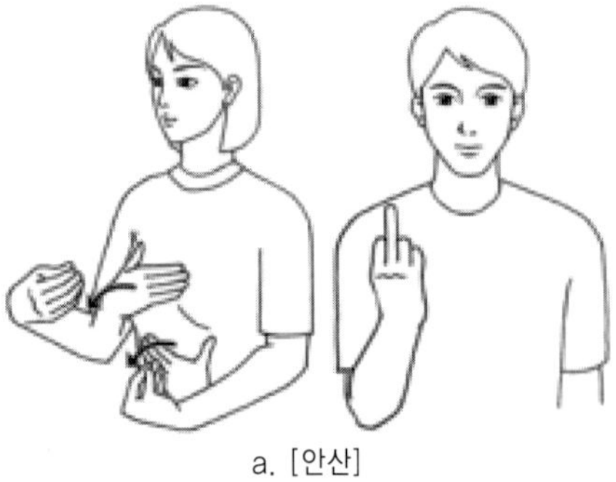

a. [안산]

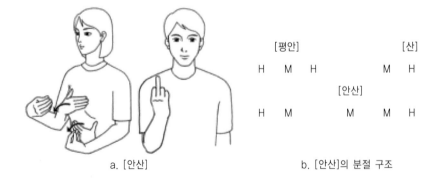

	[평안]			[산]	
H	M	H		M	H
			[안산]		
H	M		M	M	H

b. [안산]의 분절 구조

합성어 〔안산〕의 경우 〔편안〕에서 마지막 정지 분절이 탈락되면서 〔산〕의 처음 정지 분절과 〔평안〕의 마지막 정지 분절 사이에 다른 움직임 분절(M)이 첨가되었다(〈그림 3-27b〉). 첨가된 움직임(M)은 〔산〕의 처음 움직임(M)과 동화가 일어나 정지-움직임-움직임-정지(H-M-M-H)의 구조가 되고 움직임 분절 두 개도 하나로 동화되어 결과적으로 정지-움직임-정지(H-M-H) 구조가 된다.

3) 동화

동화(*assimilation*)는 어떤 한 분절이 이웃하는 분절의 특징을 갖게 되는 현상이다. 미국수어에서 예는 PRO.1(일인칭 I)에서의 수형이다(Valli et al., 2005: 43). 기본 수형이 1이지만 다른 단어와 연속적으로 산출될 때 다른 단어의 수형과 같아지기 위해 수형을 변화시킨다. 가령 수어자가 PRO.1 KNOW을 산출할 때 PRO.1의 1수형은 KNOW의 구부린 B수형으로 변한다.

한국수어에서 〔만약〕은 〔거짓〕과 〔-면〕(〔임시〕)로 이루어진다(〈그림 3-29〉). 〔거짓〕은 한 손 검지를 펴서 볼에 접촉하는 것이고, 〔-면〕은 편 비우세손의 손등 중앙에 손가락을 다 펴고 검지와 엄지만 끝을 접촉한 우세손의 엄지와 검지 부분

〈그림 3-28〉 미국수어 PRO.1의 1수형의 동화

PRO.1	KNOW		PRO.1	KNOW
1	구부린 B	→	구부린 B	구부린 B

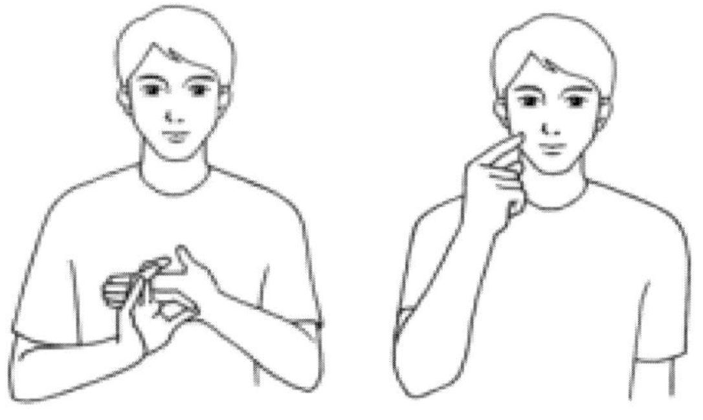

〈그림 3-29〉
한국수어에서 동화의 예

을 대는 것이다(일명 F수형). 두 단어의 결합인 〔만약〕에서 〔거짓〕이라는 1수형이 뒤에 오는 〔-면〕의 F수형에 동화되어 수형이 같아져 역행동화가 일어난다(원성옥 외, 2003: 93). 이외에도 〔일요일〕, 〔어머니〕, 〔아버지〕를 역행동화의 예가 있다.

음운 현상의 예로 미국수어에서 연속적으로 일어나는 두 단어를 제시한 데 비해 한국수어에서는 합성어의 예를 제시하였다. 그러나 미국수어에서도 이러한 음운 현상은 합성어에서 동일하게 일어난다(Valli et al., 2005: 43).

4) 전 환

수어의 분절 일부는 수위를 바꿀 수 있다. 수위를 바꾸는 과정을 전환(*metathesis*)이라 한다. 가령 미국수어에서 전환의 예는 DEAF(농인)이다. 처음 분절과 마지막 분절의 위치 자질이 반대가 된다.

마찬가지로, 《한국수화사전》에서 〔농아〕는 '오른 손바닥으로 입을 막은 다음 오른쪽 귀를 막는다'라고 설명이 되어있다. 일각에서는 〔농아〕 단어의 수동 순서에 반대 의견을 피력한다. 농인이 말을 못하여 듣는 능력을 상실한 것이 아니라 듣지 못하여 말하는 능력을 상실한 것으로 보아 정확한 단어의 수동은 사전에 나와 있는 것과 반대되는 순서로 해야 한다는 것이다. 〔농아〕 단어의 귀-입이라는 순서가 일견 타당해 보이지만 입-귀의 순서도 사용되고 있다는 점에서 수위를 바꾸는 전환의 예로 볼 수 있겠다.

〈그림 3-30〉 미국수어 DEAF의 분절 구조와 전환 현상

	X	M	X	M	X	M	H
수형	1		1		1		1
수위	뺨		뺨		턱		턱
수향	손바닥 밖		손바닥 밖		손바닥 밖		손바닥 밖
				↓			
수형	1		1		1		1
수위	턱		턱		뺨		뺨
수향	손바닥 밖		손바닥 밖		손바닥 밖		손바닥 밖

자료: Valli et al., 2005: 42.

04 형태론

음운론은 언어에서 의미의 차이를 가져오는 음성적 특성을 연구하는 분야라면 형태론은 의미를 가진 가장 작은 단위와 이 단위들이 단어를 만들기 위해 어떻게 결합하는지를 연구하는 분야이다. 음운론에서 연구하는 언어의 단위들은 의미를 가지지 않는 데 반해, 형태론에서 다루는 단위는 의미를 가진 가장 작은 단위이다.

1. 형태소

언어에서 의미를 가지고 있는 최소 단위를 '형태소'(*morpheme*)라 한다. 단어들은 서로 형태소의 수가 다르다. 음성언어에서 '사과', '집', '나무' 등은 하나의 형태소로 된 단어들이다. 마찬가지로, 한국수어에서 〔학교〕, 〔고맙다〕, 〔친구〕 등은 더 이상 쪼갤 수 없는 하나의 형태소로 구성된다. 이 단어들에서 수형, 수위, 수향, 수동이 결합하는 데 각각은 의미를 가지지 않는다. 그러나 한국어에서 하나의 형태소로 구성된 단어를 수어에서도 동일하게 지지하는 것은 아니다. 한국어에서 '사과'는 하나의 형태소이지만 한국수어에서 〔사과〕는 〔빨강〕과 '닦는 동작'으로 두 개의 형태소로 이루어졌다(〈그림 4-1〉).

〈그림 4-1〉
[사과]

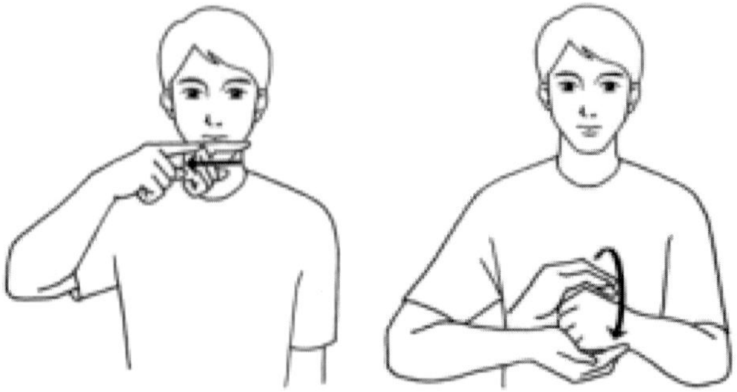

〈그림 4-2〉
다형태소어의 예

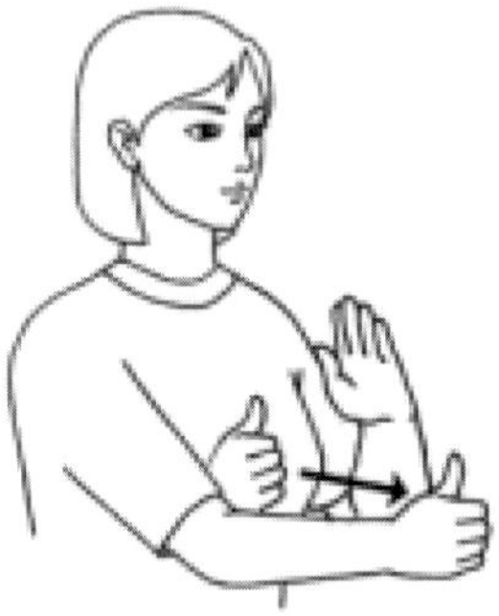

a. [방문]

b. [야단치다]

c. [야단맞다]

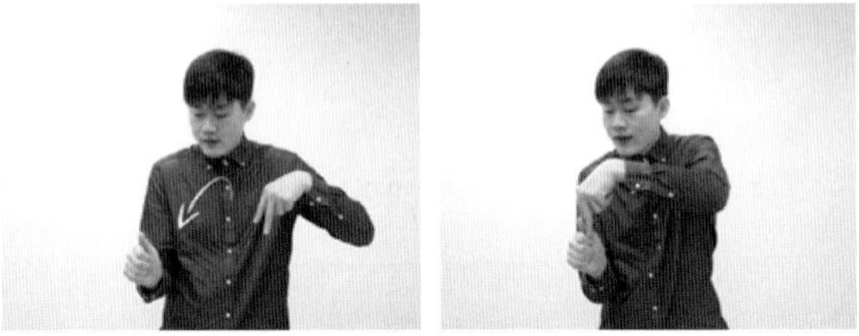

d. 한 남자가 다른 남자의 어깨 위에 올라서다

어떤 단어는 형태소를 하나 이상 포함할 수 있다.[1] 한국수어에서 〔방문〕은 '집/들어가다'로 한손은 〔집〕을 다른 한 손은 〔들어가다〕로 구성된다(〈그림 4-2a〉). 〔야단치다〕는 동작의 방향에 따라 '내가 상대를 야단치는 것'과 '상대가 나를 야단치는 것'으로 의미가 달라진다. 즉, 수동, 수형뿐만 아니라 방향도 의미의 차이를 발생시킨다(〈그림 4-2bc〉). 또한 한국수어로 '한 남자가 다른 남자의 어깨 위에 올라서다'를 표현할 경우, 두 손의 수형은 사람을 나타내고 수동은 한 사람 위에 다른 한 사람이 올라선다는 의미를 나타낸다. 각 수형소마다 의미를 가진다(〈그림 4-2d〉).

1) 자립 형태소와 의존 형태소

음성언어에서 형태소는 형태소의 자립성 유무에 따라 자립 형태소(*free morpheme*)와 의존 형태소(*bound morpheme*)로 구분한다. 한국어에서는 체언, 수식언, 감탄사가 전자에 속하고, 조사, 용언의 어간과 어미, 접사가 후자에 속한다.

한국수어에서 자립 형태소는 〔학교〕, 〔친구〕와 같은 단어들이다. 이에 속하는 단어를 구성하는 수어소들은 의미를 가지지 않으며 홀로 설 수 없다. 의존 형태소는 다음 예문에서처럼 고개 끄덕임으로 〔형〕 단어와 독립적으로 혼자서 설 수 없어 독립된 단어가 되지 못한다(김칠관, 2010: 68).

(1) [형]^고개 끄덕임^ [어제] [아버지] [자전거] [부수뜨리다]

형태소는 실질성의 여부에 따라 구체적인 대상이나 상태, 동작과 같은 실질적인 의미를 나타내는 실질 형태소(*full morpheme*)와 실질 형태소에 붙어 문법적 관계나 형식적 의미를 더해 주는 형식 형태소(*empty morpheme*)로 구분한다. 전

1 서튼-스페이스와 울(Sutton-Spence & Woll, 1999 : 99)은 하나의 형태소로 이루어진 단어를 단일형태소어(*monomorphemic signs*)로 하나 이상의 형태소로 구성된 경우를 다형태소어(*polymorphemic signs*)라고 하였다. 후자는 그리스어 poly('*many*')와 morph('*form*')에서 온 말이다.

자에는 체언, 용언의 어간 등이 속하며 후자에는 조사, 어미가 속한다.

한국수어에서 실질 형태소와 형식 형태소의 예는 다음과 같다(김칠관, 2010: 68). (1) 문장에서 〔형〕, 〔어제〕, 〔아버지〕, 〔자전거〕, 〔부수뜨리다〕는 어휘적인 의미를 지니는 데 반해, 고개 끄덕임이라는 비수지 신호는 문법적인 의미를 가진다. 김칠관은 이 문법 형태소를 '초분절 형태소'(*supra-segmental morpheme*)에 해당하는 것으로 보았다. 수어에서 이러한 형식 형태소 혹은 문법 형태소는 비수지 신호로 나타난다.

2) 어근 형태소와 비어근 형태소

존스턴과 셈브리(2007: 120)는 다른 형태소가 결합될 수 있는 어근 형태소(*root morpheme*)와 다른 형태소가 붙을 수 없는 비어근 형태소(*non-root morpheme*)를 구분하였다. 따라서 형태소는 자립적이면서 어근인 경우, 자립적이면서 어근이 아닌 경우, 의존적이면서 어근인 경우, 의존적이면서 어근이 아닌 경우가 가능하다. 마지막 유형인 의존적이면서 어근이 아닌 경우를 보통은 접사라고 한다. 존스턴과 셈브리가 호주수어에서 형태소를 4가지 유형으로 분류한 것은 수어 단어의 특성을 포착하기 위한 것으로 보인다. 특히 세 번째 유형이 그 특징을 잘 보여준다.

(1) 자립 어근

첫 번째 유형의 단어를 살펴보도록 하자. 영어의 'look'은 자립 형태소이면서 어근이기도 하다. 기본형 look에 'looks', 'looking'처럼 -s와 -ing이 붙을 수 있다. 마찬가지로, 호주수어의 ASK 동사는 자립 어근 형태소이다. 이 단어는 기본형뿐만 아니라 수어 공간에서 이동을 통해 굴절형을 산출할 수 있다. 수어자의 입에서 수어 공간으로 이동하는 경우는 '내가 너에게 말하다'이며, 수어 공간의 수평면에서 스치듯이 지나가는 움직임으로 산출하면 '내가 너희들에게 말하다'처럼 복수의 의미를 가진다. 이 동사는 일치 동사로서 문장에서 동사가 필수적으로 취하는 성분인 논항의 위치나 수에 따라 그 형태가 변할 수 있다. 즉, 굴절할 수 있다.

(2) 자립 비어근

두 번째 유형의 단어는 자립할 수 있으면서 어근이 아닌 형태소를 가진다. 이 유형의 단어는 영어에서 전치사가 있다. 호주수어에서도 BUT, FOR, WHO와 같은 단어는 다른 형태소가 결합하지 않는다. 마찬가지로 한국수어의 〔그러나〕, 〔무엇〕과 같은 단어는 홀로 설 수 있지만 다른 형태소가 결합하지는 않는다. 고정 형태로서 굴절 형태를 취할 수 없다.

3) 의존 어근

세 번째 유형의 단어는 의존적이면서 어근인 경우이다. 영어 단어 DISGRUNTLED(불만인)는 의존 어근의 예이다. 어근 -gruntle-에 의존 형태소 dis-와 -ed가 붙는데 이때 어근은 홀로 발생할 수 없다(Johnston & Schembri, 2007: 120).

호주수어의 예는 시간을 나타내는 단어이다. 가령 FOUR-O'CLOCK(4시)에서 비우세손의 수형은 스스로 산출될 수 없는 의존 형태소이다. O'CLOCK를 의미하는 자립 형태소는 없다. 이 수형은 매 시간을 표현하는 단어에서 숫자 수형과 결합한다. 한국수어에서 정시를 나타내는 표현도 마찬가지이다. 가령 1시의 경우 비우세손의 손목에 우세손의 검지 측면을 댔다가 위로 직선으로 올린다. 2시를 나타낼 경우에는 지숫자 '2'를 사용한다. 1시와 2시에서 수동과 접촉 지점은 동일하다.[2]

---

2 호주수어에서 년(年), 나이를 표현하는 단어나 수 단어에서 의존 형태소를 찾아 볼 수 있다(Johnston & Schembri, 2007 : 119 ~ 120). 의존 형태소는 수위나 수동 혹은 수형일 수 있다. 호주수어의 수를 나타내는 단어에서 발생하는 '좌우 수동'은 -TEEN을 의미하는 형태소이다. ONE(하나)에서 NINE(아홉)까지의 수를 나타내는 단어가 '좌우 수동'을 취해 ELEVEN(열하나)부터 NINETEEN(열아홉)까지의 단어를 만든다. -TEEN 형태소는 독립적으로 산출할 수 없고 특정한 위치에서 특정한 수형과 특정한 수동으로 동시에 산출해야 한다는 점이다.

4) 의존비어근(접사)

네 번째 유형의 단어는 의존적이면서 어근이 아닌 형태소다. 영어에서는 접두사, 접미사가 있다. 호주수어에는 명사 소유격 접미사가 있다. '엄마의 자매의 남편'(*mother's sister's husband*)을 의미하기 위해 MOTHER + gen SISTER + gen SPOUSE로 표현한다. MOTHER, SISTER, SPOUSE라는 명사 사이에 소유 관계를 나타내기 위해 명사 소유격 접미사 'gen'을 사용한다. 이 단어는 자립 형태소로 사용되지 않지만 영어에서 차용된 것이다(Johnston & Schembri, 2007: 121~129). 소유격 접미사 gen의 상향 수동이 지문자 -S-의 하향 접촉 수동과 다를지라도 지문자 -S-와 닮았다. the woman's car(여자의 자동차)와 같은 구에서 영어의 소유접사 '-s'를 표현하기 위해 지문자의 오래된 형태가 사용되었다. 소유격 접미사는 현재의 지문자와 형태는 다를지라도 지문자에서 연유한 것으로 볼 수 있다.

〈그림 4-3〉
한국수어에서
의존 형태소의 예

a. [외할아버지]

b. [삼촌]

한국수어에서 〔외할아버지〕와 〔삼촌〕의 형태 분석을 보도록 하자. 김칠관(2010: 69)에 따르면 〔외할아버지〕에서 '외'와 〔삼촌〕의 '촌'은 각각 접두사와 접미사와 같은 기능을 하는 의존 형태소이다. 호주수어와 한국수어의 예에서 보듯이, 수어에서 접사는 음성언어와의 관계 속에서 살펴볼 필요가 있겠다. 〔외할아버지〕에서 '외'는 국어의 글자를 지문자로 쓴 것이고 그다음에 〔할아버지〕가 이어진다. 〔삼촌〕에서 비우세손은 '3'을, 우세손은 한자 '촌'(寸)을 검지로 쓰는 것으로, 이 단어들은 음성언어인 한국어와 관련된다.

수어에서 자립 형태소는 형태소 분석이 용이하나 의존 형태소는 비교적 간단하지 않다. 다음 몇 가지 단어의 형태소 분석을 통해 이를 검토해 보자.

김칠관(2012: 69~70)은 수어의 형태소가 음성언어에 나타나는 그것과 일치한다고 할 수 없으며 그 이유를 수어에서 단어를 산출하기 위해 양손을 사용하는 것과 계기적 또는 동시적으로 이루어지는 조음 특성에 있다고 보았다. 예를 들어 〔할아버지〕는 다음과 같은 형태 분석이 가능하다. 〔할아버지〕는 {#주름}과 {#남성 / #제시}라는 3개의 의존 형태소로 이루어진다. 또한 {#남성 / #제시}에서 {#제시}는 내미는 운동으로 접미사와 같은 기능을 한다.

(2) [할아버지] = {#주름} + {#남성 / #제시} = {#주름 + #남성 / #제시}

원성옥 외(2002: 36~39)는 유사한 분석을 제시하였다. 아래 (3)~(8)의 단어들 모두 의존 형태소들의 결합이며 특히 〔아버지〕에서 '육친'이 접두사이며 의존 형태소 '#남자 / #제시'와 순차적으로 결합한다고 분석하였다.

(3) [남자] = {#남자 / #제시}
(4) [아버지] = {#육친 + #남자 / #제시}
(5) [자식] = {#태어나다 / #남자}
(6) [결혼] = {#남자 / #여자 / #같게 된다}
(7) [남편] = {#결혼 + [#남자 / #제시]}
(8) [부인] = {#결혼 + [#여자 / #제시]}

위 분석들을 관찰한 결과, 한국수어에서 단어를 구성하는 수어소들은 독립적으로 존재할 수 없고 모두 결합되어 하나의 단어를 만들어낸다. 의존 형태소와 자립 형태소의 기준이 자립성의 유무에 따라 구분되지만 수어의 경우 동시적인 구조를 갖기 때문에 서로 함께 결합될 때만 단어가 성립이 가능하다. 존스턴과 셈브리(2007: 120)는 이러한 현상은 아프리카 중부의 치체와족의 언어인 치체와어(Chichewa)에서 동사 시제의 변화를 톤으로 나타내는 것과 유사하다고 지적했다. 음성언어에서 톤은 소리가 없으면 물리적으로 산출될 수 없는 것과 같이 수어의 수어소들은 동시적인 결합으로만 존재할 수 있다는 것이다. 그러나 수어에서는 동사의 시제만이 아니라 모든 단어가 동시적으로 산출된다는 점이 다르다.

2. 단어 형성 과정

어기에 접사를 결합하여 새로운 단어를 만들어 내는 과정을 파생(*derivation*)이라 하고 새로운 단어의 형성이 아닌 접미사에 의한 어휘의 기능 변화를 굴절(*inflection*)이라 한다. 이러한 형태 과정을 통해 언어는 기존에 있는 어휘나 형태소를 이용하여 새로운 어휘를 만들어 그 언어의 어휘부를 확장해간다.

1) 접사 첨가

한국어의 어휘는 형태소 하나로 이루어진 단일어(*simple word*)와 둘 이상의 형태소로 이루어진 복합어(*complex word*)로 구분하며 또 다시 복합어는 어기와 접사가 결합된 파생어(*derived word*)와 두 개 이상의 어기로 결합된 합성어(*compound word*)로 나뉜다.

어기에 접사를 붙여 단어를 만드는 것을 접사 첨가(*affixation*)라 한다. 한국어에서 가령 '소설', '음악', '해설'에 접미사 '-가'가 붙어 '소설가', '음악가', '해설가'라는 단어를 만든다(심재기 외, 2011: 91~97). 명사뿐만 아니라 '보다', '쓰다', '섞다'와 같은 동사 어간 뒤에 피동 접미사 '-이'를 붙여 '보이다', '쓰이다', '섞이다'와 같은 피동 동사를 만든다.

수어에서 접사 첨가는 연속적인 구조의 예로서 드물며 비교적 많은 주목을 받지 못했다(Aronoff et al., 2005: 328). 이 절에서는 미국수어의 접미사, 접두사와 이스라엘수어의 접두사를 중점적으로 소개하고 마지막으로 한국수어에서의 예를 제시하겠다(남기현, 2012: 28~32).

(1) 미국수어의 부정 접미사

미국수어에서 부정 접미사 ZERO는 한손-단어에서 발생하며 'not (verb) at all'(전혀 ~하지 않는)라는 의미를 가진다. ZERO를 부정 접미사로 볼 수 있는 근거는 다음과 같다(Aronoff et al., 2003: 60~62).

> 첫째, 부정 접미사는 어간 앞이 아니고 반드시 뒤에 나타난다.
> 둘째, 음운적 제약으로 인해 부정 접미사는 한손-단어와만 결합한다.
> 셋째, 동사 어간과 부정 접미사에 비수지 신호가 걸쳐져 융합되고 동사와 접미사의 경로 수동은 어간의 기저 형태에 의존하여 짧아지거나 혹은 합체된다.
> 넷째, 형태적 제약으로 인해 부정 접미사는 일반 동사에만 붙을 수 있고 일치 동사 혹은 공간 동사와는 결합할 수 없다. 즉, 접미사와 공기할 수 있는 어간의 선택이 제약을 받는다.
> 다섯째, ZERO 접미사로 부정되는 일부 형태들은 불투명한 의미를 가진다. 예를 들면 TASTE-ZERO '나의 타입이 아닌', TOUCH-ZERO '사용하지 않는' 등이다.

(2) 미국수어의 동작주 접미사

미국수어는 고유한 연속적 접사를 가지지 않는다는 가정이 존재하지만 Supalla(1988)의 최근 통시적 연구에서 동작주를 나타내는 접미사가 'PERSON'(사람)을 의미하는 독립된 단어로부터 파생되어 문법화를 겪은 것으로 밝혀졌다(Aronoff et al., 2003: 60). 동작주 접미사는 영어 -er와는 독립적으로 발생하였고 분포에도 차이가 있다. 가령 미국수어 OPERATE-동작주 접미사는 영어

'surgeon'(외과 의사)과는 공존하지만 *operater와는 공존하지 않는다.[3] 그 밖에도 LEARN-동작주(*student*, **studier*), TYPE-동작주(typist, *typer), TEACH+AGENTIVE(*teacher*) 등이 있다.

(3) 이스라엘수어의 SENSE 접두사

이스라엘수어에는 눈, 코, 귀, 머리, 입 등의 감각기관을 포함하는 단어들이 있다. 접두사는 감각적 지각 혹은 인지를 나타내는 단어에서 발생한 것으로 보인다. 지금까지 이 유형에 속하는 70개 이상의 접두사가 발견되었는데 동사, 명사, 형용사에 붙는다.

접두사와 함께 형성되는 복합어는 (9)처럼 주석된다. 가령 EYE-SHARP는 'discern by seeing'(보고 식별하다)을 의미한다.

> (9) 'to X by seeing (eye) / hearing (ear) / thinking (head) / intuiting (nose) / saying (mouth).'

최근 이스라엘수어에서 진짜 접사처럼 행동하는 부정을 나타내는 접미사가 발견되었다. 이 접미사도 다른 접사들처럼 'none'(아무도-하지 않다)를 의미하는 독립어로부터 문법화되었다. 영어의 -less 접미사와 같이 '-없이'(*without*)라는 의미를 가진다. 가령 ENTHUSIASM-none 'without enthusiasm'(정열이 없이)이다.

이상에서 살펴본 미국수어와 이스라엘수어에서 접사 첨가 과정을 정리하면 접사들은 제한된 생산성을 가지고 있다. 즉, 두 언어에서 매우 드물게 나타난다고 할 수 있다. 또 이 접사들은 그들이 붙는 어기와 관련이 있는 자립어들과 형태와 의미 면에서 관계가 있다. 아르노프 외(2005: 309)는 이 언어들에서 접사는 문법화의 결과라고 보았다.

---

3 아르노프 외(2003 : 60)에서 operater로 표기되어 있으나 operator의 오타로 보인다.

(4) 한국수어에서 접사 첨가

한국수어에서도 접사에 대한 논의는 활발히 이루지지 않았지만 지금까지 제안된 한국수어에서 쓰이는 접미사와 접두사를 차례대로 살펴보도록 하겠다.

① 접미사

한국수어에서 접미사로 기능하는 예는 '부정'(否定)의 의미를 표현한 것들이다. 〔보다〕는 두 가지 형태가 있다. 〔보다^{2①}〕는 양손의 엄지와 검지만 손끝을 접촉하고 다른 손가락을 편 수형으로 하여 눈앞에 위치했다가 동시에 앞으로 직선으로 이동한다(〈그림 4-4a〉). 〔보다^{2②}〕는 엄지와 검지만 손끝을 접촉하고 다른 손가락을 편 수형으로 하여 엄지와 검지의 손끝을 같은 쪽 눈 밑에 댄다(〈그림 4-4b〉).[4] 〔보다^{2}〕의 두 형태 중에서 파생 과정을 겪는 것은 한손-단어 〔보다^{2②}〕이다.

a. [보다^{2①}]

〈그림 4-4〉
[보다^{2②}]의 파생

b. [보다^{2②}]

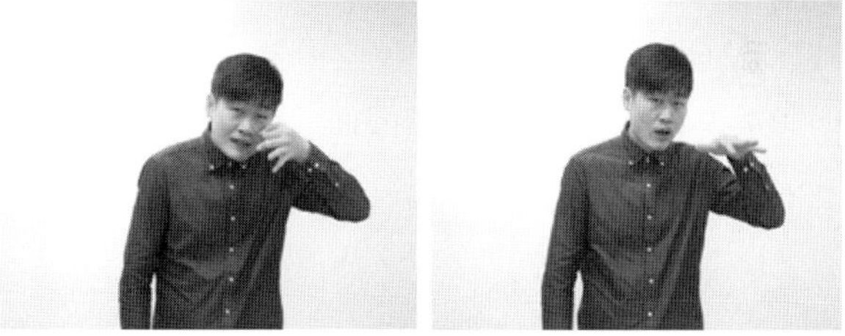

c. [못 봤다]

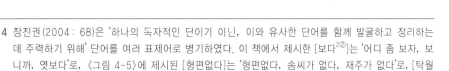

4 장진권(2004 : 68)은 '하나의 독자적인 단이가 이닌, 이와 유사한 단어를 함께 발굴하고 정리하는 데 주력하기 위해' 단어를 여러 표제어로 병기하였다. 이 책에서 제시한 [보다^{2②}]는 '어디 좀 보자, 보니까, 엿보다'로, 〈그림 4-5〉에 제시된 [형편없다]는 '형편없다, 솜씨가 없다, 재주가 없다'로, [탁월하다]는 '재주가 좋다, 솜씨가 뛰어나다, 수완이 좋다'로 병기하였다.

즉, '못 봤다'라는 부정의 의미를 나타내기 위해 엄지와 검지 손끝을 붙인 수형의 한손의 엄지를 같은 쪽 눈 밑에 댔다가 손목을 밖을 향해 움직이면서 붙였던 엄지와 검지를 뗀다(〈그림 4-4c〉).

한국수어에서 〔형편없다〕와 〔탁월하다〕의 구조는 〔기술〕+〔없다〕 혹은 〔기술〕+〔있다〕처럼 단어의 연속적인 연결이 아니다. 먼저 〔형편없다〕는 '기술이 형편없는, 솜씨가 없는, 재주가 없다'라는 의미로 사용되고 〔기술〕에서 파생되었다. 〔기술〕은 한손의 엄지와 검지만 손끝을 붙이고 나머지 손가락을 편다. 이 수형의 엄지와 중지 부위를 이마 중앙에 댄다(〈그림 4-5a〉).

손목을 밖을 향해 움직이면서 붙였던 검지와 엄지를 푸는 것은 〔형편없다〕를 파생시킨다(〈그림 4-5b〉). 이와 반대로 〔기술〕에서 손을 위로 올리면서 붙였던 검지와 엄지를 푸는 것은 '기술이 탁월한, 재주가 좋은, 솜씨가 뛰어나다'는 의미를 가지는 〔탁월하다〕이다(〈그림 4-5c〉).

〔기술〕, 〔형편없다〕, 〔탁월하다〕는 동일한 수형이었지만 손가락을 푸는 수형의 변화와 상하 수동의 차이로 새로운 의미를 가진 단어를 파생시킨다. 〔형편없다〕와 〔탁월하다〕에서 어근인 〔기술〕 다음에 오는 요소들, 즉 손가락을 푸는 수형의 변화와 위 혹은 아래로 움직이는 수동은 분리할 수 없다.

김칠관(2010: 86~87)도 부정의 의미를 갖는 접미사의 예로서 〔맛없다〕와 〔관계없다〕를 제시하였다. 〔맛없다①〕는 〔맛〕 단어 다음에 '맛을 털어내는 동작'이 이어지고, 〔관계없다〕는 '고리가 풀리는 동작'이다.[5] 여기서 부정의 의미를 나타내는 부분은 맛을 털어내는 동작과 고리가 풀리는 동작이다. 이들 단어는 한국어의 한자어 무미(無味), 무관(無關) 등에서 발생하는 부정 접사 첨가법과 유사한 것으로 보았다.

5 [맛없다②]는 [맛]+[없다]의 순차적인 결합 구조이다.

a. [기술]

b. [형편없다] - 1

b. [형편없다] - 2

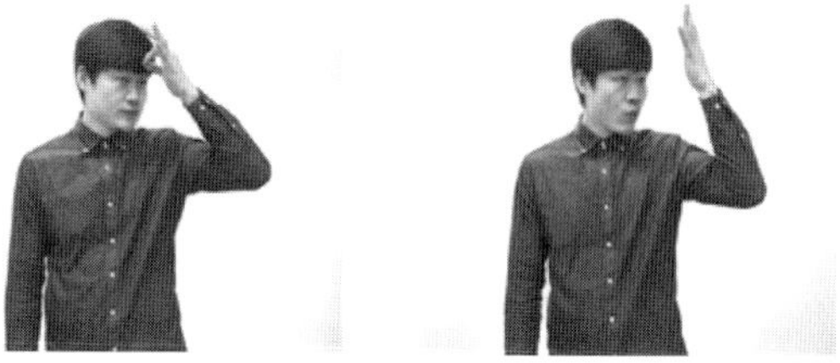

c. [탁월하다]

〈그림 4-5〉
[기술]의 파생

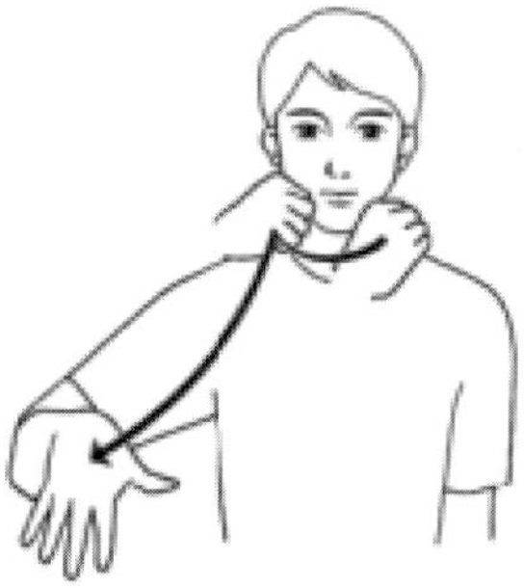

a. [맛없다①]

b. [관계없다]

〈그림 4-6〉
한국수어에서
부정 접사 첨가의 예

아르노프 외(2003: 60)가 제시한 미국수어에서 접사의 두 번째 기준은 음운적 제약이다. 한국수어 〔못 봤다〕는 〔보다2 ②〕 다음에 붙였던 엄지와 검지를 푼다. 이것은 미국수어의 ZERO 부정 접미사가 동사 어간과 융합하는 특징과 일치한다고 할 수 있다. 또한 이 예들은 동사 앞이 아니라 동사 뒤에 온다는 어순 제약을 따른다.[6] 즉, 첫 번째 기준인 접미사의 위치 기준에 부합한다.

네 번째 형태적 제약에 비추어 볼 때 수어에서 접미사는 일반 동사와 결합할 수 있고 일치 동사 혹은 공간 동사와는 결합할 수 없다. 한국수어 〔보다2 ①〕은 누군가가 자신을 바라볼 때와 자신이 누군가를 바라볼 때에 맞는 경로 수동이 있다. 즉, 전자에서는 수어자의 몸에서 떨어진 위치에서 수어자의 몸 쪽으로 이동하고 후자에서는 수어자의 몸 가까운 위치에서 몸과 떨어진 위치로 이동한다. 그러나 〔보다2 ②〕는 경로 수동이나 수향의 변화를 가지지 않는다. 두 동사는 '보다'라는 공통된 의미를 가지지만 단어의 형태가 부정 접미사와 결합하는 것을 결정한다고 할 수 있다. 또한 〔형편없다〕, 〔탁월하다〕도 방향성을 갖지 않는 한손-단어이다.

한국수어에서 비수지 신호와의 융합의 예는 제시하지 못했다. 마지막으로 미국수어 ZERO 접미사가 불투명한 의미를 가진다는 점과 비교할 때 한국수어에서 〔못 봤다〕, 〔형편없다〕, 〔탁월하다〕는 그 형태만으로는 의미를 예측할 수 없고 부정과 긍정의 공통된 의미를 가진다.

접미사로 볼 수 있는 예는 〈그림 4-7〉과 같다(김칠관, 2010: 86). 이 단어들은 한국어의 용법에 맞추어 만들어졌다. 자립어인 〔존경하다〕, 〔적합하다〕, 〔겪다〕, 〔사람〕이 각각 접미사 〔-님〕, 〔-적(的)〕, 〔-적〕, 〔-가(家)〕로 쓰이는 경우이다. 그러나 이율하(2008: 42)는 이 단어들 모두가 단어로 쓰이므로 접사로 보기는 어

6 브레난(Brennan, 1990 : 138~139)은 영국수어에서 접사가 출현하는 위치를 접사의 근거로 제시하였다. 영국수어에서 부정어 표지는 동사 뒤에 빈번하게 나타난다. 그러나 동사를 수반하지 않고 스스로 발생할 수 있기 때문에 의존 형태소보다는 자립 형태소로 취급할 필요가 있다고 지적하여 영국수어에서 부정어가 접사 위상으로서 적합한 후보인가에 대해서 문제를 제기하였다. 결국 영국수어는 매우 제한적으로 접사 첨가를 사용하는데, 브레난은 그 이유를 영국수어에서 새로운 단어를 만들 때 연속적 장치에 대한 저항 때문이라고 해석하였다.

려우며 한국수어의 단어는 거의 합성어화 과정을 통해 만들어진다고 보았다.

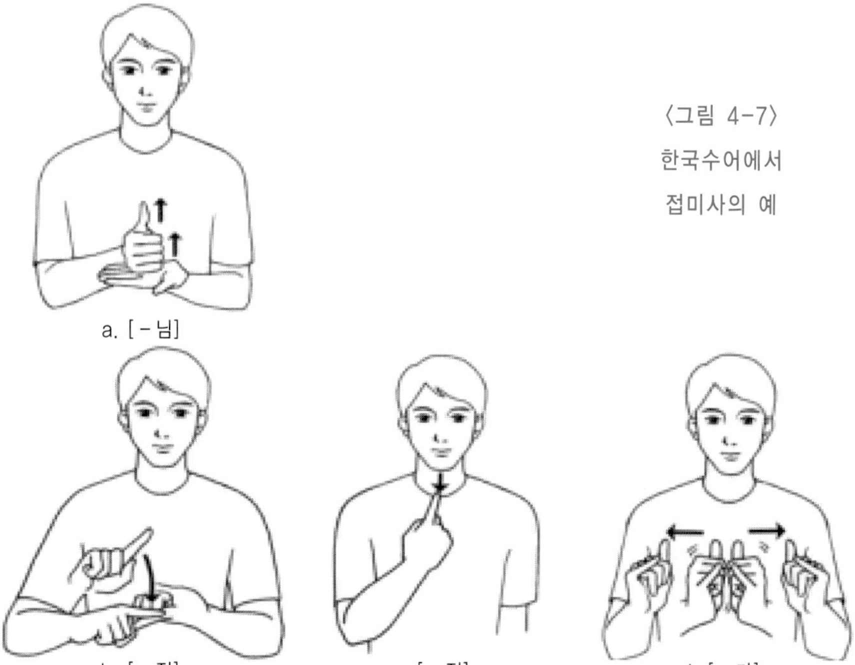

〈그림 4-7〉
한국수어에서
접미사의 예

a. [-님] b. [-적] c. [-적] d. [-가]

② 접두사

한국수어에서 접두사는 앞서 살펴본 〔아버지〕와 〔어머니〕에서 '육친'이라는 형태소이다. 이 형태소는 홀로 쓰일 수 없는 의존 형태소로서 접두사의 기능을 한다고 본다. 그리고 접두사에 의해 파생한 단어로 〔맏아들〕과 〔손자〕를 들었다(김칠관, 2010: 86).

> [맏아들]은 차례에서 첫째를 나타내는 것으로 볼 수도 있고, 역학관계에서 우두머리에 해당한다고 할 수도 있으나, 이 단어는 그와 같은 의미를 나타내는 구조로는 맞지 않는다. 따라서 이 구조는 한국어에서 볼 수 있는 것 같은 접두사로 보는 것이 옳을 것이다. 결국 이 단어는 [아들]에서 파생한 단어로 볼 수 있다. … [손자]는 손자의 한자음을 손의 발음으로 빌려 나타내었기 때문이다. 이 단어 또한 [아들]에서 파생한 것이다.

한국수어에서 접사에 대한 논의는 더 많은 증거들을 바탕으로 이루어져야 할 것이다. 이 책에서 접사 첨가의 예로 제시된 〔못 봤다〕, 〔형편없다〕, 〔탁월하다〕는 이들 단어의 핵심 의미를 이루는 〔보다〕와 〔기술〕 단어 다음에 수동, 수향의 변화를 가진 독립할 수 없는 형태가 결합되었다. 이 형태는 부정의 의미를 표현했다. 이러한 예는 한국수어에서 극히 일부에서 발견되지만 접사의 존재를 가정하도록 하는 증거가 된다.

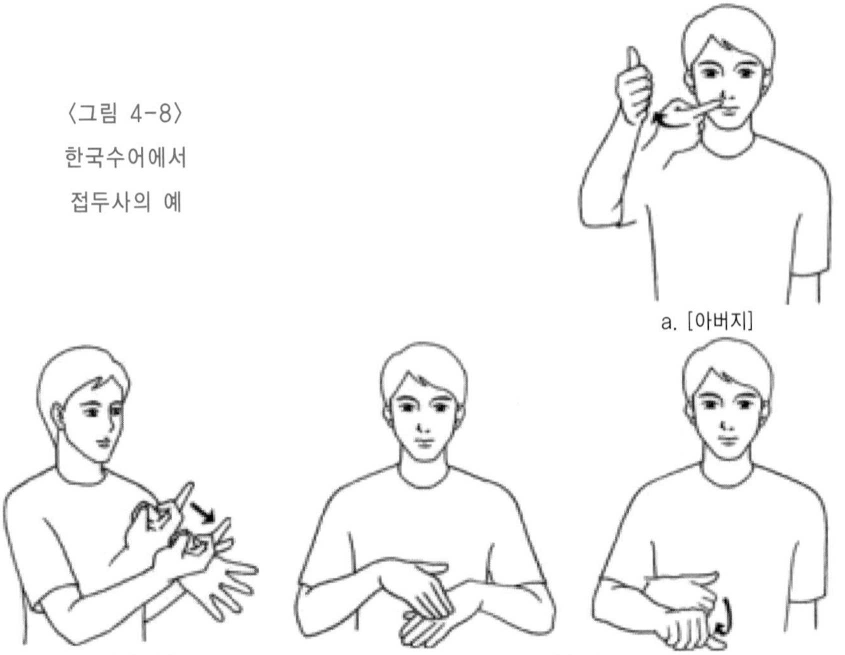

〈그림 4-8〉
한국수어에서
접두사의 예

a. [아버지]

b. [맏아들]

c. [손자]

3. 명사 - 동사 파생

음성언어에서 단어의 일부 혹은 전체를 중첩시켜 단어를 만드는 것처럼 그와 유사하게 수어에서 동사의 움직임을 반복하여 명사를 파생시키는 경우가 있다. 이러한 명사-동사 쌍의 파생에 대한 연구는 수팔라와 뉴포트(Supalla & Newport, 1978)에 의해 미국수어에서 처음 이루어졌다. 영어에서 HAMMER, PAINT 등의 단어는 명사와 동사가 형태적으로 동일하여 통사적 환경에서 둘을 구별하는 것과 마찬가지로, 미국수어에서도 CHAIR(의자)와 SIT(앉다)는 동일한 형태로 산출되어 그것이 명사인지 동사인지는 맥락을 통해서만 파악할 수 있다. 그러나 수팔라와 뉴포트는 명사와 동사가 형태적으로 동일하다는 기존의 주장을 반박하며 이러한 단어 쌍에서는 단어를 산출하는 손의 움직임인 수동의 수와 방식의 차이로 명사와 동사의 형태가 구별된다고 주장하였다.

1) 국외의 연구

수어에서 명사와 동사의 파생 과정은 수팔라와 뉴포트에 의해 처음으로 이루어졌다. 미국수어에서 관련된 명사와 동사는 수형, 수위, 수동을 공유하지만 수동의 특성인 방향성, 방식, 빈도수의 체계적인 변화로 서로 구별된다. 수동의 3가지 특성은 다음과 같다(Supalla & Newport, 1978: 94~98).

첫째, 수동의 방향은 단일 방향과 양 방향으로 나뉜다. 단일 방향의 수동은 손의 움직임의 횟수가 일회적이든 혹은 반복적이든지 방향은 하나이다. 양 방향의 수동은 손을 좌우로 움직이는 것처럼 양 방향의 수동을 가진다.

둘째, 수동의 방식은 지속, 정지, 제한으로 나뉜다. 지속 방식은 손이 수어 공간에서 방해 없이 움직이고 수동은 부드럽고 느슨하다. 정지 방식은 지속 방식처럼 팔과 손의 수동을 느슨하게 시작하다가 갑작스런 멈춤으로 끝난다. 팔과 손은 경직되고 단시간 동안 정지를 유지한다. 마지막으로 제한 방식은 손과 팔의 느슨함이 없다는 점에서 전자의 두 수동 방식과 다르다. 근육이 팽팽하기 때문에 수동은 작고, 빠르고, 뻣뻣하며 손은 처음 자세로 되돌아간다.

셋째, 수동의 빈도수는 단일 수동과 반복 수동으로 나뉜다. 즉, 단일 수동은 수동의 횟수가 한번이고 반복 수동은 수동이 한번 이상 반복되는 것이다.

수팔라와 뉴포트는 명사-동사 쌍을 위한 두 가지 기준에 따라 미국수어에서 100개의 명사-동사 쌍을 검토하였다. 그 기준은 첫째, 명사와 동사는 의미에서 관련되고 동사는 명사에 의해 명명한 사물로 수행되거나 사물에 대한 활동을 표현한다는 것이다. 둘째, 명사와 동사는 형태적 특징을 공유한다. 가령 SIT와 CHAIR은 양손의 검지와 중지만 펴서 손가락이 벌어지지 않도록 붙여서 양손의 손바닥 부위가 맞닿게 한다. 즉, 두 단어의 수형, 수향, 수위는 동일하지만 명사 CHAIR은 반복 움직임이고 동사 SIT 단일 움직임으로 수동에서만 차이가 있다.

두 연구자는 100개의 동사의 수동을 관찰한 결과, 동사 63개는 단일 수동으로 산출되었다. 이 중에서 51개는 단일 방향 정지 방식으로 산출됐다. 즉, 동사는 한 번의 수동을 가지고 멈추는 방식으로 끝난다. 나머지 37개의 동사는 반복 수동이었다. 동사와 대조적으로, 명사는 일관된 패턴으로 나타났다. 모든 명사의 수동은 제한 방식이고 항상 반복된다. 제한 방식과 반복 수동을 가진 명사는 97개로 나타났고 나머지 3개는 정지 방식을 가진 단일한 수동으로 나타났다. 중요한 것은 동사의 경우는 100개 중에서 2개를 제외하고는 제한 방식으로 산출되지 않았다는 점이다. 이와 대조적으로 명사에서는 수동의 제한 방식이 두드러지게 나타났다.

2) 국내의 연구

한국수어에서 명사-동사 파생에 대한 언급은 장세은(1996)과 김칠관(2010), 석동일(1989)에서 나타나는데 앞의 두 학자는 상반된 주장을 하고 있다.

장세은(1996)은 미국수어의 예인 SIT과 CHAIR가 음운중첩 과정을 통해 동사가 명사가 되는 데 반해, 한국수어에서는 명사와 동사의 형태가 동일하여 음운중첩과 같은 파생 과정을 갖지 않는다고 하였다. 그러나 최근 미국수어의 영향으로 한국수어에서도 〔공부〕와 〔공부하다〕와 같은 단어는 음운중첩을 통해 명사와 동사를 구분하기도 한다고 지적하였다.

김칠관(2010)은 반복운동이라는 음운적 현상을 통해 한국수어에서 품사 파생의 예가 있음을 제시하였다. 그 예는 다음과 같다.

(10) [앉다] [의자]　(11) [눕다] [침대]　(12) [말하다] [언어]

(10)~(12)의 단어 쌍에서 〔앉다〕, 〔눕다〕, 〔말하다〕는 한 번의 운동을 가지는 데 반해, 〔의자〕, 〔침대〕, 〔언어〕는 반복운동으로 바뀌어 동사에서 명사로 파생이 일어난다고 보았다. '이와 같은 파생을 명사-동사 쌍(*noun-verb pair*)으로 기술할 수 있다면, 한국수어에서도 명사-동사 쌍을 확인할 수 있다'고 하였다(김칠관, 2010: 85).

파생 방향에 대해서 수팔라와 뉴포트(1978)는 명사에서 동사의 파생도 동사에서 명사의 파생도 아니고 명사와 동사 그리고 수정된 형태를 위한 공통된 기저 표상에서 명사와 동사가 파생된다고 제안했다. 기저 표상은 명사-동사 쌍의 일부 형태적 특징을 공유한다는 사실을 포착했다. 이 공통된 기저 표상은 조음 장소, 수형, 방향, 움직임 모양, 방향성과 같은 특징을 포함한다. 이 자질들의 값은 명사-동사 쌍을 위한 어휘부에 명시된다. 기저 단계에서 움직임 빈도수는 항상 하나이다. 규칙들이 통사적이고 의미적인 명시, 음운적 자질을 바꾸기 위해 작동한다. 움직임 방식이 반복 혹은 굴절되기 전에 명사와 동사를 구별하는 처음 규칙에 의해 도입된다. 처음 규칙의 결과가 단어 단위(*sign unit*)이다. 느린 반복 굴절이 단어 단위에 추가되어 표면 동사와 명사 혹은 굴절 형태를 만들어 낸다.

김칠관(2010: 85)은 '동사에서 명사가 파생한 것인지, 아니면 명사에서 동사가 파생한 것인지는 논의의 여지가 있지만 초기 어휘 체계에서 볼 수 있는 바로는 동사와 명사로 분화되기 이전의 수어 단어 대부분이 동사의 형식을 취하고 있다는 점과 특정 동사가 의미 확장으로 어류 분화를 보이고 있음을 확인할 수 있다'는 점에서 동사에서 명사가 파생한다는 점에 무게를 둔다.

석동일(1989: 120)은 한국수어에서 품사는 문맥에서 단어의 위치와 기능에 따라 달라진다고 보았다. 아래 두 문장에서 목표 단어는 ×로 표시되는데 (13) 문장에서 〔그림〕은 명사이고 〔그리다〕는 동사이다.

(13) a. [이] + [화랑] + [좋다] + [×] + [많다] + [가지다]
"이 화랑은 좋은 '그림'을 많이 가지고 있다."
b. [나] + [매일] + [×]
"나는 매일 '그린다'."

위 선행연구에서 보듯이, 한국수어의 명사-동사 쌍은 일부 단어의 예를 통해 부분적으로 그 존재를 예상할 뿐이지 체계적으로 연구된 적이 없다. 따라서 한국수어에서 명사-동사 파생과정은 농인의 실제적인 수어사용에서 연구되어야 할 것이다.

4. 수사 포함

수사 포함(*numeral incorporation*)[7]은 '특정 단위를 나타내는 운동 어간에 수사가 포함되는 현상을 말하며 이와 같이 이루어지는 단어를 수사포함어'라 한다(김칠관, 2010: 87). 한국수어에서 수사를 포함하고 있는 단어의 범주는 시간, 순서, 등수(等數), 층수(層數)로서 수사가 교체되어 어형변화표를 구성한다. 한국수어에서 수의 자리를 먼저 살펴본 후에 시간 표현, 나이 표현, 그리고 그 밖의 표현들을 차례대로 보도록 하겠다.

1) 수의 자리

한국수어 〔백〕에서 스쳐 올리는 수동은 숫자 수형과 결합한다(〈그림 4-9〉). 백의 자리는 양손으로 산출할 수도 있지만 비우세손을 생략하고 한손으로만 산출할 수도 있다. 100단위를 한손-단어 혹은 두손-단어로 산출할 수 있지만 101,

7 수사 포함의 내용은 남기현(2013)을 수정 · 보완하였다.

102와 같이 100을 넘는 수는 한손-단어로만 산출한다. 스쳐 올리는 수동과 1부터 9까지의 숫자가 결합하여 '100, 200, … 900'이 된다. 이때 수동은 100단위를 표현하고 의미의 핵심적인 부분이다. 마찬가지로 〔천②〕에서도 천자를 쓰는 수동과 1부터 9까지의 숫자가 결합하여 '1000, 2000, … 9000'이 된다.

십의 자리는 숫자 수형에서 손가락 관절을 구부려 좌우로 작게 흔드는 수동을 취한다. 좌우로 흔드는 수동은 의무적이지 않다. 1부터 9까지의 숫자를 결합하여 '10, 20, … 90'이 된다. 그러나 11, 15, 16과 21~99까지는 동시적인 산출이 불가능하고 연속적으로 산출된다. 가령 11은 10과 1을 순차적으로 산출한다. 구부린 수형은 10의 단위를 나타내며 숫자와 동시에 산출되어야만 10단위를 표현할 수 있다.

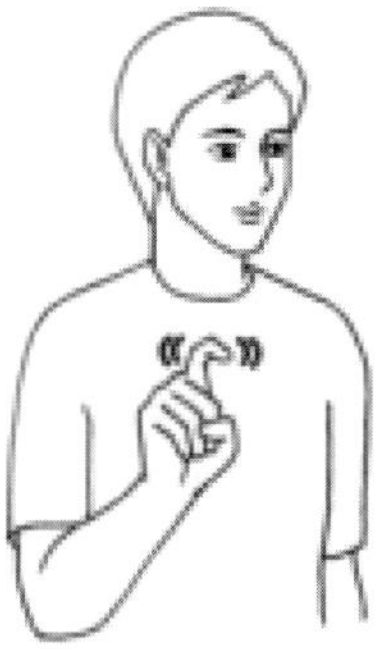

a. [십]

〈그림 4-9〉
수의 자리의 예

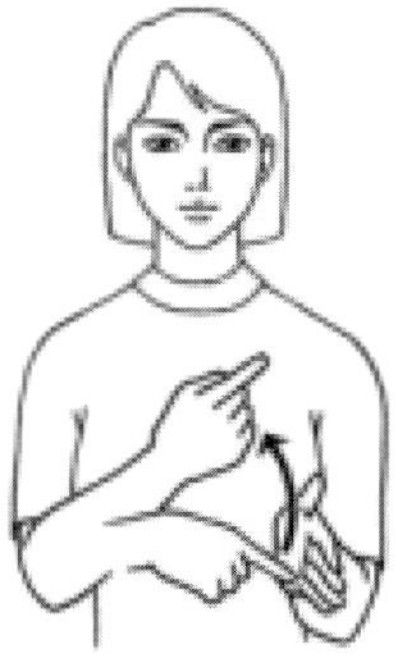

b. [백]

c. [천]

2) 시간 표현

한국수어에서 년(年)이라는 시간 표현을 원성옥 외(2003: 88)는 가령 '3년'은 수형 3이 〔년〕이라는 형태소와 결합하여 수사포합어를 만드는데 이때 수형 3은 '3년'이라는 특정한 양을 나타내므로 의존 형태소의 역할을 하는 것으로 분석하였다. 비우세손은 주먹 쥔 손 모양을 취하고 우세손의 모양은 숫자 1, 2, 3 등으로 교체하여 〔1년〕, 〔2년〕, 〔3년〕 등을 표현한다(〈그림 4-10〉).

〈그림 4-10〉
시간 표현 : 년(年)

[1년]

다음으로, 날(日)을 표현하는 경우이다. 한국수어 〔어제〕, 〔그저께〕, 〔그끄저께〕는 각각 '과거 / 1', '과거 / 2', '과거 / 3'으로 분석된다(〈그림 4-11〉). 이들 단어는 오늘을 기준으로 하여 각각 '하루 전', '이틀 전', '사흘 전'이라는 의미를 가진다. 이 단어들의 실질적인 의미를 나타내는 부분은 수어자의 얼굴 옆에서 뒤로 이동하는 수동이다. 여기에 날의 수를 구분하기 위해 숫자 1, 2, 3을 결합한다. 세 단어는 수형만 다를 뿐 정지-움직임-정지(HMH)의 분절 구조와 수위, 수향이 동일하다. 이 단어들은 시간 표현이 산출되는 수위와도 관련성이 있다. 즉, 수어자 몸을 중심으로 하여 얼굴 옆에서 뒤쪽으로 향한 지시는 과거를, 앞쪽을 향한 지시는 미래를 나타낸다. 날을 표현하는 단어에서 숫자가 무한대로 결합할 수 있는 것은 아니다. 1일~3일까지의 수 포합은 가능하지만 4일부터는 표현할 수는 있으나 어색하다. 가령 '15일 전'이나 '15일 후'와 같은 경우는 오히려 〔15〕+〔전〕과 〔15〕+〔후〕로 순차적으로 표현할 수 있다. 그러나 '7일 전' 혹은 '7일 후'는 〔지난주〕와 〔다음주〕가 단어로 있듯이 4이상의 수를 포함한 형태이지만 빈번하게 사용된다.

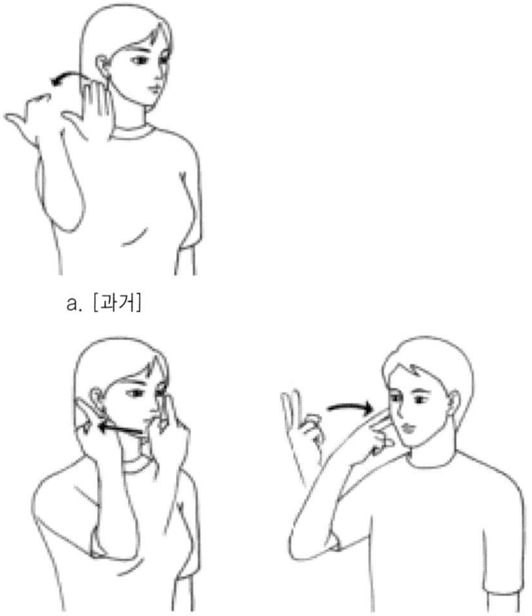

a. [과거]

b. [어제]

c. [그저께]

〈그림 4-11〉
시간 표현 : 날(日)

정각(正刻)을 나타내는 표현의 경우, 한국수어와 미국수어 모두 손목과의 접촉으로 이루어진다. 미국수어에서는 비우세손의 손목 위에 갈고리 모양의 우세손의 손끝을 접촉하여 이루어진다면 한국수어에서는 비우세손의 손목에 우세손의 손끝의 측면을 접촉했다가 위쪽으로 이동하면서 손목과의 접촉을 뗀다. 1시, 2시, 3시를 나타내기 위해 우세손에 1, 2, 3 수형을 취한다. 1시간, 2시간 … 50시간처럼 시간을 세는 단위도 우세손의 수형은 정확한 시간 표현에 따라 교체되지만 비우세손은 동일하게 유지된다.

〈그림 4-12〉
시간 표현:
정각(正刻)

a. [1시]

b. [1시간]

〔1년〕과 마찬가지로 비우세손의 일정한 수위(손목)와 우세손의 접촉 수동(정각의 경우) 또는 원형 수동(시간의 양)은 항상 일정하며 숫자만 바뀐다. 우세손과 비우세손은 그 어느 것도 혼자서는 발생할 수 없고 둘이 결합했을 때만 시간을 표현할 수 있다.

3) 나이 표현

한국수어에서 나이 표현은 턱에 접촉하여 만들어진다. 숫자 수형을 턱에 댔다가 떼면서 밖으로 이동한다. 나이는 1살부터 시작하여 99살까지 제한이 없지만 100살의 경우는 100단위가 스쳐 올리는 수동이 있기 때문에 턱과의 접촉으로 산출할 수 없고 대신 〔나이〕+〔백〕으로 표현한다. 이때 〔백〕은 중립 공간에서 산출된다. 턱 수위는 나이와 아무런 관련이 없지만 수형과 결합했을 때 나이를 의미한다. 이들 요소들은 독립적으로 산출될 수 없다.

4) 그 밖의 표현들

순서를 나타내는 표현은 '지숫자와 차례를 나타내는 동작'으로 구성되며, 층수를 나타내는 표현은 바닥을 나타내는 동작과 숫자를 동시에 표현한다. 등수를 나타내는 표현은 '지숫자와 견장을 나타내는 동작'으로 구성된다(〈그림 4-13〉).

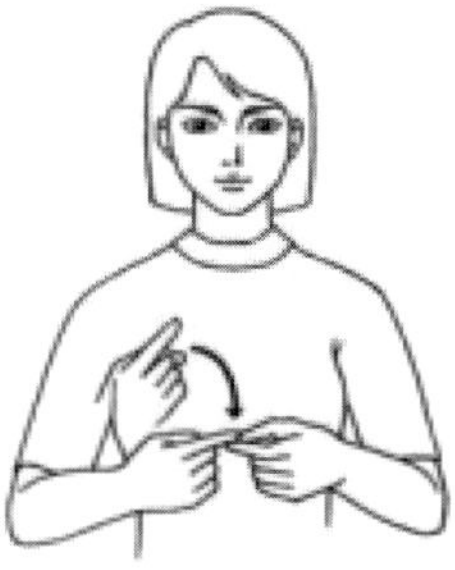

a. [첫째]

b. [일등]

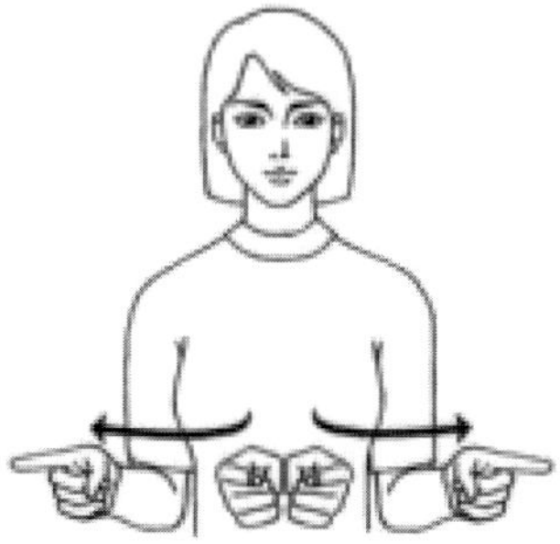

c. [층]

〈그림 4-13〉
차례, 등수, 층 표현

5. 지문자어

지문자어(*fingerspelled signs*)를 보기에 앞서 지문자(*fingerspelling*)의 개념, 사용 등에 대한 간단한 소개로 시작하도록 하겠다.

1) 지문자의 개념

지문자는 손으로 하는 문자의 표현이다. 한국에서는 한글의 자음과 모음의 형태를 모방한 손의 모양을 지문자로 사용하고 미국수어의 경우는 알파벳을 지문자로 사용한다.

지문자는 농인들만 제한적으로 사용한 것이 아니며 여러 상황에서 청인들의 특정한 목적을 위해 사용되었다. 예를 들면 역사적으로 암호, 기억술, 종교적인 상황에서 침묵을 위해 지문자를 사용하였다. 그리고 농아동을 위한 교육에서 종종 사용된 이후에 세계 각국의 수어에 채택되었다.[8] 지문자는 시각적, 촉각적으로 이해된다. 가장 단순한 시각적 형태는 공중에서 글자의 모양을 쓰는 것이고, 촉각적 형태는 손에 글자를 쓰는 것이다.

각국의 지문자는 다소 차이가 있다. 우선 형태적인 차이로 미국수어, 프랑스수어, 아일랜드수어에서는 한 손으로, 영국수어에서는 두 손으로 한다. 또한 지문자의 속도와 명확성은 수어 공동체마다 다양하다. 이탈리아수어에서 지문자는 비교적 느리고 명확하게 산출되는 반면 영국수어에서는 종종 속도가 빨라서 개별 글자들은 구별하기가 어렵고 단어는 전체적인 손의 움직임으로 파악된다. 지문자를 읽는 데에 능숙할 때 수어자들은 상대의 손을 보는 것이 아니라 상대와의 시선 접촉을 유지하며 상대의 얼굴을 보는 것이 일반적이다. 그러나 지문자를 배우고 있는 사람은 주변 시야로 지문자를 이해할 수 없고 손에 집중해야 한다. 따라서 지문자를 배운 지 얼마 되지 않고 서투른 사람은 상대에게 지문자를 느리게 해 줄 것을 요청한다. 지문자를 읽고 쓰는 것에 익숙해지기까지는 수년의 시간이 걸린다.

2) 지문자의 사용

지문자는 수어와 음성언어 사이에 다리의 역할을 한다. 지문자를 사용하는 주된 이유는 다음과 같다(Sutton-Spence et al., 1999: 246~248; Brennan, 2001: 62에서 재인용).

---

8 지문자에 대한 내용은 http://en.wikipedia.org/wiki/Fingerspelling을 참조.

첫째, 수어에서 대응하는 단어가 없는 영어의 단어를 소개하기 위해 사용한다. 새로운 기술, 시사, 학문적 논의에서 종종 사용된다. 가령 영국수어에서 언어학에서 나오는 전문적 용어인 M-O-R-P-H-E-M-E(형태소)라는 영어 단어를 지문자로 쓴다.

둘째, 다른 지역의 농인들에게 잘 알려지지 않은 지역의 수어 단어를 설명하기 위해 사용한다.

셋째, 수어 공동체에 어떤 단어가 이미 존재하지만 수어자가 그것을 알지 못할 때 사용한다.

넷째, 영어 이디엄을 산출하기 위함이다. 가령 'there is going to be a happy event'(좋은 일이 있을 것이다) 혹은 'he got away with murder'(무슨 짓이나 마음대로 하다).

다섯째, 통역 업무의 일부로 사용하기 위해서이다. 통역사들이 음성언어를 수어로 통역할 때 지문자를 사용하는데 특히 통역사들이 피곤할 때 사용한다.

여섯째, 완곡어법(*enphemisms*)을 산출하기 위해서이다. 영국수어에서 완곡어를 만들기 위해 영어에 기초한 단어를 사용한다. 가령 SEX(성)라고 주석되는 시각적으로 동기화된 단어는 저속해 보인다. 나이 든 사람들은 공식석상에서 SEX라는 단어를 사용하지 않을 것이며 S-E-X라고 지문자로 표현할 것이다.

일곱째, 만약 모든 사람들이 영어 단어를 안다면 편의와 시간을 절약하기 위해서 사용한다.

여덟째, 영국수어에서 핵심 어휘의 일부로써 사용한다. 가령 MOTHER, SON, JANUARY은 각각 -M-M-, S-N-, -J-A-N-으로 산출된다.

아홉째, 영어의 머리글자를 표현하기 위해서이다.

지문자는 농인들을 둘러싼 음성언어와의 관계 속에서 필수적인 요소이다. 음성언어에는 존재하지만 수어에 존재하지 않는 단어, 반대로 수어에는 존재하지 않지만 음성언어에 존재하는 단어를 언급할 때, 수어 단어를 모르는 농인에게 그 단어를 표현해야 할 때 지문자로 소통을 할 수 있다. 지문자는 수어로 직접적인 표현을 피하면서 음성언어를 이용한 우회적인 표현 방법으로 이용된다. 또한 지문자는 수어 어휘에 흡수되기도 한다.

3) 한글 지문자

한글 지문자의 창안은 광복 직후 일본어에 대치된 국어체계와 한국수어와의 병용에 맞추어야 할 필요성에 따라 이루어졌다. 창안자는 1947년 당시 국립맹아학교 교장이었던 윤백원이었다(김칠관, 1999: 226). '일본식 수화를 한글 문법에 맞게 가르치는 것에 한계를 절감한 교장 윤백원은 이를 극복하고 청각 장애인들의 건청인 언어 세계에 접근할 수 있게 하기 위하여 한글 지문자 창안을 시도'하였다(장윤명, 2006: 51).

> 지문자의 창안을 내면서
>
> 농아자를 위하여 깊이 생각하고 널리 연구한 끝에 수화의 단점을 완전히 보충하여 우리말을 말할 줄 알며 우리글을 읽을 줄 아는 보통 사람의 말 세계에 다가설 수 있는 농아자를 만들 수 있는 지문자를 만들기에 이르렀다.
>
> 다섯 손가락을 가지고 24자 모음과 자음을 자유로이 표현할 수 있는 연구를 한다는 것은 보통이 아니었다. 기숙생 1명을 집에다 데려다 놓고 나와 같이 숙식을 같이하며 생활을 해가면서 6개월 동안 연구한 결과 현 문자를 창안하게 되어 1946년 9월 1일 신학기부터 실제수업에서 개시하여 구화와 수화를 겸하여 지도한 끝에 좋은 성과를 얻게 되어 그로부터 전 학년에 사용하도록 하며 금일에 이르렀다. 참으로 농아자로 하여금 평생의 복음을 주고 있는 것이다.

창안 당시 지문자와 지금의 지문자는 ㄱ, ㅅ, ㅇ, ㅋ에서 형태적 차이가 있다.

〈그림 4-14〉 창안 당시의 한글 지문자

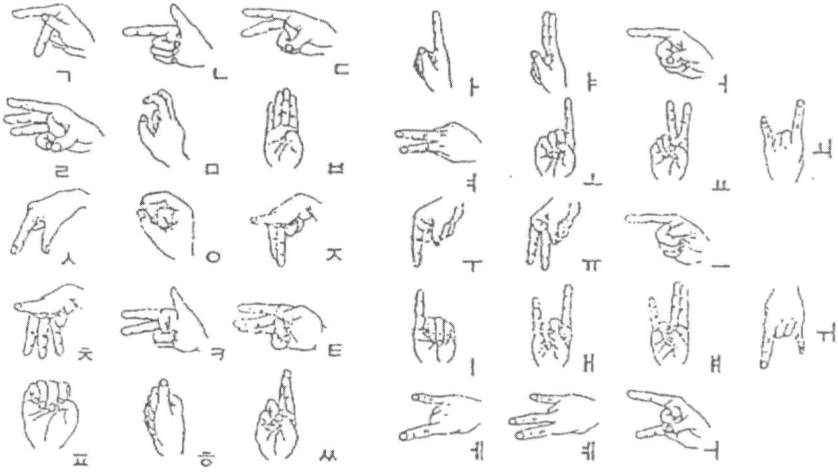

자료 : 김칠관, 1999 : 228.

〈그림 4-15〉 현재의 한글 지문자

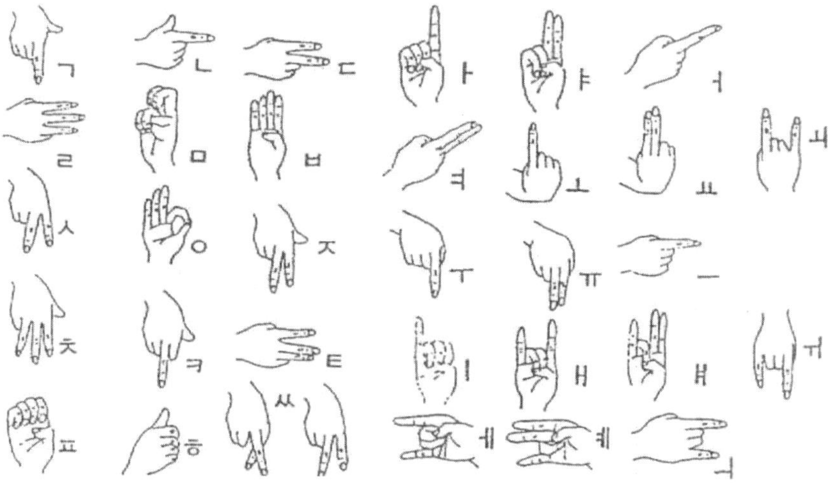

자료 : 김칠관, 1999 : 228.

4) 지문자어

지문자는 새로운 단어를 만들기 위해 사용된다. 특히 주변 음성언어의 단어를 차용하는 수단으로 기능한다. 이렇게 만들어진 단어를 '지문자어'(*fingerspelled signs*)라 한다(Valli et al., 2005). 이 절에서는 지문자를 사용한 단어의 형성 방법을 다루도록 한다.

수어에서 지문자를 활용한 단어 형성은 크게 4가지가 있다(Johnston & Schembri, 2007: 179~183). 수지 단일 문자어(*single manual letter signs*), 지문자로 된 두문자어(*fingerspelled acronyms*), 약어(*abbreviations*), 전체 영어 단어이다.

이 방식들 중에서 한국수어에서 나타나는 것은 수지 단일 문자어이다. 따라서 수지 단일 문자어를 자세하게 다루고 나머지 방식은 대략적으로 언급하도록 하겠다.

수지 단일 문자어는 영어 단어의 첫 글자를 이용하는 것이다. 국내에서는 '두문자 수화'라는 용어가 더 친숙하다. 이 책에서도 그 용어를 따르지만 언어 전체를 일컫는 수어와 수어의 구성단위로 쓰이는 개별 단어를 구분하기 위해 '두문자어'(*initialized signs*)라는 용어를 사용하겠다. 호주수어에서 특정 맥락에서 첫 글자의 의미가 명백하다면 처음부터 첫 글자를 사용할 수 있다. 가령 YEAR, CENT, WEEK는 영어 알파벳의 첫 글자인 -Y-, -C-, -W-만으로도 단어의 의미를 전달한다. 이는 알파벳 지문자를 사용하는 수어들에서 가능한 방법으로 보인다. 한국수어에서는 그런 형태를 찾을 수 없다. 왜냐하면 한글 지문자는 한글의 자음과 모음을 기반으로 만들어졌고, 지문자를 쓸 때는 한손으로 초성, 중성, 종성을 순서대로 쓰기 때문이다. 한글이 음절 단위로 모아쓰는 것처럼 한글 지문자도 그러하다. 〈그림 4-16〉을 보면, 한글 '처'를 쓸 때, 자음과 모음을 순서대로 쓴다. 'ㅊ'이나 'ㅓ' 중 어느 하나만으로는 완전한 뜻을 가진 단위가 되지 못한다.

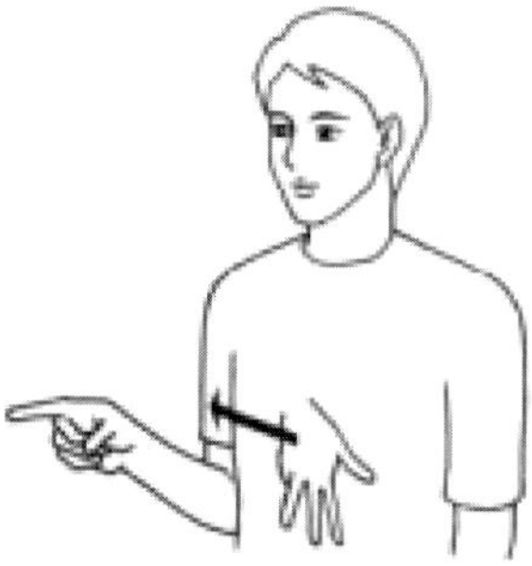

〈그림 4-16〉
한글 '처'의 지문자 표현

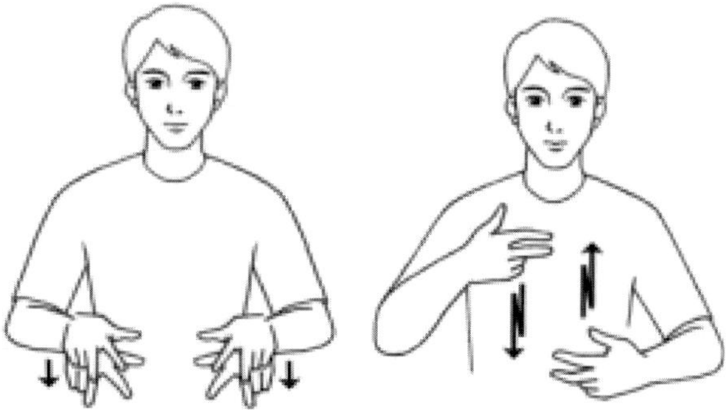

a. [지금]　　b. [즐겁다]

〈그림 4-17〉
수지 단일 문자어의 예

그러나 두문자어에서 수형을 대치하는 경우는 한국수어에서도 가능하다. 호주수어에서 그 예는 GROUP(집단)에서 수형을 바꾸어 관련된 의미를 가진 FAMILY(가족)와 CLASS(학급)이라는 단어를 만드는 것이다. 한국수어에서 〔지금〕과 〔즐겁다〕는 각각 〔오늘〕과 〔반갑다〕에서 수형을 한국어의 초성 'ㅈ'으로 대치한 것이다(〈그림 4-17〉). 그 외에도 〔분위기〕, 〔환경〕, 〔주변〕 등이 있다.

다음으로는 지문자로 된 두문자어와 약어(*abbreviations*)가 있다. 음성언어의 두문자어(*acronyms*)는 단어의 첫 문자만을 모아 한 단어로 발음하는 것이다. 가령 UN(United Nations)과 NATO(North Atlantic Treaty Organization)는 '유엔'과 '나토'로 발음한다. 수어에서 보편적으로 사용되는 것은 미국수어를 의미하는 American Sign Language를 ASL로 표현하는 것이다. 한국에서도 미국수어를 사용하는 농인들과의 교류를 통해 한국수어(Korean Sign Language)를 영어 지문자를 사용하여 KSL로 줄여 말한다. 이는 한국수어의 본연의 단어 형성 방법이 아니라 외국수어의 영향을 받은 것이다.

약어는 영어의 단어를 줄이는 것으로 호주수어에서 MONDAY(월요일)는 M-O-N, TUESDAY(화요일)는 T-U-E-S 혹은 더 줄여서 T-T로 표현하는 것이다. 이 또한 음절을 모아쓰는 한글 지문자 방식으로는 산출이 불가능하다.

마지막으로, 영어 단어 전체를 지문자로 하는 것이다. 미국수어의 #BANK, #JOB, #BACK이다(Valli et al., 2005: 62). 수어자는 B-A-N-K, B-A-C-K, J-O-B처럼 단어 전체를 영어 알파벳 지문자로 표현한다. 단어 앞의 # 표시는 원문의 표기 방식을 그대로 따른 것이다. 앞의 두 방식과 마찬가지의 이유로 이 유형은 한국수어에는 존재하지 않는다.

6. 차용어

차용은 언어들 간의 접촉으로 자연스럽게 생겨난 현상이다. 농인은 농공동체뿐 아니라 청인의 문화 속에서도 살아간다. 따라서 청인과 구어적으로 소통할 때뿐만 아니라 문자언어에도 자연스럽게 노출된다. 따라서 두 언어 사이에서 어휘적 차이가 발생할 때 가장 쉽게 이용할 수 있는 방법이 차용이다.[9] 현재는 물론 향후 한국 농인들은 다른 나라의 농인들과 국제 교류도 활성화될 수 있고 인터넷의 보급으로 인해 외국 수어와의 접촉이 증가하고 있으므로 외국 수어에서의 차용이 본격적으로 논의되어야 할 것이다. 그러나 본 절에서는 한국어와의 관계 속에서 이루어지는 차용에 중점을 두고자 한다.

한국어의 단어에서 첫 번째 자음만을 가져와 수어의 기존 단어에서 수형만을

9 한국수어는 성립 초기에 이루어진 일본수어와의 접촉뿐 아니라 한국어와의 관계 속에서도 이루어진다(김칠관, 2010 : 82). 김칠관은 일본수어에서 단어 자체를 그대로 차용한 경우(*loan word*)와 차용어에 새로운 의미를 적용시키는 차용 전이(*loan shift*), 음운차용으로 구분하였다.

대치하는 방식인 두문자어는 수형의 시각적인 변별성을 적극 활용한 예라 할 수 있다. 이를 통해 한국어 단어를 이용하여 한국수어의 어휘를 확장한다. 특히 두문자어의 조어는 일상적인 회화 환경이 아닌 교육, 시사, 과학 등 한국어와 접촉이 빈번한 분야에서 더욱 요구된다. 또한 요즘 통신 기기의 발달과 인터넷의 사용으로 말미암아 농인들은 모바일 메신저 서비스, 소셜 네트워크 서비스를 사용하게 되어 이들을 표현하기 위한 새로운 단어들의 조어가 요구되었다. 가령 카카오톡은 기존에 있던 〔문자 보내다〕 단어에서 수형만 'ㅋ' 으로 바꾸어 신조어를 만들었다. 나머지 비우세손의 손바닥을 스치는 움직임은 동일하다. 또한 농인들이 많이 사용하는 모바일 메신저 서비스인 '마이피플'의 경우, 모니터상에서 앱 아이콘이 뱅글뱅글 돌아간다. 이 앱 아이콘의 움직임을 모방하듯이 수어자의 양손을 한글 지문자 'ㅁ'와 'ㅍ'를 취하여 나란히 위치시킨 상태에서 교대로 상하로 움직인다. 이때 수형은 마이피플의 초성을 가져온 것이다.

a. [카톡 보내다]

〈그림 4-18〉
두문자어를 이용한
어휘 확장의 예

김칠관(2010: 83)은 한국어로부터의 차용은 한자어를 중심으로 폭넓게 이뤄진다고 보았다. 그 첫 번째 예는 한국수어의 기본 어휘인 〔뿌리〕에 상응하는 단어인 〔근본〕, 〔근원〕을 한국어에서 차용한 경우이다. 그러나 문제는 한국수어에서 〔뿌리〕, 〔근본〕, 〔근원〕이 모두 형태가 동일하다는 점이다. 이 예들은 다의어와도 관련이 있어 보이기 때문에 더 논의가 필요할 것이다. 추가적으로, 한국어에서 차용의 예는 '한자어의 구성소(낱자)를 번역해 재배치하는 번역차용'과 '한자어의 구성소(낱자)를 그대로 직역해 배치하는 의미차용'이다. 전자의 예는 〔명소〕(#유명+#곳})와 〔별미〕({#맛+#특별})이다. 후자의 예인 〔견습〕({#보다+#연습하다})과 〔계약금〕({#계약+#돈})은 7절 합성어에서 더 자세히 다루도록 하겠다.

7. 합성어

언어에서 기존의 단어를 이용하여 어휘를 만드는 예로 합성어가 있다.[10] 전형적인 합성어는 각각이 독립된 단어로 나타날 수 있는 어기가 적어도 두 개 이상 모여 이루어지는 단어이다(김경란 외, 2004: 354).

1) 한국수어에서 합성어 연구

한국수어에서 합성어에 대한 연구는 김칠관(1996; 1999)을 시작으로 하여 원성옥·장은숙(2003), 이율하(2008)에 의해 꾸준하게 논의되었다.

(1) 김칠관(1996)의 연구

김칠관(1996: 3~4)은 한국 고유 수어 단순어를 단순 요소로 이루어지는 단어와 복합 요소로 이루어지는 단어로 구분하였다. 한국수어에서 복합 구성 수화어(혹은 복합 구성 단순어)가 고유 단순어에서 거의 반(41.9%)을 차지하는 것으로 보았으며 복합 구성이란 합성법을 의미한다고 보았다.

> … 그렇기에 복합 구성에 의한 수화어 조어는 합성(*compounding*)을 바탕으로 함으로써 신어(新語)의 원천으로서 매우 생산성이 높다.

10 합성어의 내용은 남기현(2013)에서 수정·보완하여 제시하였다.

이는 복합 구성 단순어를 하나의 형태소로 구성된 단일어 속에서 바라보았지만 보통의 단일어와는 다르다는 것을 처음으로 인식한 것으로 후속 연구에 중요한 시사점을 제공하였다. 복합 구성 단순어의 최소 의미 단위는 시간적·공간적·혼합적 배치 방식으로 분류된다(김칠관, 1996: 8~9).

첫째, 시간적 배치에 따라 분할할 수 있는 방식은 시간적 연속 배치와 시간적 분할 배치로 구분되며 전자에는 [여관], [완성], [못생기다], [고발] 등이 있으며 후자에는 [할인], [계절], [버스], [홍수], [화산] 등이 있다. 이 중에서 [여관]은 {#잔다}와 {#빌린다}라는 어휘형태소가 축차적으로 이루어진 것이다.

둘째, 공간적 배치에 따른 동시적 결합 방식은 명사형 구성 성분의 공간적 배치로 이루어지는 특성을 지니며 [가르치다], [학생] 등과 같은 대치적 배치와 [결과], [간단 : 간편] 등과 같은 동시적 배치로 구분된다. 이 중에서 [간단 : 간편]은 {#수고}와 {#없다}라는 어휘형태소가 공간적으로 동시에 이루어진 것이다.

셋째, 혼합적 배치는 시간·공간적 결합 방식이 한꺼번에 이루어지는 것으로 명사형 구성 성분의 공간적 배치가 시간적 순서에 따라 새로운 의미를 부여받는다. 그 예로는 [글]은 {#글자 / #글자 / #글자 / #글자}와 {#글자 / #글자 / #글자 / #글자}라는 형태소의 동시적 배치가 시간적으로 합쳐져 이우러진 것이다.

(2) 원성옥·장은숙(2003)의 연구

원성옥 외(2003: 86~87)는 수어도 음성언어의 단일어와 합성어처럼 단일 구조와 복합 구조로 이루어져 있음을 제시했다. 단일어는 〔집〕, 〔학교〕, 〔울다〕처럼 더 이상 의미를 가진 요소를 분리해 낼 수 없는 하나의 형태소로 이루어진 단어를 말하며 합성어는 〔논〕({물}+{밭}), 〔아내〕({결혼}+{여자}), 〔슬프다〕({울다}+{걱정}), 〔일요일〕({빨강}+{닫다}), 〔안녕하세요〕({잘하다}+{있다})처럼 두 개 이상의 의미를 가진 요소가 결합하여 이루어진 복합구조이다. 그러나 〔어머니〕의 경우는 {#육친}+{여자}라는 두 형태소로 구성되지만, {#육친}이 한국수어에서 혼자서는 쓰일 수 없는 의존 형태소로서 접두사의 구실을 하여 파생어로 보았다.

요약하면, 한국수어의 단어를 단일어와 복합어로 나누고 복합어는 두 개 이상의 어근으로 이루어진 합성어와 파생과정을 거쳐 이루어진 파생어로 나누었다.

(3) 이율하(2008)의 연구

이율하(2008)는 단순구조가 한국어의 단순어와 동일한 개념이 아니며 수화언어의 수어소들이 동시적이면서 계기적으로 구성되는 하나의 단순형태소로 이루어진 구조로 보았다. 또한 수어의 단어나 형태소가 계기적이지 않고 동시적으로 결합되는 복합구조에는 '동시적 결합구조'라는 용어를 사용하였는데 그 설명은 다음과 같다(이율하, 2008: 41).[11]

> 복합구조는 두 개의 형태소가 결합한 구조를 말한다. 한국수화언어에서 복합구조는 계기적 결합구조와 동시적 결합구조로 나누어진다. 계기적 결합구조는 주로 합성어로 결합하였으며, … 동시적 결합구조는 두 형태소가 부분적으로, 때로는 전체적으로 하나로 녹아 붙어 표면상 형태소 분석이 안 되어 마치 단일형태소처럼 보이는 특성이 나타나는데 … 그러나 의미상, 형태상 구조를 살펴보면 단순구조 형태소가 결합한 복합구조임을 알 수 있다.

한국수어에서는 파생접사가 드물게 관찰되어 '계기적 결합구조로 이루어진 수화언어 단어는 거의 합성어화(*compounding*) 과정을 통해 만들어진다'고 보았다(이율하, 2008: 42).

〈표 4-1〉 한국수어의 어휘 구성

	단일어		복합어	
김칠관(1999)	단순어	복합 구성 단순어	복합어(합성어)	
원성옥 외(2003)	단일어		합성어	파생어
이율하(2008)	단순구조		동시적 결합구조 계기적 결합구조	

지금까지 살펴본 선행연구를 통해 볼 때, 한국수어에서 파생어의 검토가 부족한 실정임을 알 수 있다. 이율하(2008: 11)는 음성언어의 복합어, 합성어, 파

11 원문의 '한국수화언어'라는 용어를 그대로 옮겼다.

생어의 개념과 수어의 결합방식의 개념 사이에 차이가 있고 한국수어에서 파생 접사에 의한 파생어는 〔아버지〕, 〔어머니〕, 〔부모〕와 같은 극히 소수의 예만 제시되고 있기 때문에 이에 대한 분석이 요구된다고 보았다. 선행 연구를 토대로 하여 한국수어의 어휘 구성은 〈표 4-1〉과 같이 정리할 수 있다.

김칠관(1996)에서는 복합 구성 단순어를 단일어 측면에서 논의했지만 이미 두 개 이상의 형태소로 구성된다는 점이 포착되었다. 복합 구성 단순어는 수어 단어의 동시적 구조가 지닌 특징을 보여주는 대표적인 예이다.

2) 합성어의 유형

수어에서 대부분의 합성어는 음성언어의 합성어와 유사하게 단어들을 순차적으로 결합한다. 이를 순차적 합성어 형성(*sequential compounding*)이라 한다. 음성언어의 합성어가 독립된 자립 형태소로 기능하는 두 형태소로 구성된다는 점에서 수어의 순차적 합성어는 음성언어의 합성어와 매우 유사하다(Brennan, 1990: 140).

(1) 순차적 합성어

수어에서 순차적 합성어는 일반적이고 음성언어의 단어와 같은 특징을 보인다(Meir et al., 2010: 303~304).

> 순차적 합성어는 형태적으로 어휘화되고 두 단어보다는 단일어의 음운적 모습을 취한다. 두 단어가 합쳐져 합성어를 만들 때 음운적 변화를 겪게 된다. 합성어의 첫 번째 요소의 움직임 분절의 축소와 삭제, 두 번째 요소의 움직임 분절의 삭제, 그리고 전환 움직임이 합성어의 단일 움직임이 된다. 결과적으로 합성어는 단일어처럼 하나의 움직임을 가진 단음절어가 된다. 움직임 구성소뿐만 아니라 손의 형상, 위치에서도 단일어의 모습을 취하게 되는 변화를 겪는다. 즉, 만약 두 번째 단어의 조음 장소가 비우세손이라면 이 손은 전체 합성어의 시작 위치가 된다. 많은 경우에서 두 번째 단어의 수형과 방향은 일종의 역행동화에 의해 첫 번째 단어에 확산된다.

〈그림 4-19〉
순차적 합성어

a. [여왕]

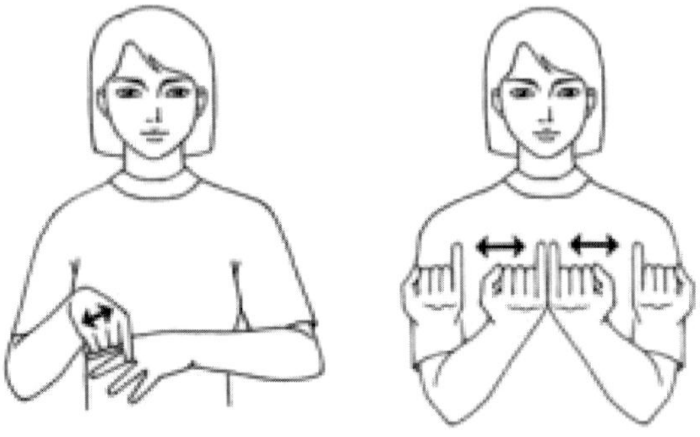

[반지] + [여자]

b. [지혜]

[생각] + [썩 잘하다]

위 선행 연구의 결과는 한국수어에서도 동일하게 관찰된다. 한국수어에서 순차적 합성어는 두 단어가 계기적으로 연결되고 두 단어가 형태에서 특징적인 변화를 갖는다. 대표적인 예는 〔여왕〕과 〔지혜〕를 들 수 있다(〈그림 4-19〉). 〔여왕〕은 '반지 + 여자'로 구성되는데, 두 단어 모두에서 정지-움직임-정지(HMH) 분절의 반복이 생략된다. 결과적으로 순차적 합성어 〔여왕〕은 비우세손 위에서 우세손을 스치는 움직임으로 줄어든다. 다음으로 〔지혜〕는 '생각 + 썩 잘하다'이다. 〔생각〕에서 관자놀이에 검지를 대고 돌리는 동작은 합성어가 되면서 단순한 접촉으로 변한다. 〔여왕〕과 〔지혜〕 모두에서 첫 번째 단어의 움직임에서 변화가 일어났다.

그 밖의 순차적 합성어의 예로는 〔가수〕(〔노래〕 + 〔사람〕), 〔개나리〕(〔노랑〕 + 〔꽃〕) 등이 있는데 이 예들에서는 구성 성분인 두 단어의 형태적 변화를 관찰하기 어렵다.[12]

순차적 합성어에는 특별한 유형이 있다(Meir et al., 2010: 305). 이를 'davndva 합성어'라 부르는데 이 합성어의 구성 성분은 상위어의 하위어들이다. 그리고 합성어의 의미는 상위어이다. 이 합성어는 미국수어에서 존재한다고 제시되었고 그 예는 아래와 같다(Klima & Bellugi, 1979: 234~235; Meir et al., 2010: 305~306에서 재인용).

- CAR⁀PLANE⁀TRAIN 'vehicle'(교통수단)
- CLARINET⁀PIANO⁀GUITAR 'musical instrument'(악기)
- RING⁀BRACELET⁀NECKLACE 'jewelry'(보석)
- KILL⁀STAB⁀RAPE 'crime'(범죄)
- MOTHER⁀FATHER⁀BROTHER⁀SISTER 'family'(가족)

12 순차적 합성어는 '+'로, 동시적 합성어는 '/'로 표시하였다. 그 밖의 표기법은 인용한 저자의 표기법을 그대로 따랐다. 가령 외국의 수어연구 문헌에서 합성어는 구성 성분 사이에 ⁀로 표시하였다. 김칠관(1996, 1999), 원성옥 · 장은숙(2003)에서 합성어를 구성하는 단어를 { }로 표시하였다.

한국수어에도 비슷한 예가 있다. 그러나 미국수어의 davndva 합성어가 하위어들의 순차적인 결합으로 구성되고 합성어의 의미는 상위어의 의미인 것과 다소 차이가 있다. 이율하(2008: 47~48)는 다음 3가지 유형을 제시하였다. 특이한 점은 첫 번째 구성 성분 다음에 〔여러 가지〕 단어가 결합된다는 점이다. 앞에 오는 구성 성분에는 대표 하위어, 의미의 변별적 자질이 되는 동작 형태소, 문자에 대응하는 형태소가 온다.

대표 하위어 + 여러 가지

[집 + 여러 가지] = [건물]
[쌀 + 여러 가지] = [곡식]
[사과 + 여러 가지] = [과일]
[쇠 + 여러 가지] = [광물]
[홍보 + 여러 가지] = [매스컴]
[문화 + 여러 가지] = [문물]
[물건 + 여러 가지] = [물자]
[남, 여 + 여러 가지] = [사람]
[나무 + 풀 + 여러 가지] = [식물]
[배추 + 여러 가지] = [채소

의미의 변별자질이 되는 동작 형태소 + 여러 가지

[무치다 + 여러 가지] = [나물]
[작은 북을 두드리는 동작 + 여러 가지] = [악기]
[여기저기서 뽑아내는 동작 + 여러 가지] = [자료]

문자 대응하는 형태소 + 여러 가지

[생명 + 여러 가지] = [생물]
[먹다 + 여러 가지] = [양식]
[고기 + 여러 가지] = [육류]
[천 + 여러 가지] = [직물]

수어의 순차적 합성어에는 분류사를 통한 합성어 형성이 있다. 한국수어는 모사 크기와 모양 특정자(Tracing Size and Shape Specifiers), [13] 즉 사물의 윤곽 그리

13 Supalla(1986)는 미국수어에서 분류사의 유형을 5가지로 나누었다(남기현, 2012 : 51에서 재인용).
• 크기와 모양 특정자(SASSes : *Size And Shape Specifiers*) : 명사 지시체의 시각적 - 기하학적 구조의

기가 합성어의 구성 성분이 된다. 가령 한국수어자들은 〔유리〕와 〔술〕과 같은 단어를 추가하여 〔유리병〕(〔유리〕+'원통형 사물'), 〔술병〕(〔술〕+'원통형 사물')이라는 합성어를 만든다. 이 합성어에서 앞에 위치한 〔유리〕와 〔술〕은 사물의 재질과 용도를 나타내고 뒤에 위치한 수형은 원통형 사물을 나타낸다(〈그림 4-20〉). 따라서 〔유리〕와 〔술〕은 원통형 사물의 범위를 좁혀주고 그러한 특징을 가진 사물임을 명확히 해 준다.

a. [유리]

b. 크기와 모양 특정자: 원통형 사물

〈그림 4-20〉
[유리병]

측면 혹은 차원을 분류하며, 이 유형은 다시 2개로 나뉜다. 첫째, 정지 크기와 모양 특정자(Static SASSes)는 사물이 0차원인지 1차원인지 혹은 1차원 이상인지를 혹은 사물이 직선 모양인지 둥근 모양인지를 표지한다. 둘째, 모사 크기와 모양 특정자(Tracing SASSes)는 수어자의 손으로 사물의 2차원 혹은 3차원의 윤곽을 그린다.

- 의미 분류사(*semantic classifiers*): 수어자의 손은 지시체 사물의 의미적 범주를 표현하며, 사물을 표현할 때 크기와 모양 특정자보다 추상적이다. 즉, 시각적으로 지각된 물리적 특성보다는 일반적인 의미적 범주를 언급한다. 의미 분류사에는 사람, 작은 동물, 교통수단, 비행기, 나무가 있나.
- 신체 분류사(*body classifiers*): 두 팔다리를 갖는 생명을 가진 개체의 신체를 언급하기 위해 신체 조음자가 사용되어 '신체 분류사'라고 명명한다. 이 분류사는 명사의 시각적-기하학적인 표현이라기보다는 일종의 모방적인 표현이다.
- 신체 부분 분류사(*bodypart classifiers*): 수어자는 지시체의 신체 부분을 표현하기 위해 수어자의 신체의 일부 혹은 손을 사용하여 명사를 분류한다. 따라서 '신체 부분 분류사'라 명명한다. 신체 부분 분류사는 신체 부분 크기와 모양 특정자와 수족 분류사로 나뉜다.
- 기구 분류사(*instrument classifiers*): 사물을 조작하는 기구의 유형이다.

이러한 합성어 형성 방식은 외국 수어에서도 마찬가지로 발견된다. 스위스독일수어(Swiss German Sign Language)에서 PASSPORT(여권)은 RECTANGLE + STAMPED(네모 + 도장을 찍은)이라는 합성어이다. 한국수어에서는 수식어가 피수식어 앞에 위치한다는 점에서 스위스독일수어의 PASSPORT와 차이가 있지만 두 수어 모두 합성어에서 크기와 모양 특정자를 사용한다는 점은 동일하다.

한국수어에서 크기와 모양 특정자는 농인들의 실제 수어 속에서 생산적인 형태를 만들어 내는 데에 기여한다(남기현, 2012: 165). 가령 '요람'과 '벤치'는《한국수화사전》에는 없지만 농인들은 이를 나타낸다. 요람의 경우는 〔의자〕 단어 다음에 두 손을 〔의자〕처럼 맞붙인 상태에서 손목 부위를 앞뒤로 여러 차례 움직여서 요람의 흔들리는 성질을 표현하였다. 벤치의 경우는 〔의자〕 다음에 양손의 엄지와 검지만 펴서 원형으로 구부린 수형을 취하여 두 손을 수어 공간에서 가까이 배치했다가 동시에 양옆으로 멀어지면서 이동하여 벤치의 긴 모양을 표현했다. 한국수어에서 크기와 모양 특정자는 사물의 특징을 서술하는 기능을 한다.

(2) 동시적 합성어

수어 양식은 음성언어에서는 불가능한 동시적 합성어 형성(*simultaneous compounding*)을 제공한다(Meir et al., 2010: 306).

> … 우리는 비록 잠재적으로 독립적인 두 조음자(*articulators*)가 음성언어에는 존재하지 않는 가능성을 여는 것과 각 조음자는 단어에 의미를 가지지 않은 음운적 단위를 제공하는 동시에 의미를 가진 형태소도 표현한다는 것을 지적했다. 수어는 단어 형성 과정에서 일부 연구자들이 동시적 합성어라고 기술한 이러한 기회를 이용한다. 비록 이 동시적 합성어는 형태소들이 결합될 때 전통적 개념에서는 합성어가 아님에도 불구하고.

인용문의 마지막 진술에서 알 수 있듯이 수어에서도 동시적 합성어가 전형적인 합성어 유형이라고 보기는 무리가 있으나 그 존재를 인정해야 한다는 것을 알 수 있다. 동시적 합성어의 개별 단어들은 시간적인 연속으로가 아니라 동시적으로 결합된다. 가령 영국수어에서 MINICOM은 문자화된 메시지를 전화선을 통해 전송하는 기계를 의미하는데, 오른손은 단어 TELEPHONE(전화)을 산출하고 그 위에 배치한 왼손은 단어 TYPE(타자하다)를 산출하여 두 손이 하나의 단어를 구성한다(Brennan, 1990: 151). 동시적 합성어에서 두 단어는 두 단어가 독립적인 단어일 때와 형태적인 차이를 갖는다. 즉, 합성어의 입력 단어 TELEPHONE는 우세손이 왼손에서 오른손으로 변동되고 수위는 볼에서 중립공간으로 이동된다. 입력 단어 TYPE는 두 손이 아니라 한 손이 되고 오른손이 왼손 밑에 위치되는 변화를 갖는다.

한국수어에서 동시적 합성어를 바라보는 시각이 다양하기 때문에 다양한 용어들을 사용하고 있다. 복합 구성(김칠관, 1996; 1999)이라는 용어를 비롯하여 원성옥·장은숙(2003)은 합성어와 파생어를 포함한 용어로 '한국복합수화'라는 용어를 사용하였고, 이윤하(2008: 10)는 '복합 구성'이라는 용어가 '한국어의 복합어(*complex word*), 합성어(*compound word*)와 혼동될 가능성 때문에 동시적 결합구조(*simultaneous complex structure*)'라는 용어를 사용한다고 하였다. 이 책에서는 합성어를 세분화하여 순차적 합성어와 동시적 합성어, 그리고 둘이 혼합된 유형인 동시적-순차적 합성어라는 용어를 사용하겠다.

이윤하(2008)에서 제시한 '수화언어 형태소가 결합한 유형'(전환)은 동시적 합성어와 유사하다고 할 수 있다. 수어의 시각-수지적인 양식적 특징으로 인해 수어자는 양손을 사용하여 두 단어를 동시에 산출할 수 있다. 이는 음성언어에서는 불가능한 산출 방식이다. 이 책에서는 동시적 합성어가 구성 성분에서 차이가 있다고 보고 그 차이에 따라 두 가지 하위 유형으로 나누어 살펴보기로 한다.

첫째, 동시적 합성어는 두 단어가 결합한다. 한국수어에서 〔화산〕은 '산/폭발' 구조이다. 비우세손은 〔산〕을, 우세손은 〔폭발〕을 산출한다. 원래 〔폭발〕은 양손으로 이루어지지만 합성어를 만들기 위해 한 손이 생략된 것으로 보인다. 이 유형에는 〔등산〕(산/걸어 오르는 동작), 〔방문〕(집/들어가다) 등이 있다(〈그림 4-21〉).

〈그림 4-21〉
두 단어가 결합된
동시적 합성어

a. [화산]

b. [등산]

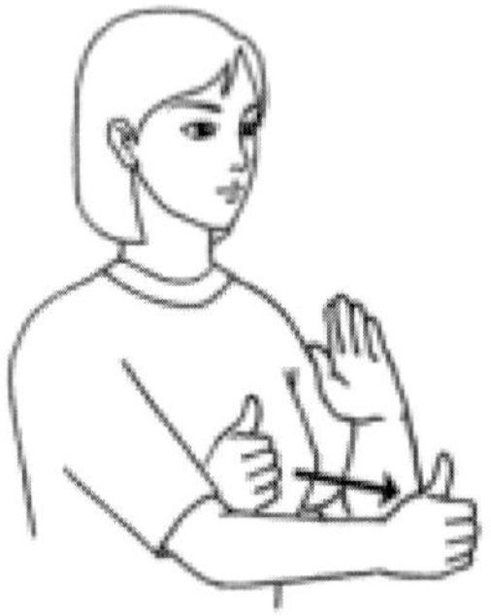

c. [방문]

이와 유사한 형태로 〔학생〕(‘모자+책보’)이 있는데 이때 두 손은 각각 의미를 가진다(〈그림 4-22〉). 그러나 양손은 독립하여 존재할 수 없을 뿐만 아니라 분리했을 때 존재하지 않는 단어가 된다. 〔모자〕와 〔책보〕라는 개별 단어가 결합하여 시간이 흐르면서 형태적 변화를 겪어 지금의 〔학생〕이라는 단어가 되었다고 분석하기는 어렵다. 처음부터 의미를 가진 두 손이 동시적으로 결합하여 산출되었을 것으로 본다. 따라서 이 단어는 단일어로 처리할 수 있다.

둘째, 두 단어의 일부 수어소들이 결합된다. 여기에는 〔인격〕(사람/존중), 〔법〕(수단(도구)/정하다), 〔여성 단체〕(여성/단체), 〔간단하다〕(수고/없다) 등이 속한다(〈그림 4-23〉).

첫 번째 유형에서 합성어를 구성하는 입력 단어가 모두 한손-단어로서 두손-단어 합성어를 만든 것에 비해, 두 번째 유형에서 합성어의 입력 단위는 각각 두

손-단어였다가 두손-단어 합성어를 만든 것이다. 가령, 〔인격〕은 〔존중〕에서 수동과 수위를 유지하면서 〔사람〕에서는 수형을 가져와 결합한 형태이며 단음절어가 되려는 경향성을 보여준다. 이러한 특성으로 인해서 연구자들은 수어에서 순차적 합성어가 혼성어(*blends*)의 특성을 공유한다고 보고한 바 있다(Liddell, 1984; Brennan, 1990: 177에서 재인용).[14] 가령 미국수어의 순차적 합성어 BELIEVE (THINK^MARRY) '믿다'에서 THINK는 머리로 접근하는 움직임과 정지(M-H)로 구성되고 MARRY는 정지 분절 다음에 우세손이 비우세손을 향해 이동한 다음 정지한다(H-M-H). 합성어가 될 때 THINK에서 머리에 접근하는 움직임이 생략되고 MARRY에서 처음 정지가 생략되어 결과적으로 합성어의 분절의 수는 5개에서 3개로 줄어든다(H-M-H). 미국수어 BELIEVE는 순차적 합성어로 두 입력 단어의 움직임 분절이 탈락되어 전체 단어의 움직임 분절의 수가 줄어든 것이다.

〈그림 4-22〉
[학생]

14 한국수어에서 동시적인 합성어의 두 번째 유형은 융합(*fusion*)과도 유사하다. 융합은 두 기저하는 단어들의 매개변수를 결합하여 새로운 단어를 만드는 방식이다(Zeshan, 2000 : 79~81). 그러나 제스한(2000 : 82)은 '합성어는 단일어의 매개변수들을 동시적으로 결합하여 새로운 단어를 구성하지 않는다'라고 하여 융합과 합성어의 차이를 분명히 하였다.

〈그림 4-23〉
수어소로 결합된
동시적 합성어

a. [인격]

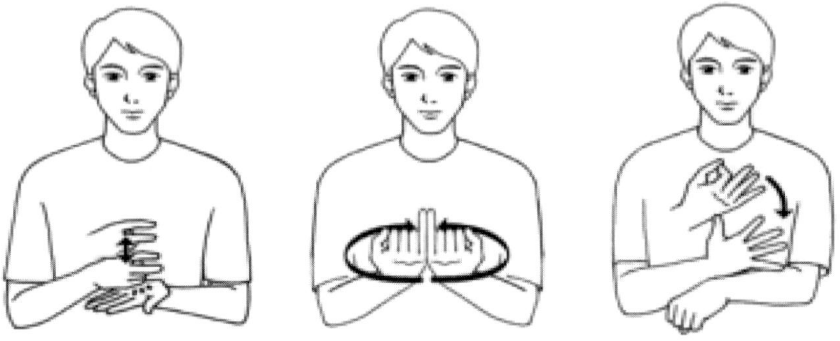

b. [법]　c. [여성 단체]　d. [간단하다]

이와 달리 한국수어에서는 두 입력 단어가 순차적이 아니라 동시적으로 산출된다. 가령 〔인격〕은 〔사람〕에서 수형을 〔존중〕에서 수동과 수위를 가져와 동시적으로 결합시켜 단어를 만들고 입력 단어의 나머지 수어소들은 탈락된다. 아래에서 제시한 합성어와 혼성어의 차이점에서 볼 수 있듯이 한국수어의 예는 혼성어의 인상을 강하게 준다.

… 합성어는 보통 두 단어의 형태가 유지되므로 결합된 단어의 원래 모습이 남아있다. 이에 비해 혼성어는 두 단어의 일부분을 떼어내는 절단 과정을 거쳐서 결합하므로 원래 단어의 형태를 예측하기 어렵다는 차이점이 있다(심재기 외, 2011 : 106).

한국수어 〔여성 단체〕와 〔인격〕은 구성 성분을 비교적 쉽게 구분할 수 있지만 〔법〕과 〔간단하다〕는 그 어원을 알기 전까지는 구별하기 어렵고 단일어처럼 보인다. 또한 순차적 합성어와 달리 동시적 합성어에서 첫 번째 단어와 두 번째 단어라는 단어의 순서도 알 수 없다. 이러한 특징들로 인해 한국수어의 동시적 합성어는 혼성어와 상당히 유사해 보인다. 그러나 혼성어도 두 단어가 절단 과정을 통해 새로운 단어를 만들어낸다는 점에서 입력 단위는 단어로 볼 수 있다. 마찬가지로, 한국수어 동시적 합성어의 두 번째 유형도 두 단어의 일부만을 가져온 것으로 분석할 수 있다.

3) 번역 차용

외래어를 받아들이는 방식에 따라 원어의 어형을 그대로 받아들이는 음역차용과 그 외국어의 의미를 자국어로 번역하여 받아들이는 번역차용(*loan translation*)으로 나눈다(김민수, 2002: 161). 즉, 음역차용은 원어의 발음을 그대로 쓰는 것으로 그 예로는 영어의 'health'를 '헬스'로, 'relay'를 '릴레이'로 받아들이는 경우이다. 번역차용은 원어의 의미를 자국어로 번역하는 것으로 영어 'relay'를 '이어달리기'로 받아들이는 경우이다.

앞에서 언급했던 한국수어의 차용어로 되돌아가도록 하자. 김칠관(2012: 83)은 한국어로부터의 차용의 예로서 두 가지 유형을 제시하였다. '한자어의 구성소(낱자)를 번역하여 재배치하는 번역차용'과 '한자어의 구성소(낱자)를 그대로 직역하여 배치하는 의미차용'이다. 전자의 예는 〔명소〕(⟦#유명+#곳⟧)이고, 후자의 예는 〔견습〕(⟦#보다+#연습하다⟧)이다.

위 예들에서 보듯이 수어에서 음성언어에서의 차용은 합성어를 통해 이루어진다. 음성언어와 수어의 차이가 있다면 수어는 대부분 음역차용이 아닌 번역차용으로 이루어진다는 점이다. 〔명소〕와 〔견습〕이 각각 '유명한 곳'과 '보고 연습하다'로 풀이될 수 있다는 점에서 그러하다. 최근 차용이 늘어난 이유는 농인들이 음성언어 환경에 많이 노출되어 음성언어의 정보를 수어로 표현하려는 기회가 늘어난 것뿐만 아니라 수화통역이 증가함에 따라 한국어와 수어 사이의 어휘 차이를 메우기 위한 것으로 보인다.

아래의 합성어들을 번역차용이라고 볼 수 있는 것은 합성어의 단어 수가 그들이 기초하는 한국어 단어의 수에 대응하기 때문이다(Johnston & Schembri, 2007: 160).

- [보건복지가족부] = [보건] + [복지] + [가족] + [책임]
- [기획예산처] = [기획] + [예산] + [처^지문자]
- [교육과학기술부] = [교육] + [과학] + [기술] + [책임]

수어에서 번역차용이 수어의 어휘를 만들어내는 생산적인 과정임은 분명하지만 번역차용어인지 아니면 통역 상황 혹은 일시적인 사용에서 발생하는 조어된 형태인지는 구분되어야 할 것이다.

8. 굴 절

전통문법에서 단어의 내부구조를 연구하는 분야를 '형태론'이라 하는데 이는 크게 '굴절 형태론'과 '파생 형태론'으로 나뉜다. 먼저 굴절 형태론은 시제, 상, 인칭, 수, 성, 격과 같은 문법적 범주들을 나타내기 위해 단어와 결합하는 문법적 표지들을 연구하는 것이다. 다음으로 파생 형태론은 동일한 어휘적 어기로부터 또 다른 단어의 형성을 연구하는 영역이다. 청각적-음성적 양식인 음성언어는 접사 첨가를 통해 시제, 상, 인칭과 같은 문법적 정보가 선형적으로 결합되는 데 반해 시각적-수지적 양식인 수어는 동사를 통해 실현된다.[15] 이 절에서는 동사의 종류와 굴절의 양상을 일치, 수, 상호 표현을 중심으로 살펴보도록 한다.

15 굴절의 내용은 남기현 외(2010: 159~163)를 수정 · 보완하였다.

1) 수어의 동사 분류

어떤 언어의 연구에서나 동사의 유형과 특성을 밝히는 것은 매우 중요하다. 수어 연구에서도 동사에 대한 연구들이 이루어져 왔는데 전통적으로 수어에서 동사는 동사에 붙는 접사에 기초하여 3가지 유형으로 나눈다.[16]

- 일반 동사(*plain verb*) : 인칭 혹은 수에서 굴절하지 않으며 위치 접사를 가지지 않는다. 일부는 상을 위해 굴절한다. 미국수어의 예는 LOVE, CELEBRATE, LIKE, TASTE, THINK, WONDER이다.
- 일치 동사(*agreement verb*) : 인칭, 수, 상에서 굴절하지만 위치 접사는 가지지 않는다. 미국수어의 예는 GIVE, SHOW, TELL, SEND, BAWL-OUT, INFORM, ADVISE, FORCE, PERSUADE이다.
- 공간 동사(*spatial verb*) : 인칭, 수 혹은 상을 위해서 굴절하지 않지만 대신에 위치 접사를 가진다.

패든의 미국수어의 동사 유형은 한국수어는 물론 지금까지 연구된 각 나라의 수어들에서 보편적으로 지지되었다. 그러나 후속 연구자들은 동사의 성격에 따라 더 세밀한 분류를 시도하였다. 존스턴과 셈브리(2007: 142)는 인칭과 위치와 관련된 의미를 표현하기 위해 굴절하는 동사를 방향 동사(*directional verb*) 혹은 지시 동사(*indicating verb*)라고 하고, 이 동사를 다시 일치 동사(*agreeing verb*)와 공간 동사(*spatial verb*)로 분류하였다. 즉, 일치 동사는 동사의 수향, 수동, 수위의 변화를 통해 인칭과 문장의 구성성분을 표현한다면, 공간 동사는 위치의 정보를 표현한다. 공간 동사는 묘사 동사(*depicting verb*)라고도 한다. 즉, 동사는 일반 동사, 일치 동사, 묘사 동사로 구분한다. 다음 절에서는 동사의 세 유형이 나타내는 문법적 특징을 살펴보도록 하자.

---

16 패든(Padden, 1990)이 처음 동사의 유형을 제안할 때, 일치 동사를 '굴절 동사'라 했으나 일반 동사의 경우도 상(*aspect*)을 위해 굴절할 수 있기 때문에 용어가 부적합하다는 지적을 받은 후 일치 동사라는 용어로 사용하게 됐다.

2) 동사와 일치

일치란 문장 안에서 한 요소의 형태가 문장의 다른 요소에 의해서 결정되는 것으로 영어에서는 동사에 '-s'를 붙여 주어가 3인칭 단수라는 것을 표시하는 경우이다. 즉, 동사가 주어의 인칭, 수와 일치해야 한다. 동사의 유형에서 인칭을 표현하기 위해 어형이 변화하는 것은 일치 동사와 묘사 동사이다.

한국수어의 예를 들어보면, 일반 동사는 〔먹다〕, 〔웃다〕, 〔자다〕, 〔기억〕 등이다(〈그림 4-24〉). 이 동사들은 수어자의 입, 턱, 눈, 머리 등 신체 가까이에서 산출되고 중립 공간을 사용하지 않는다. 따라서 동사는 방향성을 갖지 못하기 때문에 인칭에 따라서 굴절할 수 없다. 가령 '나는 사과를 먹다'는 문장을 표현하기 위해 수어자는 〔나〕+〔사과〕+〔먹다〕를 연이어 산출한다. 사과를 먹는 행위자가 1인칭이든, 2인칭이든 혹은 3인칭이든 동사는 인칭을 위해 어형 변화를

〈그림 4-24〉
일반 동사의 예

a. [먹다]

b. [웃다]

c. [자다]

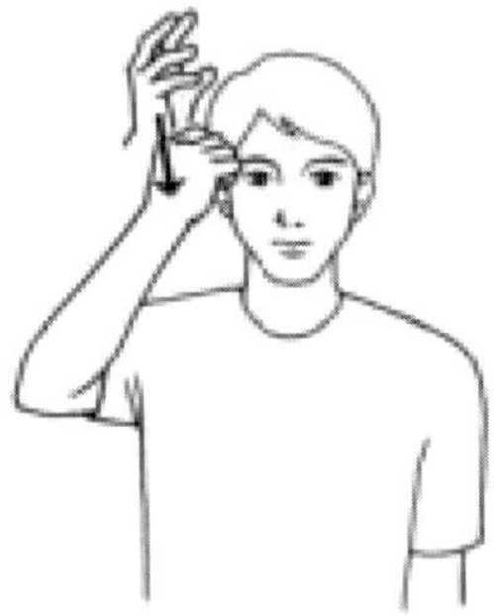

d. [기억]

하지 않는다.

그러나 일치 동사는 인칭을 위해 굴절할 수 있다. 즉, 일치 동사를 통해 인칭을 표현할 수 있다. 〈그림 4-25〉는 한국수어의 일치 동사의 예들이다. 〔주다〕는 수어자의 몸과 가까운 위치에서 좀 떨어진 위치로 이동하여 '내가 너에게 주다'를 의미하게 된다. 반대로, 수동이 수어자의 몸에서 떨어진 위치에서 몸 쪽으로 바뀐다면 의미는 '네가 나에게 주다'가 된다. 동사의 시작 위치와 끝 위치는 1인칭과 2인칭을 명시한다. 〔돕다〕의 경우는 손바닥의 방향으로 '내가 누군가를 돕다'와 '누군가가 나를 돕다'의 문장을 표현할 수 있다. 〔나에게 말하다〕는 손바닥의 방향과 위치가 동시에 의미를 정한다. 〔바라보다〕는 손바닥의 방향과 위치를 수어자 몸 쪽에서 밖으로 이동할 때, '내가 누군가를 바라보다'가 되지만 반대로 할 경우에는 '누군가가 나를 바라보다'가 된다. 그러나 여기에 한손을 더 추가시켜 양손의 손가락 끝이 마주하도록 하면 '두 사람이 서로를 바라보다'가 된다.

일치 동사에서 동사의 시작점과 끝점이 인칭과 문장의 주어와 목적어를 위해 굴절하는 것과 달리, 묘사 동사는 수어 공간의 한 위치에서 다른 위치로 이동한다. 그러나 이는 공간에서 사물의 움직임을 기술하는 것이다. 한국수어에서 〔나르다〕는 기본형은 우세손을 반대쪽 공간에서 같은 쪽 공간으로 이동하는 것이다(〈그림 4-26〉). 수동을 반대로 할 수도 있고 위로 이동하거나 아래로 이동할 수도 있다. 이처럼 동사의 이동 방향을 다양하게 하여 공간적 이동의 의미를 전달한다.

〈그림 4-25〉
일치 동사의 예

a. [주다]

b. [돕다]

c. [나에게 말하다]

d. [바라보다]

〈그림 4-26〉
묘사 동사의 예

[나르다]

〈표 4-2〉 묘사 동사의 하위분류

학자	묘사 동사의 하위분류
Liddell (2003) : 묘사 동사 (*depicting verbs*)	1. 존재 기술 동사 2. 표면 모양과 범위 기술 동사 3. 경로 이동 기술 동사 4. 행위 기술 동사
Schembri (2001) : 복합 구성적 동사 (*polycomponential verbs*)	1. 이동 동사 2. 위치 동사 3. 취급 동사 4. 시각적-기하학적 기술 동사
Zwitserlood (2003) : 의미를 가진 수형 포함 동사	1. 이동 · 위치 · 존재 동사 2. 지시체의 크기와 모양을 표현하는 술어 3. 이동 방식을 표현하는 술어

앞서 언급했듯이 공간 동사는 묘사 동사(*depicting verbs*) 혹은 분류사 동사(*classifier verbs*)로 불린다(Johnston & Schembri, 2007: 147). 학자들은 아래와 같이 묘사 동사를 세분화하였다(〈표 4-2〉). 묘사 동사는 사람이나 사물 등 지시체를 나타내는 수형을 포함한다는 공통점을 가진다. 의미적으로 지시체의 이동, 처소, 그리고 이동 방식을 나타낸다. 세 학자 모두 개체의 이동과 처소를 나타내는 동사를 공통적으로 제시하였지만 개체들의 직선적 배열의 범위 혹은 표면의 범위와 모양을 의미하는 동사, 시각적-기하학적 기술 동사, 그리고 지시체의 크기와 모양을 표현하는 술어는 학자마다 명칭을 달리 하였다. 이 책에서는 〈표 4-2〉의 묘사 동사를 처소 동사, 이동 동사, 이동 방식 동사, 취급 동사라고 하고 한국수어의 예를 함께 제시하겠다.

(1) 처소 동사

처소 동사는 사람, 동물, 사물이 이동하지 않고 일정한 공간에 위치하고 있음을 표현한다. 수어자는 A수어자[17]가 어느 장소에 위치하고 있음을 나타내기 위해

17 수어자들은 유도 작업에 함께 참여한 상대 수어자를 언급할 때 수어 이름(*sign names*)을 사용하였다. 수어 이름은 농문화에서 개인을 독특하게 확인하기 위해 사용하는 특별한 기호이다. 이름을 부를 때 매번 지문자를 사용하는 것은 번거로운 일이기에 농인들은 상대방의 얼굴이나 신체적 특징으로 수어 이름을 만들

한손을 여자를 나타내는 수형으로 하여 아래로 움직인 후 정지하는 압인 움직임(*stamping movement*)을 한다(〈그림 4-27〉). 이 수형과 수동의 결합은 'A수어자가 있다'라는 문장이 된다.

(14) [지시]^정면 + [A수어자] + A수어자가 있다
'A수어자가 있다.'

〈그림 4-27〉
처소 동사의 예

(2) 이동 동사

이동 동사는 사람, 동물, 사물이 한 지점에서 다른 지점으로 이동하는 것을 표현한다. (15) 문장에서는 〔연구자〕〔선생님〕'A수어자에게 다가가다' 순서인데, 연구자 선생님, 즉 주어 다음에 동사 'A수어자에게 다가가다'가 온다(〈그림 4-28b〉). 수어자는 A수어자를 나타내는 소지 수형의 한손을 수어 공간 왼쪽에 위치시킨다. 그다음 연구자를 나타내는 소지 수형의 다른 손을 먼저 위치시킨 손을 향해 직선으로 이동한다. 즉, 수어자는 왼손을 왼쪽 공간에 위치한 후 오른손을 두 번 반복하여 오른쪽 공간에서 왼쪽 공간으로 이동하였다. 이때 이동하는 손을 처음에는 소지 수형으로 했다가 두 번째에서는 엄지 수형으로 바꾸어서 '연구자가 A수어자에게 다가가다①'와 '연구자가 A수어자에게 다가가다②'로 구분하였다. 수형은 다르지만 여자라는 의미는 동일하다.

어 사용한다. (14) 예문에서 표기상 A수어자라고 했지만 실제로는 A수어자의 수어 이름으로 표현했다.

(15) [연구자] + [선생님] + A수어자에게 다가가다 ① + A수어자에게 다가가다 ②
'연구자가 A수어자에게 다가간다. 연구자가 A수어자에게 다가간다.'

a. A수어자가 있다

b. 연구자가 A수어자에게 다가가다

〈그림 4-28〉
이동 동사의 예

(3) 이동 방식 동사

이동 방식 동사는 사람이나 동물이 어떻게 움직이는가를 표현한다. 가령 사람이 두 발로 걸어가는 모습, 동물이 뛰는 모습, 사람이나 새가 날아가는 모습 등을 표현한다. (16) 문장에서 '개가 달리다'는 이동 동사와 처소 동사에서 지시체의 움직임 경로를 나타낸 것과는 달리, 개의 이동 방식을 나타낸다. 수어자는 자신의 양손을 이용하여 개의 발 움직임으로 표현한다. '여자가 서 있다①'와 '여자가 서 있다②'도 수형의 차이 때문에 구분하였다.

(16) [여자] + 여자가 서 있다① + [개] + 개가 달리다
[여자] + 여자가 서 있다②
[개] + 개가 달리다
'여자가 서 있다. 개가 달려온다. 여자가 서 있다. 개가 달려온다.'

농인은 개의 발을 표현하기 위해 주먹 수형을 사용하였다(〈그림 4-29〉). 농인들은 동물의 발, 발톱, 사람의 다리와 발의 움직임을 모방하여 해당 지시체가 어떻게 움직이는지를 나타낸다. 이때 동물의 발의 모양을 나타내는 수형을 수팔라(1982, 1986)는 수족 분류사라 하였다.

농인은 사람과 동물의 움직임 방식을 위해 두 발로 걷는 모습을 모방한다. 아기의 경우에는 작은 발을 위해 주먹 수형(〈그림 4-30a〉)을, 어른의 경우에는 양발의 평평함을 위해 편 수형(〈그림 4-30b〉)을 사용했다. 개나 쥐와 같이 몸집이 작은 동물의 경우에는 〈그림 4-30c〉의 수형이 사용하여 사람의 경우보다 훨씬 더 다양하였다(남기현, 2012: 151).[18]

〈그림 4-29〉
이동 방식 동사의 예

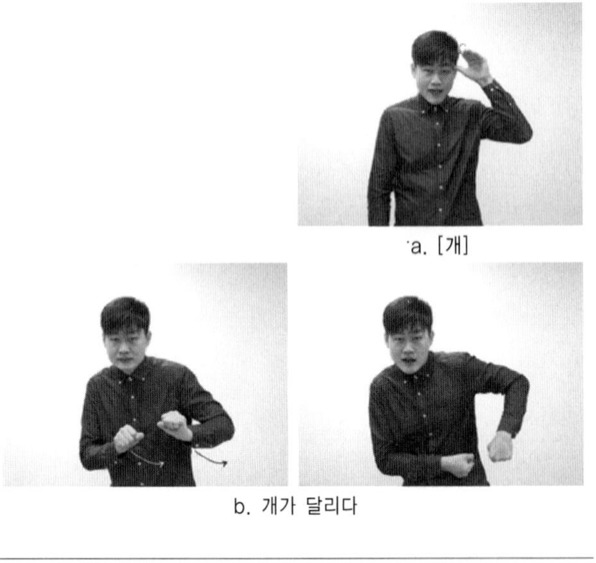

a. [개]
b. 개가 달리다

18 수형의 표기는 함부르크대학 독일수어 연구소에서 개발한 전사기호 '함노시스수형'(Hamburg Notation System: HamNoSys 4 Handshapes)으로 대신하였다.

〈그림 4-30〉 사람과 동물의 발을 표현한 수형

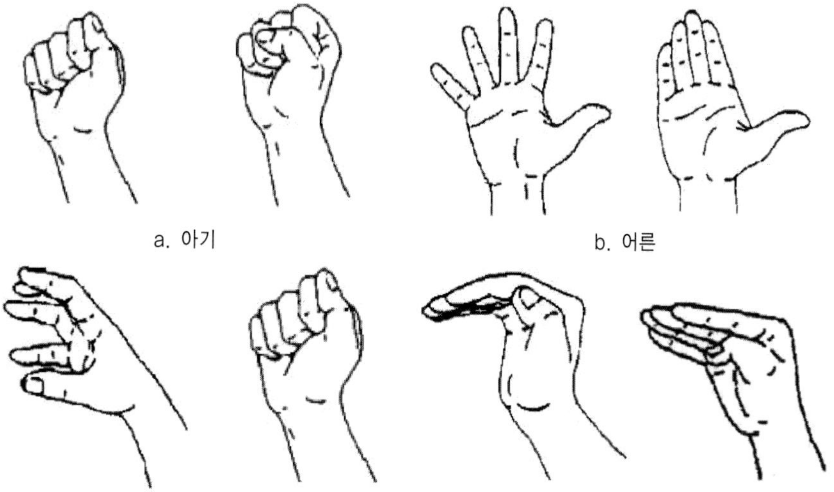

a. 아기 b. 어른

c. 몸집이 작은 동물들

(4) 취급 동사

취급 동사는 '먹다', '잡다', '주다', '들다', '놓치다', '던지다', '올려놓다', '망치질하다', '두드리다', '썰다', '까다'처럼 사물을 잡고 있는 수형이 포함된 동사이다. '칠하다', '칼질하다' 등에서 수형은 사물을 취급하는 손의 모양이 아니라 사물 자체이다. (17) 문장에서 '모형 비행기를 날리다'는 모형 비행기를 잡은 손으로 표현한다.

(17) [사람] + [비행기] + 모형 비행기를 날리다
'사람이 모형 비행기를 날리다.'

〈그림 4-31〉 취급 동사의 예

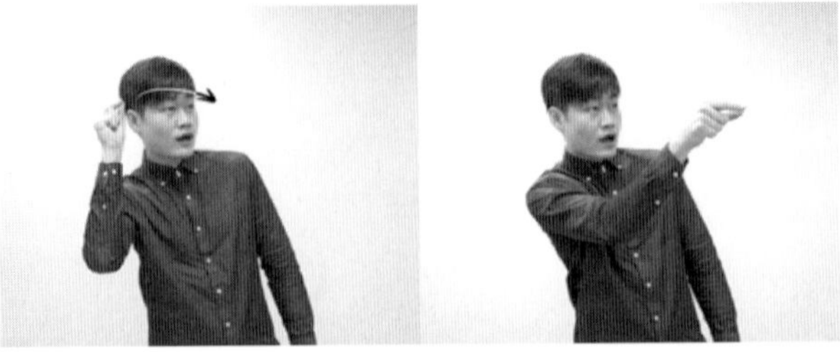

모형 비행기를 날리다

〈그림 4-32〉 사물을 취급하는 수형

a. 사물을 꽉 잡은 손의 모양

b. 미세한 집중을 필요로 하는 손의 모양

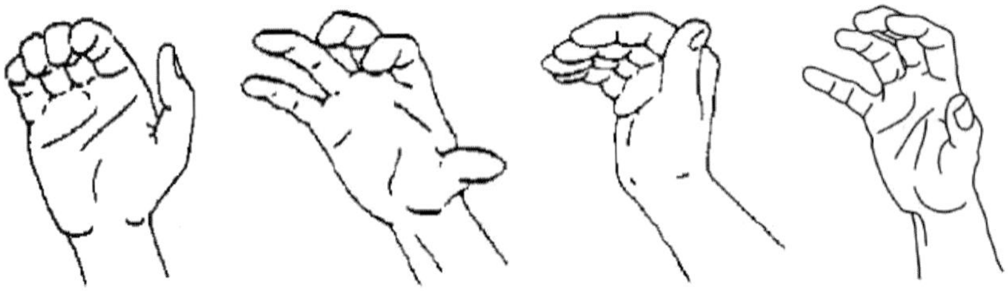

c. 불확실한 사물을 취급할 때의 손의 모양

한국수어에서 사물을 취급하는 수형으로는 주먹 수형이 가장 빈번하게 나타났다. 두 수형은 약간의 차이가 있다. 엄지를 손가락에 맞대어 접은 주먹 수형은 가는 봉, 문의 손잡이, 풍선을 멘 줄, 버섯, 꽃송이, 상자, 바나나, 토끼 귀, 고양이 꼬리, 아이스크림, 의자, 바구니, 칫솔 등 다양한 사물을 꽉 잡은 손의 모양이다(〈그림 4-32a〉). 이에 비해, 엄지를 검지 측면에 붙인 주먹 수형은 선물, 수저, 문의 손잡이, 망치, 냄비, 칼 등을 잡은 손의 모양으로 전자의 주먹 수형보다는 더 미세한 집중을 요하는 경우에 사용된다(〈그림 4-32b〉).

사물을 조작하는 손의 모양은 사물의 두께와 모양에 영향을 받는다. 그리고 수형의 선택은 표현하고자 하는 사물이 농인들에게 얼마나 친숙한가에 영향을 받는다. 가령 농인들은 망치질을 설명할 때 공통적으로 주먹 수형을 사용하였는데(〈그림 4-32b〉) 이는 취급하는 사물을 농인들이 익히 잘 알고 있기 때문으로 보인다. 한편 정확히 파악할 수 없는 물체를 위해서는 여러 다양한 수형으로 표현했다. 확실하게 인식하지 못한 사물의 취급을 표현할 때는 농인들마다 수형 선택이 달랐다(〈그림 4-32c〉).

3) 동사와 수

음성언어에서 하나 이상의 수를 표현하기 위한 복수 표현은 영어에서는 'apple'에 '-s'를 붙여 'apples'를 만들거나, 한국어에서는 '사과'에 '-들'을 붙여 '사과들'을 만든다. 즉, 명사에 복수 표지가 붙는다. 그러나 미국수어에서는 비록 명사에 수 표지가 있을지라도 모든 맥락에서 의무적인 것은 아니고 어떤 맥락에서는 명사는 비굴절 형태로 나타나고 동사에서 굴절 형태를 가진다(Klima & Bellugi, 1979). 또한 논항의 단수·복수 표지가 동사 형태의 내부적 변화로 이루어진다.

미국수어의 수 범주에서 단수, 양수, 다수를 나타내기 위해 동사는 〈표 4-3〉의 형태를 가진다(Klima & Bellugi, 1979).

〈표 4-3〉 미국수어의 수 범주와 동사의 수동

수 범주	동사의 수동
단수	단일한 목표 지점을 향한 움직임
양수	두 지점을 향한 움직임
다수	호를 따라 단일한 움직임

한국수어에서 동사 유형에 따라 문장의 주어를 단수로 혹은 복수로 판단하는지 살펴보도록 하자. 그리고 문장에서 동사의 기본형이 수사의 포함 여부에 따

라 어떻게 어형 변화를 실현하는지를 검토하도록 하겠다. 수사가 포함되지 않은 경우와 수사가 포함된 경우로 나누어 살펴볼 것이다.

(1) 수사가 포함되지 않은 경우

수사를 포함하지 않고, 동사의 기본형을 포함한 다음 문장을 한국수어를 사용하는 농인들에게 제시하여 문장의 주어의 단・복수를 판단하도록 요청하였을 때 농인들이 문장의 주어를 단수로 판단한다면 복수의 형태는 어떻게 표현할 수 있는지 일반 동사, 일치 동사, 묘사 동사의 순서로 살펴보았다(남기현 외, 2010: 166~168).

(18) a. [여자] + [영화] + [좋아하다] '여자가 영화를 좋아한다.'
b. [나] + [여자] + [질문하다]$^{1→2}$ '나는 여자에게 질문한다.'
c. [여자] + [가게] + [들어가다]$^{1→2}$ '여자가 가게에 들어간다.'

일반 동사 〔좋아하다〕는 인칭을 위해 동사 형태가 변하지 않는다. 논의에 참여한 3명의 농인 모두 (18a) 문장에서 여자를 단수로 판단하였다. 복수를 나타내기 위해서는 '〔여자〕 + 〔대부분〕 + 〔영화〕 + 〔좋아하다〕'라고 〔대부분〕 혹은 〔여럿①〕로 표현한다. 〔여럿①〕은 우세손과 같은 쪽의 수어 공간에서 반원을 그리며 손가락을 차례대로 편다(〈그림 4-33a〉). 여러 사람을 표현할 때 양손을 사용하여 표현할 수도 있다(〈그림 4-33b〉). 농인들의 대화에서 한국어의 복수 표지 '들'에 대응하는 〔여러 가지〕 어휘를 사용하지 않는다.

일치 동사 〔질문하다〕는 주어와 목적어와 일치하여 움직인다. (18b)에서 수어자의 몸 가까운 곳에서 몸과 떨어진 한 지점으로 이동하는 일치 동사 〔질문하다〕$^{1→2}$를 사용하였고, 농인들은 여자를 단수라고 응답했다. 복수를 나타내기 위해 '〔여자〕 + 〔여럿①〕 + 〔질문하다〕$^{1→2}$로 표현한다. 이때 〔질문하다〕 동사는 비굴절 형태를 취한다. 복수는 〔여럿①〕로 표현한다. 또한 '많은 사람들'을 표현하기 위해 〔여럿②〕로 표현하는데 양손을 펴고 손가락 사이를 모두 벌려서 얼굴 앞 중립 공간에서 천천히 양쪽으로 이동한다(〈그림 4-33b〉). 이때 〔질문하다〕 동사도 비굴절 형태이다. 앞에서 이미 '사람이 많음'을 표현했기 때문에 동사는 비굴절 형태를 취한다는 것이 중요하다.

묘사 동사 〔들어가다〕에서 비우세손을 펴서 집 모양의 반쪽을 구성하듯이 고정하여 세우고, 우세손을 검지만 펴서 비우세손 안으로 넣듯이 움직인다. 농인들은 이 문장을 모두 단수로 판단하였다. 2명, 3명, 4명 등 복수 표현을 위해 사람의 숫자가 증가할 때 농인마다 다소 다르게 표현하였다. 간략한 표현을 선호하는 농인은 수사 포합을 취하여 가령 '두 사람이 들어갔다'를 표현할 때 수사 〔2〕로 동사의 수형을 대치하였다. 〔들어가다〕/〔2〕로 표현한 것인데, 이는 비우세손은 '집' 모양을 유지하고 우세손의 손가락 수만 변화시킨 것으로 상당히 생산적이다. 다른 농인은 동일한 문장을 표현하기 위해 〔2〕+〔들어가다〕, 〔3〕+〔들어가다〕, 〔4〕+〔들어가다〕와 같이 수사와 동사를 분리하여 순차적으로 표현했다. '많은 사람이 들어가다'의 표현은 농인들 모두 공통적으로 〈그림 4-34d〉에서 사용한 수형을 취하여 비우세손 안으로 넣듯이 움직였다.

a. [여럿①]-1

〈그림 4-33〉
[여럿]의 두 형태

a. [여럿①]-2

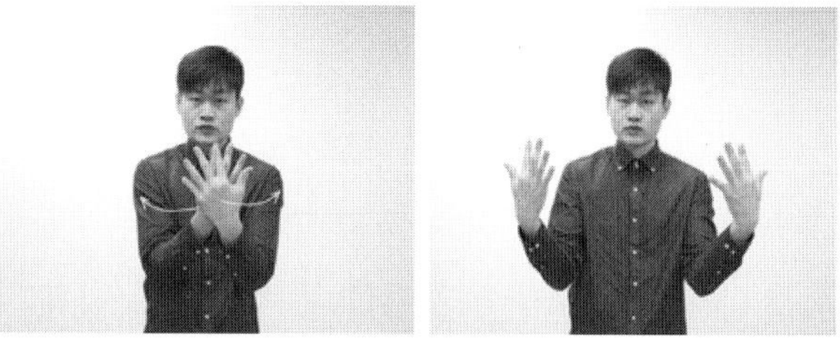

b. [여럿②]

〈그림 4-34〉
[들어가다]의
복수 형태들

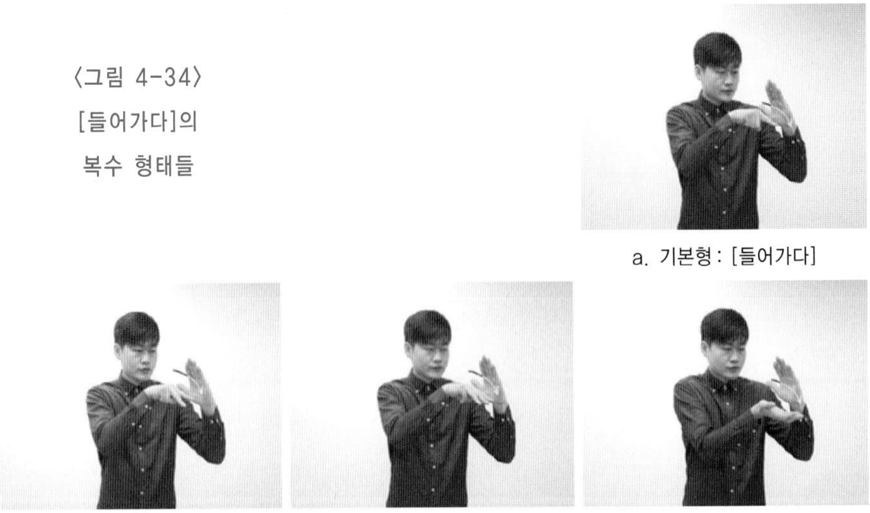

a. 기본형 : [들어가다]

b. 두 사람이 들어가다

c. 세 사람이 들어가다

d. 많은 사람이 들어가다

한국수어에서 동사 유형에 따른 수 표현에 대한 종합적인 진술은 더 많은 자료를 통해 가능할 것이지만 동사가 수 일치를 위해서 직선 수동이 반원 수동으로 바뀌는 것은 일반적이고, 동사 이외에 다른 단어들을 추가하여 복수의 의미를 표현한다. 또한 묘사 동사의 경우는 수사 포함을 사용하여 사건에 포함된 개체의 수를 표현한다.

(2) 수사가 포함된 경우

이 절에서는 각 동사 유형이 수사와 관련하여 실현되는 방식을 살펴보고자 한다(남기현 외, 2010: 171~174).

일반 동사 〔읽다〕와 〔자다〕가 포함된 문장(19)은 '선생님 한 분', '선생님 두 분', '선생님 세 분', '많은 선생님' 그리고 '고양이 한 마리', '고양이 두 마리', '고양이 세 마리', '많은 고양이'로 수사를 변화시켜서 "명사 + 수사" 어순으로 제시하였다. 수어 문장을 제시할 때 '많은'이라는 관형적 표현 대신 서술적 표현인 '학생이(고양이가) 많다'로 하였다. 실제로 농인들은 '많은 ○○'은 한국어 어순이라고 판단하였고 '○○이 많다'라는 문장을 더 선호하였다.

(19) a. [선생님] + [1] + [책] + [읽다]　　'선생님 한 분이 책을 읽는다.'
b. [고양이] + [1] + [자다]　　'고양이 한 마리가 잔다.'

"명사 + 수사" 어순으로 제시했을 때 일반 동사 〔읽다〕에서 1명의 농인은 원래 의도된 의미인 '선생님 한 분(두 분, 세 분)'이 아니라 '한 번(두 번, 세 번) 읽었다'로 책을 읽는 행동의 횟수로 이해했다. 또한 '2권', '3권', '많은 책'이라고 책의 수량으로도 이해했다. 이는 '〔선생님〕 + 〔1〕 + 〔책〕'에서 두 명사 사이에 수사가 나와 혼동을 일으킨 것으로 보인다. 따라서 농인은 그러한 혼동을 피하기 위해 '선생님 두 분이 책을 읽었다'를 '〔선생님〕 + 〔2〕 / 〔사람〕 + 〔책〕 + 〔읽다〕'라는 표현을 제안하였다. 한국어에서는 사람을 나타내는 수 분류사 '-명', '-분'이 일반적인데 반해, 한국수어에서는 보편적으로 사용하지 않지만 이 예에서처럼 선생님이 두 분인지 책이 두 권인지 애매한 경우에는 혼동을 피하기 위해 사용할 수도 있다.

(20)에서 보듯이 선생님이 한 분일 때는 〔1〕은 표현하지 않는다. 왜냐하면 특정한 수 표현이 없다면 단수로 이해되기 때문에 굳이 〔1〕을 사용하지 않는다. 농인 1명은 '선생님 한분'을 〔혼자〕라는 어휘를 사용하였다. (20)에서 〔혼자〕의 위치는 자유롭다. 〔지시〕^{정면}은 수어자의 앞 공간인 정면을 지시한 것이다.

(20) a. [지시]^{정면} + [선생님] + [혼자] + [책] + [읽다]
'선생님 한 분이 책을 읽는다.'
b. [지시]^{정면} + [선생님] + [책] + [읽다] + [혼자]
'선생님 한 분이 책을 읽는다.'

'선생님 두 분이 책을 읽다'에서 1명의 농인은 (21)과 같이 표현했다. 여기서 〔둘〕은 수사 〔2〕와 수형은 동일하지만 수향과 수동이 다르다. 〔2〕는 검지와 중지만 편 손을 중립 공간에서 제시하는 데 비해 〔둘〕은 손등을 아래로 향하게 하고 검지와 중지의 손끝이 앞을 향하게 하여 손목을 좌우로 움직이는 것으로 형태적인 차이가 있다.

(21) [선생님] + [둘] + [책] + [읽다] + ([지시]정면)
'선생님 두 분이 책을 읽다.'

'많은 선생님이 책을 읽다'에서는 1명의 농인은 문장이 혼동될 수 있음을 언급했다. '〔선생님〕+〔많다〕+〔책〕+〔읽다〕'는 '많은 선생님'이 아니라 '선생님 한 분이 많은 책을 읽다'고 이해될 소지가 있다. 따라서 (22)와 같은 표현을 제안하였다.

(22) [선생님] + [모두] + [책] + [읽다]
'많은 선생님이 책을 읽다.'

'고양이 한 마리가 자다'라고 할 때 '〔고양이〕+〔혼자〕+〔자다〕'로 표현할 수 있다. 특히 농인들은 고양이가 한 마리일 때 〔1〕은 잉여적이라고 지적하였다. 따라서 '〔고양이〕+〔자다〕'는 '고양이 한 마리가 자다'로 이해된다. '고양이 두 마리가 자다'라고 할 때는 '〔고양이〕+〔2〕+〔자다〕'이다. 농인은 〔2〕 대신 〔둘〕로 표현하는 것이 어색하다고 했다.[19]

〔둘〕을 사람의 수를 표현할 때는 문제가 없지만 동물의 수를 나타낼 때는 차이가 있다. 두 사람이 대화를 나눈다고 가정하자. A가 B에게 (약속 장소에) 누구와 함께 오고 있냐고 물어서 B는 자신을 포함하여 두 사람이 가고 있다고 대답한다.

---

19 남기현 외(2010)에서 [둘]이 동물과도 공기할 수 있는지에 대해 문제를 제기하였다. 그러나 농인들과의 논의를 통해 동물과도 공기할 수 있음을 확인하였다. (23)~(25)의 문장은 2013년 10월 31일 농인 양흥석 목사님과의 대화에서 발췌한 것이다.

(23) A: [누구] + [함께] + [오다] + [있다]^의문 표정 / '어'입모양^
'누구와 함께 오고 있어?'
B: [둘]^'어'입모양^
'둘이서 가고 있어'

(24) 문장은 사람들이 나누는 대화 내용이다. 그러나 동물들은 대화가 불가능하다. 물론 동화나 이솝우화 같은 데에서는 동물들이 의인화 되어 사람처럼 대화를 나눌 수 있다. 동물의 경우에는 (24) 문장에서처럼 〔둘〕이라는 표현 대신에 〔2〕라는 수동이 없는 숫자 표현이 가능하다.

(24) A: [지금] + [개] + [지시]^왼쪽 공간^ + [있다]^의문 표정^
'저기에 개 있어?'
B: [지시]^왼쪽 공간^ + [개] + [2] + [있다]
'저기에 개 두 마리 있어.'

〔둘〕은 동물에게는 어색하지만 사람이 동물에 대해 말할 때는 사용이 가능하다. 농인은 위의 대화에 이어서 '저기에 개 두 마리가 있는데, 두 마리는 서로 사랑하고 있어'라고 말한다. 이때 농인 화자는 개 두 마리의 '관계'를 말하고 있다.

(25) a. [둘] + [서로] + [사랑하다]
'개 두 마리는 서로 사랑해.'
b. [개] + [남자] + [여자] + [눈이 맞다](눈찜하다) + [사랑하다] + [둘]
'수컷과 암컷이 서로 눈이 맞아서 서로 사랑해.'

'많은 고양이가 자다'는 '〔고양이〕 + 〔많다〕 + 〔자다〕'인데 '많은 고양이가 자다'와 '고양이가(한 마리) 오랫동안 자다'로 중의적으로 해석될 수 있다. 물론 휴지를 통해 문장의 중의적인 해석을 해소할 수 있지만 문장 어순만으로 정확하게 표현하고자 한다면 (26) 처럼 표현할 수 있다.

(26) [고양이] + [모두] + [자다]
'많은 고양이가 자다.'

1명의 농인은 어순을 뒤섞는 문장을 제안했다. (27) 에서 〔사방에 누워있다〕[a, b, c, d]는 일반적으로 고양이가 바닥에 누워서 자는 모습을 시각적으로 표현한 것으로 양손을 검지와 중지만 펴서 두 손가락 사이를 붙인 수형으로 손등을 아래로 향하게 하여 수어 공간 여러 위치에 양손을 교대로 위치시킨다. 양손을 교대로 산출한 것은 복수 표현을 위해서이다. 〔사방에 누워 있다〕[a, b, c, d]에서 알파벳은 수어 공간의 불특정한 위치를 나타낸다.

문장에서 동사 〔자다〕를 문두에 두고 〔고양이〕를 문미에 위치시킨 것과 〔무엇〕은 고양이를 강조하기 위한 것이다.

(27) [자다] + [사방에 누워있다][a,b,c,d] + [많다] + [지시][정면] / [무엇] + [고양이]
'많은 고양이가 (누워서) 자다.'

(28) 문장은 〔질문하다〕 동사가 이미 앞에 수사가 있는데 굴절 형태를 취해야 하는지 아니면 비굴절 형태를 취하는지를 판단하고자 하였다.

(28a) 의 '한 학생'이라는 단수 표현에서 〔1〕을 생략하는 것이 무방하다. 즉, 일치 동사 〔질문하다〕가 수어 공간의 한 지점을 향하여 움직이기 때문에 '한 사람'이라는 것이 이미 표현된 것이다. 동사의 방향성을 통해 이미 '한 명'이라는 것이 표현되었음에도 불구하고 〔1〕을 넣는 것은 잉여적이다. 따라서 〔1〕을 표현하면 '질문 하나'라는 의도하지 않는 내용을 전달하게 될 수도 있다. (28b) 는 '질문 두 가지'

라고 오해할 소지가 있으므로 이를 없애기 위해 〔2〕보다는 〔둘〕로 표현한다. 또한 〔셋〕으로 표현한다. 앞에서 언급하였듯이 〔둘〕은 숫자 2수형으로 〔셋〕은 숫자 3수형으로 하여 팔꿈치를 좌우로 흔들어 해당 숫자만큼의 복수를 표현한다. 이미 '둘, 셋'이라는 구체적인 명수가 표현되었기 때문에 〔질문하다〕는 기본형으로 표현할 수 있다. 만약 〔질문하다〕를 하나의 지시 지점(a)을 향해 반복한다면 '한 사람에게 계속적으로 질문하다'라는 의미가 강하다. (28c)에서 '많은 학생에게 질문하다'는 '〔학생〕+〔모두〕+〔질문하다〕' 혹은 '〔학생〕+〔많다〕+〔질문하다〕[반원 수동]으로 표현한다.

농인들은 〔1〕, 〔2〕, 〔3〕과 같은 수사가 이미 앞에서 표현되면 동사를 수어 공간의 각 지점과 일치하도록 굴절하는 것을 선호하지 않는다. 이미 명사의 수가 수사를 통해 명시적으로 표현되었으므로 또 다시 동사가 논항의 수만큼 굴절할 필요는 없다. 또한 〔질문하다〕의 주어인 〔나〕는 동사의 방향성에서 표지됨으로 생략되는 것이 자연스럽다.

(28)	a. [나] + [학생] + [1] + [질문]$^{1\to a}$	'나는 한 학생에게 질문한다.'
	b. [나] + [학생] + [2] + [질문]$^{1\to a,b}$	'나는 두 학생에게 질문한다.'
	c. [나] + [학생] + [3] + [질문]$^{1\to a,b,c}$	'나는 세 학생에게 질문한다.'
	d. [학생] + [많다] + [나] + [질문]$^{1\to a,b,c,d}$	'나는 많은 학생들에게 질문한다.'

다음은 묘사 동사이다. 〔주차〕는 '지문자 'ㅈ'('자동차'의 'ㅈ') + 두다'이다(〈그림 4-35〉). 〔주차〕외에 '주차하다'라는 서술어로도 표현이 가능하다. 이 서술어는 '자동차'라는 명사 논항이 동사에 포함된 형태이다. 〔주차하다〕의 한손으로 수어 공간에 압인 수동을 하면 '주차하다'라는 서술어가 된다. 자동차의 수를 '1대', '2대', '3대', '많다'로 증가시키면서 〔주차〕를 위치a에서만 한 번 산출하였다. 이는 묘사 동사의 굴절 형태와 수사가 대응하는지를 보기 위함이다.

〈그림 4-35〉

[주차]

(29) 에서 '1대'는 앞서 살펴본 '1사람', '1마리'처럼 무표적인 것으로 취급하였다. 따라서 〔1〕 없이 〔주차〕만으로도 자동차를 '1대'라고 해석하였다.

(29) [주차장] + [승용차] + [1] + [주차]
'주차장에 자동차 1대가 주차해 있다.'

(30) 에서 '2대'라는 표현에서 1명의 농인은 〔2〕가 있음으로 동사는 비굴절 형태를 선호하였다. 그러나 '자동차 / 자동차'로 양손을 동시에 산출함으로 자동차 2대가 주차됨을 시각적으로 표현할 수도 있다고 제안했다. 이때 '〔둘〕 + 〔주차〕'는 어색하다고 하였다.

(30) [주차장] + [승용차] + [2] + [주차]
'주차장에 자동차 2대가 주차해 있다.'

'많은 자동차'는 〔많다〕라는 어휘 대신 〔주차〕 단어의 형태를 변화시켰다. 원래 〔주차〕 단어는 평평하게 편 왼손 위에 오른손을 7수형으로 하여 내려놓는 동작으로 두손-단어이다. 그러나 복수 표현을 위해 7수형의 우세손을 비우세손의 손바닥 위에 위치한 후 압인 수동으로 옆으로 이동하거나 7수형의 우세손을 비우세손의 손바닥 위에 댄 채로 천천히 옆으로 이동한다(〈그림 4-36〉).

한국수어의 동사 유형과 논항의 수 표현을 정리하자면, 세 동사 유형에서 논항이 하나일 경우는 숫자 〔1〕을 공통적으로 생략하였다. 명시적인 숫자 표현이 없다면 논항은 단수임이 전제되기 때문이다. 특히 명사와 동사 접사의 양화 값이 일치해야 한다는 미국수어의 선행 연구(Petronio, 1995)와 차이를 보이는 것은 일치 동사였다. 한국수어에서 수사가 문장에 나오면 동사는 일치할 수도 있고 일치하지 않을 수도 있다. 이 연구에서 한국수어 농인들은 4 이상의 숫자를 표현할 때는 정확한 수를 나타내기 위해 동사의 굴절보다 수사 표현을 선호했다. 이때 동사는 비굴절 형태를 취하는데 수사와 동사의 굴절 형태를 함께 표현하면 잉여적이라고 판단하였기 때문이다.

〈그림 4-36〉 [주차하다]의 굴절형

a. 많은 자동차가 주차해 있다① – 1

a. 많은 자동차가 주차해 있다① – 2

b. 많은 자동차가 주차해 있다②

9. 상호 표현

한국어에서 둘 이상의 주체나 대상을 의미적으로 요구하는 동사를 상호 동사 (*reciprocal verb*)라 하고 이 동사가 서술어로 쓰인 문장은 둘 이상의 주체나 대상이 참여하는 사태를 기술한다(조경순, 2006: 87). 이 동사는 '대칭 동사'라고도 하며 만나다, 마주치다, 싸우다, 대면하다, 닮다 등이 있다(고영근 외, 2009: 488).

(31) 문장은 '동반'의 부사격 조사로 쓰이는 '와 / 과'와 상호동사 '싸웠다'를 포함한다. 이 문장은 철수와 영호가 싸웠다는 사태를 표현한다(양정석, 1996 : 347).

(31) a. 철수와 영호가 싸웠다.   b. 철수가 영호와 싸웠다.

1) 한국어 비대칭 동사의 상호 표현

한국어에서 서로에 대한 행위를 표현하는 (32) 문장에서 상호동사 '싸웠다' 자체가 고유한 의미를 가지고 있기 때문에 '서로'라는 부사가 없이도 성립된다. 그러나 '도왔다, 믿었다, 속였다, 의지했다' 등의 동사는 '서로'라는 부사가 없이는 비문이 된다. (32) 문장을 보면 '서로'는 교호성(*reciprocity*)의 특질을 지니고 일반 동사가 대칭 동사와 같은 특징을 갖도록 해 준다(양정석, 1996: 348).

(32) a. 철수와 영호가 서로 {도왔다, 믿었다, 속였다, 의지했다}.
b. 철수가 영호와 서로 {도왔다, 믿었다, 속였다, 의지했다}.
c. *철수와 영호가 {도왔다, 믿었다, 속였다, 의지했다}.
d. *철수가 영호와 {도왔다, 믿었다, 속였다, 의지했다}.

(32)에서 사용된 동사들을 일반 동사라고 명명하였지만 수어학에서 말하는 일반 동사와는 의미하는 바가 다르다. 따라서 용어적인 혼동을 피하기 위해서 일반

동사 대신에 비대칭 동사라는 용어를 사용하도록 하겠다. (32) 문장을 한국수어로 표현한다면 사건의 참여자가 아닌 제 3자의 위치에서 화자가 문장 속 두 사람의 관계를 언급하는 경우라고 가정해보자. 한국어에서 비대칭 동사를 '서로'라는 부사를 넣어 상호 관계를 표현한다는 점에 착안해 한국수어에서는 〔서로〕라는 부사를 생략할 경우 동사의 굴절이 상호 관계라는 의미를 표현하는지 살펴보았다. 〔돕다〕, 〔믿다〕, 〔속이다〕, 〔싸우다〕, 〔사랑하다〕 동사를 차례대로 보도록 하자.

첫째, 〔돕다〕 동사의 경우이다. (32a) 는 〔철수〕 + 〔영호〕 + 〔서로〕 + 〔돕다〕라는 수어 문장이 가능하다. 이 문장에서 동사 〔돕다〕는 기본형으로 〔서로〕가 있음으로써 문장의 의미는 '철수와 영호가 서로 도왔다'가 성립한다. 그러나 〔서로〕가 없이 동사의 방향을 변화시켰을 경우에는 〔돕다〕는 손바닥의 방향을 수어자를 향한 안쪽과 바깥쪽으로 차례로 바꾸어 양손을 한번 접촉하여 '서로 돕다'라는 의미를 표현한다(〈그림 4-37〉).

그러나 수어 공간의 왼쪽과 오른쪽을 사용하게 되면 '화자가 철수와 영호를 돕다'라는 의미로 해석되어 철수와 영호의 관계에서 서로라는 의미가 불가능하다(〈그림 4-38a〉). 물론 〔서로〕 어휘를 넣었을 때는 그러한 혼동이 없다. 또한 다른 농인은 〔둘〕 다음에 수어 공간의 양쪽 공간을 사용하지 않고 수어자의 상체를 살짝 왼쪽과 오른쪽으로 틀어서 〔돕다③〕를 한다면 철수와 영호가 서로를 도왔다는 의미가 가능하다고 하였다(〈그림 4-38b〉).

〈그림 4-37〉
굴절형 : [돕다①]

〈그림 4-38〉
굴절형 :
[돕다②]와 [돕다③]

a. [돕다②]-1

a. [돕다②]-2

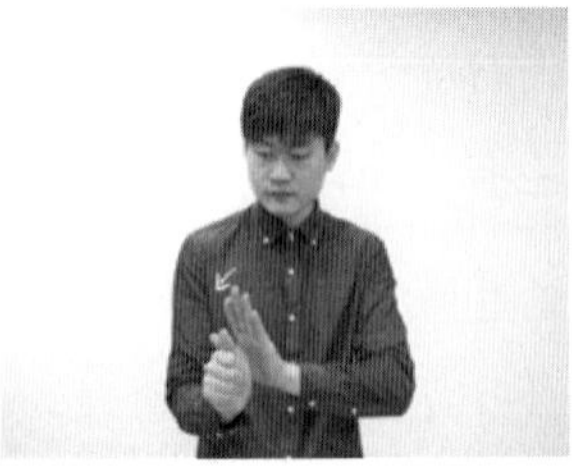

b. [돕다③]

〈그림 4-39〉
굴절형 :
[믿다①], [믿다②], [믿다③]

a. [믿다①]

b. [믿다②]

c. [믿다③]

둘째, 〔믿다〕 동사의 경우이다. (32b)는 〔철수〕+〔영호〕+〔둘〕+〔믿다〕가 가능하다. 〔믿다〕 동사는 기본형일 수도 있고 굴절형일 수도 있다. 굴절형은 수어 공간의 전후를 사용하는 것으로 수어자의 몸에서 떨어진 위치에서 몸과 가까운 위치에서 한 번씩 차례로 산출한다(〈그림 4-39a〉). 그러나 수어 공간의 왼쪽 공간과 오른쪽 공간에서 차례대로 산출한다면 두 사람의 관계가 아니라 제 3자가 포함된다고 해석되어 허용되지 않는다(〈그림 4-39b〉). 그러나 다른 농인은 〔둘〕 다음에 〔믿다〕 동사를 한손 손바닥에 다른 손의 엄지와 검지 쪽이 닿도록 접촉한 상태에서 좌우로 작게 움직인다(〈그림 4-39c〉). 이 농인은 수어 공간의 전후 공간을 사용하면 나와 상대의 관계를 좌우 공간을 사용하면 제 3자들의 관계를 나타낸다고 하였다.

〔철수〕+〔영호〕+〔양자 간의〕+〔믿다〕로도 표현이 가능하다. '양자 간의'는 한 손의 검지와 중지만 펴서 살짝 구부려 손끝이 아래를 향하게 하여 수어 공간의 양쪽 면, 즉 우세손과의 반대쪽 공간에서 같은 쪽 공간으로 이동한다. 이는 다른 사람은 관련이 없고 철수와 영호만 관계된 일이라는 것이다.

〈그림 4-40〉
[양자 간의]

〈그림 4-41〉
기본형 : [속이다①]

세 번째 〔속이다〕 동사는 여러 형태가 있지만 《한국수화사전》에 나와 있는 형태인 '상대를 호리는 동작'으로 살펴보았다(〈그림 4-41〉). 단어와 동시에 혀로 입 안 뒤쪽에서 입 앞 쪽으로 볼의 안쪽 면을 스치는 움직임을 동반한다. 이러한 혀의 움직임은 거짓을 의미한다.

동사의 방향에서 농인들의 생각은 달랐다. '서로 속이다'라는 의미를 위해서 비우세손인 엄지 수형을 생략하고 양손을 '여우' 수형만으로 하여 서로 향하도록 배치한 상태에서 원으로 돌린다. 양손이 마주함으로써 '서로 속이다'라는 의미가 가능하다.[20] 각 굴절형은 다음과 같다.

1명의 농인은 양손을 수어 공간의 좌우로 배치하여야 철수와 영호의 관계라고 판단했다(〈그림 4-42a〉). 양손이 전후로 향하는 것은 철수와 영호의 관계가 아니라 말하는 사람과 언급되는 두 사람 중 한 사람과의 관계이다(〈그림 4-42b〉). 그러나 다른 농인은 〔속이다〕 동사를 좌우로 배치할 경우 '라이벌'과 혼동될 수 있음을 지적하였다. 이 농인은 수어자의 상체를 왼쪽과 오른쪽으로 살짝 움직여 산출하는 형태를 제안했다(〈그림 4-42c〉). 이때도 동사의 굴절형 앞에 〔둘〕이라는 어휘를 넣었다.

〈그림 4-42〉
굴절형 : [속이다②],
[속이다③], [속이다④]

a. [속이다②]

b. [속이다③]

c. [속이다④]

20 이 단어는 '여우같은 사람끼리 서로 그러한 마음을 가지고 상대를 대하는 것으로, 겉으로는 아닌 척 내색하지 않으면서 한편으로는 서로 흑심을 품고 영악하게 서로의 잇속만 챙기려 하는 의미로 사용된다'(장진권, 2004 : 241).

넷째, 〔싸우다〕의 경우이다. '철수와 영호가 서로 싸우다'란 문장은 〔철수〕+〔영호〕+〔서로〕+〔싸우다〕로 기본형 동사를 사용했다. 〔서로〕를 생략하고 수어자의 앞 공간에서 전후로 수동을 할 수 있다(〈그림 4-43b〉). 또한 양손 주먹으로 싸움을 나타내는 동작의 〔싸우다〕 동사는 신체적 충돌을 의미하기 때문에 이 문장에서는 〔다투다〕 단어가 더 적절하다고 제안했다(〈그림 4-43c〉). 이때 〔철수〕+〔영호〕+〔둘〕+〔다투다〕가 가능하다.

〈그림 4-43〉
[싸우다]의
기본형과 굴절형

a. 기본형 : [싸우다 ①]

b. 굴절형 : [싸우다 ②]

c. [다투다]

다섯째, 〔사랑하다〕 동사는 〔철수〕+〔영호〕+〔서로〕(혹은 〔둘〕)+〔사랑하다〕가 가능하다. 이때 수어자들은 〔사랑하다〕 동사의 경우 수어 공간을 사용하지 않았다.

2) 수어 일치 동사에서 상호 표현

외국 수어의 경우 상호 표현에 관한 연구는 미국수어, 독일수어에서 연구된 바 있으며 비교적 활발하게 연구되지는 못했다(홍성은, 2013: 69). 특히 파우와 스타인바흐(Pfau & Steinbach, 2003; 홍성은, 2013: 69에서 재인용)가 독일수어에서 일치 동사를 통한 상호 표현을 연구했다. 이들은 일치 동사 중에서 한손-단어와 두손-단어로 이루어지는 상호성 표현을 구분하였다. 즉, 양손 일치 동사는 순차적 상호성 표현에 해당하고 한손 일치 동사는 동시적 상호성 표현에 해당한다는 것이다. 파우와 스타인바흐(2003)의 기준에 따라 한국수어의 일치 동사에 대한 적용의 몇 가지 예를 보도록 하자.

홍성은(2013: 70)에 따르면, 한국수어의 일치 동사는 인칭표시의 존재 여부에 따라 3가지 그룹으로 나뉘고 각 일치 동사는 상호성을 표현하는데 다음과 같은 규칙성을 나타냈다.

〈표 4-4〉 한국수어 일치 동사의 인칭표시 존재 여부에 따른 상호성 표현

인칭표시 여부	상호성 표현 방식
인칭표시가 있는 일치 동사	순차적 표현
임의적인 인칭표시가 있는 일치 동사	동시적 표현
인칭표시가 없는 일치 동사	순차적 표현, 동시적 표현

한국수어 동사에서 인칭표시는 남자를 나타내는 엄지 수형과 여자를 나타내는 소지 수형으로 표현된다. 두 번째의 경우인 임의적인 인칭표시라는 것은 인칭표시가 있어도 되고 없어도 된다는, 즉 '비의무적'이라는 뜻이다. 다음 절에서 인칭표시의 존재 여부에 따른 일치 동사의 상호 표현을 그 예와 함께 살펴보기로 한다. 그 예는 홍성은(2013)에서 가져왔다.

(1) 인칭표시가 있는 일치 동사

한국수어에서 〔충성하다〕는 두 가지 방식으로 표현이 가능하다. 첫 번째는 우세손을 엄지와 소지만 펴서 이마에 대고 상하로 두 번 움직인 다음(〔효〕), 비우세손의 주먹의 엄지를 펴서 바닥이 밖으로 향하게 세운 후, 우세손으로 비우세손의 엄지 등을 쓸어내린다(〔충성하다①〕). 두 번째는 앞의 동작(〔효〕)을 생략하고 뒤의 동작만 하는 것이다(〔충성하다②〕).

농인들은 두 형태 중에서 보통은 더 간단한 형태인 〔충성하다②〕를 사용한다.

〈그림 4-44〉
기본형 : [충성하다①]

〔철수〕+〔영호〕+〔서로〕(혹은 〔둘〕) +〔충성하다②〕가 가능하다. '서로'라는 의미를 위해 우세손의 손바닥 방향을 수어자의 몸 밖을 향했다가 수어자 몸 쪽을 향하게 한다. 수어 공간의 왼쪽 공간과 오른쪽 공간을 사용할 경우 3자 구도와 같아 '화자가 철수와 영호에게 충성하다'는 의미가 될 수 있다.[21] 다른 농인은 〔철수〕+〔영수〕+〔둘〕+〔충성하다③〕로 하여 〔충성하다③〕는 수어자의 몸을 왼쪽과 오른쪽으로 살짝 향하게 하였다. 이때 두 손은 교체하지 않는다.

〈그림 4-45〉
굴절형 : [충성하다③]

(2) 임의적인 인칭표시가 있는 일치 동사

〔눈찜하다〕의 경우 비우세손을 엄지 수형으로 수어 공간에 고정하고 우세손을 검지만 펴서 눈에 댔다가 비우세손을 향해 이동한 후 정지하는 것이다. 그러나 상호 표현을 위해 인칭표시가 있는 비우세손은 생략한다.[22] 결과적으로 수어자

21 그러나 이 상호 표현은 '서로 충성하다'뿐만 아니라 '이 사람 저 사람에게 충성하다'라는 의미로도 해석될 수 있다(이율하, 2013 : 114).

22 이 단어는 장진권(2004 : 70)에서 '드디어 찾았어, 맘에 드는 물건이나 사람을 찾다, 원하는 대로 적중하다'라는 표제어로 소개되었다.

는 검지만 편 한손을 눈 밑에 댔다가 검지만 펴서 구부린 형태의 양손을 수어 공간 양쪽에서 동시에 이동하여 가운데로 이동하였다가 멈춘다. 〔눈찜하다〕는 양손을 사용함으로써 상호성을 표현한다.

〈그림 4-46〉
굴절형 : [눈찜하다①]와 [눈찜하다②]

a. [눈찜하다①] - 1

a. [눈찜하다①] - 2

b. [눈찜하다②]

(3) 인칭표시가 없는 일치 동사

인칭표시가 없는 일치 동사는 모두 양손으로 표현하는 공통점이 있다(이율하, 2013: 71). 〔문자-보내다①〕의 경우 양손을 동일한 수형으로 한다. 엄지와 중지의 끝을 붙였다가 앞으로 이동하면서 엄지로 중지를 튕긴다(〈그림 4-47a〉). 동시적인 상호 표현을 위해 양손을 수어자의 몸을 기준으로 할 때 왼쪽과 오른쪽에 위치한 후 엄지로 중지를 튕기면서 중앙으로 이동한다(〈그림 4-47b〉).

〔문자-보내다③〕라는 또 다른 표현을 사용할 경우 〔철수〕+〔영호〕+〔둘〕+〔문자-보내다③〕가 된다. 〔문자-보내다③〕는 비우세손의 손바닥에 검지와 중지만 구부린 우세손의 손끝을 댄 상태로 손목 쪽에서 손끝 쪽으로 스친다(〈그림 4-48a〉). 비우세손의 손바닥 위에서 좌우로 스치는 동작으로 '서로'라는 의미가 된다(〈그림 4-48b〉).

〈그림 4-47〉
[문자 – 보내다①]의
기본형과 굴절형

a. 기본형 : [문자 – 보내다①] – 1

a. 기본형 : [문자 – 보내다①] – 2

b. 굴절형 : [문자 – 보내다②]

〈그림 4-48〉
[문자 – 보내다③]의
기본형과 굴절형

a. 기본형 : [문자 – 보내다③] – 1

a. 기본형 : [문자 – 보내다③] – 2

b. 굴절형 : [문자 – 보내다④]

〈그림 4-49〉
[메일-보내다]

그러나 [메일-보내다]의 경우는 양손의 수형이 다른 비대칭 형태이기 때문에 동시적으로 표현될 수 없고 순차적인 방법을 취한다. 수어자 자신의 몸 쪽에서 몸 밖으로 이동하는 동작 다음에 이번에는 반대로 몸 밖에서 몸 쪽으로 이동하는 동작을 한다.

정리하자면, 홍성은(2013)은 파우와 스타인바흐(2003)의 기준을 한국수어에서도 적용할 수 있으나 일치 동사를 한손 혹은 양손별로만 다룰 것이 아니라 양손의 경우에는 두 손의 수형의 같은가 다른가, 같은 수동인가 다른 수동인가, 즉 대칭성도 함께 고려해야 한다는 것을 제안하였다.

05 통사론

품사(*parts of speech*)란 공통된 문법적인 성질을 가진 단어들을 모아 놓은 단어의 갈래이다. 학교문법에 따르면 한국어는 명사, 대명사, 수사, 조사, 동사, 형용사, 부사, 관형사, 감탄사로 9개의 품사로 분류한다. 수어의 경우 미국수어는 품사를 주된 어휘 범주인 명사, 서술어, 형용사, 부사와 소수의 어휘 범주인 한정사, 조동사, 전치사, 접속사, 대명사로 총 9개로 구분하며(Valli et al., 2005) 호주수어는 서술어 대신 동사라는 용어를 사용하고 감탄사를 포함하여 10개로 제안했다(Johnston & Schembri, 2007).

1. 품사 분류 기준

한국어에서 품사의 분류는 형식(혹은 형태)과 기능(혹은 직능)이라는 주요 기준과 의미라는 보조적 기준을 통해서 이루어진다(고영근 외, 2009: 42~44).

- 형식(*form*): 단어의 형태적 특징으로 어미에 의한 굴절의 양상을 말한다.
- 기능(*function*): 한 단어가 문장 안에서 다른 단어와 맺는 문법적 관계를 말한다.
- 의미(*meaning*): 개별 단어의 어휘적 의미가 아닌 품사 부류 자체의 의미를 말한다.

〈그림 5-1〉 한국어의 품사 분류

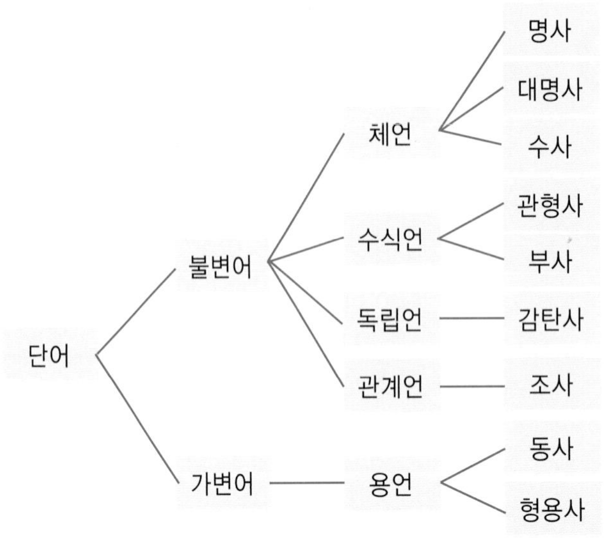

자료: 고영근 외, 2009: 45.

한국어의 품사를 형식, 기능, 의미의 순서에 따라서 분류할 때 먼저는 단어의 굴절 여부에 따라 굴절하는 '가변어'와 굴절하지 않는 '불변어'로 구분된다. 그다음 기능에 따라서 불변어에는 '체언, 수식언, 독립언, 관계언'이 속하며 가변어에는 '용언'이 속한다. 마지막으로 의미에 따라서 체언은 '명사, 대명사, 수사', 수식언은 '관형사와 부사', 용언은 '동사와 형용사'로 나뉜다. 독립언에는 '감탄사'가 속하고 관계언에는 '조사'가 속하여 한국어의 품사는 9품사 체계로 본다(〈그림 5-1〉).

한국어의 경우 형식적인 기준에 따라 단어의 형식이 변하는 가변어와 형식이 변하지 않는 불변어로 나눌 수 있다(고영근 외, 2009: 43~44). (1a~b)에서 '나, 옷, 하늘'과 같은 명사, 대명사, '새, 매우'와 같은 관형사, 부사, '는, 을, 이'와 같은 조사는 형태가 변하지 않아 불변어이며 '사다, 푸르다'와 같은 동사와 형용사는 어간에 어미가 결합하여 가변어이다. (1c~d)에서 '깊다'와 '높다'는 문장에서 서술어이며, '매우'와 '조금'은 서술어를 수식하는 부사로 문장에서의 기능이 같다. (1e~f)에서 '깊'와 '높'이 공통적으로 들어 있고 '深'과 '高'라는 의미를 가지지만 이러한 어휘적 의미가 아니라 '깊이'와 '높이'는 '사물의 이름을 나타내는 말'로, '깊다'와 '높다'는 '사물의 상태를 나타내는 말'로 묶어서 같은 품사로 분류한다(고영근 외, 2009: 43~44).

(1) a. 나는 새 옷을 샀다. c. 이 호수는 매우 깊다. e. 깊이, 깊다
b. 하늘이 매우 푸르다. d. 이 산은 조금 높다. f. 높이, 높다

한국어와 마찬가지로 수어의 품사를 구별하는 두 가지 형식적 접근법은 형태적 특징과 통사적 특징이다(Johnston & Schembri, 2007). 형태적 특징은 단어와 단어가 취할 수 있는 굴절의 관계이고, 통사적 특징은 구와 문장에서 단어들 사이의 관계이다. 이 절에서는 한국어, 외국 수어, 그리고 한국수어의 품사별 특징을 살펴보도록 한다.

1) 명사

명사는 '사물의 이름을 나태는 말'이다. 한국어에서 명사는 '무엇이 무엇이다', '무엇이 어찌한다', '무엇이 무엇을 어찌한다'라는 틀에서 '무엇'의 자리에 들어가는 것으로 문장에서 주어와 목적어의 자리에 나타나며 관형어의 수식을 받고 뒤에 조사를 취할 수 있다(고영근 외, 2009: 63). 또한 명사는 복수를 나타내는 접미사와 결합될 수 있다. 그 대표적인 것이 '-들'이다. 가령 한국어에서 '집'이라는 명사는 복수를 나타내기 위해 '-들'을 붙여 '집들'을 만든다. 이는 영어도 마찬가지이다. house에 '-s'를 붙여 복수형 'houses'가 된다. 이러한 형태적 기준에서 미국수어는 영어와 달리 명사에 복수를 나타내는 의존 형태소가 붙을 수 없다(Valli et al., 2005: 122). 수어에서 명사의 복수형을 나타내는 방법 중의 하나는 명사 단어를 반복하여 산출하는 것이다. 그러나 발리와 그의 연구자들은 이 같은 경우가 소수에 불과하다고 보았다.

한국어에서 명사를 복수로 만드는 것은 복수 접미사를 결합하거나 관형어를 명사 앞에 두는 것이다. 4장에서 살펴보았던 문장을 다시 보면, (2)에서 '나는 많은 학생들에게 질문한다'라는 문장을 한국수어로 할 경우 두 가지 표현이 가능하다. 첫 번째는 '학생이 많다'와 '나는 학생에게 질문한다'라는 두 문장으로 쪼개어 한국어처럼 명사가 관형어의 수식을 받는 것이 아니라 서술어로 표현된다(2b). 앞 문장에서 이미 학생의 수가 많다는 것을 언급했기 때문에 뒤이어 오는 동사는 복수를 나타내는 반원 수동으로 그 형태가 변한다. 두 번째는 〔많다〕를 〔학생〕 앞에 두어 수식한다. 〔많다〕는 기본형으로 하지 않고 양손을 반원으로 움직여서 복수를 표현한다. 이때도 이미 수식어가 복수 형태로 나타났기 때문에 동사는 굴절하지 않는다(2c). 한국어의 복수 접미사 '-들'처럼 한국수어의 〔-들^2〕를 통해 복수를 표지하는지는 검토가 필요하겠다.

(2) a. '나는 많은 학생들에게 질문한다.'
b. ① [학생] + [많다] ② [나] + [질문하다]$^{반원\ 수동}$
c. [많다]$^{반원\ 수동}$ + [학생] + [질문하다]

존스턴과 셈브리(2007: 191)는 명사를 다른 품사와 구별하기 위해 통사적 특징에 근거해야 한다고 하였다. 호주수어도 다른 나라의 수어들이 명사의 복수 표현을 위해 보편적으로 사용하는 수어 공간의 다른 위치들에서 명사를 반복하여 산출한다. 영어의 복수 접미사 '-s'와 같은 접사 형태를 통하여 명사를 인식하지 않는다. 그뿐 아니라 수동의 차이로 명사와 동사를 구별하는 것은 명사의 비교적 적은 부류에 적용된다는 점에서 제한점이 있다. 그리하여 존스턴과 셈브리는 호주수어에서 명사는 동사의 논항으로 확인된다고 하였다. 통사적 기준에서 보면, 명사는 한정사와 형용사와 근접한 관계를 가진다.

2) 대명사

대명사는 사람이나 장소, 사물의 이름을 대신하여 쓰는 말로 한국어에는 인칭대명사와 지시대명사가 있다. 인칭 대명사는 사람을 가리키는 대명사로 1인칭 단수형에는 '나, 저'와 1인칭 복수형에는 '우리, 저희'가 있으며, 2인칭의 단수형에는 '너, 자네, 당신, 그대'와 2인칭 복수형에는 '너희'가 있다. 3인칭에는 '이이, 이 애, 이 분, 그, 그이, 그 애, 그분, 저이, 저 애, 저분'이 있다(고영근 외, 2009: 71).

1인칭은 화자를 가리키며 2인칭은 청자를 가리킨다. 그리고 3인칭은 화자와 청자 이외에 제 3자를 가리킨다. 인칭은 담화 의존적이어서 누가 말하고 있는지 누가 듣고 있는지에 따라 바뀌게 된다. 전통적으로 미국수어에서 인칭은 1인칭, 2인칭, 3인칭을 가진다고 기술된다. 1인칭은 수어자(음성언어 환경에서는 화자) 신체 가까운 위치이며, 2인칭은 대화 상대자(음성언어 상황에서는 청자)의 방향이고, 3인칭은 수어 공간의 다른 위치이다(Padden, 1990).

이와 달리, 마이어(Meier, 1990)는 미국수어의 인칭을 1인칭과 비 1인칭으로 구별하는데 그 이유는 1인칭이 항상 수어자의 신체 가까이에서 위치하는 데 반해, 2, 3인칭은 고정된 위치를 가지지 않기 때문이다. 특히 마이어의 주장은 고정된 1인칭대명사 형태가 존재함으로 강력히 지지된다. 대명사 형태는 1인칭 단수를 나타내는 'I'와, 1인칭 소유격을 나타내는 'MY', 1인칭 복수 소유격을 나타내는 'OUR'이다. 그러나 패든은 어휘부가 3가지 인칭 범주를 가지지 않는다고 할지라도 미국수어에서 의미적으로 구별된다고 하였다.

한국수어를 포함하여 세계의 여러 나라의 수어에서 인칭은 한손 주먹에서 검지만 펴고 다른 손가락은 펴지 않은 1수형 혹은 G수형으로 표현된다(〈그림 5-2〉). 수어에서 1인칭을 나타내기 위해서 수어자는 지시 수형을 자신의 가슴을 향하게 한다. 이에 반해 수어자는 2인칭을 나타내기 위해 대화 상대자의 가슴 앞 지점을 향하게 한다. 두 대화자는 발화 상황에서 함께 있는 수어자와 대화 상대자, 즉 화자와 청자를 직접적으로 가리킨다. 물론 화자와 청자는 고정되는 것이 아니라 대화에 따라 번갈아 가면서 화・청자의 역할을 수행한다.

〈그림 5-2〉
지시 수형 : 단수

3인칭의 경우 수어 공간은 수어자의 왼쪽-오른쪽 공간과 정면 모두 지시할 수 있다. (3) 예문에서 수어자는 엄지 수형의 한손을 오른쪽 공간에 위치한 뒤 지시 수형으로 가리킨다. 수어 공간의 한 지점을 지적하는 것이 아니라 사람을 나타내는 엄지 수형을 지적하는 것이다. 그리고서는 〔이름〕+〔김철수〕(가명)를 연속적으로 산출하여 지시했던 사람의 이름이 '김철수'라고 말한다. 바로 이어서 다시 오른쪽 공간을 지시하여 특정 공간과 사람을 연결한다. 농인은 (3b) 문장에서는 김철수를 언급할 때 이름이 아닌 오른쪽 공간을 지시한다. 대화 상대자는 오른쪽 공간의 이 특정 지점을 '김철수'로 이해한다.

(3) a. [나] + [친구] + [엄지]^오른쪽 공간 / [지시] + [이름] + [김철수]^지문자 + [지시]^오른쪽 공간 + [이름]
'내 친구의 이름은 김철수이다. 그 친구 이름이다.'
b. [진짜] + [똑똑하다] + [지시]^오른쪽 공간 + [말] + [잘하다] + [춤추다] + [잘하다] + [지시]^오른쪽 공간
'진짜 똑똑하고 그 친구는 말도 잘하고 춤도 잘 춘다.'

(4) 문장에서는 농인은 친구를 언급하기 위해 수어 공간의 정면을 지시한다. 이때 지시 지점이 정면이지만 대화 상대자를 지시하는 것이 아니다. 〔친구〕 다음에 정면을 지시하는 〔지시〕가 이어지고 〔나〕와 〔동창〕이 차례대로 뒤따라온다. 농인의 대화 속에서 정면의 지시는 동창을 의미하며 계속적으로 사용된다.

(4) a. [친구] + [지시]^{정면} + [나] + [동창]
‘그 친구는 내 동창이다.’
b. [예전] + [초등학교 6학년] + [그만두다]$^{\text{‘파’입모양}}$ + [지시]^{정면} + [동창]
‘예전 초등학교 6학년 때 (학교를) 그만두었다. 그 동창이다.’
c. [지시]^{정면} + [만나다] + [지시]^{정면} + [왜]$^{\text{눈을 크게 뜨고 놀란 모습/반복 수동}}$
‘그 친구를 만났다. (그러나) 그 친구가 왜 (…생략…).’

이상에서 알 수 있듯이 수어 공간의 특정 지점은 사람이나 사물과 연결된다. 사람과 연결되었을 때 그 지시 지점은 특정한 사람을 지칭하는 인칭대명사로 기능한다. 3인칭의 경우 지시 지점이 반드시 수어자의 왼쪽과 오른쪽 공간에 한정되는 것이 아니다. 수어자의 정면일 수도 있다. 다만 각 지시 지점은 말하고 있는 그 상황에서 정해지는 것으로, 처음에 왼쪽 공간을 지시 지점으로 사용했다면 담화가 이어지는 동안에는 그 지점을 사용하고 새로운 주제가 이어질 때 지시 지점은 바뀔 수 있다.

지시대명사는 사물이나 장소를 가리키는 말이다. 사물 표시 지시대명사인 ‘이것, 그것, 저것’과 장소 표지 지시대명사인 ‘여기, 거기, 저기’가 있다(고영근 외, 2009: 73).

지시대명사 ‘이것, 그것, 저것’은 화자와 청자로부터의 거리에 따른 구별인데 한국수어는 한국어보다 더 직접적인 표현이 가능하다. 지시 수형이 지시하고자 하는 것을 향하는데 〔이것〕을 위해 화자와 가까운 위치를 지적하고 〔그것〕을 위해 청자와 가까운 위치를 지적한다. 〔저것〕은 〔그것〕과 형태는 동일하지만 실제로 화자와 청자 모두에서 먼 지점을 지적할 수 있겠다. 〔저것〕을 〔그것〕과 구별하자면 〔저것〕은 느리게 수동하여 먼 거리를 강조한다. 거리에 따른 구별은 지적하는 위치뿐만 아니라 농인의 시선도 지적하는 위치를 응시함으로써 이루어진다. 한국수어에서 사물 표시 지시대명사와 장소 표지 지시대명사는 형태적인 차이가 없다. 다만 지시대명사는 지시 수형으로만 표현하거나 지시 수형 다음에 〔장소〕가 결합할 수 있다(〈그림 5-3e~f〉).

〈그림 5-3〉
지시대명사

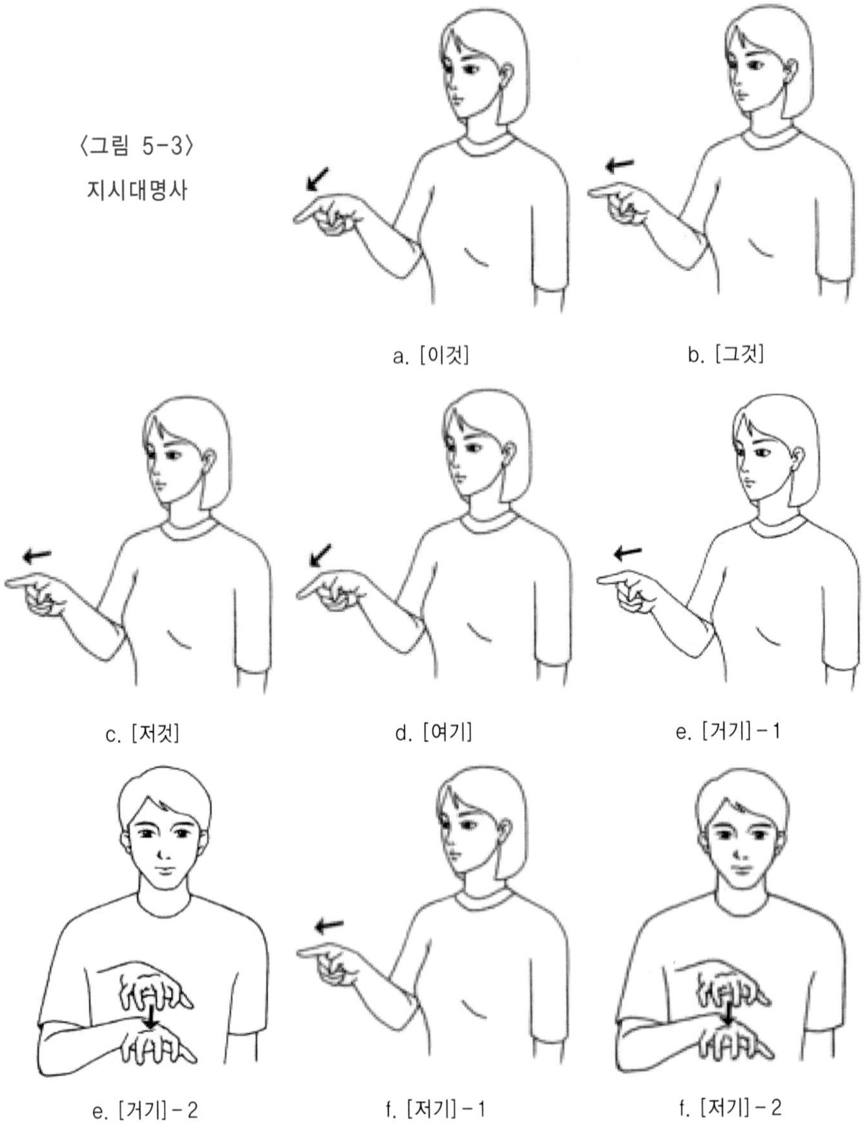

a. [이것] b. [그것]

c. [저것] d. [여기] e. [거기]-1

e. [거기]-2 f. [저기]-1 f. [저기]-2

3) 수 사

수사는 사물의 수량이나 순서를 가리키는 말로 수량을 나타내는 양수사와 순서를 나타내는 서수사가 있다. 한국수어에서 양수사는 〔1〕, 〔2〕, 〔3〕 … 과 같은 한글 지숫자로 나타낸다. 서수사는 〔첫째〕, 〔둘째〕 … 와 같은 특정 단어로 표현한다.

한국수어에서 〔둘〕, 〔셋〕, 〔넷〕이라는 숫자 표현은 사람의 수를 나타내는 동시에 지시 기능을 한다. 이 표현은 사람들의 관계를 표현한다. 나와 상대의 관계라면 〔둘〕로 자신과 상대방의 위치 사이에서 움직이며, 나와 2명의 다른 사람의 관계라면 자신의 몸 앞에서 원으로 움직인다. 보통은 2~4까지의 수를 표현하고 5~9는 사용하지 않는다. 예를 들어 농인들이 대화를 나누는 상황이라고 가정할 때 (5a) 문장에서 농인은 상대방에게 지금 모여 있는 사람이 3명이라고 말한다.[1] 〔코〕는 '코앞'이라는 의미로 화자가 있는 그 장소에 사람들이 모여 있다는 뜻이다. 〔셋〕은 복수를 나타내는 인칭대명사 〔지시〕[원형 수동] 뒤에 온다. 수사와 인칭대명사 모두 원형 수동을 가진다. 한국수어에서 원형 수동은 복수를 나타낸다(〈그림 5-4〉). 따라서 여기서는 〔지시〕[원형 수동]은 '사람들'이라고 하였다.

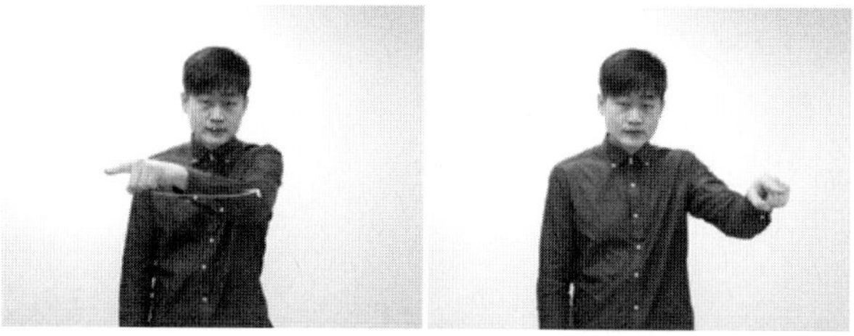

〈그림 5-4〉
지시 수형 : 복수

(5b)는 누군가가 센터를 방문할 때 혼자서 방문한 것이 아니라 3명이 함께 방문하고 있다는 말을 표현한 문장이다. 이때 '3사람'을 〔3〕이 아니라 〔셋〕으로 표현하였고 '3명이 있다'는 〔있다〕라는 단어가 아니라 '어'입모양으로 대신하였다.

1 (5)~(6)문장은 농인 양흥석 목사님과의 대화(2013년 10월 31일)에서 발췌한 것이다.

〔셋〕이라는 것은 화자가 말하고 있는 그 장소에 3명의 사람이 각자의 위치를 점하고 있음을 직접적으로 드러낸다(5c). 즉, 양손 검지와 중지만 편 주먹 수형으로 하여 검지와 중지의 손끝이 아래를 향하게 한 후 아래로 내리는 압인 수동을 하고 다른 위치에 다시 압인 수동을 한다.

(5) a. [지금] + [모이다]$^{\text{왼쪽 응시}}$ + [코]$^{\text{왼쪽 응시}}$ + [지시]$^{\text{왼쪽 응시/원형 수동}}$ + [있다] + [셋]$^{\text{왼쪽 응시/원형 수동}}$
 b. '지금 모여 있는 사람들은 3명이다.'
 [센터] + [방문]$^{2\to1}$ + [혼자] + [오다]$^{2\to1}$ + [아니다] + [셋]$^{\text{원형 수동/'어'입모양}}$
 '센터를 방문할 때 혼자서 가는 것이 아니라 3명이 가는 것이다.'
 c. [지금] + 세 명이 서 있다 + [지금] + 세 명이 서 있다 + [있다] + [말] + [뜻]
 '지금 3명이 서 있다 지금 3명이 서 있다는 뜻이다.'

사람의 수를 표현할 때 〔다섯〕, 〔여섯〕은 사용하지 않으며 최대한 가능한 수는 2~4까지이다. 4이상의 수를 표현하고자 할 때는 〔둘〕, 〔셋〕, 〔넷〕이 아니라 수어 공간 수평면에 지시$^{\text{원형 수동}}$으로 복수임을 나타내고 '5', '8'이라는 구체적인 숫자를 표시한다. 〔둘〕, 〔셋〕, 〔넷〕이 지시성을 갖는다는 것이 (6)의 예문에서 확실히 드러난다.

(6) a. [지시]$^{\text{원형 수동}}$ + [사람] + [세다]$^{\text{'수'입모양}}$ + [5]
 '이 사람들의 수는 5명이다.'
 b. [지시]$^{\text{원형 수동}}$ + [참여하다]$^{1\to2}$ + [8]
 '참여하는 사람들의 수는 8명이다.'

a. [둘]

b. [셋]

c. [넷]

〈그림 5-5〉
사람의 수 표현

4) 동사

동사는 사물의 동작이나 작용을 나타내는 말이다. '무엇이 어찌한다', '무엇이 무엇을 어찌한다'에서 '어찌한다'에 해당하는 것으로 문장의 주어에 대해 서술한다. (7)에서 '걷다'와 '썰다'는 주어의 행위를 기술하고 '여자', '남자', '양파'는 두 문장의 주어와 목적어로 모두 명사이다. 동사의 전통적인 분류는 자동사와 타동사이다. 자동사는 움직임이 주어에만 미치는 동사이며 타동사는 움직임이 주어 이외에 목적어에도 미치는 동사로서 반드시 목적어를 갖는다. (7a)에서 '걷다' 동사는 주어만을 필요로 하고 (7b)는 주어와 목적어 모두를 필요로 한다.

(7) a. [여자] + [걷다]
'여자가 걷다.'
b. [남자] + [양파] + [썰다]
'남자가 양파를 썰다.'

미국수어에서는 형용사와 명사가 서술어로 기능한다(Valli et al., 2005: 123). (8)에서 문장의 의미는 '소년이 집에 있다'이다. HOME(집)는 명사이지만 문장에서 '집에 있다'라는 서술어가 된다(Valli et al., 2005 : 123).

(8) BOY INDEX-rt HOME
명사 한정사 서술어
'소년이 집에 있다.'

마찬가지로, 한국수어에서 명사는 서술어로 기능한다. (9) 문장에서 〔학생〕은 명사이면서 문장의 서술어로 기능한다(원성옥 외, 2013 : 81).

(9) [그] + [학생]
'그는 학생이다.'

5) 형용사

형용사는 사물의 성질이나 상태를 표현하는 말이다. 형용사는 동사와 마찬가지 방식으로 '무엇이 어떠하다'에서 '어떠하다'의 자리에 해당한다. 한국어에서 형용사는 사람이나 사물의 성질이나 상태를 나타내는 성상형용사와 앞에 나온 성상형용사를 가리키는 지시형용사로 나눈다. 전자에는 '아름답다, 착하다, 푸르다, 빠르다' 등이 있으며 후자에는 '이러하다, 그러하다, 저러하다, 어떠하다, 아무러하다' 등이 있다(고영근 외, 2009: 97).

영국수어에서 형용사는 한정 형용사(*attributive adjectives*)와 서술 형용사(*predicative adjectives*)로 존재한다(Sutton-Spence & Woll, 1999: 110).

첫째, 한정 형용사는 명사구에서 발생하는 것으로 HOT FOOD(뜨거운 음식)

처럼 명사 앞에 오거나 SHIRT WHITE(흰 셔츠)처럼 명사 뒤에 와서 명사를 수식할 수 있다. 또는 BOX SMALL(작은 상자)가 가능하지만 크기와 모양이 포함된 단어를 산출하여 형용사가 명사 안에 들어갈 수도 있다. 예는 SMALL-BOX(작은 상자), LARGE-BOX(큰 상자), ROUND-BOX(둥근 상자)이다. 이 예에서 BOX(상자)라는 단어를 산출하면서 동작을 크게, 작게, 둥근 모양을 취한다. 이렇게 함으로써 SMALL, LARGE, ROUND 형용사는 별도로 산출되지 않는다. 둘째, 서술 형용사는 동사처럼 행동한다. 가령 MAN $INDEX_3$ TALL 'The man is tall'(그 남자는 키가 크다)이다.

한국어 문장 '나는 튼튼한 집을 샀다'를 한국수어로 표현하면 '튼튼한 집'과 같은 한정적 형용사의 예가 전연 불가능한 것이 아니지만 일반적으로 명사를 수식할 때 한정적 방법보다는 서술적 방법을 사용한다. 위 문장을 한국수어로 하면 두 문장으로 분리되어 '① 나는 집을 샀고', '② (그) 집은 튼튼하다'이다(10b) (원성옥 외, 2013 : 85~86). 이 문장에 대해 다른 농인은 〔집〕+〔튼튼하다〕+〔사다〕가 가능하다고 했다. 〔튼튼하다〕 외에 집을 수식하는 〔초라하다〕, 〔(질이) 나쁘다〕, 〔멋지다〕와 같은 수식어들이 〔집〕 다음에 온다. 이 경우에 문장이 하나처럼 보이지만 '튼튼하다'와 '사다'라는 두 개의 서술어가 연속적으로 이어진 것으로 볼 수 있다.

(10) a. *[나] + [튼튼하다] + [집] + [사다]
b. ① [나] + [집] + [사다]
② [집] + [튼튼하다]
'나는 튼튼한 집을 샀다.'

6) 관형사

한국어에서 관형사는 체언 앞에서 체언을 꾸며주는 말이다. 관형사는 의미 기능에 따라 성상관형사, 지시관형사, 수관형사로 구분한다(고영근 외, 2009: 124~126).

• 성상관형사 : 새, 헌, 옛 …
• 지시관형사 : 이, 그, 저, 요, 고, 조; 이런, 그런, 저런, 다른, 어느 무슨, 웬
• 수관형사 : 한, 두, 세 / 서 / 석, 네 / 너 / 넉, 닷, 엿, 열한, 여러, 온갖 …

(11) a. 그는 이 헌 책을 보물처럼 아낀다.
b. 이 두 사람에게 상을 주어라.
c. 저 모든 새집을 한 회사가 짓고 있다.

관형사가 포함된 한국어 문장(고영근 외, 2009: 128)을 한국수어로 표현할 때 (11a) 문장은 두 가지 방식으로 표현이 가능하다. '이 책은 낡다'는 〔이것〕+〔낡다〕로 서술적인 표현으로 혹은 '이 헌 책'을 〔이것〕+〔낡다〕+〔책〕으로 한정적인 방법으로 수식할 수 있다. 한정적인 방법의 경우 '헌 책'의 의미를 두 가지 의미 — 책이 귀한 경우와 귀하지 않은 경우 — 로 생각해 볼 수 있다.

(12a~b)는 책이 귀한 책일 경우의 설명이다. 오래된 낡은 책은 〔옛날〕+〔낡다〕느리게 수동 / 양쪽 볼을 부풀림+〔책〕으로 표현할 수 있다.[2] 이때 〔낡다〕를 양쪽 볼을 부풀리고 우세손을 느리게 수동하여 책이 낡았음을 강조한다. (12b) 예문에서 〔책①〕과 〔책②〕은 기본형이 아닌 분류사 수형을 이용한 형태이다. 〔책①〕은 엄지와 나머지 손가락이 마주 향하도록 하여 두툼한 책을 잡은 손의 모양이다. 〔책②〕은 한손의 엄지만 손바닥 쪽으로 접고 나머지 손가락을 다 펴고 손가락 사이를 붙인 B수형이다. 여기서 〔지시〕반원 수동은 책을 잡은 수형인 비우세손 앞에서 지시 수형의 우세손으로 작은 반원을 그리는 것이다. 이때 책을 살펴보듯이 고개와 시선이 비우세손을 향한다. (12c)는 책이 귀하지 않을 경우의 설명이다. 귀하지 않은 책이란 낡고 보잘 것 없고 시시하고 필요 없다는 의미이다. 이때는 〔허접스럽다〕+〔책〕으로 표현할 수 있다.

2 (12)~(13)문장은 농인 양흥석 목사님과의 대화(2013년 11월 8일)에서 발췌한 것이다.

〈그림 5-6〉
[허접스럽다]

(12) a. [집] + [가다] + [보이다] + [지시][왼쪽 공간] + [옛날] + [낡다][느리게 수동/양쪽 볼을 부풀림] + [책]
'집에 가니 책이 있다(보인다). 그것은 오래되고 낡은 책이다.'

b. [책①] / [지시][반원 수동] + [모습] + [좋다]
[책①] / [지시] + [작다] + [낡다] + [그러나] + [책②] / [지시][반원 수동] + [눈] + [좋다] + [같다]
'책이 좋다. 책이 작고 낡았지만 보니깐 좋아 보인다.'

c. [낡다][느리게 수동/양쪽 볼을 부풀림] + [책] + [지시][왼쪽 공간] + [필요] + [없다] + [휴지] + [버리다] + [마찬가지] + 책을 바라보며 고개를 좌우로 움직이다[왼쪽 공간 응시] + [허접스럽다] + [책]
'필요 없고 휴지처럼 버려지는 것과 마찬가지인 허접한 책이다.'

d. [지시][정면] + [남자] + [낡다][느리게 수동/양쪽 볼을 부풀림] + [옛날][느리게 수동/양쪽 볼을 부풀림] + [낡다][느리게 수동/양쪽 볼을 부풀림] + [책]
[책] / [지시] + [아니다] + [책] / [지시] + [귀하다][느리게 수동] + [보물] + [말] + [마찬가지]
[보물] + [말] + [같다] + [마찬가지] + [아깝다][반복 수동]
'그 남자는 오래되고 낡은 책을 귀하게 보물처럼 아낀다.'

(11a) 문장을 수어로 할 때 (12d) 와 같이 표현할 수 있다. 이 문장은 '그 남자는 책이 오래되고 낡았다고 생각하지 않고 귀한 보물처럼 여긴다. 보물이라는 말이 있듯이 그 책을 보물처럼 아낀다'로 해석할 수 있다.

(11b) 를 한국수어로 할 때 (13b) 에서 〔둘〕은 주먹에서 검지와 중지만 펴서 손끝을 상대를 향하게 한다. 손바닥은 위를 향한다. 〔둘〕이라는 단어에 지시의 기능이 이미 포함되어 있어서 지시대명사 〔이것〕은 생략된다. (13a) 는 '두 사람'이라고 하기 위해 수사 〔2〕 혹은 〔둘〕 다음에 〔사람〕을 연이어 산출했다. 〔주다〕 동

사는 한손을 〔2〕로 유지한 채 동시에 산출했다. (13b)는 〔둘〕+〔상〕+〔주다〕 전에 부부, 형제, 친구처럼 상황에 따라 적절한 대상을 언급한 후에 〔둘〕이라고 하여 '부부에게, 두 형제에게, 두 친구에게'라는 의미를 표현할 수 있다.

(13) a. [2] + [사람]^한손 수동^ (혹은 [둘] + [사람]^한손 수동^) + [상] + [2] / [주다]
b. [⋯] + [둘] + [상] + [주다]^양손 수동/취급 수형/1→2이동^

(11c) '저 모든 새집을 한 회사가 짓고 있다'라는 한국어 문장을 한국수어로 표현하면 한국어의 문장 어순처럼 목적어 다음에 주어가 나온다.[3] 그러나 '저 모든 새집'은 〔새롭다〕+〔집〕으로 표현되는데 농인들의 표현에서 '모든'은 공통적으로 나타나지 않는다. '모든'이라는 복수의 의미는 오히려 지시대명사와 명사의 복수형으로 표현되었다. (14a)는 수어 공간 여러 곳에서 〔집〕을 3회 정도 반복하여 '집이 많다'라는 복수 표현을 했다. (14b~d)는 〔지시〕^반원 수동^을 통해 복수 표현을 하였다. 한 지점을 지시하는 것이 아니라 지시 수형의 한손을 반원을 그리듯이 움직이는 것으로 복수의 의미가 된다. 지시 수형은 다소 차이는 있는데 (14d)에서는 검지만 편 주먹 수형이 아니라 손가락을 모두 편 수형으로 반원 수동을 한다.

(14) a. [새롭다] + [집]^a + b + c^ + [집] / [지시] + 휴지 / 고개 끄덕임 + [회사] + [소유] +[만들다] + [중]
b. [새롭다] + [집] + [지시]^반원 수동^ + [누구] + [회사명] + [소유]
c. [지시]^반원 수동^ + [새롭다] + [집] + [누구] + [회사명] + [소유]
d. [짓다]^반복 수동^ + [지시]^반원 수동^ + [누구] + [회사명]

3 (14)문장은 여러 명의 농인들의 설명을 토대로 하여 정리하였다.

이처럼 한국수어에서 복수 표현은 '모든'이라는 관형사가 아니라 명사, 동사, 지시대명사에서 나타났다. 정리하면, 명사 〔집〕을 수어 공간에서 반복하든지 〔짓다〕 동사를 제자리에서 혹은 수어 공간 여러 위치에서 반복하든지 또는 〔지시〕반원 수동를 통해 가능하다.

성상관형사는 꾸밈을 받는 체언의 성질이나 상태를 제한한다. 한국어 문장 '아이가 새 옷을 입었다'에서 '새 옷'은 관형어가 명사를 수식하는 구조이다. 하지만 한국수어로 표현할 때 한국어의 영향으로 그러한 구조가 전연 불가능한 것은 아니다. 한국수어다운 표현은 서술적으로 수식하는 것이다. 한국수어의 문장은 (15a)과 같다. 이 문장은 두 개로 쪼개진다. 즉, '① 아이가 옷을 입다'와 '② 옷이 새롭다'이다(원성옥 외, 2013 : 85~86).

(15) a. *[아이] + [새롭다] + [옷] + [입다]
b. ① [아이] + [옷] + [입다], ② [옷] + [새롭다]
'아이가 새 옷을 입었다.'

지금까지 한국수어에서 명사를 수식할 경우 관형사가 명사 앞에 위치하여 수식하는 경우보다 명사 뒤에서 서술어처럼 꾸미는 것이 더 자연스럽다는 의견들을 살펴보았다. 이를 지지하는 측면에서 이영재(2013)는 관형어가 체언 뒤에서 수식한다는 분석을 제안하였다.

그 분석을 보면, 〔먹다〕는 사전에 동일한 형태로 표시되지만 문장 속에서는 '먹다'와 '밥'이라는 명사와 서술어로 쓰일 수 있다. 예를 들어 '〔먹다〕+〔맛〕'에서 〔먹다〕를 명사로 본다면 문장의 의미는 '밥이 맛있다'가 되고 서술어로 본다면 '맛있게 먹다'가 된다. 마찬가지로 〔먹다〕가 서술어로 쓰이는 경우는 〔먹다〕+〔맛〕+〔부탁〕'맛있게 드세요'이다.

이 점을 염두하고 (16a) 문장 〔먹다〕+〔맛〕+〔만들다〕는 '밥을 맛있게 만들다'로 해석하기 쉬우나 그렇지 않다고 보았다. 〔먹다〕+〔맛〕에서 〔먹다〕를 명사로 생각하여 '밥이 맛있다'가 된다. 그다음 '밥이 맛있다'를 한 덩어리로 보아 '〔밥이 맛있다〕를 만들다'라는 구조로 분석하였다. '〔밥이 맛있다〕를 만들다'는 (16c) 처럼 '〔맛있는 밥〕을 만들다'와 의미적 차이가 없다고 보았다(이영재, 2013 : 85).

(16) a. [먹다] + [맛] + [만들다]
b. [밥이 맛있다]를 만들다
c. 맛있는 밥을 만들다.

또 다른 예를 보도록 하자. (17a)는 '옷이 노랗다'로 해석되며 (17b)는 '〔〔옷〕 + 〔노랗다〕〕 + 〔예쁘다〕' 구조로 분석되어 '〔옷이 노랗다〕가 예쁘다'가 되고 이는 다시 '〔노란 옷〕이 예쁘다'로 해석된다고 보았다(이영재, 2013: 85).[4]

(17) a. [옷] + [노랗다]
'옷이 노랗다.'
b. [옷] + [노랗다] + [예쁘다]
'노란 옷이 예쁘다.'

결론적으로 〔맛〕이 〔먹다〕 앞에 오거나 〔노랗다〕가 〔옷〕 앞에 오는 것은 자연스럽지 않다(이영재, 2013: 86). 즉, 서술어가 명사 앞에 와서 명사를 수식하거나 다른 통사성분으로 기능하는 일은 없다고 보았다. 이영재(2013: 86~87)는 한국수어에서 체언과 관형어의 수식 관계를 다음처럼 형식화하였다. 명사 뒤에 서술어가 두 개일 경우 〈서술어1〉이 앞의 명사를 수식하는 관형어의 기능을 한다.

4 (17a~b)만 제시하였지만 이영재(2013: 85)에서는 (18c)로 [옷] + [노랗다] + [입다] + [예쁘다]구조가 더 있다. 괄호의 복잡함을 피하기 위해 이영재(2013)의 표기를 따라 (17c)를 제시하면 [[〈옷〉 〈노랗다〉] 〈입다〉] 〈예쁘다〉이다. 이는 '[[옷이 노랗다]를 입다]가 예쁘다'가 되고 이는 다시 '[[노란 옷]을 입다]가 예쁘다'로 되어 최종적으로 '노란 옷을 입어서 예쁘다'가 된다.

• 〈명사〉 〈서술어1〉 〈서술어2〉

지금까지 살펴본 바에 의하면 한국수어에서 관형사가 명사를 수식할 때 한정적인 방법보다는 서술적인 방법이 더 자연스럽다고 할 수 있다. 이 주제는 많은 자료에 근거하여 연구할 필요가 있겠다.

7) 부 사

한국어에서 부사는 주로 동사와 형용사 앞에서 그 뜻을 꾸며 주는 말이다. 수식의 범위에 따라 문장 내 일정한 성분을 수식하는 성분부사와 문장 전체를 수식하는 문장부사로 나뉜다. 성분부사는 용언을 꾸미는 성상부사, 시간과 장소를 나타내는 지시부사, 용언의 뜻을 부정하는 부정부사가 있다.

성상부사의 경우, 한국어는 '잘(먹는다), 높이(난다), 빨리(달린다), 매우(춥다), 가장(높다), 아주(예쁘다)'처럼 부사가 수식하는 성분 바로 앞에 위치하지만 한국수어에서는 뒤에 위치할 수 있다. (18)에서 '철수가 빨리 뛴다'라는 문장을 한국수어로 할 때 한국어 어순대로 '〔철수〕+〔빠르다〕+〔뛰다〕'가 아니라 〔빠르다〕가 문미에 온다. 문장의 의미는 '철수가 뛰는데 참 빠르다'이다(원성옥 외, 2013 : 87).

(18) [철수] + [뛰다] + [빠르다]
'철수가 빨리 뛴다.'

지시부사의 경우, (19)에서 한국어는 '첫눈'이라는 명사가 관형어의 수식을 받지만 이 문장에서 〔처음〕은 부사로 문미에 위치한다. 그 의미는 '어제 눈이 내렸는데 그 눈이 처음이었다'라는 것이다(원성옥 외, 2013 : 86).

(19) [어제] + [눈이 내리다] + [처음]
'어제 눈이 왔는데 그 눈이 처음이었다.'

부정부사의 경우는 용언의 의미를 부정하는 것으로 의도 부정의 '안'과 능력 부정의 '못'이 있다. 한국수어의 부정부사는 부정어에 대한 절에서 상세하게 다루도록 한다.

8) 감탄사

감탄사는 말하는 사람의 감정이나 의지를 표시하거나, 남을 부를 때나 대답할 때 쓰이는 말이다. 한국어에서 감탄사는 화자의 감정을 표시하는 감정감탄사, 발화 현장에서 상대방을 의식하며 자기의 의지를 표시하는 의지감탄사, 그리고 입버릇 및 더듬거림이 있다(고영근 외, 2009: 137). 한국수어에서는 놀람을 나타내는 감정감탄사로 〔아차〕가 있다. 그러나 말하는 사람의 감정이나 의지는 비수지 신호로 표현된다. 남을 부를 때는 한손으로 상대를 부르는 손짓으로 하며 대답할 때는 고개를 끄덕이거나 한손을 주먹 쥐고 손목 부위를 상하로 끄덕이듯이 움직인다.

9) 조 사

한국어에서 조사는 주로 체언에 붙어서 격을 결정하는 격조사와 여러 성분에 두루 붙어 특별한 뜻을 더해 주는 보조사가 있다. 격조사는 학교문법에서 주격, 목적격, 보격, 관형격, 서술격, 호격, 부사격으로 나눈다. 한국어의 격조사는 〈표 5-1〉과 같다. ○표시는 어순 또는 일치 동사에 의해서 수어의 격이 실현됨을 표현한 것이다.

〈표 5-1〉 한국수어와 국어의 격 실현에 대한 비교

문법적 격	의미적 격	한국어	한국수어		
		격조사	수어 격형태	어 순	일치 동사
주격		이 / 가		○	○
목적격		을 / 를		○	○
보격		이 / 가		○	
관형격		의	의	○	
서술격		이다	이다	○	
호격		아 / 야, 이여	아 / 야, 여		
부사격	처소격	에		○	
		에서	곳		
		에게	께		
		부터	부터		
	도구격	으로	가지다		
	비교격	처럼	보다		
	동반격	와 / 과		○	
	변성격	로		○	
	인용격	라고		○	

자료 : 이율하(2011 : 31)의 〈표 Ⅱ-1〉에서 가져온 것이다. 또한 격조사 실현의 세부적인 내용을 가져왔다. 이 책에서는 '국어'는 '한국어'라고 표기하였으나 가능한 한 원문의 표기법을 따랐다.

(1) 주 격

주격표지가 나타나지 않으며 서술어 앞자리에 놓이는 어순으로 실현된다(이율하, 2011 : 31).

(20) [언니] + [가다]
'언니가 가다.'

(2) 목적격

목적격표지가 나타나지 않으며 수어의 기본어순 주어 + 목적어 + 서술어에서 서술어 앞자리에 놓이는 어순으로 실현된다(이율하, 2011 : 33).

(21) [남자] + [커피] + [마시다]
'남자가 커피를 마신다.'

(3) 보 격

서술어 〔되다〕, 〔아니다〕의 앞자리에 놓이는 어순에 의해 실현된다(이율하, 2011 : 34).

(22) a. [훌륭한] + [선생님] + [되다]
'훌륭한 선생님이 되다.'
b. [나] + [교사] + [아니다]
'나는 교사가 아니다.'

(4) 관형격

한국어의 관형격조사 '의'와 대응되는 수어의 격형태 〔의〕가 있다. 수어의 관형격 형태 〔의〕는 일상생활 대화 문장에서는 생략되는 경향이 강하여 국어 문어체에서나 한글을 수어로 번역할 때 주로 표시되며 주로 체언 + 체언이라는 구조로 실현되었다. 즉, 체언과 체언으로 구성된 구의 어순에 의해 실현된다(이율하, 2011 : 35).

(23) a. [나의] + [하나님]
'나의 하나님'
b. [당신] + [취미] + [무엇] + 묻는 표정
당신의 취미는 무엇입니까?'

(5) 서술격

한국어의 서술격조사 '이다'에 대응하는 수어 형태 〔이다〕가 있다. 그러나 수어 격형태 〔이다〕가 수어 문장에서 필수적으로 결합하지는 않는다. 단 대중 앞에서의 연설, 웅변, 자기소개나 국어학습 장면 등에서 제한적으로 사용된다(이율하, 2011 : 35).

(24) [나] + [농인]
'나는 농인이다.'

(6) 호 격

한국어의 호격조사 '아 / 야'에 대응되는 수어 격형태 〔아 / 야〕가 있고 호격조사 '이여, 이시여'에 대응되는 수어 격형태 〔여〕가 있다. 수어 격형태 〔아 / 야〕는 한국어의 호격조사 '아 / 야'와 달리 사람을 부를 때 사용하지 않으며, 한국어 호격조사가 쓰인 한국어 문어체를 수어로 표현할 때 제한적으로 사용된다. 수어 격형태 〔여〕도 동일하다(이율하, 2011 : 36).

(25) a. [주여] + [내] + [죄] + [용서] + [주세요]
'주여, 내 죄를 사하여 주소서.'
b. [베드로야]
'베드로야'
c. [철수] + [같이] + [가자]
'철수야 같이 가자.'
d. [영숙] + [잘] + [가]
'영숙아, 잘 가.'

(7) 부사격

한국어의 처소조사 '에서'에 대응하는 수어 격형태 〔곳〕이 있고, 한국어 처소격조사 '부터'에 대응되는 수어 격형태 〔부터〕가 있다. 한국어 처소격조사 '에게'에 대응하는 수어 격형태는 나타나지 않으나 '에게'의 높임말에 해당되는 '께'에 대응하는 수어 격형태 〔께〕가 나타난다(이율하, 2011 : 37).

(26) a. [백화점] + [곳] + [세일] + [때] + [사다]
'백화점에서 세일 때 샀어요.'
b. [꼬마] + [때] + [부터] + [나] + [동네](집 + 곳 + 곳) + [같이자라다]
'어려부터 한 동네에서 자랐습니다.'
c. [주님께] + [드리다]
'주님께 드리다.'

(8) 도구격

한국어의 도구격조사 '으로'와 대응되는 수어 격형태 〔가지다〕가 있다. 〔가지다〕는 도구격 표지로 문법형태소 기능을 하지만 수어에서 '가진다'는 의미를 가리키는 어휘형태소로도 쓰인다(이율하, 2011 : 39).

(27) a. [흙] + [가지다] + {도자기를 - 빚다}
'흙으로 도자기를 빚는다.'
b. [감자] + [가지다] + [카레](지문자) + [만들다]
'감자로 카레를 만들다.'

(9) 비교격

한국어의 비교격조사 '보다'와 대응되는 수어 격형태 〔보다〕와 한국어 비교격조사 '처럼'에 대응되는 수어 격형태 〔같다〕가 있다. 수어 격형태 〔같다〕는 한국어의 '처럼, 시피, 같이, 함께, 마찬가지, ~듯이, 맞다'에 대응할 수 있다(이율하, 2011 : 39).

(28) a. [노랑]+왼쪽 수위 + [싫다] + [파랑]+오른쪽 수위 + [낫다]
'노랑색보다 파랑색이 낫다.'
b. [햄버거]+한손 흔드는 동작 + [갈비] + [낫다]
햄버거보다 갈비가 낫다.'

(10) 동반격

한국어에서 동반격은 〔와 / 과〕에 의해서 표시된다. 수어에서는 동반격 표지가 나타나지 않는다. 다른 격에 비해서 수어의 동반격은 체언 + 체언이 병렬되는 결합을 보인다. 체언이 병렬되는 구조 외에 동반격을 나타내는 다른 표지는 나타나지 않는다. 체언 + 체언 수어형태소를 동일한 공간에 배치하지 않고, 각각 다른 공간에 나란히 배치하면 동반격의 의미를 더 명확히 할 수 있다(이율하, 2011: 40).

(29) a. [빵] + [우유] + [먹다]
'빵과 우유를 먹다.'
b. [선생님] + [나] + [함께] + [걸어가다]
'선생님과 나는 함께 걸었다.'

(11) 변성격

한국어에서 변성격은 〔으로〕에 의해 표시된다. 수어에서는 변성격 표지가 나타나지 않는다. 그러나 변성격 〔으로〕는 주로 동사 〔변하다〕와 통합되어 쓰이기 때문에 수어에서 변성격은 서술어와의 통합관계에 의해 실현된다(이율하, 2011: 40).

(30) a. [물] + 왼쪽 수위 + [얼음] + 오른쪽 수위 + [변하다] + 왼쪽 → 오른쪽 수위
'물이 얼음으로 변한다.'
b. [올챙이] + 왼쪽 수위 + [개구리] + 오른쪽 수위 + [변하다] + 왼쪽 → 오른쪽 수위
'올챙이는 개구리로 변한다.'

(12) 인용격

한국어서 인용격은 〔라고〕에 의해서 표시된다. 수어에서는 인용격표지가 나타나지 않는다. 수어에서 인용격은 동사 〔말하다〕와 통합되어 쓰인다(이율하, 2011: 41).

(31) a. [철수] + {나에게 - 말하다} + [영희] + [아프다]
'철수가 영희가 아프다고 말했다.'
b. [베드로] + [말하다] + [무엇] + [저] + [사람] + [낯설다]
'베드로는 저 사람을 모른다고 말했다.'

한국수어에서 주격, 목적격, 보격은 어순에 의해 실현된다. 다만 보격은 특정 서술어인 〔되다〕, 〔아니다〕와 결합한다. 특히 주격과 목적격은 일치 동사로 표현된다. 일치 동사의 방향이 수어자 가까운 쪽에서 바깥쪽으로 이동할 경우 출발점인 수어자가 주격이 되고 도착점인 바깥쪽이 목적격이 된다. 동사의 수동 경로가 반대인 경우는 바깥쪽이 출발점으로 주격이 되고 도착점인 수어자가 목적격이 된다. 이와 달리, 관형격, 서술격, 호격, 부사격(동반격, 변성격, 인용격은 제외)은 한국어 격조사에 대응하는 수어의 격형태로 실현된다. 그러나 관형격, 서술격, 호격은 한국어에 대응하는 수어의 격형태가 있지만 한국어 문어체를 표현할 때 주로 사용된다는 특징을 가진다.

조사는 격을 표시하지 않고 특별한 뜻을 더해 주는 보조사가 있다. 일례로 한국어에서 대조의 의미를 가지는 '도'를 한국수어로 표현한다고 하자. 가령 '나도 합격하다'를 표현하기 위해 〔나〕 + 한글 지문자 '도' + 〔합격하다〕처럼 단어 대 단어로 표현할 수 있지만 완전한 의미를 전달하기 어렵다. 이 문장은 나와 비교되는 대상이 있음을 전제한다. 즉, '누군가가 합격했고 나도 합격했다'는 의미를 가진다(원성옥 외, 2013: 82). (32) 문장은 '형도 합격하고 나도 합격하다'라는 의미이다. 문미에 있는 〔같다〕는 만약 두 비교되는 대상이 발화시 존재한다면 수어자의 공간과 대화 상대자의 공간에서 동시에 산출하여 두 사람 모두 합격했음을 더욱 확실히 할 수 있다(원성옥 외, 2013: 82).

(32) [형] + [합격하다] + [나] + [합격하다] + [같다]
'형도 합격하고 나도 합격하다.'

2. 시제와 상

언어에서 시간과 관련된 문법 범주로는 상(*aspect*)과 시제(*tense*)가 있다. 시제는 '사건이나 상태 등의 시간적 위치를 일정한 시점을 기준으로 나타내는 문법 범주를 말한다'(서정수, 2008: 2). 시간적 위치는 일반적으로는 발화 시점을 기준으로 현재, 과거, 미래로 구분한다. 그러나 상은 '시간 영역 안에서 파악되는 동작의 모습들을 일정한 언어형식으로 표시하는 동사의 문법 범주'이다. 즉, 상은 동작상(動作相)이라고도 하는데, 어떤 동작이나 사건의 시간적인 양상을 표현한다는 점에서 비지시적이지만, 시제는 발화의 시점을 중심으로 파악된다는 점에서 지시적이다.

1) 한국어의 시제

시제가 지시성을 띤다는 것은 발화시를 기준으로 하여 시간을 구분하기 때문이다(고영근 외, 2009: 398~399). 발화시는 말하는 사람이 실제로 소리를 내어 말을 하는 시간이고 사건시는 문장이 나타내는 일이 일어나는 시간이다. 시제는 발화시와 사건시의 선후 관계로 구분된다.

(33a)에서 '어머니'가 외가에 간 때가 '어제'이니 사건시가 발화시에 선행하여 과거 시제이고 (33b)에서 '아버지'가 쉬는 시간이 발화시인 '오늘'과 일치하므로 현재 시제이다. (33c)에서 황사비가 올 가능성이 있는 시간이 발화시 이후인 '내일'이므로 미래 시제이다. (33)는 모두 사건시를 명시하는 어제, 오늘, 내일과 같은 시간 부사를 동반하여 시제가 분명하게 드러난다(고영근 외, 2009: 398).

(33) a. 어머니는 어제 외가에 가셨다.
b. 아버지는 오늘 집에서 쉬신다.
c. 내일은 황사비가 많이 오겠다.

한국수어에서 시제 표현은 시간 부사로 명시된다. 지금, 현재, 오늘, 어제, 작년, 내일 등 시간 부사가 문장 앞에 온다. 가령 '아버지가 어제 집에서 쉬셨다'를 표현할 경우 (34a~b) 처럼 시간 부사 〔어제〕의 위치는 비교적 자유롭다. 그러나 (34c) 는 어색하다고 판단하였다. 물론 상황에 따라서 어제라는 시간을 강조하기 위해서 문미에 위치할 수도 있지만 자연스럽지 않다. 시간 부사가 문장에 쓰이면 부사에서 시제가 분명하게 드러나므로 과거 시제의 경우 동사 다음에 〔끝〕을 표현하지 않아도 된다.

(34) a. [아버지] + [집] + [어제] + [쉬다]
b. [아버지] + [어제] + [집] + [쉬다]
c. *[아버지] + [집] + [쉬다] + [어제]

미래 시제의 경우 시간 부사 〔내일〕은 문두에 가깝게 위치한다. 특이한 것은 동사 〔오다〕이다. (35a) 문장에서 〔오다〕 동사를 짧게 반복적으로 움직인다. 이 동사가 미래 시제에서 쓰이는 또 다른 예는 〔미국〕 + 〔친구〕 + 〔얼마 후〕 + 〔오다〕짧게 반복 수동의 경우다. 이 문장은 미국에 사는 친구가 오는데 언제 오는지 확실히 모른다는 의미이다. 그러나 이 동사의 형태는 과거 시제와는 사용할 수 없다(35c).

(35) a. [황사비] + [내일] + [오다]짧게 반복 수동
b. [내일] + [황사비] + [오다]짧게 반복 수동
c. *[황사비] + [어제] + [오다]짧게 반복 수동

2) 한국어의 상

동작상을 쉽게 비유하자면 병에 물이 차는 과정을 들 수 있을 것이다(고영근 외, 2009: 409).

> 동작의 양상은 **끝난 모습**일 수도 있고 **안 끝난 모습**일 수도 있다. … 앞의 것을 **완료상**, 뒤의 것을 **미완료상**이라고 한다. 완료상은 원칙적으로 동작의 모습을 끝난 것으로 보는 것이지만 동작이 끝나서 그 결과가 지속되는 모습도 포함할 수 있다. 미완료상은 동작이 끝나지 않은 것으로 보는 모습이다. 일반적으로 미완료상에 **진행상**을 포함시키나 **예정상**도 포함될 수 있다. 준비나 예정의 단계도 사건 성취의 이전단계라는 점에서 미완료상에 넣는 관점을 취한다.

한국어의 동작상은 보조적 연결어미와 보조동사의 결합으로 표시되는데 완료상과 미완료상으로 나누어 살펴보도록 한다.

(1) 완료상

동작상을 쉽게 비유하자면 병에 물이 차는 과정을 들 수 있다. 다 찬 상태는 완료상, 반쯤 찼으면 미완료상으로 볼 수 있다(고영근 외, 2009: 409). 병에 든 물의 비유에서 볼 수 있듯이 완료상은 '동작이 끝났거나 그 결과가 남아 있는 모습으로 파악되는 동작의 양상'이다. (36a) 문장에서 자동사 '앉다'에 '-아 있다'가 붙어 동작이 완료되었다는 완료상을 표시한다. 그러나 (36b)는 보조동사 '-아 있다'를 제거하면 동작의 완료의 의미가 파악되지 않는다(고영근 외, 2009: 411). 여기서 언급할 점은 '앉다' 동사 자체의 의미이다. 동사를 의미적 특수성에 따라 분류할 때 '앉다' 동사는 결과성 완성동사로 분류된다(고영근 외, 2009: 411). 따라서 동작상은 개별 동사에 내재되어 있는 어휘적 의미인 동작류(*aktionsart*)와 관련이 있다.

(36) a. 영수도 의자에 앉아 있다.
b. 영수도 의자에 앉는다.

(36a)를 한국수어로 한다면, 〔계속〕+〔앉다〕 혹은 〔오래〕+〔앉다〕로 표현할 수 있다. 이때 〔계속〕의 어순은 자유롭다. 또한 '어'입모양으로 표현할 수 있다. '앉아 있다'는 〔앉다〕['어'입모양], '서 있다'는 〔서다〕['어'입모양], '누워 있다'는 〔눕다〕['어'입모양], '싸우고 있다'는 〔싸우다〕['어'입모양]이다. '어'입모양에는 '있다'라는 의미가 강하게 내포된 것으로 보인다.[5]

〈그림 5-7〉
동사와 함께 나타나는
'어'입모양

a. 앉아 있다

b. 서 있다

c. 누워 있다

d. 싸우고 있다

5 그 밖에도 농인들은 사람이 한 곳에 오래 앉아 있는 상황을 다음과 같이 여러 표현으로 나타냈다. 아래의 표현들은 한 동작의 진행을 표현하는 것보다는 한 동작을 오래 유지하는 어떤 사람의 행동에 대한 평가의 의미가 더 강하다고 볼 수 있다. ①의 [고집을 부리다]를 장진권(2004 : 236)은 '고집을 관철시키다, 황소고집, 끝까지 고집을 부리다, 끝까지 배짱을 부리다'라는 표제어로 소개하였다. ④의 '엉덩이가 무겁다'는 양손의 손가락을 모두 살짝 구부려 손바닥이 위를 향하게 한 상태에서 동시에 천천히 아래로 내리는 동작이다.
① [앉다]+[고집을 부리다].
② [앉다]+[끈기](《한국수화사전》에서 [끈기]에서 전항 요소만 포함)
③ [앉다]+[강하다]
④ [엉덩이]+'엉덩이가 무겁다'+[힘].

(2) 진행상

병에 든 물의 비유로 다시 설명할 때 진행상은 병에 물이 반쯤 찬 상황으로 동작이 진행되고 있는 모습을 파악된다. (37a) 문장에서는 보조동사 '-고 있다'를 통해 주어가 하루 종일 책을 읽었다는 진행의 의미를 나타낸다. 이와 달리, (37b)는 책을 읽었다는 사실을 단순히 서술한다. 앞의 예와 같이 '-고 있다'에 진행의 의미가 파악되는 것은 '읽다' 동사가 과정동사라는 사실 때문에 그러하다(고영근 외, 2009 : 413).

(37) a. 어제 나는 하루 종일 책을 읽고 있었다.
b. 어제 나는 하루 종일 책을 읽었다.

'어떤 사람이 책을 읽고 있다'와 같은 누군가의 행위의 지속 상태를 말할 때, '[읽다] + 한손을 펴서 손바닥이 앞을 향하도록 비스듬히 제시 한다['어'입모양]'로 표현이 가능하다. 대상의 존재의 의미가 강하다.

한국어에서 부착동사 '입다'는 보조동사 '-고 있다' 가 결합할 때 동작의 양상을 달리 보인다(고영근 외, 2009: 413~414). (38) 문장은 두 가지로 해석된다. 첫 번째 해석은 '영순이는 빨간 투피스를 입고 다닌다'라는 완료의 의미를 가진다. 두 번째 해석은 '영순이는 빨간 투피스를 입는 중이다'라는 진행의 의미를 가진다. 이때 동작상 '-고 있다'의 한 변종인 '-는 중이다'는 두 번째의 경우에만 대치가 가능하다. 즉, '영순이는 빨간 투피스를 입고 있는 중이다'가 가능하다.

〈그림 5-8〉
있다

(38) 영순이는 지금 빨간 투피스를 입고 있다.

(38)의 경우 진행의 의미는 한국수어로는 〔입다〕반복 수동 + 〔있다〕가 가능하다. 전항 요소에서 수동의 반복으로 동작의 진행 상태를 나타낸다. 이와 대조적으로 완료의 의미는 〔입다〕를 수동의 반복이 없다. 한국어에서는 '입고 있다'라는 완료의 의미가 자연스러운데 반해 한국수어에서는 그렇지 않다. 가령 어떤 사람이 친구에게 옷을 선물해 주고 친구가 옷을 입고 왔을 때 '(내가 선물해 준) 옷 입고 있네'라는 표현을 한다고 할 때 농인들은 '옷 잘 어울리네, 멋지다, 예쁘다, 딱 맞는다' 등과 같이 옷에 대한 자신의 느낌을 구체적으로 표현한다.

3) 수어의 동작상

외국 수어에서 이루어진 동작상에 대한 연구를 통해 한국수어에서 상적 의미가 표현되는 양상을 살펴보도록 하자. 이 절에서는 미국수어의 동사 STUDY(공부하다)가 여러 상적 의미를 표현하기 위해 형태가 어떻게 변하는지를 소개할 것이며 부족한 부분은 다른 연구자들의 견해를 첨언하도록 하겠다.

미국수어에서 상에 관한 연구 성과는 만족스럽지 못하다(Valli et al., 2005). 마찬가지로 존스턴과 셈브리(2007: 151)는 지금까지 기술된 각국의 수어들에서 상을 위한 체계적인 굴절이 존재하지 않는 것 같았지만 그럼에도 불구하고 호주수어, 미국수어, 일본수어, 그리고 수많은 나라의 수어들에서 상 굴절이 보고되었음을 지적하였다.

미국수어에서 상을 위한 굴절은 수를 위한 굴절과 다르다. 수를 위한 굴절의 가장 명백한 형태적 특징은 수어 공간의 수평면과 수직면에서 선, 호, 원을 따라 이동하는 '공간적인 패턴'을 사용하는 것인 데 반해, 상을 위한 굴절은 단어의 수동의 속도, 긴장, 길이, 방식과 같은 역동적 특성들을 중요하게 사용한다는 점이다(Klima & Bellugi, 1979).

(1) 진행상

진행상(*continuative aspect*)은 행동이 여전히 일어나고 있다는 것을 표현하는 상이다. 미국수어에서 STUDY는 두손-단어이다. 비우세손을 펴고 손바닥이 위를 향하도록 한 후 우세손을 손가락을 모두 펴고 손가락의 간격을 벌린 수형으로 하여 손끝을 비우세손의 손바닥을 향하게 위치한 후 손가락 끝을 작게 상하로 흔든다. 이때 손가락의 첫 번째 관절이 움직인다. 이 단어는 이동하지 않고 정지 분절이며 손가락들을 움직이는 내부 수동만 있다.

STUDY-CONTINUALLY(계속해서 공부하다)라는 '진행'의 의미를 표현하기 위해 동사의 기본형에서 수형과 수향, 수위는 동일하지만 수동은 원형 운동을 반복한다. 이처럼 미국수어에서 상적 의미를 표현하기 위해 동사 STUDY에 형태소를 부가하는 것이 아니라 단어의 내부 구조를 변화시킨다(Valli et al., 2005: 106). 이 예에서 원래의 정지 분절은 상적 표현을 위해 원형 운동의 움직임 분절로 바뀌었다.

(2) 습관상

습관상(*habitual aspect*)은 행동이 습관적으로 발생하는 것을 표현한다. 미국수어의 STUDY-REGULARLY(정기적으로 공부하다)를 표현하기 위해 동사의 기본형의 정지 분절에서 직선 운동 분절로 바꾼다.

(3) 지속상

지속상 혹은 계속상(*durative aspect*)은 지속되는 동작을 표현한다. 미국수어에서 STUDY-FOR-A-PROLONGED-PERIOD-OF-TIME(오랫동안 공부하다)처럼 계속되는 동작을 표현하기 위해 타원형으로 느리고 길고 계속적인 반복 수동을 취한다(Klima & Bellugi, 1979: 293).

한국수어의 경우를 살펴보면, (39)은 데프TV에서 제작한 〈에피소드〉 중 '전등'이라는 동영상에서 발췌한 문장과 화면이다. 동영상의 농인은 〔공부하다〕와 〔읽다〕 동사의 수동을 느리게 반복하여 '하루 종일 도서관에서 공부하고 책을 읽었다'는 의미를 표현한다.

(39) [영락농인교회] + 도서관지문자 + [들어가다] + [공부하다]반복 수동 + [읽다]반복 수동 + [하루 종일] + [끝] …
'영락농인교회 도서관에 가서 하루 종일 공부하고 책을 읽었다.'

〈그림 5-9〉
지속상을 위한 굴절

a. [공부하다]반복 수동

b. [읽다]반복 수동

(39)에서 동사의 수동의 반복은 지속의 의미를 나타냈다. 그러나 반복 수동이 반드시 지속의 의미를 표현하는 것은 아니다. 예를 들어 [기다리다] 동사는 동작을 반복하지 않는다. 또한 [중]은 '[먹다] + [중]'에서처럼 먹는 행위의 지속을 나타내기 위해 사용되지만 '누군가가 서 있다'라는 문장에서 '[서다] + [중]'은 부적절하다(원성옥 외, 2013: 105). 이처럼 개별 동사에 따라 상적 의미를 표현하는 방식이 다르다. 따라서 한국수어에서 상의 실현은 개별 동사가 가진 고유한 의미와 상당한 관계가 있다고 보인다. 모든 동사는 고유한 의미를 가지기 때문에 상은 동사 자체의 의미가 크게 관여하여 동작상을 설정하는 데 어려움이 있다.

(4) 반복상

반복상(*iterative aspect*)은 반복되는 동작을 나타낸다. STUDY-OVER-AND-OVER-AGAIN (반복해서 공부하다) 라는 반복되는 동작을 표현하기 위해 기본형에서 느린 타원형 순환으로 긴장되고 끝을 표시하는 수동으로 바꾼다(Klima & Bellugi, 1979).

(5) 완료상

완료상(*perfective aspect*)은 완료된 동작을 나타낸다. 수어에서 상을 표현하는 표지인지 아니면 과거 시제를 표현하는 표지인지 그 구분이 논의의 대상이 된다.

미국수어에서 동사 FINISH(마치다)는 동사, 조동사, 완료상으로 기능한다(Zeshan, 2000: 62~64). 마찬가지로, 인도-파키스탄수어에도 완료상을 나타내는 단어(HO_GAYA)가 있는데, 이 단어는 문장의 마지막에 위치한다. 그렇기 때문에 이 단어는 문장의 말미에 위치하는 '과거 시제'를 나타내는 단어와 동일한 것이 아닌가 하는 문제가 제기된다. 그러나 완료상을 나타내는 단어는 과거 시제뿐 아니라 현재 시제와 미래 시제에서도 사용되기 때문에 과거 시제 표지와 구별된다(Zeshan, 2000: 65).

외국 수어에서와 마찬가지로 한국수어에서도 동일한 현상이 있다. 한국수어의 문법을 논의할 때 과거 시제는 〔끝나다〕를 문장의 끝에 위치시켜 실현된다고 하지만 이것은 반드시 과거 시제를 위한 표지만은 아니다. (40) 문장에서는 〔어제〕라는 시간 부사가 문두에 위치하여 과거 시제를 나타낸다(원성옥 외, 2013: 102).

(40) [어제] + [친구] + [만나다]'파'입모양
'나는 어제 친구를 만났다.'

한국수어에서 〔만나다〕, 〔사다〕와 같은 동사 자체가 완료적인 의미를 내포한다고 본다(원성옥 외, 2013: 102). (41) 문장에서 농인이 과거의 자신의 학창시절을 회상하며 이야기한다. 친구가 고생하여 돈을 힘들게 벌어서 드디어 집을 샀다라고 말할 때 〔사다〕와 '파'입모양을 동시에 했다.

(41) [지시][정면] + [정말] + [고생] + [경험] + [많다] + [보다 ^{2}]$^{1\to2}$ + [감격하다]
'그 친구 정말 고생이 많았고 경험도 많이 했다. 그 친구를 보니 감격스럽다.'
[돈을 벌다] + [집] + [사다]['파'입모양] + [때문에] + 고개를 끄덕이다
'그 친구가 돈을 벌어서 집을 샀다. (그렇기) 때문에 … (생략)

〔끝나다〕가 완료의 의미를 가진다는 증거는 다음 문장에서도 볼 수 있다. (42) 문장에서 '찾았다' 의미를 한국수어로 '〔찾다〕+〔끝나다〕'로 한다면 '찾는 행위 자체'를 끝낸다는 것이다(원성옥 외, 2013: 103).[6]

(42) [찾다] + [끝나다]
'찾았다'

〈그림 5-10〉
[완료]

6 원성옥 외(2013)에는 [끝]으로 제시하였지만 이 책에서는 [끝나다]로 표시하였다.

한국수어에서 '완료'의 의미를 나타내는 단어가 있다(〈그림 5-10〉). 《한국수화사전》에는 표제어로 등재되지 않았지만 양손 손가락을 반쯤 구부린 수형에서 동시에 엄지와 나머지 손가락 끝이 닿도록 손끝을 모은 수형의 단어가 있다.[7] 이 단어는 '완료'의 의미를 가지므로 이 책에서는 〔완료〕라는 주석을 달도록 하겠다. 한국어 화자들은 한국어와 동일하게 동사 다음에 〔완료〕라는 단어를 넣어 동사가 나타내는 행위가 과거의 사건을 기술하는 것으로 생각할 수 있다(원성옥 외, 2013: 102). 즉, '먹었다'라는 의미를 전달하기 위해 '〔먹다〕+〔완료〕'는 과거 시제를 표현한다고 해석할 수 있지만 (43) 문장을 보자. 문두에 〔내일〕이라는 시간 부사 때문에 문장은 미래 시제가 된다. 그러나 〔완료〕를 과거 시제 표지로 본다면 문장은 미래 시제와 과거 시제가 동시에 나와 비문이 된다. 그러나 이 단어는 '완료'의 의미가 있기 때문에 정문이 된다(원성옥 외, 2013: 102).

(43) [내일] + [점심] + [먹다] + [완료] + [오다]
'내일 점심 먹고 와.'

지금까지 한국수어에서 완료의 의미를 나타내는 단어들을 살펴보았다. 전술한 〔끝나다〕와 〔완료〕의 비교를 통해 두 동사의 의미적 차이를 분명히 하고자 한다. 원성옥 외(2013: 103)에 따르면 (44a)에서 수업이 끝난 것은 화자의 의지, 노력과 상관없이 화자가 참여한 수업이 끝났음을 의미하고 (44b)에서 문장의 의미는 화자가 하던 공부를 자신의 의지로 마친 것으로 완료의 의미가 강하다.

(44) a. [공부] + [끝나다]
'수업이 끝났다.'
b. [공부] + [완료]
'공부가 끝났다.'

7 장진권(2004: 171)에서 이 단어는 '이제 됐습니다, 준비가 되다'라는 표제어이다.

4) 비수지 신호와 상

수어에서 상적 의미는 동사의 어형 변화를 통해 표현될 뿐만 아니라 비수지 신호로도 가능하다. 샌들러(2009: 256)는 수어에서 입모양의 어휘적 명세는 드문 반면에 음성언어의 형용사적 그리고 부사적 수식과 대응하는 관습화된 입모양의 조음은 공통적이고 생산적이라고 하였다. 이스라엘의 농인들은 Tweety and Sylvester(트위티와 실버스타) 만화의 이야기를 다시 수어로 할 때 공중으로 튀어 오르는 캐릭터에 대해 이야기하면서 '오래 끄는 움직임'(*protracted motion*)을 표현하기 위해 관습화된 부사적인 입모양을 사용했다. 이 입모양은 관습화되고 생산적이며 수어 문법을 구성하여 언어적이다(Sandler, 2009: 265).

한국수어에서 유사한 예는 농인들이 '비행접시가 땅에 착륙하다'와 '두 로켓이 하늘로 오르다'를 표현할 때 관찰할 수 있다(남기현, 2012: 18).

(1) '부'입모양

한국수어를 사용하는 농인은 '비행접시가 땅에 착륙하다'를 표현하기 위해 한손 혹은 양손으로 비행접시의 원반 모양과 움직임을 나타내고 동시에 입으로는 비행접시의 움직임의 방식과 지속의 의미를 나타낸다. 농인은 양쪽 볼을 부풀리고 입술을 다물고 앞으로 내밀어 '부'입모양을 하여 바람을 내뿜는다. 동시에 농인은 눈을 가늘게 뜨며 손은 느리게 움직인다(〈그림 5-11〉).

마찬가지로, '두 로켓이 하늘로 오르다'를 표현할 때 양손을 로켓을 나타내는 수형을 취해 수어 공간 양쪽에서 속도의 차이를 두고 동시에 위쪽으로 이동하거나 양손을 각각 땅과 로켓을 나타내어 수어 공간의 왼쪽 공간과 오른쪽 공간에서 차례대로 산출할 수 있다(〈그림 5-12〉). 수어 공간의 수평면의 양쪽을 사용한 것은 로켓이 두 개이기 때문이다. 양손을 동시적으로 산출하는 경우에는 수동의 차이로 두 로켓 중에서 어느 하나는 빨리 올라갔고 다른 하나는 느리게 올라갔음을 표현할 수 있다. 농인들은 로켓이 움직이고 있다는 상태 정보를 전달하기 위해 양쪽 볼을 부풀리고 손을 느리게 움직인다.

a. 비행접시가 땅에 착륙하다 ① – 1

〈그림 5-11〉
'부'입모양

a. 비행접시가 땅에 착륙하다 ① – 2

b. 비행접시가 땅에 착륙하다 ② – 1

b. 비행접시가 땅에 착륙하다 ② – 2

c. 비행접시가 땅에 착륙하다 ③ – 1

c. 비행접시가 땅에 착륙하다 ③ – 2

〈그림 5-12〉
두 로켓이 하늘로 오르다

(2) '파'입모양

'파'입모양은 입술을 다물었다가 파열음을 내듯이 입술을 벌리는 것이다. 이때 '파'라는 소리를 내는 경우도 있다. 한국수어에서 이 입모양은 단어와 함께 나타나는데 대표적인 것이 〔가능하다〕이다. 그러나 '파'입모양은 〔가능하다〕에 한정되어 동반되는 것이 아니라, 사건이나 행위의 완료의 의미를 나타낼 때도 동반된다.

(45)는 데프TV에서 제작한 〈에피소드〉 중 '20년 만의 재회'라는 동영상에서 발췌한 문장이다. 동영상의 농인은 20년 만에 연락이 닿은 농인 친구와 종로 2가에서 만나기로 하고 급하게 옷을 차려 입고 준비를 마치고 약속 장소로 나간다. 문장 끝에 〔끝나다〕는 단어가 '파'입모양과 함께 산출되었다(〈그림 5-13〉). 이는 행위의 완료를 나타낸다.

(45) [시작] + [준비] + [상의를 입다]$^{\text{반복 수동}}$ + [끝나다]$^{\text{'파'입모양}}$
'(약속 장소에 갈 준비를) 시작하여 준비하고 윗옷을 차려 입고 (갈 준비를) 마쳤다'

〈그림 5-13〉
[끝나다]

(46) [전철]$^{\text{느리게 수동/양쪽 볼 부풀림}}$ + [종로] + 2가^{지문자} + [내리다]$^{\text{'파'입모양}}$
'전철을 타고 가서 종로2가에서 내렸다'

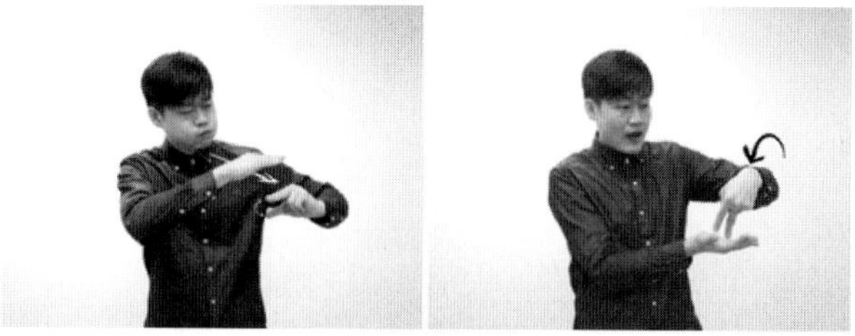

a. 전철을 타고 가다$^{\text{'부'입모양}}$　　b. 전철에서 내리다$^{\text{'파'입모양}}$

〈그림 5-14〉
'부'입모양과 '파'입모양

(46) 문장은 앞에서 언급한 '20년만의 재회' 동영상의 뒷부분이다. 동영상에서 농인은 전철을 타고 가서 약속 장소인 종로2가에서 내린다. '전철을 타고 가다'는 〔전철〕 단어를 느리게 앞으로 움직여서 표현한다(〈그림 5-14a〉). 이때 양쪽 볼을 부풀린다. 농인은 '전철에서 내리다'에서 〔내리다〕 단어를 산출하면서 동시에 '파'입모양을 취했는데 내리는 행위가 완료되었음을 나타낸다(〈그림5-14b〉).

(47) 문장은 동영상의 마지막 부분이다. 농인은 (공포탄 소리에도 아랑곳하지 않고 약속 장소에 서서 두리번거리고 있는) 농인 친구를 멀리서 보고 그 친구에게 다가가 만나게 된다. 이 문장에서 '파'입모양은 〔만나다〕 동사와 나타나지 않고 뒤에 이어진 〔합당〕에서 동반했다(〈그림 5-15〉). 따라서 이 입모양을 농인 친구를 만나게 되었다는 그 사건이 완료되었음을 나타낸다고 해석할 수도 있지만 그렇다면 동사 〔만나다〕와 함께 산출되는 것이 더 적절할 것이다. 그러나 동영상에서 '파'입모양은 〔합당〕과 함께 나타났다. 이에 대해 농인은 '파'입모양에 완료라는 의미뿐만 아니라 자신이 하고자 하는 목표를 성취했다, 성공했다는 의미도 포함된다고 해석하였다.

(47) [지시]^{정면} + [농아] + [지시]^{정면} + [나] + [친구] + [지시]^{정면}
'저기 농인이네. 저 사람 내 친구네.'
[걷다]$^{1\to2}$ + [만나다] + [합당]$^{\text{'파'입모양}}$
'농인 친구에게 다가가서 만났다. 내 친구가 맞다.'

〈그림 5-15〉
[합당]

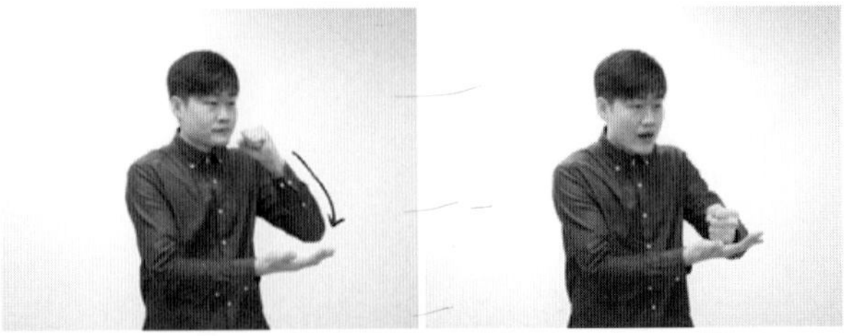

한국수어에서 '부'입모양과 '파'입모양이라고 명명한 비수지 신호는 사람이나 사물의 이동 사건을 표현하는 동사와 어떤 사건의 완료, 성취를 표현하는 동사와 함께 나타났다. 따라서 동사의 상적 의미와 관련이 있는 것으로 보이며 후속 연구를 통해 한국수어에서 비수지 신호가 기여하는 문법적 기능을 명백히 밝힐 필요가 있다고 본다. 또한 이 절에서는 한국수어에서 상 범주에 대해 간단한 예들을 살펴보는 데 그쳤다. 한국수어에서는 상 범주뿐만 아니라 동사의 개별적 의미도 심도 있게 다루어진 적이 없다. 따라서 개별 동사들의 의미에 기반을 둔 '동작류'에 대한 연구는 향후 문법상 연구의 근거가 될 것이다(원성옥 외, 2013: 105).

3 문장 유형

문장은 한 문장 안에 주어와 서술어가 각각 하나씩 있어 이들의 관계가 한 번만 이루어지는 단문(*simple sentences*)과 주어와 서술어의 관계가 두 번 이상 맺어지는 복문(*complex sentences*)으로 구분된다. 복문은 두 개 이상의 단문이 대등절로 이어지거나 종속절로 이어진다.

1) 단문

우리는 4장 형태론에서 동사의 유형을 살펴본 바 있다. 수어에서 동사는 보편적으로 일반 동사, 일치 동사, 묘사 동사로 구분된다. 각 동사 유형별로 단문에서의 실현 양상을 차례대로 보도록 하자.

(1) 일반 동사와 문장 유형

일반 동사는 논항을 위해 설정된 위치에 상관없이 동일한 형태를 띤다. 이와 대조적으로 일치 동사와 묘사 동사는 수어 공간을 사용하기 때문에 그 실현 양상이 달라질 수밖에 없다. (48a) 문장은 〔울다〕라는 자동사가 포함된 단문이다. (48b) 처럼 명사가 아닌 대명사를 넣은 문장도 가능하다. 〔너〕는 상대를 향해 지시 수형으로 가리킨다. 주어가 문장 앞에 오는 것이 자연스럽다.

(48) a. [동생] + [울다]
'동생이 울다.'
b. [너] + [울다]
'네가 울다'

동사와 형용사는 통틀어서 '동사'로 보아 동작 동사와 상태 동사로 하위분류하기도 한다. 일반 동사가 타동사일 경우는 주어와 목적어 다음에 동사가 온다. (49) 에서 〔좋아하다〕는 사람의 감정을 나타내는 상태 동사이다. 농인의 코에 주먹을 닿게 하는 동작으로 공간을 사용하지 않아 동사는 주어와 목적어 논항과 일치할 수 없다. 따라서 문장은 주어와 목적어 그리고 동사를 순차적으로 산출해야 한다. 물론 대화 상황에서 (49a) 문장의 경우 주어는 생략할 수 있지만 동사는 목적어 다음에 와야 한다. (49b) 에서 주어와 목적어를 대명사로 할 경우 '나는 너를 좋아하다'가 되며 주어와 목적어 자리에서 어순을 바꾸어 '〔너〕 + 〔나〕 + 〔좋아하다〕'로 하면 '네가 나를 좋아하다'가 된다. 즉, 문장에서 차지하는 위치에 따라 주어와 목적어가 달라진다. 따라서 일반 동사에서 어순은 주어와 목적어의 표지가 된다고 할 수 있다.

(49) a. [동생] + [개] + [좋아하다]
'동생은 개를 좋아한다.'
b. [나] + [너] + [좋아하다]
'나는 너를 좋아한다.'

(2) 일치 동사와 문장 유형

일치 동사는 일반 동사와 달리 수어 공간에서 시작점과 끝점을 가지고 동사의 이동 경로와 방향의 변화를 통해 주어와 목적어가 표현된다. 한국수어의 일부 일치 동사는 동사 자체에 사람을 나타내는 수형이 포함되어 여자와 남자의 성을 구별할 수 있다. 엄지 수형이 기본형이고 여성을 나타내려면 소지로 수형을 바꾼다.

농인들의 실제 대화에서 주어와 목적어는 생략될 수 있고 그것이 주어와 목적어를 산출했을 때보다 더 자연스럽다. (50a) '내가 너를 돕다'라는 문장에서 도움을 주는 행동주와 도움을 받는 경험자가 동사 〔돕다〕의 손바닥의 방향에 따라 정해진다. 동사의 방향이 수어자로부터 밖을 향한다면 '내가 너를 돕다'라는 의미가 되고 동사의 방향이 수어자의 몸 쪽으로 향한다면 '네가 나를 돕다'란 의미가 된다.

〔주다〕 동사는 동사의 이동을 통해 주어의 위치와 목적어의 위치가 결정된다. (50b) 처럼 주어인 의사와 직접 목적어인 시계 다음에 동사 〔주다〕가 산출될 경우 간접 목적어가 생략되었지만 〔주다〕 동사의 이동 방향으로 누군가에게 시계를 주었다는 것을 알 수 있다. 이때 누군가를 명확히 명시할 필요가 있을 때는 간접 목적어는 직접 목적어의 전후로 올 수 있으나 강조하는 경우가 아니라면 동사 다음에 오지 않는다.

(50) a. [나] + [너] + [돕다]
'내가 너를 돕다.'
b. [의사] + [시계] + [주다]
'의사가 (너에게) 시계를 주다.'

다음은 어순이 아닌 수어 공간을 직접 사용한 경우이다(남기현, 2012: 157~158). 가령 '엄마가 두 아이에게 선물을 주다'라는 문장을 표현할 때, 수어자는 자신을 지시하며 자신이 '엄마'의 위치라고 확인시킨다. 그리고 나서 왼쪽 공간에 엄지 수형의 한손을 위치시키고 아이 이름을 표현하고, 연이어 오른쪽 공간에 여자 수형의 손을 위치시킨 후 다른 아이의 이름을 수어로 한다. 이렇게 수어 공간에 엄마와 아이 2명의 위치를 설정한 후 수어자의 양손이 엄마 위치에서 두 아이와 연결된 양쪽 공간의 위치로 동시에 이동하여 '엄마가 두 아이에게 선물을 주다'를 표현한다(〈그림 5-16c〉). 수어 공간에서 개체들의 위치를 설정하고 그 개체들 사이에서 동사가 움직인다.

a. 아이1의 위치

〈그림 5-16〉
공간을 이용한
동사의 표현

b. 아이2의 위치

c. 엄마가 두 아이에게 선물을 주다

음성언어처럼 문장의 어순이나 격을 나타내는 조사를 가지고 문장의 구조를 나타내는 것이 아니라 수어 공간이라는 더 직접적인 방식을 통해 표현한 것이다. 수어에서 일치 동사는 논항과 연결된 위치들 사이를 이동한다. 따라서 논항들 사이의 의미 관계를 시각적으로 명확히 표현할 수 있는 시각언어의 특징을 잘 보여준다.

(3) 묘사 동사와 문장 유형

묘사 동사는 수어학에서 분류사, 분류사 술어, 분류사 구문 등 다양한 용어로 사용되었다. 음성언어에서 동사는 고정된 형태를 취하는 데 반해 수어에서 묘사 동사는 대상에 따라 특정한 수형과 수동을 취한다. 이 절에서는 수어가 갖는 그러한 독특한 문법적 특징을 다루도록 하겠다.

묘사 동사에서 수형과 수동의 자유로움은 의미적, 통사적 구조에서 각 손이 전경(*figure*)으로 기능하기 때문이다(Aronoff et al., 2003: 71). 두 손은 독립적으로 통사적으로, 의미적으로 기능을 한다.

> 전경은 장면에서 명백한 요소로서 의미적이고 통사적인 역할을 한다. 의미적으로 각 전경은 행위자와 수동자가 될 수 있다. 두 전경은 동일한 의미적 역할 혹은 다른 역할을 할 수 있다. 이것은 분류사의 의미적이고 통사적인 구조가 매우 복잡하다는 것을 나타낸다.

샌들러와 릴로-마틴(2006)은 음성언어와 수어의 억양구를 비교하였는데 음성언어에서는 억양구가 속도, 레지스터, 휴지(*pause*) 그리고 다른 요인들에 의존하는 데 비해 이스라엘수어에서는 머리 위치의 변화, 얼굴 표정의 변화로 표지된다고 하였다. 여기서는 연구자들이 사용한 '분류사'라는 용어를 사용하도록 하겠다. 미국수어에서 "Car turns right ‖ Car turns left"(자동차가 오른쪽으로 가다가 왼쪽으로 가다)라는 문장에서 분류사인 VEHICLE RIDE(자동차가 달리다)가 연속적으로 표현된다. 여기서 ‖는 운율적 휴지를 표시한다. 두 분류사 사이에는 긴 정지가 있고 머리와 신체 위치에 명백한 변화가 있다. 연구자들은 수어의 분류사는 언어적으로 복잡한 요소로서 실제로 단어가 아니라 단어와 문장 사이의 무엇이라고 주장한다. 분류사는 명제적 내용을 전달하며 이는 수어의 분류사가 어휘부에 속할 수 없는 이유이다.

한국수어에서도 수형의 교체를 통해 문장이 끊어지지 않고 연속적으로 표현되는 시각언어의 경제적인 표현 방법을 보여주는 예가 있다. (51) 문장은 데프TV의 〈에피소드〉 중에서 '전등'의 일부이다. 동영상에서 농인은 '도서관에서 공부를 마치고 귀가한다'는 문장을 다음과 같이 표현했다.

(51) a. [도로] + [집] + [가다]
'도로 집에 가다.'
b. [전철을 타고 가다] + [버스를 타고 가다] + [걸어서 가다] + (… 생략 …)
'전철을 타고 가다가 (갈아타고) 버스를 타고 (내려서) 걸어갔다.'

〔전철〕은 평평한 비우세손의 아래에 우세손을 위치시켜 비우세손은 정지한 상태에서 우세손만을 엄지와 검지 중지를 구부렸다 폈다를 반복하는 내부 수동과 반대쪽에서 같은 쪽으로의 직선 이동을 동시에 한다(〈그림 5-17a〉). 〔버스〕는 평평한 수형의 우세손과 지문자 ㅁ수형의 비우세손을 동시에 전후로 움직인다(〈그림 5-17b〉). 〔걷다〕는 한손 검지와 중지만 펴서 두 다리로 걸어가듯이 손가락을 움직이며 앞으로 이동한다(〈그림 5-17c〉).

〈그림 5-17〉
[전철], [버스], [걷다]
단어

a. [전철]

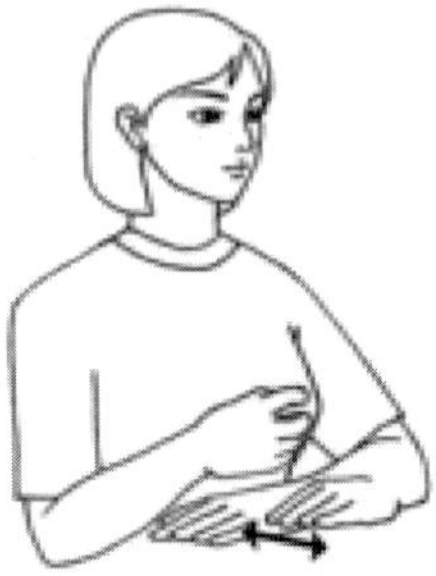

b. [버스]

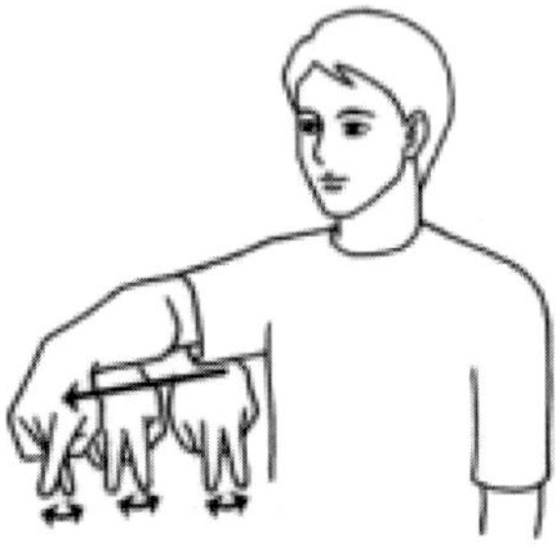

c. [걷다]

그러나 위 동영상의 수어자가 표현한 방식은 다음과 같다. 아래에 위치한 평평한 수형의 비우세손을 전후로 움직이면서 동시에 위에 위치한 우세손의 수형을 '전철-버스-사람'으로 차례대로 교체하였다. 이 표현은 '전철을 타고 가다가 (갈아타고) 버스를 타고 (내려서) 걸어갔다'라는 문장이다. '갈아타다', '내리다' 등의 표현을 생략하고 수형의 교체만으로 최대한 간단하게 표현한 것이다(〈그림 5-18〉).

a. 전철을 타고 가다

〈그림 5-18〉
전철 - 버스 - 걷다의
연속적 표현

b. 버스를 타고 가다

c. 걸어가다

(52) 문장은 '잎이 무성한 나무에서 사과가 떨어지다'는 문장을 표현하기 위해 '떨어지다'는 그 대상에 따라 형태가 구체적으로 표현될 수 있다. 〔나무〕 단어 다음에 나무의 모양을 설명하는 표현이 이어지는데 이는 잎이 풍성한 나무의 외형을 표현한 것이다(〈그림 5-19a〉). 〔사과〕 다음에 '떨어지다'를 의미하는 동사는 사과의 모양에 영향을 받아 둥근 수형을 취해 위에서 아래로 이동하였다(〈그림 5-19b〉). 묘사 동사의 어순은 일반적인 인지적 원리를 반영한다(Johnston & Schembri, 2007). 수어에서 배경이 되는 움직이지 않는 사물이 먼저 산출되고 움직이는 사물은 전경이 되어 배경과 관련하여 기술된다. 수어자가 공간을 사용하는 방식은 마치 누군가가 도화지에 그림을 그릴 때 배경을 먼저 그린 후에 그 안에 인물을 배치하는 것과 매우 흡사하다 하겠다(Emmorey, 1996).

(52) a. [나무] + 나무 외형
'잎이 무성한 나무가 있다.'
b. [사과] + 사과가 떨어지다
'사과가 아래로 떨어진다.'

〈그림 5-19〉
전경 – 배경 표현

a. 잎이 무성한 나무가 있다 – 1

a. 잎이 무성한 나무가 있다 – 2

b. 사과가 아래로 떨어지다

묘사 동사 중 취급 동사는 사물을 다루는 인간의 손 모양이 포함된 동사다. (53)은 '여자가 유리병을 던지다'라는 문장이다. 문장 주어와 목적어 다음에 동사가 온다. 동사는 던져지는 대상에 따라 그에 대응하는 수형을 취할 수 있다. 이 문장에서는 유리병이 원통형이므로 수형은 원통형을 잡은 손의 모양을 취한다(〈그림 5-20〉).

(53) [여자] + [유리] + 원통형 사물 + 원통 모양의 병을 던지다
'여자가 유리병을 던지다.'

수어 공간 안에서 움직이는 묘사 동사의 수형은 행위자가 되고 수동은 행위가 된다. 수어 공간의 어느 지점에 개체들을 위치시키고 묘사 동사가 그 지점들 사이를 이동하여 사물간의 관계, 사물의 이동을 시각적 그리고 직접적으로 표현할 수 있다. 따라서 단어를 넘어선 문장의 표현이 가능해진다. 그러므로 윌리엄 스토키(2001: 173)가 '뫼비우스의 띠'라는 비유로 설명하였듯이 언어에서 단어를 만들고 문장을 만드는 두 기본적인 과정이 수어라는 제스처-시각적 언어 양

a. 원통형 사물

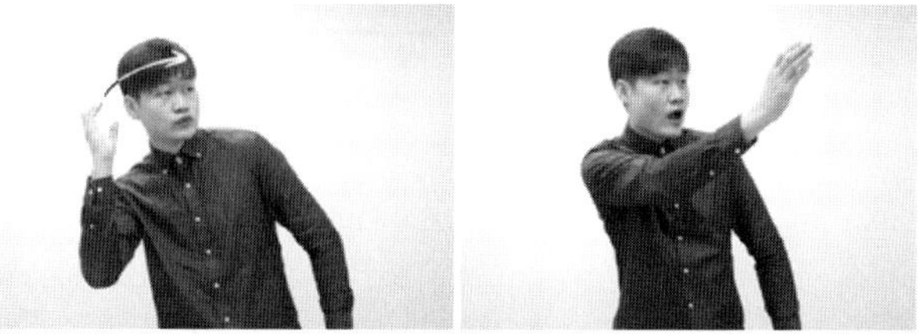

b. 원통 모양의 병을 던지다

〈그림 5-20〉
취급 동사 표현

식에서는 분리되지 않고 하나로 통합되어 있어 매우 경제적으로 만족된다.

> 언어의 단어 - 단계가 두 구성소, 즉 행동과 행동하는 무엇 혹은 행동을 받은 무엇으로 확인될 수 있을 때 여기에는 분명한 단순함이 있다. 그러나 단순함은 불완전성이 아니다 : 그러한 시스템은 단어와 문장 모두를 포함한다. 왜냐하면 단어가 SVO(주어 - 동사 - 목적어)가 될 수 있기 때문이다.

2) 복문

한국수어의 문법 연구는 농인들이 실제적으로 사용하는 언어 자료의 수집과 분석이 활발히 이루어지지 않아서 한국수어의 문법이 어떠한가에 대한 질문에 명백한 답을 제공하기는 아직 이르다. 그러나 1990년대부터 한국수어의 문법 연구는 소수의 연구자들이 농인들의 수어를 직접 수집하여 분석하는 과정을 통해 그 모습이 조금씩 드러나고 있다. 이 절에서는 이러한 선행 연구의 결과에 기대어 현재 한국수어의 문법을 들여다보기로 한다.

우리는 앞 절에서 주어와 서술어의 관계가 한 번 이루어지는 단문을 동사의 유형과 관련지어 살펴보았다. 이 절에서는 두 개 이상의 단문이 이어진 복문을 보도록 한다.

(1) 대등 접속문

문장은 두 절이 대등하게 이어진 문장과 종속적으로 이어진 문장이 있다. 전자는 대등 접속문으로 선행절과 후행절은 나열, 대조, 선택 등의 의미 관계를 가진다. 후자는 종속 접속문으로 선행절과 후행절의 의미 관계가 독립적이지 못하고 종속적이다.

① 나열 관계

이정옥(2012: 33)은 한국수어의 대등 접속문이 한국어와 마찬가지로 나열 관계, 대조 관계, 선택 관계로 실현된다고 보았다.[8] 그에 따르면, 한국수어에서 나열 관계의 대등 접속문은 선행절 끝에 휴지가 나타나거나 두 절 사이에 〔그러나〕, 〔또〕와 같은 접속사를 사용한다.

(54a)에서 '연극이 끝나다'라는 선행절 뒤에 잠시 쉬는 '휴지'가 있은 후 '막이 내리다'라는 후행절이 온다. 한국수어에서 나열 관계의 표현은 주로 〔끝〕이나 〔종료〕가 두 문장 사이에 위치하여 앞 문장의 이야기나 사실이 종료되고 상황이 새롭게 전개되거나 이어진다는 의미를 표현한다. 두 문장 사이에서 휴지는 시간의 순서로 이어주는 연결어미 같은 역할을 한다. (54b)에서 '침을 주고'라는 선행절 다음에 〔또〕와 고개 끄덕임과 휴지가 이어진 후 후행절인 '한약을 주다'가 온다. P1_P2는 일치 동사가 1인칭에서 2인칭으로 움직인다는 표시이다(이정옥, 2012 : 33).

(54) a. [연극] + [끝]^{휴지}__ + [내리다]
'연극이 끝나고 막이 내렸다.'
b. [침] + [또]$^{\text{고개 끄덕 휴지}}$__ + [한약] + [주다(P1_P2)]
'침을 주고, 한약을 주겠다.'

8 이정옥(2012)에서 가져온 예문에서 { }괄호는 [ ]괄호로, ' '는 [ ] 기호로 대치했다. 그리고 단어와 단어 사이에 '+'부호를 첨가했다. 이 책에서는 일부 예들을 가져왔으며 더 많은 예문은 원 논문을 참고할 수 있다.

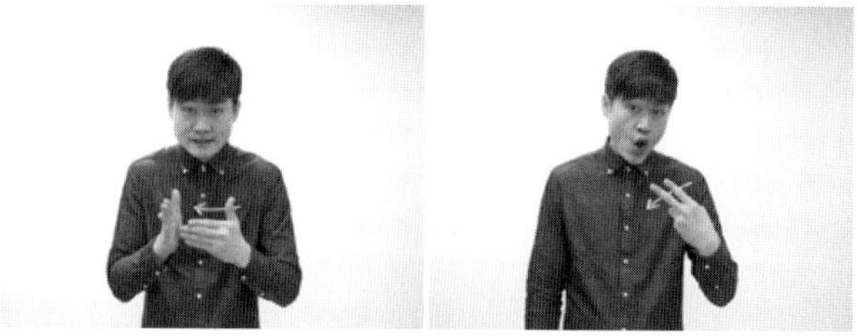

a. [끝] b. [또]

〈그림 5-21〉 나열 관계를 나타내는 어휘

한국수어에서 시간의 순서에 따라 일어난 사건을 연결하는 문장에서 〔끝나다〕 단어는 한국어의 '-고' 연결어미처럼 두 문장을 대등하게 이어준다. 그러나 그러한 단어가 없이도 동사 자체가 가진 의미를 가지고 나열관계의 문장을 표현할 수 있다. (55)와 같은 한국어 문장을 한국수어로 표현할 경우 〔일어나다〕, 〔벗다〕 동사 자체가 행위의 '완료'의 의미를 가지고, 다른 부가적인 어휘를 필요로 하지 않는다(원성옥 외, 2013 : 93).

(55) a. 아침에 일어나서 학교에 갔다.
b. 아버지는 옷을 벗어서 벽에 거실 것이다.

② 대조 관계

한국수어에서 대조 관계는 대조되는 어휘의 사용과 접속사 〔그러나〕를 통해 이루어진다(이정옥, 2012: 36). (56a)은 선행절 '나는 밖에서 놀기가 별로이다'와 후행절 '(내가) 집에서 독서 하는 것이 낫다'가 휴지를 사이에 둔다. 그러나 문장의 대조 관계는 〔별로〕와 〔낫다〕 어휘를 통해 이루어졌다. 이정옥(2012)은 한국수어 대등 접속문에서 대조 관계가 두 어휘의 대조를 통해 실현되는 경우를 흔히 관찰할 수 있다고 하였다. (56b)는 접속사 〔그러나〕로 대조 관계를 나타낸다. 그 외에도 〔아직〕, 〔못하다〕, 〔없다〕 등의 부정어를 사용하여 대조 관계를 나타낸다고 하였다(이정옥, 2012 : 35~36).

(56) a. [나] + [밖] + [놀다] + [별로]$^{\text{고개 숙임 휴지}}$
[집] + [계시다] + [독서] + [낫다]$^{\text{고개 들고 입 벌림}}$
'나는 밖에서 노는 것 보다 집에서 독서하는 것이 낫다.'
b. [빛] + [어둠] + [구분하다] + [불가능] + [눈] + [그러나] + [소리] + [대하여] +
[관심] + [실천하다] + [꿈] + [자라다]
'밝음과 어두움도 구분하지 못하는 눈을 가지고 살아왔으나 소리에 대해서 관심을 가지고 실천하여 꿈이 성장하였다.'

〈그림 5-22〉
대조 관계를
나타내는 어휘

a. [별로]

b. [그러나]

앞서 살펴보았듯이 한국수어에서 대조 관계를 표현하기 위해 〔그러나〕를 사용하기 쉽지만 생략이 가능하다. (57a)는 설탕과 기름이 물에 녹는 특성을 살려서 수어 공간의 양쪽에서 산출한다. (57b)는 〔그러나〕를 사용한다면 오히려 두 문장의 사이에 간격이 생겨 부드러운 표현을 방해할 수 있으므로 비수지 신호를 사용할 수 있는 것을 보여준다(원성옥 외, 2013 : 93~94).

(57) a. 설탕은 물에 잘 녹으나 기름은 잘 녹지 않는다.
b. 해연이는 춤을 잘 못 추는데 노래는 잘 부른다.

대조 관계는 수어 공간의 사용을 통해 분명하게 드러난다. 추상적인 개념을 비교하여 기술할 때 수어 공간의 양쪽 면을 사용한다(남기현, 2007: 64~65). 농인은 한국의 '약사법 개정'을 설명하면서 자신의 수어 공간을 두 개로 나누어 사용하였다. 약국과 관계된 내용은 자신의 상체를 왼쪽 공간을 향하게 하여 그 공간에서 수어를 하고 병원과 관계된 내용은 자신의 상체를 오른쪽 공간을 향하게 하여 그 공간에서 수어를 했다. 따라서 농인은 〔병원〕과 〔약국〕이라는 어휘를 반복하지 않는다. 그러나 대화 상대자인 다른 농인은 수어가 어느 공간에서 산출되는지를 보고 병원에 관한 내용인지 혹은 약국에 관한 내용인지를 시각적으로 확실하게 구별할 수 있다.

〈그림 5-23〉 비표 표현 : 약국과 병원에 대응하는 공간 사용

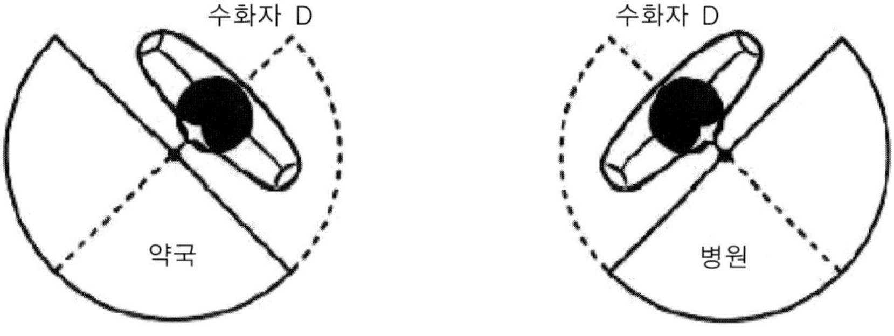

자료 : 남기현, 2007 : 64.

③ 선택 관계

한국어에서 선택 관계의 접속문은 '~든지', '~거나'와 같은 연결 어미가 사용된다. 한국수어에서 (58a)는 〔첫째〕와 〔둘째〕가 '~거나', '~든지'로 해석되는 보조사의 의미로 쓰여 두 가지 중에서 택하는 것을 말한다. 그뿐만 아니라 그 이상의 선택 상황에서도 사용이 가능하여 그 의미는 '몇 개 중에 무엇'이다. (58b)는 문미에 〔두 가지〕라는 어휘를 넣어 전체 문장을 선택 관계로 만든다. 〔두 가지〕는 한손의 주먹에서 검지와 중지만 펴서 손끝이 위로 향하게 하여 두 손가락의 관절을 전후로 움직이는 것이다(이정옥, 2012 : 37).

(58) a. [버스] + [첫째] + [지하철] + [둘째] + [~든지(1,2)] + [결정]
'버스를 타고 가든지, 지하철을 타고 가든지 결정하자.'
b. [하나] + [남다] + [다음] + [대기업] + [가능하다] + [생각] + [두 가지]
'한 가지가 남았는데 대기업에 들어갈 수 있을지 없을지 모르겠다.'

〈그림 5-24〉
선택 관계를
나타내는 어휘

a. [첫째]

b. [둘째]

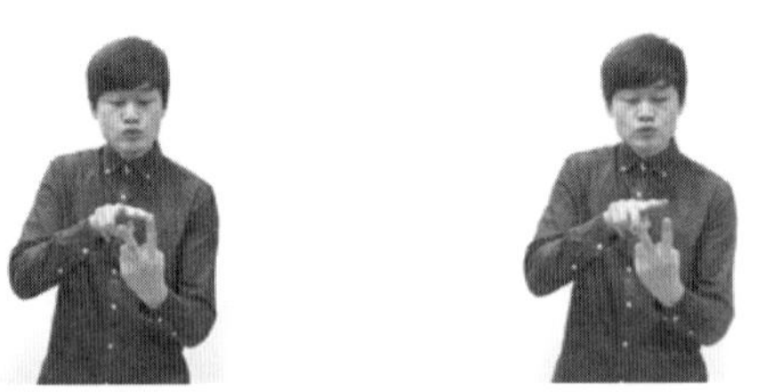

c. [- 든지]

d. [두 가지]

마찬가지로, 〔두 가지〕는 다음 (59) 문장에서도 문미에 나타나 문장을 선택의 의미로 만든다. (59) 문장에서는 〔둘 중 하나〕라는 주석을 사용하였다. 특히 수어 공간의 왼쪽 공간과 오른쪽 공간을 활용할 수 있다(원성옥 외, 2013 : 95).

(59) [음악]$^{왼쪽\ 공간}$ + [듣다]$^{왼쪽\ 공간}$ + [영화]$^{오른쪽\ 공간}$ + [보다]$^{오른쪽\ 공간}$ + [둘 중 하나]
'저는 혼자 음악을 듣거나 영화를 봅니다.'

그밖에도 원성옥 외(2013)에서는 한국수어에서 전환, 이유, 원인, 인정, 방법, 수단, 배경의 의미를 가진 대등 접속문의 예를 제시하고 있다.

(2) 종속 접속문

한국수어에서 인과, 조건, 의도, 양보의 관계를 가진 종속 접속문을 살펴보도록 하자.

① 인과 관계

인과 관계의 종속 접속문은 입모양과 접속사 〔때문에〕로 이루어진다(이정옥, 2012: 39~40). (60a)에서 인과 관계는 앞 절의 마지막 입모양'오'를 유지한 채 휴지를 두는 방법으로 실현한다.[9] (60b)는 접속사 〔때문에〕가 한국어의 '그래서, 그러므로, 말미암아' 등의 접속사의 구실을 한다. 그러나 수어에서는 〔때문에〕가 한국어의 인과 관계에서 접속사가 가진 의미를 다 아우른다고 하였다(이정옥, 2012 : 39~40).

(60) a. [개인] + [문제] + [있다]$^{입모양'오'}$ $\overset{휴지}{\_\_}$ + [둘(너와 나)] + [상담] + [원하다]
'개인적인 문제가 있어 당신과 상담하고 싶습니다.'
b. [나] + [앵커] + [되다] + [때문에] + [더] + [뜨겁다] + [활동] + [방송] + [원하다]
'KBS의 앵커가 되었기 때문에 더 적극적으로 방송 활동을 하고 싶다.'

9 원 논문의 표기를 따라 입모양'오'로 표기하였다.

〈그림 5-25〉
인과 관계를
나타내는 어휘

a. [있다]

b. [때문에]

② 조건 관계

한국수어에서 조건 관계의 종속 접속문은 단어뿐만 아니라 비수지 신호, 부정어, 부사의 사용 등 다양한 방식으로 실현된다(이정옥, 2012: 40~43).

첫째, 고개 끄덕임과 휴지 그리고 입모양'오'와 같은 비수지 신호를 통해 조건절을 실현한다(61a~b) (이정옥, 2012 : 40).

(61) a. [신청하다(P2-P1)]$^{\text{고개 끄덕}}$ $^{\underline{\text{휴지}}}$ + [휴대폰] + [무료] + [주다(P1-P2)]$^{\text{고개 끄덕}}$
'신청하시면 휴대폰을 무료로 나누어 드립니다.'
b. [학생] + [증거] + [있다]$^{\text{입모양'오'}}$ + [할인] + [가능하다]$^{\text{고개 끄덕}}$
'학생증을 제출하면 할인받을 수 있습니다.'

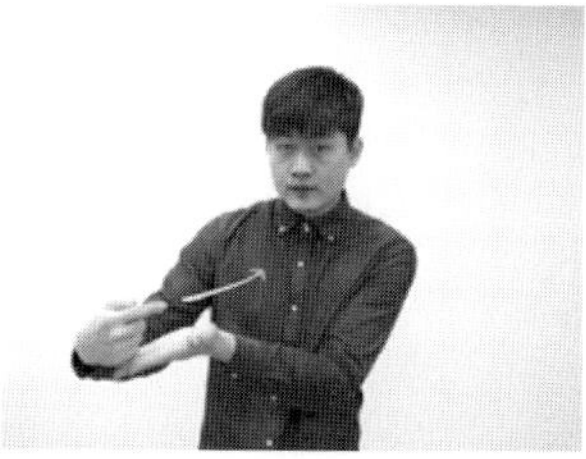

a. [신청하다] - 1

〈그림 5-26〉
조건 관계를 나타내는
비수지 신호

a. [신청하다] - 2

b. [있다]

둘째, 문두에 문장부사 〔만약〕이나 〔혹시〕가 위치하여 문장에서 '만약 ~하면, ~하다'나 '혹시 ~하면 ~하다'라는 조건절을 실현시킨다(62a~b). 문장부사 〔만약〕, 〔혹시〕가 문두에 오면 선행절의 마지막에 휴지가 반드시 나타나서 〔만약〕, 〔혹시〕와 호응하는 '~면'의 기능을 한다(이정옥, 2012 : 41).

(62) a. [만약]$^{\text{고개 끄덕}}$ + [물건] + [이상하다]$^{\underline{\text{휴지}}}$ + [바꾸다] + [가능하다]?
'만약 물건에 이상이 있으면 바꿀 수 있어요?'
b. [혹시]$^{\underline{\text{휴지}}}$ + [오다] + [못하다]$^{\text{고개 끄덕}}$ + [연락하다] + [부탁하다]
'혹시 올 수 없게 되면 연락을 주기 바란다.'

〈그림 5-27〉
문장부사
[만약]과 [혹시]

a. [만약]

b. [이상하다]

c. [혹시]

d. [못하다]

셋째, 조건 관계의 종속 접속문은 부정어로 표현한다(63a~b). 〔아니다〕, 〔없다〕 부정어는 '아니면', '없으면'이라는 후행절의 조건절이 된다. 이 어휘 다음에 고개 끄덕임과 휴지라는 비수지 신호가 있어야 그 의미가 정확하게 전달한다고 보았다(이정옥, 2012 : 42).

(63) a. [중요하다] + [물건] + [아니다] + [사다] + [말다]
'긴요한 물건이 아니면 사지 마라.'
b. [발전] + [위하다] + [노력하다] + [없다] + [퇴보하다]
'발전을 위해 노력하지 않으면 퇴보한다.'

〈그림 5-28〉
조건 관계를
나타내는 어휘

a. [아니다]

b. [없다]

넷째, 선행절의 서술어 다음에 〔꼭〕이라는 부사가 위치하여 '타기만 하면'이라는 조건절을 실현시킨다(이정옥, 2012 : 43).

(64) [나] + [비행기] + [타다] + [꼭] + [멀미] + [나다]
'나는 비행기만 타면 멀미한다.'

〈그림 5-29〉
[꼭]

③ 의도 관계

의도 관계를 나타내기 위해 〔목적〕, 〔원하다〕, 〔되다〕라는 어휘를 사용한다(이정옥, 2012: 45). (65a)에서 〔목적〕이라는 어휘와 휴지를 사용한다. (65b)에서 〔원하다〕는 '~하고 싶다' 외에 '~하기 위하여'라는 의미를 가져 목적, 의도의 의미를 가지는 선행절을 실현시킨다. (65c)에서 〔되다〕를 선행절의 서술어로 사용하여 의도를 나타낸다. 〔목적〕의 사진이 원 논문에는 없지만 추가했다(이정옥, 2012 : 44~45).

(65) a. [나] + [미국] + [머무르다] + [때] + [동생] + [목적][휴지] + [만나다] + [엘리베이터]
'옛날에 내가 미국에 있을 때 동생 만나러 엘리베이터를 탔습니다.'
b. [수어] + [배우다] + [원하다][고개 끄덕 휴지] + [오다]
'수어교육에 참여하려고 합니다.'
c. [그] + [부자] + [되다][고개 끄덕] + [힘쓰다] + [오다]
'그는 부자가 되기 위해 힘써왔다.'

〈그림 5-30〉
의도 관계를
나타내는 어휘

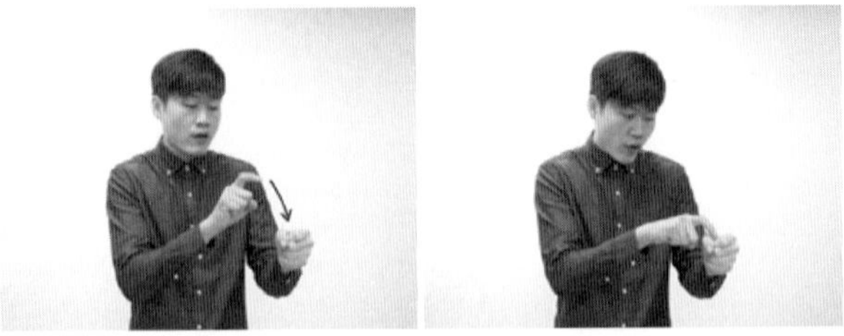

a. [목적]

b. [원하다]

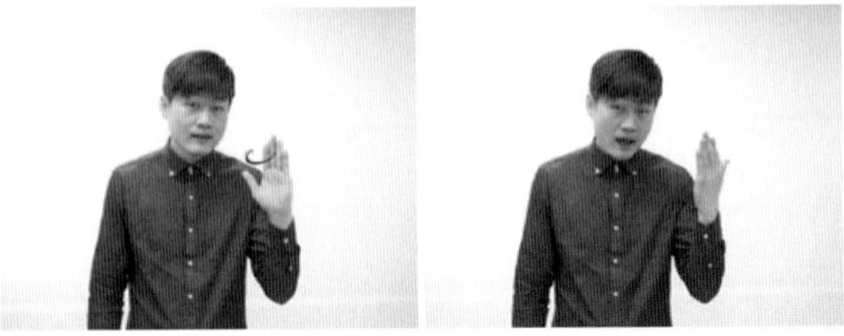

c. [되다]

한국어는 '숙제를 하러'라는 이유, 목적을 나타내는 절이 선행절이 되고 '친구 집에 가다'가 후행절이 된다. 이와 달리 한국수어에서는 '(나는) 친구 집에 가다'가 선행절로 앞에 오며, 이어서 '숙제를 하러'라는 이유를 나타내는 절이 후행절로 온다. 후행절의 〔왜〕가 두 문장을 이어주고 '이유'의 의미를 나타낸다. 이 문장에서 〔목적〕은 행위와 동작에 대한 분명한 이유를 드러낸다(원성옥 외, 2013: 94).

(66) [나] + [친구] + [방문] + [왜] + [숙제] + [목적]
'숙제를 하러 친구 집에 가요.'

④ 양보 관계

선행절이 양보 또는 방임의 뜻을 나타내며 후행절과 이어진다. (67a)에서 보듯이, 한국수어에서 양보의 의미를 가진 종속 접속문은 특별한 표지 없이 〔괜찮다〕 단어를 사용하여 실현되는 경우가 많다(이정옥, 2012: 45). 그러나 한국어에서 '아무리 시험이 어렵더라도 신경 쓰지 않는다', '비가 와도 소풍을 간다'와 같이 양보절인 선행절과 후행절로 나뉘는 데 반해, (67a) 문장은 후행절이 생략된 것으로 보인다. (67b)에서 〔무엇〕은 반드시 눈을 가늘게 뜨고 미간을 모으는 비수지 신호를 동반하여야 하는데 이는 '아무리'라는 의미를 가지게 되어 '생각해도'라는 양보절이 된다(이정옥, 2012 : 45).

(67) a. [모두] + [가다] + [괜찮다]
'모두 가도 무방하다.'
b. [무엇]^(눈 가늘게 뜨고 미간 모으기) + [생각하다] + [모르다]
'아무리 생각해도 모르겠다.'

a. [괜찮다]

b. [무엇]

〈그림 5-31〉 양보 관계를 나타내는 어휘

4. 의향법

의향법은 '언어내용 전달과정에서 청자에 대하여 화자가 가지는 태도를 실현하는 문법범주이다'(권재일, 2004: 7). 의향법의 하위범주로는 서술법, 의문법, 명령법, 청유법이 있다. 이 책에서는 한국수어의 의향법 실현에서 비수지 신호의 역할을 중점적으로 다룰 것이다.

1) 비수지 신호의 문법적 기능

비수지 신호는 문법적 표지를 담당한다. 미국수어에서 Yes-No 의문문, 제한적 관계사절, 화제화에서 비수지 신호가 문법적 기능을 나타낸다(Liddell, 1980: 18~23).

(68)~(71)는 리델이 제시한 미국수어의 예이다. WOMAN FORGET PURSE라는 3개의 단어의 연속으로 이루어진 문장인데 단지 비수지 신호를 통해 문장은 다르게 해석된다. 세 단어를 아무런 비수지 신호를 하지 않고 산출한다면 '여자가 지갑을 잃어버렸다'라는 서술문이 된다.

(68) WOMAN FORGET PURSE
'여자가 지갑을 잃어버렸다.'

(69) 문장은 동일한 단어를 동일한 어순으로 하면서 동시에 눈썹을 올리고, 머리와 신체를 앞으로 내민다. 이때 문장 위의 'q'표시는 '눈썹 올리기, 머리 앞으로 하기, 신체 앞으로 하기'를 나타내는 Yes / No 의문문의 표지이다. 이 비수지 신호들이 모두 나타나는 것이 의문 표지의 완전한 형태이지만 때로는 눈썹 올리기만으로도 Yes / No 의문문을 충분히 나타낼 수 있다.

(69) ______________________q
WOMAN FORGET PURSE
'여자가 지갑을 잃어버렸었어?'

마찬가지로, 동일한 단어를 하면서 동시에 'r'로 표시되는 비수지 신호를 함께 산출한다면 이 문장은 제한적 관계대명사절이 된다. 이때 'r'은 '눈썹 올리기, 머리 뒤로 젖히기, 윗입술 올리기'라는 비수지 신호이다.

(70) ______________________r
WOMAN FORGET PURSE RECENTLY ARRIVE
'지갑을 잃어버린 여자가 지금 막 도착했다.'

문장의 첫 단어 WOMAN을 산출하면서 머리를 약간 뒤로 기울이면서 눈썹을 올리면 이 문장은 화제화가 된다. 't'로 표시되어 화제화가 된 단어는 다른 단어보다 길게 유지된다.

(71) ________t
WOMAN FORGET PURSE
'여자에 대해서 말하자면 (여자는) 지갑을 잃어버렸다.'

리델이 제시한 비수지 신호는 '눈썹 올리기', '머리와 신체 앞으로 하기', '윗입술 올리기', '머리 뒤로 젖히기' 등이었다. 특히 문법적 기능에서 '눈썹 올리기'는 공통적으로 사용됨을 알 수 있다.

2) 한국수어에서 의향법

의향법인 서술문, 의문문, 명령문, 청유문을 한국수어에서 차례대로 살펴본 다음에, 화제화와 부정문을 제시하도록 하겠다.

(1) 서술문

서술문은 '청자에 대하여 특별히 요구하는 일이 없이, 청자에게 자기의 말을 해 버리거나, 느낌을 나타내거나, 청자에게 어떤 행동을 해 주기를 약속하면서, 화자가 청자에게 언어내용을 전달하는 문법적 방법이다'(권재일, 2004: 9).

한국수어의 서술문은 가장 많이 쓰이는 문장 종결법으로 전달하고자 하는 내용의 중요성, 강조성에 따라 비수지 신호가 비례적으로 실현된다(윤병천, 2003: 68).

한국어에서 서술문을 나타내는 '-다'는 한국수어에서는 〔-ㅂ니다〕에 대응할 수 있을 것인데 이는 자연스러운 대화 상황보다는 연설과 같은 공식적인 자리나 청인과의 대화에서 사용된다(원성옥 외, 2013: 89). 특히 (72)를 보면, 문장은 이미 〔끝나다〕로 마쳤다. 그러나 그 뒤에 〔-ㅂ니다〕가 이어진다면 불필요할 뿐만 아니라 문장 전체에 딱딱한 느낌을 준다. 따라서 〔-ㅂ니다〕가 문장 끝에서 서술문의 실현 방법으로 사용되는지는 검토가 필요하겠다(원성옥 외, 2013 : 89).

(72) [밥] + [먹다] + [끝나다] + [-ㅂ니다]
'밥 먹었어요.'

(2) 의문문

의문문은 '청자에게 무엇인가 요구하되, 행동이 아닌, 말을 요구하면서 화자가 청자에게 언어내용을 전달하는 문법적 방법이다'(권재일, 2004: 9). 의문문은 청자에게 '예 / 아니오'의 대답을 요구하는 '판정 의문문' 혹은 'Yes-No 의문문'과 구체적인 정보의 설명을 요구하는 '설명 의문문' 혹은 'Wh-의문문'이 있다.

한국수어에서 의문문은 반드시 대화 상대자와 공유하는 시선 응시를 요구한다. 한국수어에서 Wh-의문문과 Yes-No의문문의 실현은 눈썹을 올리고, 입을 벌리며, 얼굴을 앞으로 내미는 행동의 비수지 신호로 이루어진다(윤병천, 2003: 67~69). 윤병천에 의하면, 두 의문문에서 비수지 신호는 같지만 표현하고자 하는 강약에 따라 비수지 신호들의 동작에서 차이가 난다고 하였다.

Wh-의문문의 경우 (73) 예문처럼 〔무엇〕, 〔누가〕, 〔어떻게〕 같은 의문사가 문장 뒤에 온다. 이정옥(2012) 또한 의문사가 문미에 위치한다고 했다. (73b) 문장은 한 문장처럼 보이지만 한국어로 번역하면 3개의 문장으로 쪼개진다(엄미숙, 1996 : 52).

(73) a. [대명사] + [무엇]
'대명사는 무엇입니까?'
b. [너] + [누구] + [어떻게] + [오다] + [다] + [의문사]
'너는 누구냐? 어떻게 왔느냐? 다 의문사이다.'

의문문은 의문사뿐만 아니라 단어에 비수지 신호가 결합되어 표현할 수도 있다. (74)는 단순히 입을 벌리는 동작이 아니라 문장의 마지막 단어의 입모양이 유지된 것이다(이정옥, 2012: 64~65).

(74) [일] + [입사하다] + [농인] + [뽑다] + [회사] + [곳] + [있다]?눈썹 올리고 입모양'오'
'농인을 모집하는 회사가 있나요?'

〈그림 5-32〉
[있다]

청인들은 수어로 의문문을 나타내기 위해 종종 〔질문〕 단어를 사용한다(원성옥 외, 2013: 90). (75a)은 '나는 너한테 질문한다'라는 서술문으로서 〔질문〕은 서술어로 사용되고 있다. (75b)는 수업이 끝날 때쯤 선생님이 학생들에게 질문이 있는지를 물어보는 상황에서 '질문이 있나요?'라고 물을 때, 이미 〔있다〕라는 말에서 의문을 나타내는 비수지 신호를 부가하였다. 그러나 문미에 〔질문〕이라는 단어를 넣으면 '질문이 있나요?'라는 문장이 끝나고 또 다시 〔질문〕이라는 말을 되풀이하는 것이 된다(원성옥 외, 2013 : 90).

(75) a. [나] + [너] + [질문]
'나는 너한테 질문한다.'
b. *[질문] + [있다] + [질문]
'질문이 있나요?'

(3) 명령문

명령문은 '청자에게 무언인가 요구하되, 청자만 행동하기를 요구하면서, 화자가 청자에게 언어내용을 전달하는 문법적 방법이다'(권재일, 2004: 9).

한국수어에서 명령문은 〔명령〕 단어를 문미에 위치하여 표현한다고 생각하기 쉬우나 〔명령〕이 명령문을 만드는가는 논의의 여지가 있다(원성옥 외, 2013: 91). 왜냐하면 〔명령〕은 실제로 '내가 시키다'라는 의미가 강하여 상대를 앞에 두고 〔명령〕이라고 말하지는 않기 때문이라는 것이다. (76)문장에서 〔명령〕은 상대에게 명령하는 명령문이 아니라 내용을 진술하는 서술문이다. 따라서 한국수어에서 명령문은 적합한 비수지 신호와 단어를 단호하며 속도감 있게 산출해서 가능하다고 하겠다(엄미숙, 1996 : 54).

(76) [십자가] + [군대] + [가다] + [싫다] + [교황] + [가다] + [명령]
'십자군은 가기 싫었으나 교황은 가라고 명령하였다.'

(4) 청유문

청유문은 '청자에게 무엇인가 요구하되, 화자와 청자가 함께 행동하기를 요구하면서, 화자가 청자에게 언어내용을 전달하는 문법적 방법이다'(권재일, 2004: 9~10).

한국수어에서 청유문은 대부분 〔부탁〕으로 이루어진다고 생각하지만 이 또한 논의의 여지가 있다(원성옥 외, 2013: 91). (77) 문장은 '먹어요, 부탁이에요'와 '건강하세요, 부탁이에요'라는 다소 이상한 의미의 문장이 된다. 따라서 문장 앞에 ? 부호를 넣었다. 청유문을 만들기 위해서 〔부탁〕 어휘를 사용하는 것이 아니라 상대방을 바라보면서 고개를 끄덕이는 비수지 신호를 사용한다(원성옥 외, 2013 : 91).

(77) a. ?[먹다] + [부탁] '먹으세요.'
b. ?[건강] + [부탁] '건강하세요.'

한국수어에서 의향법의 실현에서 의문문은 한국어처럼 의문사를 사용하여 이루어지지만 대부분 비수지 신호가 그 기능을 담당한다. 또한 한국어의 간섭으로 청인들은 〔부탁〕, 〔명령〕이라는 어휘로 청유문과 명령문을 구사하지만 실제 문장에서 보면 이 어휘들은 어휘에 그칠 뿐 문장의 종결법으로 기능한다고 보기 어렵다. 따라서 한국수어에서 의향법의 실현에서는 비수지 신호의 기능이 매우 중요하다고 보며 이를 적절히 구사하는 것이 올바른 한국수어의 표현이라 할 수 있겠다.

(5) 부정문

부정문은 어떤 현상에 대하여 말하는 사람이 부정하는 뜻을 서술한 문장이다. 한국어에서는 부정소라 불리는 부정부사 '안', '못'이나 부정 서술어 '아니하다'(않다), '못하다', '말다', '아니다' 등이 있다(고영근 외, 2009: 333). 이외에 (78e) 처럼 '체언+이다' 문장이 부정문이 되기도 한다(고영근 외, 2009: 333).

(78) a. 철수가 학교에 안 갔다.
b. 영수는 학교에 못 갔다.
c. 철수가 학교에 가지 않았다.
d. 영수는 집에 가지 못했다.
e. 나는 학생이 아니다.

미국수어에서는 부정문은 머리를 좌우로 흔들고 눈을 가늘게 뜨거나 눈살을 찌푸리는 비수지 신호로 표현된다(Valli et al., 2005: 131). 가령 MAN HOME(남자가 집에 있다)이라는 긍정문 전체에 비수지 신호를 추가하여 'The man is not home'(남자가 집에 없다)라는 문장을 표현할 수 있다. 여기서 NOT이라는 부정어 없이 비수지 신호만으로도 부정문이 가능하다. 예문에서 'neg'는 negation (부정)의 줄임말이다(Valli et al., 2005: 131).

(79) neg
MAN HOME
'The man is not home'

비수지 신호만으로도 부정문이 가능할 뿐만 아니라 부정어가 함께 나오기도 한다. 호주수어에서 비수지 신호가 부정어 NOT, NOT-YET와 동반하여 부정문을 만든다. (80)에서 'hs'는 머리 흔들기를 의미한다(Johnston & Schembri, 2007: 212).

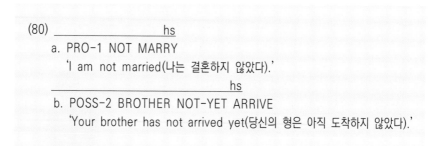

(80) ______________ hs
a. PRO-1 NOT MARRY
'I am not married(나는 결혼하지 않았다).'
______________________ hs
b. POSS-2 BROTHER NOT-YET ARRIVE
'Your brother has not arrived yet(당신의 형은 아직 도착하지 않았다).'

엄미숙(1996: 60)은 한국수어에서 7가지 부정법을 제시하였다. 특히 시각언어로서의 특징이 잘 드러나는 것은 '없다'부정법으로 시각적으로 또는 관념적으로 서술어에 내포된 의미가 없을 때 그 서술어 다음에 대개 '없다'를 사용한다. 가령 〔예쁘다〕+〔없다〕와 〔깨끗하다〕+〔없다〕를 직역하면 시각적으로 보아 '예쁨이 없다, 깨끗함이 없다'이지만 그 의미는 '예쁘지 않다', '더럽다'가 된다.

① '없다'부정법 ③ '못하다'부정법 ⑤ '안되다'부정법 ⑦ '모르다'부정법
② '아직'부정법 ④ '아니다'부정법 ⑥ '말다'부정법

김만영(2009)은 '의미론적(어휘적) 부정문'의 유형에 근거하여 한국수어의 부정문의 유형을 제시하였다. 비수지 신호의 부정표지에 대하여 '수어어휘를 사용하지 않고 고개를 가로젓거나 고개를 외로 트는 모습'이 자주 확인되었음을 지적하였으나 부정어를 통한 부정문 실현에 중점을 두었다. 부정문의 유형과 용례는 다음과 같다(김만영, 2009: 121~130). 각 예문에서 부정어는 굵은 글씨로 구분했다.

첫째, 사실부정은 어떤 사실을 단순 부정할 때 쓰인다.

(81) [나] + [바보] + **[아니다]**
'나는 바보가 아니다.'

〈그림 5-33〉
사실부정 : [아니다]

둘째, 의지부정은 주체의 의도가 어떤 행위나 동작을 하고 싶지 않음을 나타낼 때, 또 상대방으로 하여금 어떠한 행위나 동작을 하지 말 것을 요구할 때 쓰인다. 단순부정으로 쓰이는 경우도 있다.

(82) [나] + [술] + [먹다] + **[안 하다]**
'나는 술을 안 먹는다.'

〈그림 5-34〉
의지부정 : [안 하다]

셋째, 상태부정은 〔없다〕와 〔-적 없다〕가 쓰인다. 상태, 성질, 존재 부정을 할 때 〔없다〕가 쓰이고, 어떤 행위나 사건에 대한 경험이 없음을 나타낼 때와 어떤 행위나 동작을 하지 않았음을 나타낼 때 〔-적 없다〕가 사용된다.

(83) a. [어제] + [비] + **[없다]**
'어제는 비가 오지 않았다.'
b. [나] + [비행기] + [타다] + **[-적 없다]**
'나는 비행기를 탄 적이 없다.'

a. [없다]

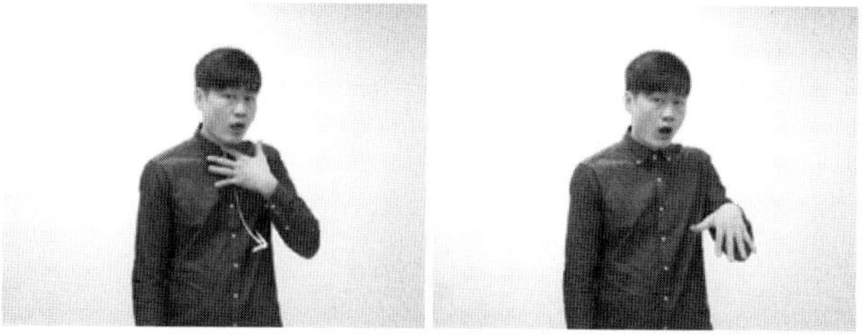

b. [-적 없다]

〈그림 5-35〉
상태부정 :
[없다]와 [-적 없다]

넷째, 완료부정은 어떤 동작이나 행위의 완결을 부정할 때 사용된다.

(84) [오늘] + [아침] + **[아직 -하지 않았다]**
'오늘 아침을 먹지 않았다.'
'오늘 아침을 안 먹었다.'

〈그림 5-36〉
완료부정 :
[아직 - 하지 않았다]

다섯째, 능력부정은 주체의 의지는 있으나 능력부재, 외부적 요인 등으로 할 수 없을 때는 〔못하다〕를 사용하고(85a), 어떤 행위나 동작을 해도 소용이 없음을 나타낼 때는 〔할 수 없다〕를 사용한다(85b).

(85) a. [농인] + [듣다] + **[못하다]**
'농인은 듣지 못한다 (농인은 들을 수 없다).'
b. [맹인] + [보다] + **[할 수 없다]**
'맹인은 볼 수 없다 (맹인은 보지 못한다).'

〈그림 5-37〉
능력부정 :
[못하다]와 [할 수 없다]

a. [못하다]

b. [할 수 없다]

여섯째, 상황부정은 4가지 부정어가 사용된다. 어떤 행위나 동작을 하지 못하도록 금지할 때는 〔금지〕가 사용되고(86a), 상대방의 요구를 받아들이지 않고 거절할 때는 〔거절〕이 사용된다(86b). 주체에게 어떤 행위나 동작을 하고자 하는 의지가 있으나 외부적 요인으로 인해 시도하는 바가 이루어지지 않을 때는 〔불가능〕이 사용되고(86c), 상대방으로 하여금 어떤 행위나 동작을 하지 않도록 금지하거나 제지할 때는 〔말다〕가 사용된다(86d).

(86) a. [아이] + [칼] + [만지다] + **[금지]**
'아이가 칼을 만지면 안 된다.'
b. [돈] + [빌리다] + **[거절]**
'돈을 빌려주지 않겠다.'
c. [어제] + [모기] + [물다] + [잠] + **[불가능]**
'어제는 모기 때문에 잠을 잘 수 없었다.'
d. [놀다] + **[말다]** + [공부] + [하자]
'놀지 말고 공부하자.'

a. [금지]

〈그림 5-38〉
상황부정을
나타내는 부정어

b. [거절]

c. [불가능] - 1

c. [불가능] - 2

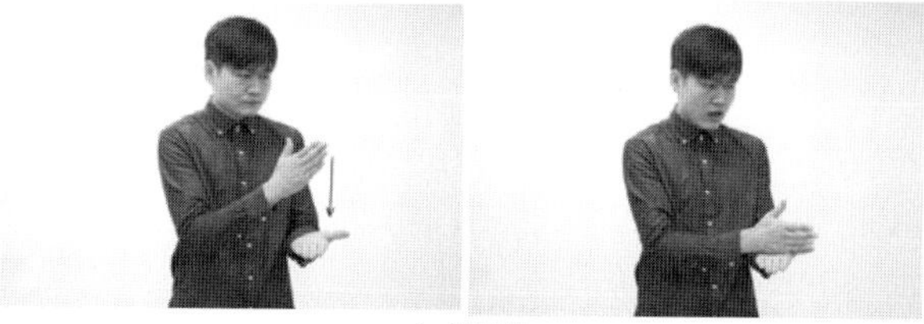
d. [말다]

(87) [나] + [한자] + **[모르다]**
'나는 한자를 모른다.'

〈그림 5-39〉
기타부정 : [모르다]

마지막으로, 기타부정은 모순관계를 나타내는 어휘가 서술어로 쓰여 부정표현을 하는 경우 어휘적 부정문으로 보았다.

5. 초점과 화제

수어는 비교적 어순이 자유롭다고 생각되는데 그에는 다양한 이유가 있겠으나 가장 쉽게 떠오르는 이유는 수어자가 정보를 전달하는 방식에 기인한다. 수어자는 상대에게 보다 효과적으로 자신의 생각을 전달하기 위해 노력하게 되는데 이때 사용할 수 있는 것이 화제와 초점이다.

1) 바탕-초점

정보를 전달하는 구조는 크게 바탕(*ground*)-초점(*focus*)과 화제(*topic*)-논평(*comment*)이 있다(박철우, 2003: 36).

바탕 - 초점 구조는 문장을 비제보적, 알려진, 또는 예측되는 부분(바탕)과 제보적, 새로운, 현저한 또는 예측에 반하는 부분(초점)으로 분할한다.

초점은 '새로운 정보'로서 한국어에서는 문장 강세로 표시될 수 있다(박철우, 2003: 80~81). (88) 문장들은 동일한 단어로 동일한 어순으로 이루어졌지만 '찬호가', '어제', '미국에서' 부분을 강조하여 발음한다. 박일우(2003)는 이를 '운율적 돋들림(*prominence*)'이라 하였다. (88a)는 문장 전체에, (88b~d)는 특정 요소에 초점이 이루어진 것이다. 초점이 이루어진 것을 굵은 글씨로 표시하였다.

(88) a. **찬호가 어제 미국에서 왔다.**
b. **찬호가** 어제 미국에서 왔다.
c. 찬호가 **어제** 미국에서 왔다.
d. 찬호가 어제 **미국에서** 왔다.

위 문장들을 분열문(*cleft sentence*)으로 표현하면 (89)와 같다(박철우, 2003: 81~83). 한국어에서 명사구에 '운율적 돋들림'으로 표시해 준다.

(89) a. 일어난 것은 어떤 일(x)이다.
(일어난 일은 찬호가 어제 미국에서 온 것이다.)
b. 어제 미국에서 온 사람은 누구(x)이다.
(어제 미국에서 온 사람은 찬호이다.)
c. 찬호가 미국에서 온 것은 언제(x)이다.
(찬호가 미국에서 온 것(때)은 어제이다.)
d. 찬호가 어제 온 곳 어디(x)에서(로부터)이다.
(찬호가 어제 온 것(곳)은 미국(에서)이다.)

한국수어에서 초점은 분열문에서 의문사 다음에 잠깐의 휴지로 나타나며 문장의 마지막으로 이동한 명사에 고개 끄덕임이 나타난다(이정옥, 2012: 65~66). (90) 문장에서 의문사 〔무엇〕, 〔어떻게〕 다음에 비수지 신호인 휴지가 오고 문장 마지막에는 명사 〔공부〕, 〔연구〕, 〔MRI〕와 함께 고개 끄덕임이 동반하여 '바로 그것임'을 알려준다(이정옥, 2012 : 65 ~ 66).[10]

(90) a. [박사] + [입학] + [후] + [무엇]^{휴지} + [공부]$^{\text{고개 끄덕임}}$
'박사과정 입학 후에 한 것은 공부이다.'
b. [대전] + [곳] + [무엇]^{휴지} + [연구]$^{\text{고개 끄덕임}}$
'대전에서 한 것은 연구였다.'
c. [검사] + [정확하다] + [어떻게]^{휴지} + [MRI]$^{\text{고개 끄덕임}}$
'검사를 정확하게 하려면 MRI를 찍어야 한다.'

〈그림 5-40〉
비수지 신호를 통한
초점 표시

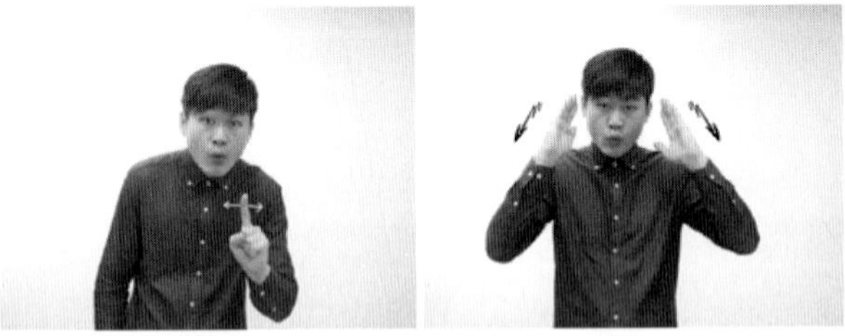

a. [무엇] b. [공부하다]

2) 화제 - 논평

화자는 화제를 알려주고 나서 그것에 대해 무엇을 이야기한다(박철우, 2003: 43). 문장에서 서술되는 무엇, 즉 서술의 대상을 화제(*topic*)라 하고 화제에 대해 서술하는 무엇, 즉 서술이 되는 부분을 평언(*comment*)이라 한다. 언어들은

10 이정옥(2012 : 65)에서 '문장의 마지막에 이동한 명사'라는 언급과 달리 예문에서는 [공부하다], [연구하다]로 동사로 표시하였다. 따라서 이 책에서는 [공부], [연구]로 수정하여 제시하였다.

다른 방식으로 화제를 표지한다.

영어는 억양, 주어, 어순, 어휘적 수단(“*As for*…” 혹은 “*Regarding*…”)을 사용한다. 한국어는 ‘은 / 는’ 보조사로 표시하며 일본어의 경우는 후치사 ‘wa’를 사용한다. 중국어는 문장 앞에 화제를 위치시킨다.

한국어는 화제가 될 수 있는 문장 성분에 거의 제약이 없다(평생교육원, 2005: 33~34). 목적어, 부사어, 여격어, 이중 주어 구문에서 선행하는 명사, 문법적 주어, 서술어도 화제가 된다.

(91) a. <u>그 책은</u> 나도 읽어 봤어.
b. <u>어제는</u> 하루 종일 집에 있었어.
c. <u>철수는</u> 벌써 밥을 먹였다.
d. <u>코는</u> 코끼리가 제일 길지.
e. <u>영희는</u> 국어를 잘 한다.
f. <u>예쁘기는</u> 영희가 제일이지.

화제는 모든 문장에서 표면에 반드시 나타나는 것이 아니라 그 문장의 화제를 안다면 생략할 수 있다(박철우, 2003: 138). (92a~b)는 앞의 발화에서 (92c~e)는 발화 상황 속에서 화제가 확인될 수 있어 생략되었다.

(92) a. 어제, 창호가 오랜만에 학교에 왔더군. (창호) 전혀 안 변했더라구.
b. 갑: 여기 있던 사과 누가 먹었니?
을: (그 사과) 내가 먹었어.
c. (나) 너를 사랑해.
d. (지금 이 운동장에서) 철수가 축구를 하고 있다.
e. (지금 여기에) 비가 온다.

한국수어에서 화제화는 문두에 오거나 휴지를 두거나 고개 끄덕임과 같은 비수지 신호와 함께 실현된다(이정옥, 2012: 66~67). (93) 문장에서 동사 〔보이다〕, 〔통역하다〕, 〔말하다〕, 〔묻다〕가 문장 앞으로 이동하고 휴지와 고개 끄덕임 같은 비수지 신호가 함께 나타나 화제를 표시하였다. 〔서비스〕 앞의 #표시는 지문자를 뜻한다(이정옥, 2012 : 67).

(93) a. [보이다]$^{\underline{\text{휴지}}}$ + [수어] + [통역] + [#서비스] + [여자] + [부르다(P1_P3)]
'수어통역사가 보여서 불렀다.'
b. [통역하다]$^{\text{고개 끄덕임}}$ + [돈] + [달라다] + [말하다(P2_P3)]
'돈을 달라고 통역하라.'
c. [말하다(P2-P3)]$^{\text{고개 끄덕임}}$+[나] + [돈] + [없다] + [여자에게 말하다]
'나 돈 없다고 그에게 말하라고 여자에게 말하였다.'
d. [묻다]$^{\underline{\text{휴지}}}$ + [정말] + [알다] + [면죄부] + [어디] + [나다]
'면죄부가 어디에서 나오는지 정말 아는지 몰랐습니다.'

〈그림 5-41〉
비수지 신호를 통한
화제 표시

a. [보이다]

b. [통역하다]

c. [말하다] - 1

c. [말하다] - 2

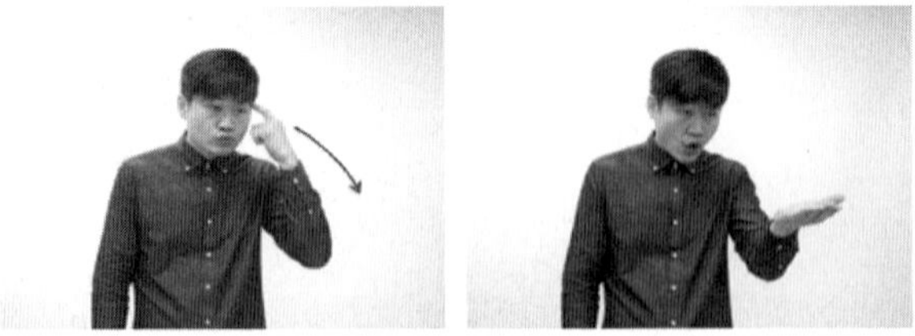

d. [묻다]

정리하자면, 한국수어에서는 초점화를 위해 문장 끝에 의문사와 명사를 위치시켜 가벼운 고개 끄덕임이나 눈썹 올림, 휴지와 같은 비수지 신호를 동반한다. 화제화를 위해서는 발화자와 수신자가 모두 알고 있는 정보를 문장의 앞으로 이동시키고 고개 끄덕임이나 휴지와 같은 비수지 신호를 반드시 동반한다(이정옥, 2012: 68).

이 절을 시작하면서 수어 어순의 자유로움, 즉 어순의 유연성을 언급하였다. 그에 대한 대답을 미국수어에서는 다음과 같이 설명한다. 미국수어는 화제-평언 구조로 잘 기술될 수 있다는 것이다(Valli et al., 2005: 84). 화제-평언 구조에서 단어들은 통사적 특징보다는 문장에서 그들이 지닌 중요성에 의해 순서가 지어진다. 미국수어의 기본 어순은 주어-동사-목적어(SVO)이다. 예를 들어 FATHER LOVE CHILD 'The father loves the child'(아버지가 아이를 사랑한다)라는 문장은 목적어인 CHILD(아이)가 화제가 되면서 문장 앞으로 이동하여 CHILD 휴지 FATHER LOVE라는 목적어-주어-동사(OSV)의 어순이 된다. 즉, 화제화를 위해 수어자는 머리를 앞으로 기울이고 CHILD(아이)를 문두에 위치시킨 후에 휴지를 가진다. 이처럼 수어에서 어순이 자유로운 것처럼 보이는 것은 문법이 어순만이 아니라 수어자의 머리 끄덕임, 눈썹 움직임, 신체 자세 등등과 같은 다른 장치들을 사용하기 때문이다.

06 의미론

의미론이란 한 언어의 단어와 문장의 의미를 연구하는 분야이다. 의미론이라 할 때 우리 머릿속에 가장 먼저 떠오르는 것은 '의미'가 무엇인가라는 질문이다. 흔히 '의미'라 하면 어떤 단어의 '뜻'으로 생각하기 쉽다. 가령 우리는 일상생활에서 모르는 단어가 있으면 국어사전을 찾아 그 단어의 뜻이 무엇인지를 알아낸다. 그러나 사전의 설명은 단어의 의미를 쉽게 찾아볼 수 있게는 하지만 단어의 의미를 정의한 것으로 보기에는 문제가 있다(이건수, 2000: 374). 즉, '사전을 쓰는 사람들은 언어집단 안에서 단어들이 어떤 의미로 사용되는가를 조사하여 해당 단어의 의미를 결정한다. 다시 말하면, 사전에 수록된 단어의 설명은 한 언어집단 안에서 통용되는 의미를 조사하여 나열한 것에 불과할 뿐이다.' 따라서 해당 단어의 의미가 사전의 의미와 같다고 보기에는 문제가 있다고 하겠다. 이러한 측면에서 수어의 사정은 더욱 복잡하다.

수어 사전은 거의 필수적으로 두 개의 언어를 사용한다(Valli et al., 2005: 142). 가령 《한국수화사전》의 경우 한국어 표제어에 따라 한국수어의 단어가 등재되어 있다. 혹자가 한국어의 어떤 단어를 한국수어로 어떻게 표현하는지 모를 경우 《한국수화사전》에서 한국어 표제어로 검색하면 그에 해당하는 한국수어 단어를 찾을 수 있다. 이러한 사전 검색 방식은 한국수어가 문자를 가지고 있지 않기 때문에 당연하다고 생각할 수 있다. 그러나 윌리엄 스토키가 제작한 《미국수어사전》(*Dictionary of American Sign Language*)은 수어 사전의 전형을 보여준다. 《미국수어사전》에서 미국수어 단어들은 영어 알파벳 순서가 아니라 수위, 수형, 수동이라는 수어소들로 제공된다. 《미국수어사전》은 각국의 수어 사전 편찬에 큰 영향을 끼쳤는데 '기존의 음성언어의 목록을 토대로 하여 수어로 그 의미를 표현하는 단어들을 찾으려는 방식이 아니라 수어들의 형태적 자질에 따라 순서화된 표제어들을 가지기 때문이다. 음성언어에서 하나의 단어 대응물을 가지지 않는다. 음성언어보다 수어의 사용과 문법적 조직을 반영한 정보를 포함한다'는 점이 그러하다(Johnston & Schembri, 1999: 178~179).

발리 외(2005: 142)는 두 언어를 사용하는 수어 사전의 잠재적인 문제점을 다음과 같이 지적하였다.

> 수어의 동일한 단어가 다른 영어 주석을 가지거나 수어의 다른 단어가 동일한 영어 주석을 가진다. 그러므로 수어의 단어의 의미는 영어 주석으로 항상 명백하지 않다.

1. 의미 이론

의미 이론은 크게 두 가지 입장으로 대별된다. 하나는 언어 표현의 의미를 그것이 지시하는 세상의 사물로 파악하는 입장인 지시적 관점이고 다른 하나는 언어 표현의 의미를 심상적 표상으로 파악하는 표상적 관점이다(강범모, 2010).

1) 지시적 관점

지시적 관점에서 보면, 언어 표현은 세상의 사물과 직접 연결되어 있고 사물을 지시한다. 언어 표현의 의미를 그 표현이 실제로 지시하는 사물, 즉 지시체

(*referent*) 로 보는 견해이다. 가령 이순신이나 서울처럼 인명과 지명을 나타내는 고유명사는 세상에 존재하는 지시체를 지시한다. 그러나 지시적 관점은 현실 세계에 존재하는 지시체의 경우에는 문제가 없지만 그 반대의 경우에는 한계를 드러낸다.

첫째, 언어 표현은 있으나 지시체가 없는 경우이다. 산타클로스, 용, 불사조 등은 현실 세계에는 존재하지 않지만 언어 표현으로는 존재한다. 둘째, 하나의 언어 표현에 두 개 이상 지시체를 가진 경우이다. 가령 한국어에서 '풀'은 3가지를 지시할 수 있다. 식물을 지시할 수 있고 무엇을 붙이거나 빳빳하게 만들기 위한 끈적끈적한 물질일 수도 있다. 또한 활발한 기운이나 기세를 지시할 수 있다. 셋째, 표현 여러 개가 동일한 지시체를 가리키는 경우이다. 대표적인 예는 (1) 문장이다.

(1) The Morning Star is the Evening Star.
'샛별이 저녁별이다'

(1) 문장에서 morning star (샛별) 과 evening star (저녁별 혹은 개밥바라기) 는 모두 Venus (금성) 를 지시한다. 그러나 두 단어의 의미가 같은가라는 질문이 제기된다. 프레게 (Gottlob Frege) 는 reference (지시) 와 sense (뜻) 라는 개념을 도입하여 의미를 구분하였다. Morning Star (샛별) 와 Evening Star (저녁별) 은 지시는 같지만 뜻은 다르다. 가령 (2) 에서 두 문장의 진리값이 다르다(강범모, 2010: 195). 두 표현이 동일한 지시체를 갖는다면 한 표현은 다른 표현이 나타나는 어느 문장에서도 진리값의 변경 없이 이를 대치할 수 있다(강범모, 2010: 195).

(2) a. The morning star is far from the earth.
'샛별이 지구로부터 멀다.'
b. The evening star is far from the earth.
'개밥바라기가 지구로부터 멀다.'

그러나 (3) 문장에서는 샛별을 저녁별로 대치할 때 명제의 내용의 참과 거짓을 나타내는 진리값이 반드시 같지는 않다. 즉, 샛별과 저녁별이 지시체가 같더라도 의미가 다른 표현이다. 이런 점으로 보아 의미는 지시 이상의 무엇이라고 할 수 있다(강범모, 2010: 195).

(3) a. John thinks that Mary likes the morning star.
'존은 메리가 샛별을 좋아한다고 생각한다.'
b. John thinks that Mary likes the evening star.
'존은 메리가 개밥바라기를 좋아한다고 생각한다.'

2) 표상적 관점

의미에 대한 표상적 관점은 '언어 사용자마다 세상의 상황을 다르게 파악하고 표상할 수 있으며, 언어는 심적 표상과 연관되어 있어 세상과는 간접적인 관계를 가지고 있다'고 본다(강범모, 2010: 187). 가령 '개'라는 말에 대한 심적 표상은 우리가 떠올리는 개의 모습이다. 그러나 심적 표상을 시각적 이미지와 동일시하는 것은 문제가 있는데 왜냐하면 개에 대한 심적 표상이 사람마다 다를 수 있고 추상적인 의미를 가진 단어들의 시각적 이미지는 생각해내기 어렵기 때문이다(강범모, 2010: 197). 가령 '자유, 정의, 진리'와 같이 추상적 의미를 가진 단어들의 시각적 이미지가 무엇인지 알 수 없다. 이러한 문제를 해결하기 위해 개념(*concept*)이 상정되었다.

소쉬르에 의하면, 기호란 사물과 명칭의 결합이 아니라 개념과 청각 영상의 결합이다. 개념과 청각 영상을 각각 기의(*signifié*)와 기표(*signifiant*)라 한다. 기표와 기의를 결합시키는 관계는 자의적이다. 가령 한국어 '나무'라는 개념은 그것의 기표인 '나무'라는 일련의 소리들과 아무런 내적 관계를 맺고 있지 않다. 따라서 각국의 언어로 '나무'라는 개념은 다른 기표로 표현된다. 언어 기호가 자의적이라는 소쉬르의 원리는 음성언어는 물론 수어에도 깊은 영향을 미쳤다. 그러나 수어는 제스처적 기원을 가지고 시각적으로 지각되는 언어이다. 농인들은 세상을 시각적으로 지각하고 손과 얼굴, 신체로 표현하기 때문에 자연히 음성언어보다 실세계의 사물과 행동을 모방하는 요소들을 많이 포함하게 된다. 따라서 수어에서 기호와 지시체의 관계를 간과할 수 없게 된다.

3) 수어의 기호 유형

수어 연구는 수어가 단지 "그림 같은 제스처의 모음"(*collections of pictorial gestures*)이라는 비언어학자의 주장을 반박하면서 본격적으로 시작되었다(Brennan, 2005: 361). 연구자들은 수어가 단지 제스처만이 아닌 언어임을 증명하기 위해 수어가 자의성과 이중 분절을 가진다고 주장하였는데 이는 음성언어의 이론에 기초하여 수어를 연구한 결과였다. 따라서 본질적으로 자의적 특징을 가진 음성언어에 맞추어진 이론을 수어에 적용하면서 수어의 기호에서 도상성의 역할은 간과될 수밖에 없었다(Sallandre & Cuxac, 2007: 13).

살란드레와 쿠삭은 수어에서 도상성 문제를 회피하는 이유를 다음과 같이 밝히고 있다.

> 레뻬(Abbé de l'Épée)가 지도한 교육적 시도 이후로 수어가 제도화되자마자 사람들은 경멸적인 시선을 수어의 도상적인 특성에 던졌다. 소쉬르의 형식주의 기준으로 볼 때 단어와 지시의 문제, 후기-소쉬르 구조주의 언어학적 배경에 반하는 이중조음 문제, 1880년의 밀라노 국제회의 이후 농학교에서 수어를 금지한 것 등으로 수어에서 도상성 문제를 회피하게 되었다.

수어학에서는 도상성과 자의성의 대조가 중심이 되어왔지만 여러 연구자들은 도상성이라는 용어 대신 동기성(*motivation*)이라는 용어를 사용한다(Bergman,

1978; Brennan, 1992; Zwiserlood, 2001). 왜냐하면 '도상성을 언어적 형태와 그것의 의미 사이에 유지되는 원리에 입각한 관계의 수많은 유형 중의 하나로 보는 것이 훨씬 적절하기 때문'이라는 것이다(Brennan, 1990: 15).

버그만은 수어 기호의 유형을 제안하기 위해 기호 삼각형을 제시한다. 〈그림 6-1〉에서 삼각형의 밑변은 점선으로 언어 기호의 형태와 지시체의 관계가 간접적임을 나타낸다. 즉, '형태와 지시체는 의미의 중재를 통해 연결되고, 전통 문법에서 단어는 특정 형태와 특정 의미의 결합의 결과라는 점을 명백히 한다'(Bergman, 1978: 10).

〈그림 6-1〉 기호 삼각형

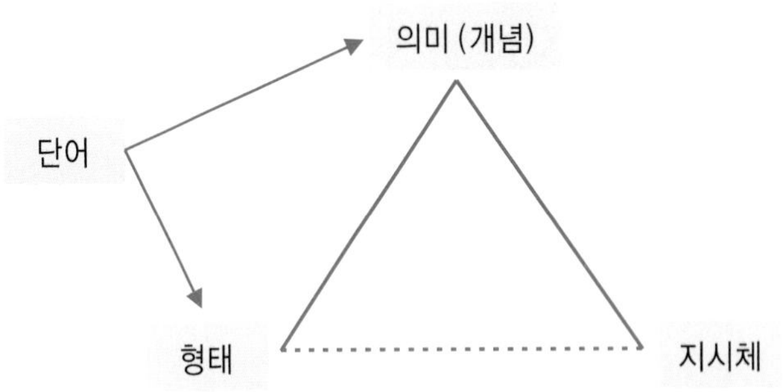

〈그림 6-2〉 자의적인 기호의 삼각형

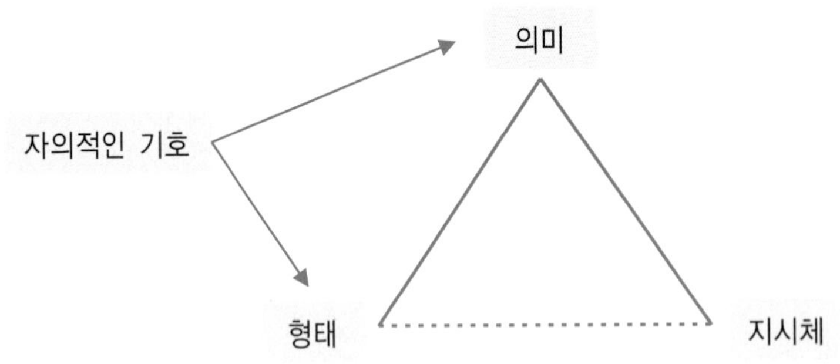

〈그림 6-3〉 동기적인 기호의 삼각형

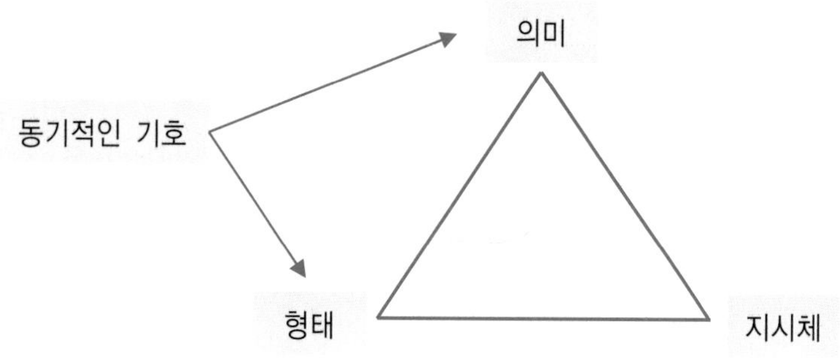

우리가 소쉬르의 자의성 원리에서 보았듯이 언어 기호는 지시체와 아무런 자연적, 인과적 관계가 없이 오직 관습에 의해서만 이루어진다. 〈그림 6-2〉에서 제시한 자의적인 기호의 삼각형에서도 형태와 지시체가 점선으로 이어졌다(Bergman, 1978: 10).

형태와 지시체 사이의 관계는 도상성 그 이상일 수 있다(Bergman, 1978: 11). 가령 의사소통 상황에 누군가가 존재할 때 그 사람을 지시하거나 자신의 신체를 지시하는 것은 지표이다. 그렇다면 지표는 도상적인 기호를 포함하는 넓은 개념인 동기적인 기호(*motivated signs*)에 속한다고 할 수 있다. 동기적인 기호를 설명하기 위해 한국수어 단어 〔집〕을 보면 수어자의 양손은 세모 모양 지붕을 모방한다. 따라서 혹자가 이 단어를 보았을 때 단번에 단어의 의미가 '집'이라는 것을 예측할 수 있다. 버그만에 의하면 이 단어는 '도상적인 단어'이다. 〈그림 6-3〉에서 형태와 지시체는 실선으로 이어졌다. 다시 말해, 둘은 직접적 연관이 있다(Bergman, 1978: 10).

그러나 〔집〕 단어가 보는 사람에게 즉각적으로 의미를 나타내는 것과 달리 〔선생님〕 단어는 그 형태를 보고 의미를 예측할 수 없다. 〔선생님〕은 선생님의 전체 모습을 모방한 것이 아니라, 선생님의 특징 일부를 가져와서 단어를 만들었기 때문이다. 검지와 중지만 편 우세손의 검지 측면 부분을 주먹 쥔 비우세손의 손목 부위에 대고 두 차례 두드리는 동작은 선생님을 연상시키지 않는다. 이 단어는 일제 강점기에 선생님이 손목 부위에 두 개의 줄이 있는 제복을 입었다고 한 데서

〈그림 6-4〉 간접적으로 동기적인 기호의 삼각형

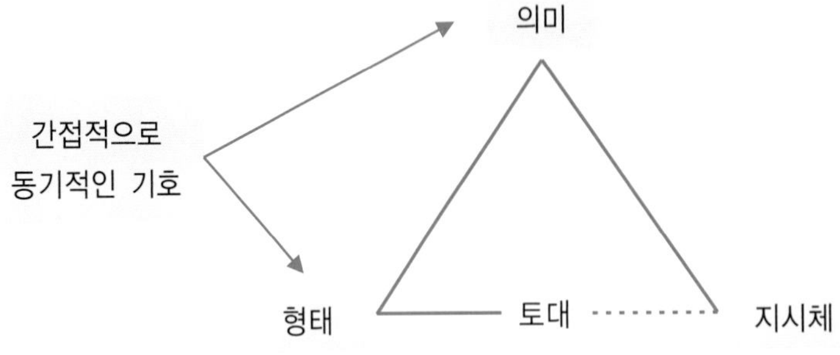

유래하였다. 이러한 어원을 알지 못하면 이 단어의 형태는 투명하지 않다.[1]

〈그림 6-4〉에서 간접적으로 동기적인 기호의 경우 삼각형 밑변에는 형태와 지시체 사이에 토대(*base*)가 있다. 〔선생님〕 기호의 형태는 선생님 옷의 소매 줄무늬와 닮았다. 소매의 줄무늬는 〔선생님〕의 기호의 토대가 된다. 간접적으로 동기적인 단어에서 형태는 지시체가 아니라 토대와 도상적이거나 지표적인 관계를 가진다(Bergman, 1978: 12).

1 도상적인 단어일지라도 모두 동일하게 그 형태에서 의미를 예측할 수 있는 것은 아니다(Deuchar, 1990 : 175). 왜냐하면 도상적인 단어들은 그것이 언급하는 것의 형태 전체 혹은 일부만을 표현하기 때문이다. 듀사는 도상을 '완전한 도상'(*full icons*)과 '부분적 도상'(*partial icons*)으로 구별한다. 완전한 도상의 성질을 가진 단어는 형태와 지시체의 관계가 직접적이다. 마찬가지로 클리마와 벨루지(1979)는 미국수어 단어의 투명성에 대해 연구하였다. 미국수어에 대한 사전 지식이 없는 사람들에게 미국수어 단어 90개를 제시하고 그 의미가 무엇인지 추측하도록 하였다. 실험에 참여한 사람들은 단어의 의미를 추측하는 정도가 저조하였다. 그러나 단어의 뜻을 말해 주면 참여자들은 단어의 형태와 의미 사이의 특정한 관계에 대해 추측할 수 있었다. 연구자들은 형태만으로 이해될 수 있는 것을 '투명한 단어'(*transparent signs*), 형태와 의미 사이의 관계에 동의할 수 있는 것을 '불투명한 단어'(*translucent signs*)라고 하여 둘을 구별하였다.

2. 어휘 관계

의미론의 한 분야는 어휘부에 있는 어휘 항목들 사이의 의미 관계를 다룬다. 어휘 관계는 동의 관계, 동음이의어 관계, 다의어 관계, 반의 관계, 상하 관계가 있다. 그 외 은유와 환유는 각 어휘 관계를 살펴본 후에 다루도록 하겠다.

1) 동의 관계

형태가 다른 두 단어가 동일한 것을 의미할 때 두 단어는 동의 관계에 있고 이 두 단어는 동의어(*synonym*)라 한다. 동의어는 절대적 동의 관계와 상대적 동의 관계로 구분한다. 가령 한국어에서 메아리와 산울림은 절대적 동의어로 볼 수 있다. 이와 달리 '아버지'와 '아빠'는 의미는 같으나 제한된 문맥에서 대치될 수 있다. 즉, '아버지'와 '아빠'는 각각 어른말과 어린이말 혹은 격식체와 비격식체에서 사용된다. 동의 관계에 있는 단어는 모든 문맥에서 대치될 수 있어야 하는데 이는 극히 드물어 보통은 유의어라 할 수 있고, 통상적으로 완전한 동의어는 존재하지 않는다고 본다.

동의어가 발생하는 이유는 지역적 방언과 사회적 계층의 차이에서 기인한다. 잭슨(1988: 68~74; 임지룡, 2001: 137에서 재인용)은 동의어의 발생 요인을 지리, 문체, 직업 분야, 태도, 감수성으로 나눈다. 수어에서 관찰할 수 있는 몇 가지 사례를 통해 동의어의 발생 요인을 살펴보도록 하자.

첫째, 지리와 관련한 것은 방언(*dialect*)이다. 방언은 지리적으로 다른 집단의 화자들이 동일한 지시체에 대해 다른 표현을 사용하여 만들어진다. 한국수어를 사용하는 농인들은 방언의 예를 어렵지 않게 제시할 수 있다. 그만큼 방언의 존재를 인지하고 있다는 것이다.

한국수어에서 방언 연구는 본격적으로 진행되지 않았으나 충남 아산(온양)의 지역 수어가 연구된 바 있다(서도원, 2007).[2] 《한국수화사전》의 단어와 아산 지역의 단어를 비교한 연구로서 사전의 어휘들에 비해 온양 지역의 어휘는 수어의

〈그림 6-5〉
한국수어에서 방언의 예

a. 《한국수화사전》의 [오이]

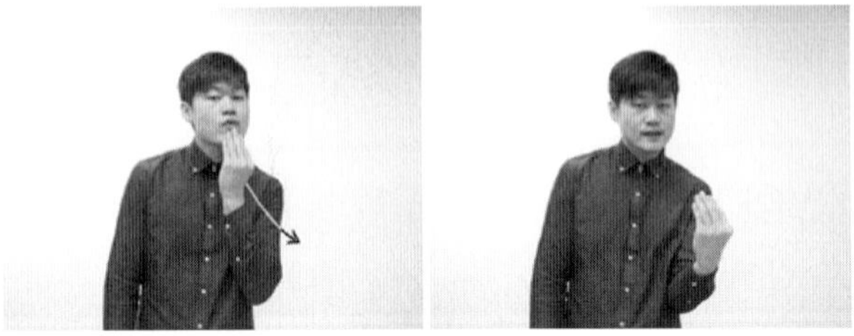

b. 아산 지역의 [오이]

도상성이 독특하게 드러난 경우가 많음을 밝혔다. 가령 〔오이〕는 《한국수화사전》에 '파랑 + 오이의 껍질을 나타내는 동작'으로 이루어진 단어가 등재되어 있으나 온양 지역에서는 '오른손가락으로 턱을 잡고 앞으로 길고 얇게 잡아 빼는 동작'의 형태를 취한다. 두 단어 모두 오이의 모양을 모방한 것은 동일하지만 언어 기호를 만들기 위해 선택한 외형적 특징이 다르다.

둘째, 문체(*style*)나 격식의 경우이다. 한국수어를 사용하는 농인이 개인적인 대화를 나눌 때와 공식적인 석상에서 말할 때 수어의 스타일이 다르다. 수어의 단어가 동의어가 되는 경우는 격식뿐만 아니라 수어의 특징적인 상황에도 원인이 있다. 최근 한국 농인들은 세계농아인연맹(WFD), 농아인올림픽(Deaflympics), 아시아태평양농아인경기대회 등과 같은 국제 행사에 참여하게 되어 단체뿐만 아니라 개인 간의 교류가 증가하게 되었다. 결과적으로 외국수어는 물론 국제수어

2 서도원(2007 : 10~12)은 지역에 따른 차이를 가진 수화를 지역적 수화, 혹은 수화 지역어라 부르고 계층에 따른 것을 계층적 수화, 성별에 따른 것을 성별적 수화, 세대에 따른 것을 세대적 수화로 분류하였다. 서도원은 '지역 수화가 기존에 농민이나 노동자들이 사용하여 공통어(共通語)에 비해 품위가 떨어지거나, 세련되지 않은 거친 시각적 언어형식, 곧 사투리 수화'(…)라는 이미지가 강했으나 이러한 편견을 배제하기 위해 '지역 수화'라는 용어를 사용하였다.

가 한국수어 안에 자연스럽게 유입되어 사용되고 있다. 그중에서 국가명에 대한 단어들의 변화가 두드러진다.

예를 들어 〔일본①〕은 '적게 난 윗수염을 구성하는 동작'으로 희화한 모습을 나타낸다(〈그림 6-6a〉). 이 단어는 예전부터 사용되었으나 최근에는 외국 농인들과의 교류를 통해 새로운 형태인 '지형(일본열도)을 구성하는 동작'이 사용되고 있다(〈그림 6-6b〉). 후자의 단어가 사용되는 이유는 서로의 수어를 모르는 외국 농인들이 쉽게 인지하고 빠른 소통이 이루어지도록 하기 위함이다.

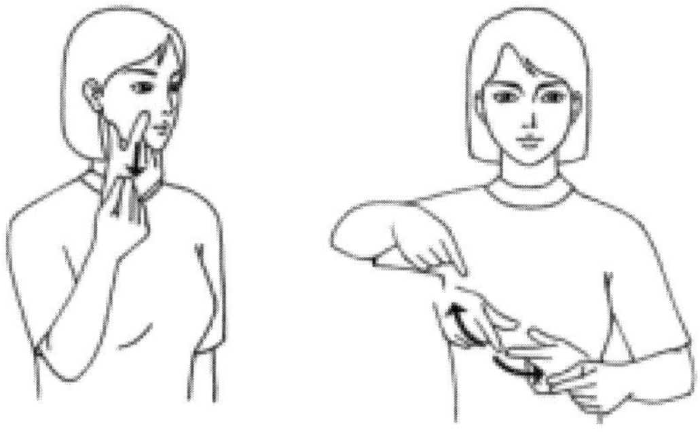

a. [일본①]　　b. [일본②]

〈그림 6-6〉
[일본]의 두 형태

또한 국가명 중에서 〔대만①〕은 두 형태가 사용된다. 원래부터 사용되던 단어는 '두 도막으로 자르는 동작'이다(〈그림 6-7a〉). 이 단어의 표현 방식은 대만 농인들에게 자국에 대한 부정적 이미지를 준다. 따라서 국제 교류가 증가할수록 기존에 사용되던 국가명은 순화된 형태로 대체된다. 국제 교류가 많은 농인들은 〔대만②〕을 사용한다. 이것은 '벗겨 무는 동작 〈사탕수수〉'이다(〈그림 6 7b〉). 현재는 두 단어가 동일한 대상을 지시하며 공존하고 있지만 향후 어떤 단어가 남게 될지는 후속 관찰을 통해 알 수 있겠다.

〈그림 6-7〉
[대만]의 두 형태

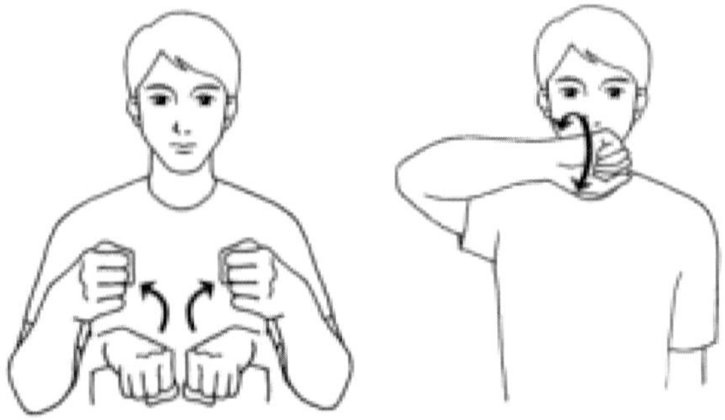

a. [대만①]　　b. [대만②]

셋째, 전문 용어는 학술이나 예술 따위의 전문 영역에서 특정한 뜻으로 쓰이는 말이다. 전문가 집단은 자신들의 비밀을 유지하기 위해 혹은 다른 사정으로 인해 자신들만의 전문 용어를 사용하여 결과적으로 전문 용어와 일상어의 동의 관계를 야기하게 된다.

수어의 경우를 보면 전문 용어가 만들어지고 사용되기 위해서는 해당 전문직에 종사하는 농인들의 수요가 일정 부분 전제되어야 한다. 2009년 한국표준수어규범 제정 추진위원회는 전문 용어에 대한 요구에 따라 의학, 법률, 교통, 정보 통신 등 전문 분야에서 사용되는 용어집을 편찬한 바 있다. 그러나 아직까지 전문직에 종사하는 농인의 수가 적은 점으로 보아 현 시점에서 전문 용어와 일상어 사이의 동의어 문제는 후속 연구가 필요할 것으로 보인다.

수어에서 집단의 차이에 의한 동의어의 발생은 특히 두드러진다. 농인 사회에서 세대 간의 차이가 있다. 농인들은 부모가 농인인 경우가 10% 내외여서 수어를 농부모에게서 직접 배우지 못하는 경우가 보편적이다. 따라서 가정 내에서 수어 습득이 이루어지지 않는 경우에는 농학교에 입학한 후 농인 친구와 선후배에게 수어를 배우게 된다. 이때 농학교 학생들의 수어는 일반 성인 농인들이 사용하는 수어와 다른 경우가 있다. 가령 농학생들 사이에서 탄산음료는 기존에 사용하는 〔콜라〕, 〔사이다〕가 아니라 탄산음료가 식도로 내려갈 때의 톡 쏘는 느낌을 표현하기 위해 한손의 손끝을 목 중앙에 대고 엄지와 손가락의 관절을 작게 구부렸다 폈다를 반복한다. 이 밖에도 조사된 바는 없지만 농학교에서 농학생들이 독특하게 사용하는 단어들은 상당할 것으로 보인다.

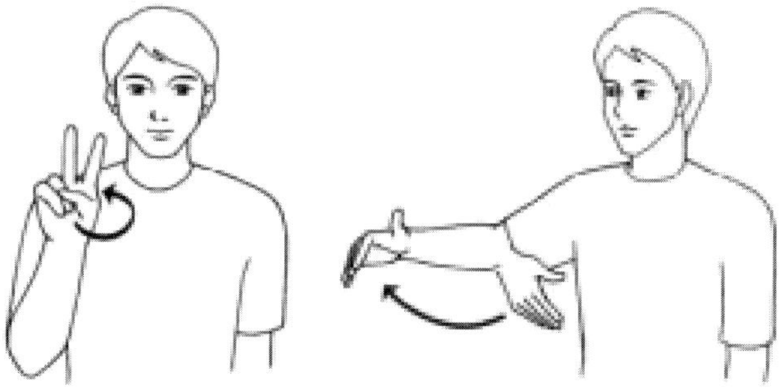

a. [돌아가다] b. [가다]

〈그림 6-8〉
죽다의 완곡한 표현

마지막으로, 완곡어법(*euphemism*)을 통해 동의어가 발생한다. 완곡어법은 듣는 사람의 감정이 상하지 않도록 모나지 않고 부드러운 말을 쓰는 방법이다. 다시 말하면, 직설적 표현 대신 우회적으로 표현하는 것이다. 가령 한국어에서 죽음에 대해 말할 때 '죽다'라는 말 대신에 높임말인 '돌아가시다'를 사용하는 경우이다. 그 외에도 죽음을 나타내는 말로는 '세상을 뜨다', '눈을 감다' 등의 여러 완곡한 표현이 있다. 수어의 경우는 죽음을 완곡히 표현하기 위해 〔돌아가다〕 '안팎이 뒤바뀌는 동작 + 가다'로 표현할 수도 있고 〔하늘〕 + 〔떠나다〕로도 표현할 수 있다.

수어에서도 성적인 표현이나 직접적으로 말하기 어려운 것은 완곡어법으로 표현한다. 가령 화장실에 가고 싶을 때 상황에 따라서는 '큰 집'(〔큰〕 + 〔집〕)이라는 표현을 사용하게 된다. 또한 지문자도 완곡어법을 위해 사용된다. 한국수어에서 〔월경〕은 〔빨강〕 + 〔달〕로 표현하지만 보통 〔달〕로만으로도 표현한다. 그러나 영어 지문자 'R'로도 표현이 가능하다. 여기서 'R'을 red의 첫 글자로 보는 농인도 있지만 대부분 암호로 본다. 그밖에도 〔볼펜〕이나 〔사과〕로 표현하는 경우도 있다.

2) 동음이의어 관계

동의 관계와 반대로 언어 표현은 같지만 지시하는 대상이 다른 경우 단어는 동음이의어 관계가 있다고 보고 이 관계의 단어들을 동음이의어(*homonym*)라 한다. 동음이의어는 어원적으로 서로 관련이 없는 단어이다. 한국어에서 배나무의 열매인 '배'와 교통수단인 '배' 그리고 사람의 신체 부위인 '배'가 동음이의어의 예이다.

수어의 경우는 형태가 의미와 동기적으로 연결되는 경우가 많아 동일한 형태로 다른 의미를 나타내는 경우는 드물어 보인다. 그 예로는 〔시원하다〕와 〔평화〕, 〔열다〕와 〔개학〕, 〔나라〕와 〔세계〕, 〔이야기〕와 〔설교〕가 있다. 이 중에서 〔평화〕와 〔시원하다〕는 원래 다른 형태이었지만 1970년대에 들어서면서 같은 형태로 변화한 것으로 그 의미는 일치하지 않는다(김칠관, 2010: 147).[3] 이 예들에서 〔열다〕는 '문이 열리는 동작'이고 〔개학〕은 '학교+열다'로 후자의 단어는 합성어로 전자의 단어와 구별된다. 〔나라〕는 '지구의를 돌리는 동작'이고 〔세계〕는 '지구의 자전을

〈그림 6-9〉
[열다]와 [개학] 비교

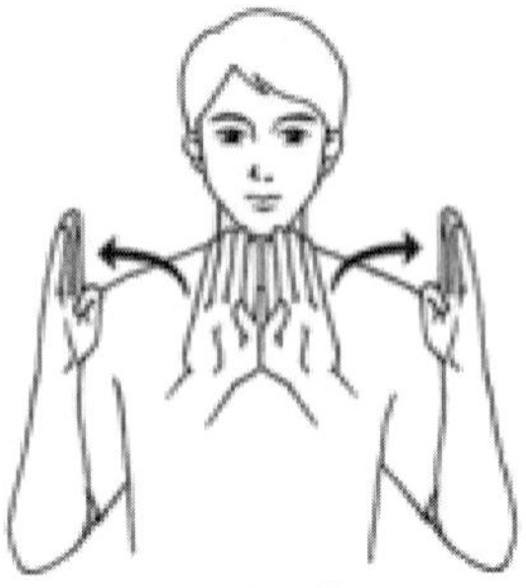

a. [열다]

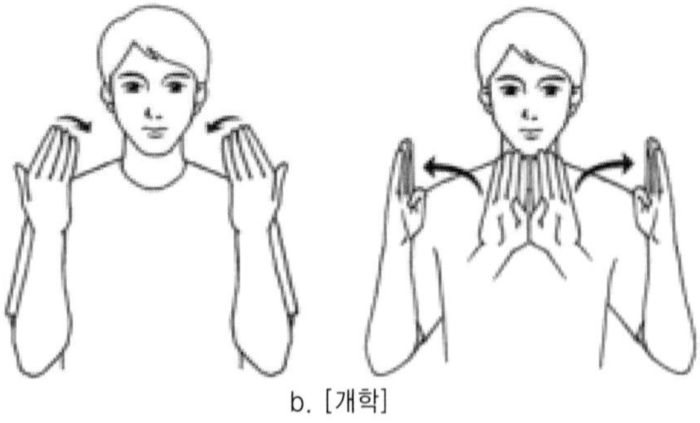

b. [개학]

나타내는 동작'이다. 전자의 단어는 전후로 약간 흔드는 수동이고 후자의 단어는 밖으로 크게 돌리는 수동으로 두 단어는 수동에서 차이가 난다. 오히려 《한국수화사전》에는 〔나라〕와 〔국가〕가, 〔세계〕와 〔국제〕가 동형어이다.

아래의 단어 쌍들이 동음이의어의 예가 될 수 있는지는 논의가 필요하다. 동형어라고 하더라도 농인들은 실제 대화에서 두 단어를 다르게 산출한다. 동일한 형태를 가진 두 단어를 구별하는 방법은 문맥이나 상황이다. 《한국수화사전》에서 〔이야기〕는 '서로 번갈아 말하는 것을 나타내는 상징적 동작'으로 〔설교〕와 동형어이다. 그러나 두 단어는 얼굴 표정에서 차이가 있다. 〔이야기〕는 부드

a. [이야기]

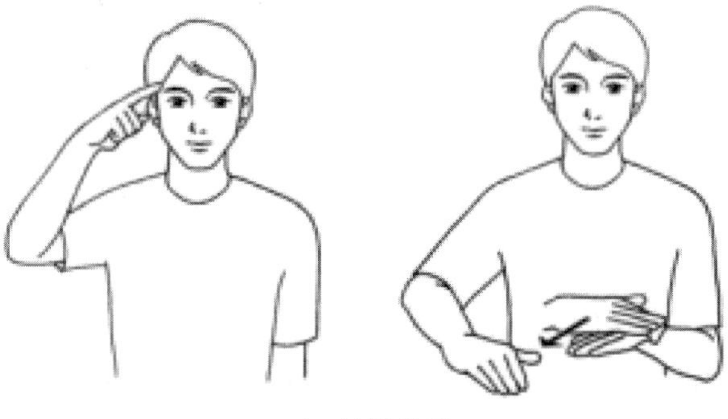

b. [시원하다]

〈그림 6-10〉
[이야기]와
[시원하다]

3 수어에서 형태를 중심으로 하는 동형관계는 음성언어의 동음관계로 볼 수 있다(김칠관, 2010: 146). 음성언어의 동음이의어는 수어에서 동형이의어로 간주할 수 있다.
한국수어에서 동형관계는 동의관계와 이의관계로 구분할 수 있다. 여기서 동의관계(또는 유의관계)는 다의관계에 속하는 것이므로 한국수어에서 의미의 복합관계로 들 수 있는 동음관계란 동형이의관계에서 볼 수밖에 없다.

러운 표정이라면 〔설교〕는 종교적인 상황에서 사용되며 엄숙한 표정이 적절하다. 마찬가지로 〔시원하다〕와 〔평화〕도 얼굴 표정이 같지 않다. 특히 전자는 후자보다 더 길게 느린 동작으로 산출하여 강조를 한다.

3) 다의어 관계

동음이의어와 구별이 필요한 것은 다의어(*polysemic word*)로 이는 같은 어원에서 파생되어 나온 여러 가지 뜻을 가진 단어이다. 즉, 한 단어가 둘 이상의 의미를 가지고 있는 단어이다. 단어는 원래의 뜻인 기본 의미와 기본 의미에서 파생된 주변 의미를 지닌다. 가령 한국어 '손'의 경우를 보면, 사람의 신체 일부를 뜻하는 중심 의미에 '손이 모자라다'에서는 '일하는 사람'이라는 주변 의미를 지닌다.

다의어는 적용의 전이, 비유적 표현, 동음어의 재해석, 외국어의 영향으로 인해 발생한다(임지룡, 2001: 213~216).

첫째, 적용의 전이(*shifts in application*)이다. 적용의 전이란, 단어가 문맥에 따라 여러 양상을 지니는데 그중 일부는 기본 의미와 거리가 점점 멀어지게 되어 같은 말의 다른 뜻으로 간주되는 현상이다. 한국어 '밝다'의 예이다(임지룡, 2001: 213).

> '밝다'의 적용의 전이는 구체적인 '빛 → 색깔 → 표정'의 밝음에서 추상적인 '분위기 → 눈 ; 귀 → 사리'의 밝음으로 진행됨을 알 수 있다.

한국수어의 예로는 〔가시〕와 〔예민하다〕를 들 수 있겠다(〈그림 6-11〉). 《한국수화사전》에서 〔가시〕, 〔날카롭다〕, 〔뾰족하다〕, 〔예민하다〕는 동형어로 검색된다.[4] 이 단어들은 '콧날을 따라 그리는 동작'으로 가시의 형태를 모방한 것이다.

4 《한국수화사전》에서 동형어는 '='로 표시되며 '표현이 같은 수화를 말하며 동의어도 있고 동의어가 아닌 것도 있다'고 설명되어 있다. 남기현(2012, 70)은 《한국수화사전》의 표기에 따라 [가시], [날카롭다], [뾰족하다], [예민하다]를 세분화하지 않고 형태가 동일하지만 의미가 다른 동음이의어로 처리하여 분석하였다. 한국수어에서 도상적인 기호와 지표적인 기호로 시작된 단어들이 시간이 흐르면서

어떤 단어가 먼저 만들어졌는지는 알 수 없지만 구체적인 사물의 물리적인 특징을 의미하는 〔가시〕에서 출발하여 가시의 뾰족한 성질을 가져와 사람의 날카로운 성격이나 신경적인 예민함을 의미하는 〔예민하다〕로 발전했을 가능성이 그 반대의 경우보다 클 것으로 보인다. 이 경우는 속성의 유사성에 따른 다의어이다(김칠관, 2010: 145). 한국어에서 적용의 전이가 구체화에서 추상화로의 전이로 진행되는 것처럼 수어에서도 그 역이 발생하는 것은 어려워 보인다. 왜냐하면 기본 의미에서 주변 의미로 발전한 경우가 그 반대의 경우보다 일반적이기 때문이다.

〈그림 6-11〉
[가시]

둘째, 다의어가 발생하는 이유에는 사회 환경의 특수화가 있다. 일반 사회에서 널리 쓰이는 단어가 특정한 사회 환경 내에서 특수한 의미를 가질 수 있다. 가령 윤평현(2008: 173)이 제시한 '작업'이란 단어는 분야별로 다른 의미를 가진다.

작업은 일반 사회에서 폭넓게 쓰이는 단어인데 경제 분야에서는 자금의 투자 또는 회수를 뜻하고, 도축업에서는 도축을 뜻하고 젊은이들 사이에서는 이성을 꾀는 일을 뜻한다.

상징적인 기호로 발전하는 기호의 변화 과정에 초점을 두었다. 이 예를 통해 도상 · 지표 기호에서 상징 기호로의 변천은 적용의 전이 과정으로 이루어지는 것을 알 수 있다.

한국수어의 〔세우다〕는 '지붕을 세우는 동작'이다(〈그림 6-12a〉). 이 단어는 '집이나 건물을 짓다' 뿐만 아니라 '재단이나 기관을 설립하다'라는 의미로도 사용될 수 있다. 또한 컴퓨터 분야에서는 '프로그램을 설치하다'라는 의미도 가능하다. 이 외에도 음성언어에서 전염성 병원체인 미생물을 의미하는 '바이러스'가 컴퓨터 분야에서 컴퓨터의 정상적인 작동을 방해하거나 데이터나 프로그램을 파괴하는 '컴퓨터 바이러스'로 사용된다. 〔벌레〕는 곤충인 '벌레' 이외에 컴퓨터 분야에서는 '컴퓨터 바이러스'를 의미하는 합성어(〔컴퓨터〕+〔벌레〕)로 사용된다(〈그림 6-12b〉).

〈그림 6-12〉
다의어의 예

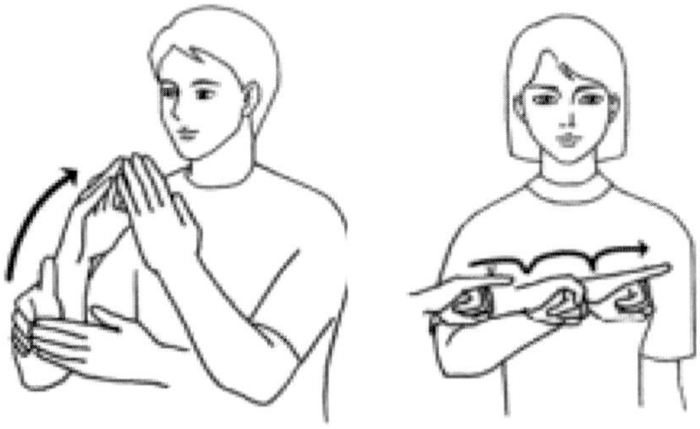

a. [세우다]　　b. [벌레]

세 번째 이유는 비유적 표현에 의한 것이다. 단어가 고유한 의미와 비유적 의미를 갖게 될 때 다의어가 형성된다. 비유적 표현의 예로는 환유와 은유가 있다(임지룡, 2001: 214).

수어에서 동음이의어, 다의어의 구별 문제는 쉽지 않아 보인다.[5] 몇 가지 예를 통해 수어에서 동음이의어와 다의어를 구분하는 어려움을 살펴보도록 하자.

5 김칠관(2010 : 146~147)은 다의어와 동음(동형)어를 어원으로 구별하는 것이 객관적인 기준을 통해 이루어지지만 한 단어의 의미변화가 생각지 않은 방향으로 일어나는 경우, 다시 말해 새로 생겨난 의미가 원래 의미에서 멀어지는 경우가 발생하기도 하여 다의어와 동음(동형)어의 구별이 어렵다고 하였다. 한국수어에서 [은혜]는 [사랑]과 같은 형태로 이루어졌지만 원래의 의미에서 멀리 떨어진 '몸을 사리다'라는 새로운 의미를 지닌다.

‘신중’이라는 단어를 《한국수화사전》에서 찾으면 〔신중〕뿐만 아니라 〔주의〕, 〔조심〕, 〔지키다²〕가 동형어로 검색된다(〈그림 6-13〉).

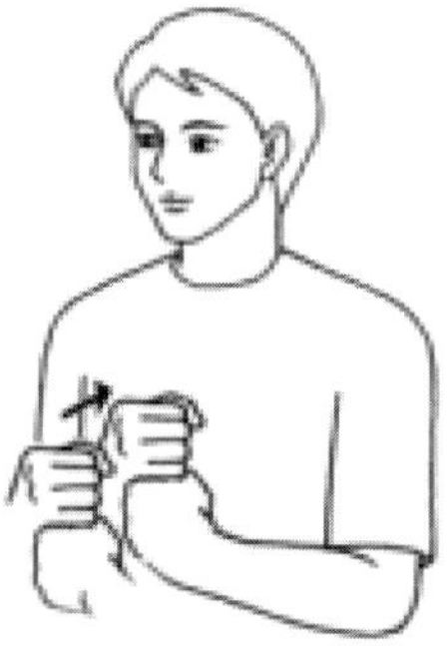

〈그림 6-13〉
[신중]

〈표 6-1〉은 《표준국어대사전》에서 각 단어의 뜻을 검색한 결과이다. 한국어에서 이 단어들은 형태가 동일하지 않으며 대략적인 의미에서는 어느 정도 관련성을 가지지만 그렇다고 해서 각 단어들을 서로 대치하는 것이 완전히 자유롭지는 않다. 이 단어들은 한국어에서 동의어가 아니다. 그러나 수어에서는 동형어로 처리하고 있다. 이 예뿐만 아니라 〔일〕, 〔뿌리〕, 〔허락〕도 동일한 문제를 제기한다.

〈표 6-1〉《표준국어대사전》의 각 단어의 뜻

	뜻
신중 04	매우 조심스러움.
주의 07	• 마음에 새겨 두고 조심함. • 어떤 한 곳이나 일에 관심을 집중하여 기울임. • 경고나 훈계의 뜻으로 일깨움. • ‘심리’ 정신 기능을 높이기 위한 준비 자세. 유기체가 어떤 순간에 환경 내의 다른 것들을 배제하고 특정한 측면에만 집중할 수 있도록 하는 지각의 선택적 측면을 일반적으로 이르는 말이다.
조심 02	잘못이나 실수가 없도록 말이나 행동에 마음을 씀
지키다² 01	• 재산, 이익, 안전 따위를 잃거나 침해당하지 아니하도록 보호하거나 감시하여 막다. • 길목이나 통과 지점 따위를 주의를 기울여 살피다. • 규정, 약속, 법, 예의 따위를 어기지 아니하고 그대로 실행하다. • 지조, 절개, 정조 따위를 굽히지 아니하고 굳게 지니다.

〈그림 6-14〉 한국수어의 다의관계

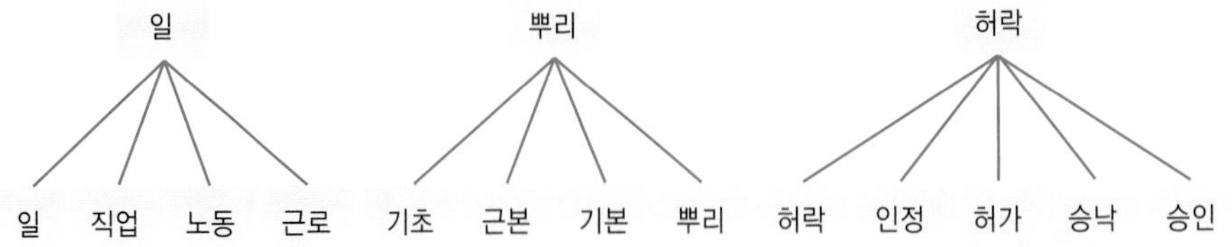

〈그림 6-14〉는 김칠관(2010: 145)의 〈표 3-2〉를 근거로 하여 이 책에서 재구성한 것이다. 하나의 수어 단어에 여러 개의 의미가 연결되어 있다. 김칠관에 따르면, 한국수어에는 특히 다의어가 많은데 그 이유는 개별적인 표현으로 어휘를 세분화하는 데에 있다.

한국수어에서 어휘 관계를 검토할 때는 한국어의 간섭을 배제하고 한국수어의 단어에만 중점을 두어야 한다. 그러나 농인의 언어생활은 수어를 사용하는 농인 공동체에서만 이루어지는 것이 아니라 청인과의 교류도 존재하기 때문에 두 언어에 걸쳐 있어, 농인의 수어로만 한정해서 살펴보는 것에는 어려움이 있다. 따라서 먼저는 이 단어들의 다의관계는 한국수어와 한국어의 접촉으로 생겨난 결과라는 가능성을 검토하는 것이 필요하다. 한국수어 〔허락〕이 허락, 인정, 허가, 승낙, 승인이라는 여러 의미를 가지는데 이때 이 여러 가지의 의미는 한국수어 사용자들이 생각하는 의미인지 아니면 한국어의 의미인지 구별할 필요가 있다. 한국어로 허락, 인정, 허가, 승낙, 승인이라는 단어를 한국수어로 통역할 때 비슷한 의미를 가진 〔허락〕으로 번역하면서 생긴 결과일 수 있다. 다음으로는 다의어와 동음이의어를 구분할 때 사용되는 기준으로 어원이 같을 경우를 다의어로, 다른 경우를 동음이의어로 본다. 그렇다면 '허락, 인정, 허가, 승낙, 승인'에서 기본 의미와 파생 의미는 구별할 수 있는가라는 질문이 제기된다.

넷째, 동음어의 재해석이다. 어원적으로 별개의 단어이던 것이 오랜 세월이 지나면서 철자의 변화로 동음어가 될 수 있는데 이때 두 단어의 의미에 어떤 관련성이 인정됨으로써 다의어로 재해석될 수 있다. 그 예로는 민간어원을 들 수 있다(임지룡, 2001: 215). 가령 '여름'(녀름, 夏)과 '여름'(열매, 實)은 형태 변화로 동음어 '여름'이 된 것이지만 민간어원에서 두 의미 사이의 관련성이 있다고 해석한 것이다.

마지막으로, 외국어의 영향이다. 기존의 단어가 외국어의 의미를 차용하여 본래의 의미에 변화가 생기는 경우가 있다. 본래의 의미와 외국어의 영향으로 생긴 의미가 공존하면서 기존의 단어는 다의성을 갖는다. 그 예로 '애매하다'가 '억울하다'라는 의미였으나 일본식 한자어의 영향으로 '억울하다'와 '불명확하다'라는 다의어가 형성된 것이다(임지룡, 2001: 215).

4) 반의 관계

반의어(*antonym*)는 반대의 뜻을 가진 단어들을 말한다. 반의어는 몇 가지 유형으로 나뉜다(이건수: 2001: 388~390).

첫 번째 유형은 등급 반의어(*gradable antonym*)이다. '길다-짧다', '크다-작다', '뜨겁다-차갑다', '늙다-젊다'처럼 길이, 크기, 온도, 나이처럼 등급을 매길 수 있다. 등급 반의어의 특성은 양극에 속하지 않은 중간 단계가 존재한다는 것이다. 가령 '길다-짧다'의 두 양극에 속하지 않는 길이가 존재한다.

두 번째 유형은 비등급 반의어(*non-gradable antonym*)이다. 가령 '살다-죽다'는 중간 단계는 존재하지 않는다. 이러한 반의어 짝은 서로 같은 상태에 있을 수 없는 상호 배타적 관계에 기인한다. 그 예로는 '소녀-소년', '기혼-미혼'이 있다.

마지막 유형은 두 단어 사이의 상대적 관계로 이루어지는 반의 관계이다. 이렇게 역의 관계를 이루는 단어들을 역의어(*converse word*)라 한다. 두 대상 간의 역의 관계는 어떤 축을 중심으로 이루어진다(이건수, 2001: 390).

- 혈족 관계 : '조상 - 후손', '부모 - 자식', '형 - 동생'
- 혼인 관계 : '남편 - 부인'
- 신분 관계 : '주인 - 하인', '상관 - 부하'
- 직업 관계 : '의사 - 환자', '고용주 - 고용인', '선생 - 학생'
- 시 - 공간 관계: '위 - 아래', '북-남', '전-후'

한국수어에서 역의어는 수동, 수형의 영향을 크게 받는다. 명사의 경우 '조상-후손'과 '형-동생'은 수동의 상·하 방향으로 반의어가 된다. '남편-부인'은 동일한 수동, 수위에서 남자와 여자를 구별하는 수형만 다르다(〈그림 6-15〉).

〈그림 6-15〉
수형에 의한
역의 관계

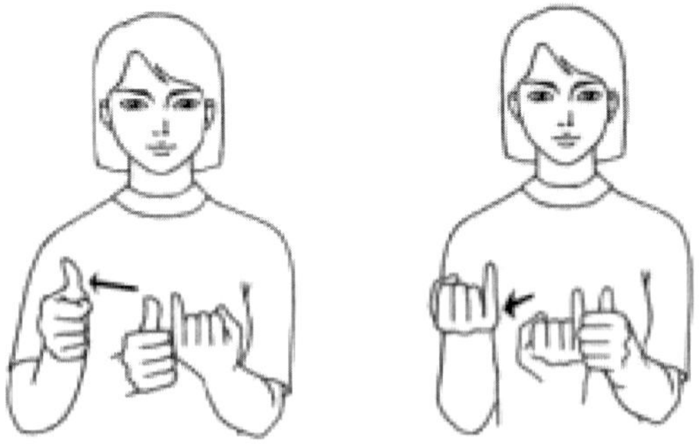

a. [남편] b. [부인]

〈그림 6-16〉
수동에 의한
역의 관계

a. [주다]

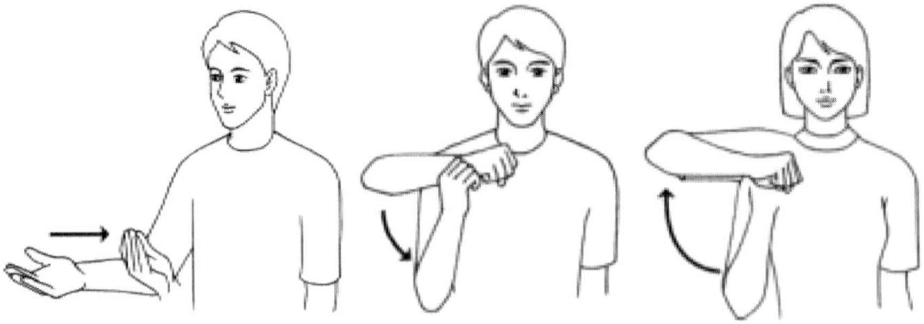

b. [받다] c. [순종하다] d. [불순종하다]

행위에서도 역의 관계가 성립한다. '사다-팔다', '주다-받다', '빌리다-빌려주다', '가르치다-배우다', '보내다-받다'가 이에 해당된다. 행위와 관련한 역의어는 수어 문헌에서는 '가역성'(*reversibility*)으로 소개되었다. 가역성이란 물질이 어떤 상태로 변하였다가 본디 상태로 되돌아갈 수 있는 성질을 말한다. 수어에서는 수동의 반대로 반대의 의미를 표현하는 것이다. 예를 들면 〔주다〕와 〔받다〕, 〔순종하다〕와 〔불순종하다〕 등을 들 수 있다(〈그림 6-16〉). 이 단어들은 수형은 같지만 수동이 반대로 움직인다. 수어에서 공간을 통해 이동하는 일치 동사가 역의 관계를 표현할 수 있는 방법이라고 할 수 있다.

5) 상하 관계

단어들은 상하 관계(*hyponymy*)를 이룬다. 가령 빨강, 노랑, 파랑, 초록 등을 지칭하는 단어들은 '색'이라는 단어에 포함된다. 색의 이름을 지칭하는 빨강, 노랑, 파랑, 초록 등을 하의어(*hyponym*)라 하고 이들을 포함하는 명칭인 색을 상의어(*hypernym*)라 한다.

〈그림 6-17〉 상하 관계 : 색 어휘

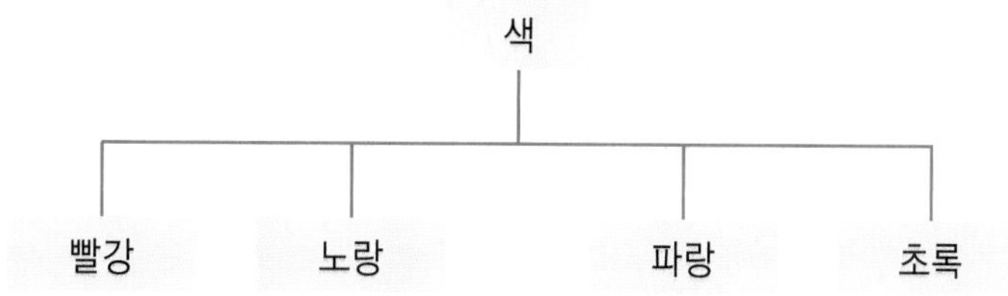

김칠관(1998: 77)은 한국수어의 색채어를 13개로 보았다. 〔검정〕, 〔하양〕, 〔빨강〕, 〔노랑〕, 〔파랑〕, 〔녹색〕, 〔갈색〕, 〔연두〕, 〔회색〕, 〔분홍〕, 〔주황〕, 〔보라〕, 〔자주〕이다.[6] 이들을 포함하는 〔색〕이라는 단어가 존재한다.

6 미국수어의 색 어휘는 두문자어 비중이 높은데 비해 한국수어의 색 어휘는 의미하고자 하는 것을 지시하는 경우가 많다(김칠관, 1998). 가령 한국수어의 색 어휘는 대부분 얼굴에서 산출된다. [빨강], [검

한국수어에서 친족어의 경우 남녀의 성별을 표지하는 수형의 구별을 통해 상의어와 하의어의 표현이 풍부하다. 〔아버지〕와 〔어머니〕의 상의어는 〔부모〕이고, 〔남편〕과 〔아내〕의 상의어는 〔부부〕이다. 한국어와 마찬가지로 말하는 사람의 성에 따라 '언니', '오빠', '형' 등이 구분된다.

- [부모], [아버지], [어머니]
- [부부], [남편], [아내]
- [친척], [이모], [이모부], [삼촌], [고모]
- [형제], [누나], [남동생], [여동생], [형], [오빠]
- [동물], [토끼], [사슴], [호랑이], [사자], [캥거루] …

수어에서 특이한 것은 상의어가 하의어를 이용하여 표현된다는 것이다. 가령 '악기'는 음악을 연주하는 데 쓰이는 기구를 통틀어 이르는 말로서 여러 종류의 악기들을 포함한다.

'가구'는 집안 살림에 쓰이는 기구로서 장롱, 책상, 소파 따위를 통틀어 이른다. 한국수어로 〔악기〕는 '작은 북을 두드리는 동작 + 여러 가지'로, 〔가구〕는 '장롱 + 여러 가지'로 표현한다(〈그림 6-18〉). 'davndva 합성어'에서 제시한 바와 같이, 한국수어에서 상의어는 하위어 다음에 〔여러 가지〕를 결합한 합성어로 표현한다.

정], [하양], [노랑]은 각각 빨간 입술, 검은 머리, 하얀 이, 노란 이(치석)와 같이 얼굴의 각 부분의 고유한 색에 대응된다.

〈그림 6-18〉
상위어 표현

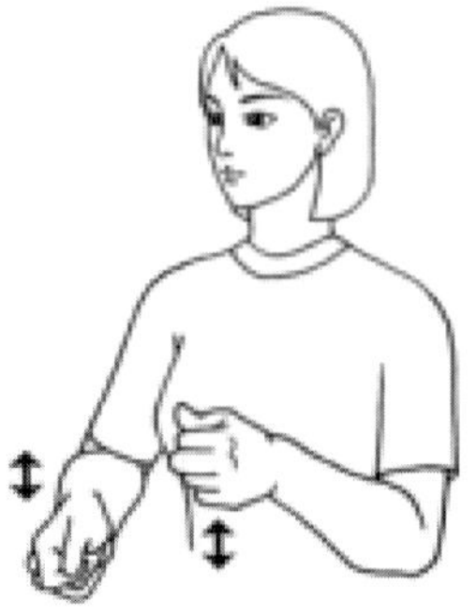

a. [악기] - 1

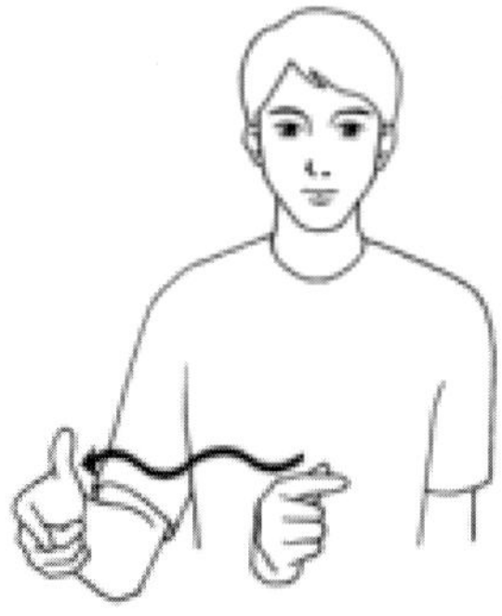

a. [악기] - 2

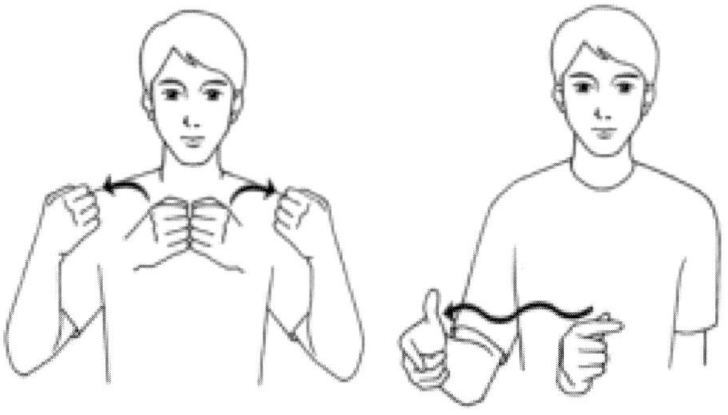

b. [가구]

6) 환 유

환유(*metonymy*)는 비유법의 하나로 사물의 한 부분이나 그 속성을 들어서 전체나 자체를 나타내는 것을 말한다. 가령 '넥타이를 맨 사람들이 걸어가다'라는 표현에서 넥타이는 샐러리맨을 의미한다. 샐러리맨들이 입는 옷차림의 특징이 그들을 대표한다.

미국수어 연구에서 만델(1977)은 도상적 장치가 사용되는 패턴과 방식을 소개하였다. 그중에서 환유는 수어의 단어 형성에서 상당한 역할을 담당한다. 타웁(Taub, 2000)은 단어를 만드는 과정에서 복잡한 개념을 의미하기 위해 단일 이미지를 선택하는 인지과정, 즉 '환유'가 요구된다고 하였다.[7] 가령 미국수어

7 미국수어에서 TREE(나무)라는 단어를 만들기 위해 3단계의 유사물 - 설정 과정(*analogue-building*

에서 HOSPITAL(병원)은 환유의 한 예이다. 수어 단어가 전달하는 그림은 직접적으로 지시체를 나타내는 것이 아니라 지시체와 관련된 무엇, 즉 병원 직원들의 유니폼 소매의 '열십자 기호'이다. 수어 단어에 의해 직접적으로 기술된 사물을 그 단어의 '토대'(*base*)라고 한다. 그러나 HOSPITAL(병원)처럼 토대가 지시체와 동일하지 않을 때 지시체를 환유적으로 표현한다.

한국수어에서도 환유는 단어의 형성에 있어서 중요한 역할을 한다. 동물, 직업, 신분에 관한 단어들은 환유를 사용하여 만든다. 이때 단어는 지시하는 지시체의 부분과 닮았다. 한국수어에서 동물을 나타내는 단어의 경우 동물의 특징적인 생김새가 단어의 토대로 사용된다. 예를 들어 〔개〕는 두 귀의 동작으로, 〔닭〕은 닭 벼슬을 구성하는 동작으로, 〔거위〕는 거위가 부리를 놀리는 동작으로 나타낸다(〈그림 6-19〉).

---

process)이 작동한다. 단계들에서 인지과정은 동시적으로 발생한다. 타웁은 이미지를 수정하거나 언어 형태로 "바꿀" 때 새로운 이미지가 이전 단계의 관련된 물리적 구조를 보존한다는 것을 강조한다. 이것이 '구조 보존 대응'(*structure preserving correspondences* : ASL에서 도상적인 사상(*iconic mapping*)은 가령 사람의 두 손가락과 사람의 두 다리의 사상에서 보듯이, 손가락의 검지와 중지는 인간의 두 다리를 도상적으로 표현한다. 손가락은 위에서 연결되는 두 길고 얇은 사물로 구성되는 구조를 가지고 사람의 다리도 그러하다. 두 이미지의 사상은 왼쪽 손가락을 왼쪽 다리에, 오른쪽 손가락을 오른쪽 다리에 각각 연결하고 손등에 가까운 부분은 엉덩이와 연결된다(Taub, 2000 : 33).)이라 한다. 타웁의 유사물-설정 과정을 소개하면 다음과 같다.

1단계 : 이미지 선택(*image selection*) : 1단계는 언어 표현을 요구하는 개념으로 시작한다. 개념은 다-양식적이고 정보로 꽉 차있다. 가령 "나무" 개념은 다양한 나무 종류와 개별 나무의 시각 이미지, 나무껍질과 나뭇잎의 촉각 이미지, 바람에 나뭇잎의 살랑거리는 소리와 나뭇가지 소리의 청각 이미지, 나무에 오르거나 나무를 자르는 동작 이미지, 후각 이미지 등등 나무와 관련된다. 그 밖의 나무와 관련된 백과사전적 정보 중에서 전체 개념을 의미하기 위해 언어가 직접적으로 표현할 수 있는 양식의 감각 이미지를 선택한다.

2단계 : 도식화(*schematization*) : 적절한 이미지가 선택된 다음에는 언어 원천을 이용하여 그것을 표현한다. 이 때 중요한 세부사항을 뽑아내는 것을 '도식화'라고 부른다. 나무의 3가지 주된 구성소가 추출된다. 즉, 평평한 표면, 길고 수직적 줄기, 줄기 끝의 복잡한 나뭇가지 구조이다. 더 생생한 세부 사항은 버려지지만 결과적인 도식적 이미지는 원래의 구조적 관계의 대부분을 보존한다. 여전히 두 이미지 간의 구조-보존 사상을 설정할 수 있다.

3단계 : 부호화(*encoding*) : 도식적 이미지를 언어 형태에 부호화하는 단계이다. 이미지가 언어의 의미적 범주에 적합한 조각들로 분석되었고 이제는 각 조각을 표현하기 위한 물리적 형태를 선택해야 하고 이러한 대체 과정이 원래 이미지의 전체 구조를 보존한다는 것을 확실히 해야 한다. 이 과정의 결과는 도상적인 언어 형태-의미 쌍이다.

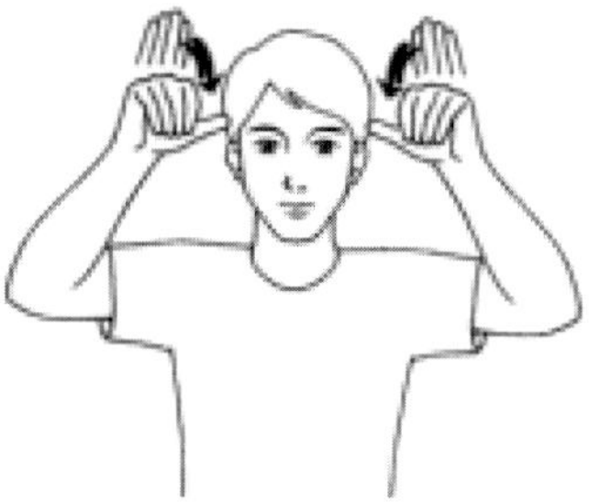

a. [개]

b. [닭]

c. [거위]

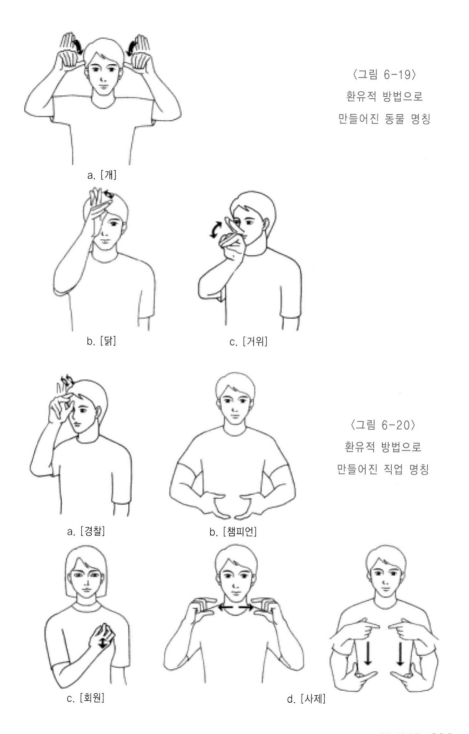

〈그림 6-19〉
환유적 방법으로
만들어진 동물 명칭

a. [경찰]

b. [챔피언]

〈그림 6-20〉
환유적 방법으로
만들어진 직업 명칭

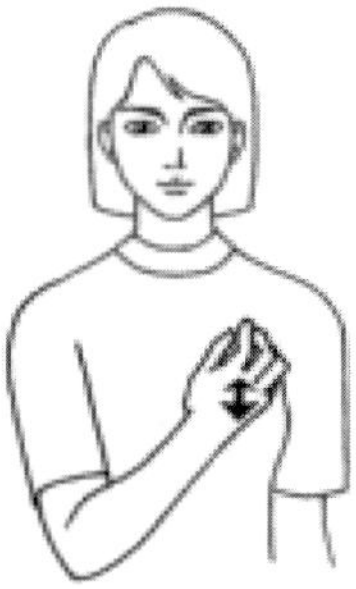

c. [회원]

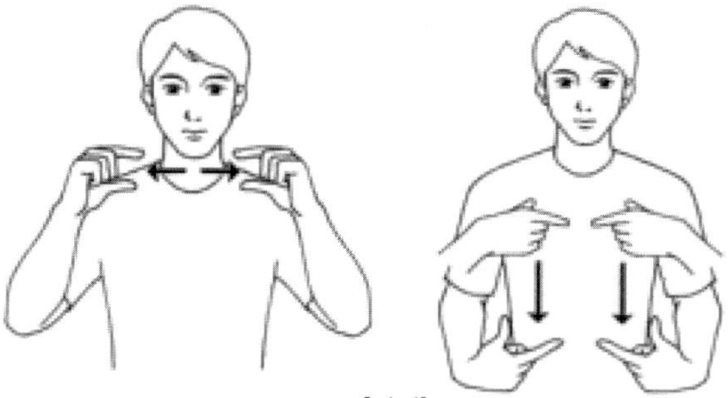

d. [사제]

직업에 관한 단어의 경우 직업을 대표하는 복장이나 도구로 표현한다. 예를 들어 〔경찰〕은 경찰 모표(새 모양)를 나타내는 동작으로, 〔챔피언〕은 챔피언 벨트를 구성하는 동작으로, 〔회원〕은 가슴에 배지를 다는 동작으로 나타낸다. 그 밖에도 〔주교〕는 주교관을, 〔신사〕는 양복의 옷깃을, 〔교사〕는 소매의 줄무늬를, 〔군〕은 총을 멘 모습을, 〔사관생도〕는 모자에 꽂힌 깃털을, 〔사제〕은 사제복의 칼라와 옷깃을 특징으로 선택하였다(〈그림 6-20〉).

7) 은유

은유(*metaphor*)란 일반적으로 단어의 주된 지시체와 유사한 지시체를 기술하기 위해 단어의 주된 의미를 넘어선 단어 사용의 확장으로 정의된다(Valli et al., 2005: 148). 가령 영어에서 head는 동물 신체의 꼭대기 부분(*top part of an animal's body*)인데 '학급의 수석'(*the head of the class*) 혹은 '줄의 앞'(*the head of the line*)과 같은 구에서도 사용된다. 즉, 단어 head는 동물 신체의 맨 위 부분만이 아니라 다른 것들의 꼭대기까지도 의미하기 위해 확장된다.

영국수어로 MAN Index$_3$ JUMP-UP-AND-DOWN라고 말한다면 이것은 '그 남자가 위아래로 뛰고 있다'(*The man is jumping up and down*)라는 문자적 의미뿐만 아니라 '그 남자는 매우 행복하다'(*The man is very happy*)라는 비유적인 의미를 가질 수 있다. 문자적인 언어(*literal language*)는 우리가 말하는 것을 정확하게 의미한다면, 비유적인 언어(*figurative language*)는 명백한 의미가 아닌 또 다른 의미로 이해된다(Sutton & Woll, 1999: 177). 대화에 참여한 사람은 문자적인 의미와 비유적인 의미를 연결할 수 있어야 한다. 만약 대화 상대방이 자신의 여자 친구들이 '버스'와 '바나나'와 같다고 말했다면 실제로 여자 친구들이 사람들을 태우는 버스도 아니고 바나나처럼 노란색이거나 구부러지지도 않는다. 오히려 그 말을 들었을 때 대화 상대방은 여자 친구들이 버스처럼 사람을 기다리게 하고 바나나가 다발로 있는 것처럼 여자 친구들이 무리지어 다니는 것으로 이해한다. 이 예에서 대화 상대방이 이러한 연결을 하지 못하거나 이렇게 해석하지 않는다면 비유적 의미는 포착할 수 없게 된다. 비유적 언어 중에서 중요한 하나가 은유이다.

은유는 많은 언어학자들과 철학자들에 의해 기술되었고 1970년대에 레이코프와 존슨(Lakoff & Johnson)의 작업을 통하여 언어에서 은유를 고려하는 방식에 변화가 일게 되었다(Sutton & Woll, 1999: 177-8) 레이코프와 존슨(1980)의 틀에 근거하여 미국수어에서 수행된 연구들을 통해 수어에서 은유의 예를 살펴보도록 하자.

은유에는 공간적 은유(*spatial metaphor*) 혹은 지향적 은유(*orientational metaphor*), 존재론적 은유(*ontological metaphor*), 구조적 은유(*structural metaphor*) 3가지가 있다.[8]

(1) 공간적 은유

공간적 은유는 앞과 뒤, 위와 아래, 높고 낮음과 같은 공간적 정보에 의존한다. 상·하 지향성 체험으로부터 '의식은 위쪽에 있고, 무의식은 아래쪽에 있다', '위쪽은 좋고, 아래쪽은 나쁘다', '천국은 저 위에 있고, 지옥은 저 밑에 있다'라는 은유가 나온다(유영옥, 2008: 196). 마지막 예에서 우주에는 '본질적으로 위'와 '본질적으로 아래'가 존재하지 않으며 '위쪽'과 '아래쪽'은 개념적인 것이다.

수어는 전후-공간화가 우세한데 은유를 소통하기 위해 공간 정보에 의존하기 때문이다(Wilcox, 2000: 49). 미국수어도 유사한 방식으로 은유 표현이 가능하다. DEPRESSED(우울한)과 TIRED(피곤한)은 아래로 움직이고, THRILLED(아주 흥분한)과 HAPPY(행복한)은 위로 움직인다. 공간적 은유의 사용은 특히 시간에서 두드러진다. 시간은 추상적인 개념이지만 우리는 보고 만질 수 있는

8 윌콕스(Wilcox, 2000 : 44~46)는 수어 연구에서 은유와 도상의 개념이 혼동되어 왔으며, 둘을 명확히 구별해야 한다고 지적한다. 다시 말하면, 기존의 연구자들이 제시한 은유의 예들은 도상의 예로 간주되어야 한다는 것이다. 은유와 도상의 구별을 확실히 하기 위해 윌콕스는 시각적 은유로 제시된 미국수어 BUILD의 예를 인용한다. 이 단어에서 손의 도상적 움직임은 다음과 같다. 양손을 모두 편 B수형 혹은 검지와 중지만 펴서 두 손가락을 간격 없이 붙인 H수형으로 하여 두 손을 교대로 올리는 수동을 하는데 이는 벽돌을 쌓아 올리는 건축 행위와 닮았다. 그러나 이는 도상성에 기초한 것으로 은유적이라고 할 수 없다. 은유가 되기 위해서는 관계, 의사소통, 신뢰 등의 추상적 개념들이 BUILD의 사용을 통해 "구성될" 수 있어야 한다. 두 구별된 영역, 즉 물리적 구문의 '원천 영역'과 관계, 의사소통 시스템, "쌓아 올리는" 신뢰의 '목표 영역'이 포함될 때 은유가 된다.

공간을 차지하는 실제의 그 무엇처럼 시간에 대해 말한다(Sutton & Woll, 1999: 180~181).

> 우리는 '우주 시간'(*universe time*)을 영어와 영국수어로 말할 수 있다. 우리는 우주의 시간을 '빅뱅'(The Big Bang) 혹은 '빛이 있으라'(*let there be light*) (혹은 사람들은 시간이 시작했다고 생각하거나)라는 말로부터 시작하여 'The Big Crunch'(대파국) 혹은 '마지막 나팔이 울리다'(*the final trumpet call*) (혹은 사람들은 시간이 끝날 것이라고 믿는다)라는 말까지 이어지는 일종의 선으로 생각한다. 우리는 이 '우주 시간'을 분, 시간, 날, 계절, 세기 등등으로 측정할 수 있다.

서부 유럽 문화에서 시간은 출발에서 끝으로 가는 선으로 생각한다. 현재와 관련지어서 어떤 사건이 발생하면 시간선 위에 위치시키는데 사건은 이미 발생했을 수도 있고 아직 발생하지 않았을 수도 있다. 이 사건들은 공간 은유로 취급한다. 이미 일어난 과거 사건은 은유적으로 우리 '뒤'이고 아직 일어나지 않은 미래 사건은 은유적으로 우리 '앞'이다(Sutton & Woll, 1999: 181). 예를 들어 영어는 시간에 대해 말하기 위해 공간 은유를 사용한다. 예를 들어 영어 표현 the days ahead; well, that's behind us now; I look forward to that; when I look back on my life(앞에 있는 날들; 지금은 우리 뒤에 있다; 나는 그것을 보기를 원한다; 나는 나의 삶을 되돌아본다)가 있다. 서양에서 과거를 우리의 '뒤'이고, 미래를 우리의 '앞'이라고 보는 것은 단지 문화적 해석일 뿐이다. 브라질 인디언인 Urubu-Kaapor 사람들은 미래는 우리가 볼 수 없기 때문에 은유적으로 뒤이고, 과거는 볼 수 있기 때문에 은유적으로 앞이라고 믿는다.

시간 표현은 한국수어뿐만 아니라 다른 나라 수어에서도 공통적이며 '시간선'(*time lines*)이라고 명명해 왔다. 시간선은 시간을 보여주기 위해 공간을 사용하는 방식으로 시간의 은유적 표상이다(Sutton & Woll, 1999: 183). 한국수어는 시간 개념을 나타내기 위해 수어자의 몸을 참조점으로 하여 과거, 미래, 현재가 표현된다. 현재 시제는 수어자의 몸과 가까운 위치에서 산출되고 과거 시제

〈그림 6-21〉 수어의 시제 표현

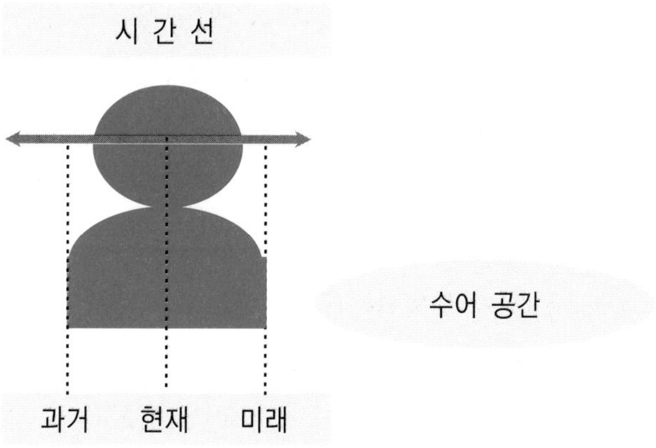

는 수어자의 몸에서 뒤로 향한다. 미래 시제는 수어자의 몸에서 앞으로 향한다. 수어자의 얼굴 옆에서 과거-현재-미래의 시간이 선형적으로 배치된다(〈그림 6-21〉).

한국어에서 시제는 종결형의 활용 어미로 표현된다. 과거를 나타낼 경우는 동사 어간 다음에 '-었'(았, 였)을, 미래를 나타낼 경우는 '-겠'을 붙인다. 그러나 수어는 시제를 동사에서 표현하는 것이 아니라 시간 부사를 통해 표현한다. 서튼과 울은(1999: 182)은 수어에서 시제가 동사에 나타날 수 없는 이유를 흥미롭게 설명하였다. 이론적으로는 과거 시제를 표현하기 위해 동사를 수어자로부터 뒤로 움직이고 미래 시제를 위해 수어자로부터 앞으로 움직이는 것을 막을 방법은 없지만 이는 불가능하다. 왜냐하면 동사의 수동은 이미 다른 기능, 즉 1인칭, 2인칭, 3인칭 사이의 문법적 관계, 주어와 목적어 혹은 지형적 공간을 위해 사용되기 때문이다.

한국수어에서 특이한 점은 친족어에 있어서 상하-공간화가 일어난다는 점이다. 〔형〕, 〔동생〕과 같이 형제, 자매의 서열은 수동의 상하로 구별한다(〈그림 6-22a〉). 마찬가지로 〔후손〕, 〔조상〕 등의 어휘도 일반적인 사람을 나타내는 엄지만 편수형으로 위로 움직이거나 혹은 아래로 움직인다(〈그림 6-22b〉).

〈그림 6-22〉
한국수어에서 친족어

a. [형]

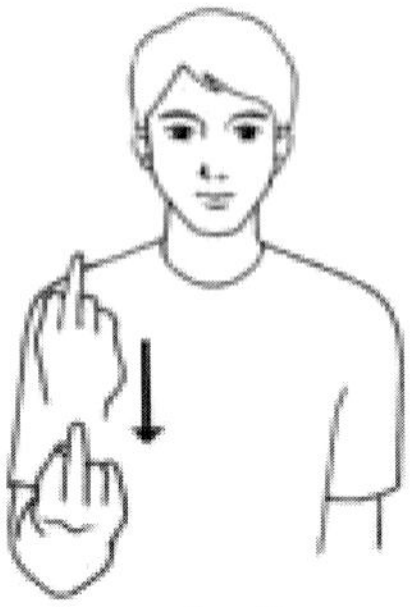
b. [동생]

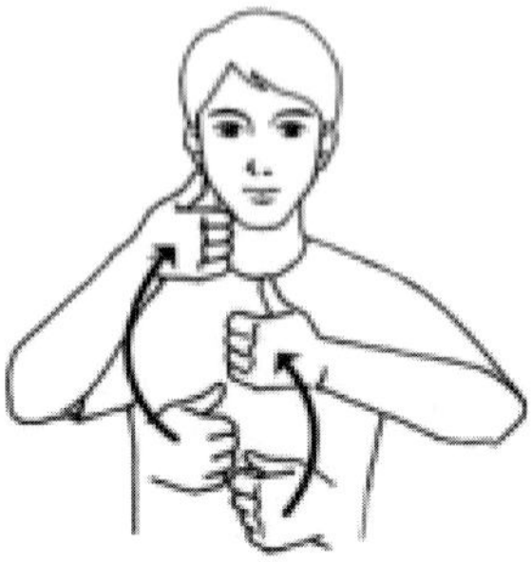
c. [조상]

d. [후손]

〈그림 6-23〉
[천국]과 [지옥]

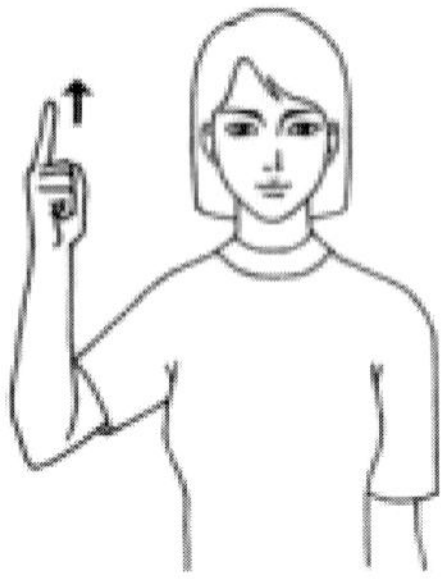
a. [천국]-1

a. [천국]-2

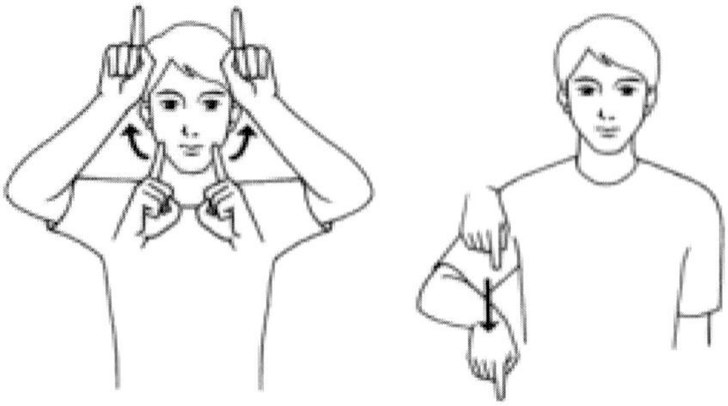
b. [지옥]

마지막으로, 한국수어에서 〔천국〕과 〔지옥〕은 각각 '하늘 + 나라'와 '도깨비 + 깊다 / 지하'로 표현된다. 천국과 지옥에 대한 언급에서 수어자는 보통 자신의 수직면 수어 공간에서 상단은 '천국'의 공간으로 하단은 '지옥'의 공간으로 분할하여 사용한다.

(2) 존재론적 은유

존재론적 은유는 추상적인 개체, 상태, 사건을 사물처럼 취급하는 것이다(Valli et al., 2005: 149). 우리는 추상적인 것을 표현할 때 존재하는 하나의 개체로 인식하여 표현한다. 예를 들어, 사람들이 우울증에 빠진다고 하거나 우울증에서 벗어난다고 말할 때 우울증이라는 감정 상태를 마치 만질 수 있는 물리적인 장소처럼 다룬다.

윌버(Wilbur)는 미국수어 "THE MIND IS EXPANDABLE CONTAINER"(마음은 확장할 수 있는 용기이다)에서 은유를 위해 크기와 모양 특정자의 수형을 사용하여 존재론적 은유를 표현한다고 하였다(Wilcox, 2000: 49에서 재인용).

> 사람들은 그들 마음(용기)에서 생각(사물)을 '취하고' 그들의 생각을 다른 사람들에게 전하기 위해 단어(용기)에 '넣고' 결국 그들은 의미를 표현할 수 있다(생각을 단어에서 제거하고 생각을 그들 자신의 마음에 넣는다)(Wilbur, 1987 : 178 ~ 179).

예를 들어 미국수어 수어자는 논의 동안에 C수형에서 S수형으로 접는 형태의 수어 단어를 산출하여 특정한 생각(*idea*)이 논의의 뒷부분까지 유지되어야 한다고 표현한다. 이 단어는 다양한 실제 사물을 잡는 것을 표현하기 위해 사용하는 도구적인 분류사 수형과 상당히 닮았다. 이러한 은유적 사용에서 추상적 생각은 물리적으로 유지될 수 있는 사물로 취급된다(Valli et al., 2004: 149).

브레난(Brennan, 1990)은 영국수어에서 은유의 여러 유형을 소개하였다. 전술한 도구적인 분류사 수형을 이용한 단어는 잡기 형태소(*grasp*)의 예이다. 잡기 형태소는 완전하게 편 손에서 완전하게 접은 손으로 손의 형태가 변한다. 이 단어 밑에 있는 은유는 어떤 개체의 물리적인 잡기 혹은 쥐기의 개념이고 이것은 더욱 추상적인 개념으로 확장된다. 전형적인 예는 HAVE, GET, YOUR, FIND이다. 반대로, 주먹 쥐었던 손의 모양에서 쫙 편 수형으로의 변화는 GIVE UP(포기하다)이라는 은유를 표현한다. 가령 영국수어에서 STRIKE(파업하다), SPEND(돈을 쓰다)도 포기하다의 은유로 표현한다.

마찬가지로, 한국수어에서 지난 일을 잊지 않는다는 의미를 가진 〔기억〕의 경우 마치 기억을 머릿속에서 나가지 못하도록 머리 옆에서 잡아두는 것으로 표현한다. 이때 기억이라는 추상적인 개념은 구체적인 사물처럼 취급된다. 또한 〔잊다〕는 머릿속에 잡아두지 못하고 놓쳐버린 사물처럼 머리 옆에서 주먹을 쥔 수형에서 손을 편 수형으로 바꾼다.

〈그림 6-24〉
존재론적 은유의 사용

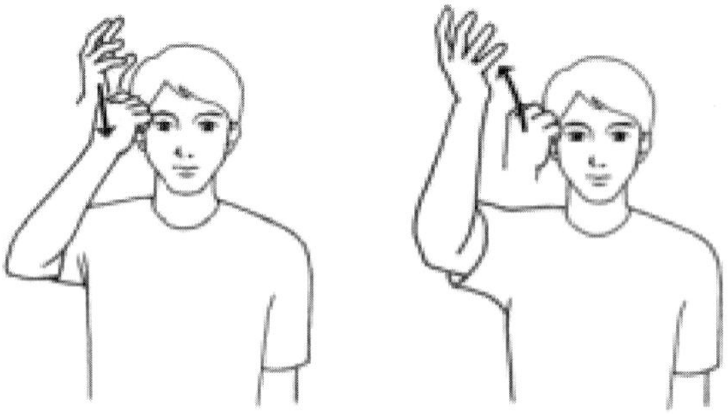

a. [기억] b. [잊다]

(3) 구조적 은유

구조적 은유는 하나의 개념이 다른 개념에 의해 만들어지는 은유이다. 구조적 은유 "TIME IS A RESOURCE"(시간은 자원이다)는 시간을 저축되고 측정되고 현명하게 사용되는 "실체"(*substance*)이며 우리가 경험한 개념에 기초한다. 추상적 개념은 구체적인 원천 영역을 통해 이해될 수 있다. 가령 시간이라는 추상적 개념은 은유적으로 이해될 수 있고, 정확하게 측정될 수 있고, 주어진 문화의 개념에 따라서 가치를 매길 수 있는 구체적이고 물리적인 실체인 것처럼 말해질 수 있다(Wilcox, 2000: 26~27).

또한 "UNDERSTANDING IS GRASPING"(이해는 파악하는 것이다) 은유에서 물리적 공간의 원천 영역과 사고의 목표 영역은 우리로 하여금 이해(*understanding*)를 정신적 사물의 물리적 파악(*grasping*)으로 이해하도록 한다.

윌버(1987: 179~180)는 미국수어에서 구조적 은유를 찾는 것은 가장 어려운 작업이라고 하였는데 왜냐하면 공간화와 수형 사이에 명백한 상관관계와 대조적으로, 내부적인 패턴을 발견해야 하기 때문이라고 하였다(Wilcox, 2000: 50에서 재인용). 미국수어 'BRILLIANT'(훌륭한)를 구조적 은유라고 분석한 윌버의 작업은 단어의 내부적인 패턴의 이해에 기초한다. 레이코프와 존슨의 틀을 이용하여 윌버는 수형 닮음 그 이상을 보았고 빛나는 구체적인 사물을 언급하는 원천 영역과 이해를 나타내는 지적인 "빛"인 목표 영역을 확인했다. 즉, 이해라는 것은 보는 것이다(*UNDERSTANDING IS SEEING*).

(4) 수어소별 어휘군

수어에서 어떤 단어들은 수형, 수동, 수위가 의미를 가질 수 있고 공통된 의미를 공유한다. 프리쉬버그와 고프(Frishberg & Gough, 1973)는 '수어소별 어휘군'(*sign families*)이라 하였고 서튼과 울(1999)은 은유 형태소(*metaphorical morphemes*)라 하였다. 한국수어 관련 문헌에서는 'sign families'를 '수어 어족'이라는 용어로 번역했으나 수어소별로 관련된 단어들의 집합이기 때문에 '수어소에 기반을 둔 어휘군' 혹은 '수어소별 어휘군'이라 할 수 있겠다(남기현, 2013).

프리쉬버그와 고프(1973)는 미국수어에서 어휘적 단계와 하위 어휘적 단계의 관계를 분석하여 형태론적 규칙성을 추출했다. 가령 미국수어에서 학교와 학습에 관련된 어휘는 전체든 부분이든 위로 향하게 편 손(B수형으로 네 손가락 사이를 붙인 수형 혹은 네 손가락 사이를 뗀 수형)의 손바닥 위에서 조음되고, 감정 혹은 비시각적, 비청각적 감각을 언급하는 많은 어휘는 손을 펴서 모두 벌리고 중지를 아래로 구부리는 수형으로 명시한다. 전자의 어휘군에서 손바닥이라는 조음 위치, 후자의 어휘군에서 구부린 중지의 수형과 같은 형태적 규칙성은 관련된 의미의 규칙성을 보여준다. 즉, 평평한 수형은 학습과 글을 읽고 쓰는 활동과 관련된 사물을 나타내고 중지만 구부린 수형은 감각 혹은 감정과 관련된 사물을 나타낸다.

수어소별 어휘군은 동일한 수형을 공유하고 의미의 일부도 공유한다. 따라서 이 단어들에서 수형은 은유적인 것으로 간주된다. 실제 수형에는 고유하게 부정적, 감정적 요소가 없으나 그 언어의 사용자들이 수형과 의미를 연결시키기 때문이다(Valli et al., 2005: 150). 가령 엄지만 펴서 세운 주먹 수형은 '최고' 혹은 '좋다'라는 긍정의 의미를 가지고 이와 대조적으로 소지만 편 주먹 수형은 '꼴찌', '불량'과 같은 부정적인 의미와 연관된다.

〈그림 6-25〉
부정의 의미를
나타내는 소지 수형

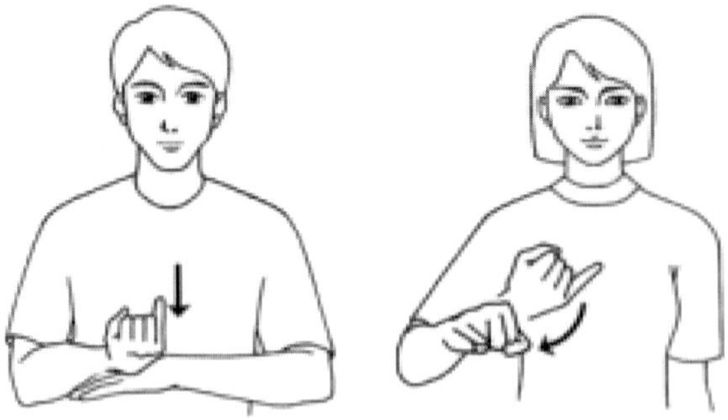
a. [꼴찌]　　b. [불량]

수어의 많은 단어들은 형태와 의미 사이의 은유적 연결에 의해 동기화된다. 이는 한국수어뿐만 아니라 세계의 수어들에서 동일하다. 한국수어에서 수어소별 어휘군 연구는 장진권(1995)을 참고할 수 있다. 수어에서 특정 단어들은 일정한 수위에서 산출된다. 즉, 정신적 사고과정과 관련된 단어는 머리에서, 감정과 관련된 단어는 가슴에서, 듣고 보고 말하는 감각 기능과 관련된 단어는 해당 감각기관에서 산출된다.

3 한국수어와 현장

07 한국수어와 수화(수어) 통역사

'수화'를 '수어'로 바꿨기 때문에 '수화통역사'도 '수어통역사'로 해야 하지만 아직 공식적인 용어는 '수화통역사'이므로 이 장에서는 '수화통역사'라는 기존 용어를 사용하고자 한다.

우리나라의 상황에서 수화통역사는 일반적인 외국어 통역사와는 사뭇 다른 역할과 기능을 갖고 활동해 왔다. 어떤 면에서는 농인복지가 열악했던 때부터 거의 사회복지사가 하는 일을 수화통역과 더불어 수행해왔다고 할 수 있다. 그러므로 우리나라에서 수화통역사는 농인의 복지를 향상시키기 위해 수화통역 서비스를 제공하는 전문가로 자리매김 되어 왔다고 할 수 있다. 따라서 농인을 대상으로 하는 바람직한 수화통역은 한마디로 '서비스를 주는 전문가의 입장에서의 수화통역이 아닌 서비스를 받는 농인의 입장', 즉 철저히 이용자(고객)인 농인 중심의 수화통역 서비스여야 한다.

1. 수화통역사가 가져야 할 이념

1) 가치 있는 사회적 역할의 창출과 부여

수화통역사는 수어통역 서비스를 통해 궁극적으로 농인에게 가치 있는 사회적인 역할을 창출하고 부여해야 한다. 동정이나 자선이 아닌 권리와 책임으로서 수어통역 서비스를 제공해야 하며 수어통역 서비스는 농인에게 가치 있는 사회적 역할을 가져다 줄 수 있는 방향으로 초점이 모아져야 하는 것이다.

2) 정보제공과 문화적 수준 향상

정보와 문화에서 농인이 소외되지 않도록 수어통역 서비스가 제공되게끔 수화통역사는 최선을 다해야 한다. 농인이 단지 듣지 못한다는 측면만이 아니라 정보와 문화로부터도 소외되면 농인은 그 결과 '정보지체인', '문화장애인'이라는 장애 명을 하나 더 붙여야 할 상황이 초래된다.

3) 법적 · 제도적 체계화

수어통역은 법적 · 제도적 장치가 확고하게 마련되어져야 실제로 실천될 수 있으므로 수화통역사는 제도와 정책의 변화에도 민감해야 한다. 최근 한국수어법 제정과 관련한 다양한 노력들은 수화통역사가 해야 할 중요한 책무들 가운데 하나이다. 따라서 수화통역사는 수어통역의 전문성 확보와 권리로서의 보장을 실현하기 위해 최선을 다해야 한다.

2. 수화통역사의 역할과 기능

1) 정보수집

농인을 대상으로 실천 개입하는 수화통역사는 사전에 고려해야 할 몇 가지 사항[1]이 있다.

첫째, 이 지역에는 농인들이 몇 사람이나 살고 있는가?

이건 중요한 질문이다. 제공해야 할 수어통역의 유형이 어떤 것이 되어야 할지를, 그리고 수어통역 서비스의 범위가 어떠해야 할지를 결정해야 하기 때문이다. 그렇다고 해서 무조건 농인의 숫자가 많아야만 수어통역 서비스를 수행할 수 있다는 것은 아니다. 수어통역이 오로지 숫자를 바탕으로만 시작된다면 그것 또한 문제이다. 소수라 할지라도 꼭 통역을 필요로 하는 농인이 있다고 한다면 어떤 방법으로든 서비스를 전달해 주어야 한다. 중요한 것은 서비스 유무를 결정하는 기초 실태조사는 반드시 필요하다는 것이다. 이 조사에서 가장 중요한 내용이 실제 거주하는 수어사용 농인의 인구수이다. 안타깝게도 2011년에 조사된 장애인실태조사 결과(김성희 외, 2012)에 의하면 수어를 사용하는 농인의 숫자가 턱없이 작게 나왔는데, 이는 분명 표본선정이 잘못된 조사라고 본다. 그렇다면 이제는 수화통역사들이 더 객관적이고 구체적인 자료를 제시해야 하지 않을까 싶다.

둘째, 수어통역을 구상하고 있는 지역에서 이미 다른 수어통역을 제공하는 기관이나 교회 혹은 유사 기관이 있는가?

---

1 과거 2002년부터 2005년까지 저자 중 한 사람인 이준우 교수가 나사렛대에 재직할 때에는 수화통역사들이 일할 수 있는 현장이 많지 않았었다. 대학원에 수화통역 전공을 개설한 입장에서 저돌적이면서도 선제적으로 수화통역사들이 일해야 할 현장을 만들어야겠다는 생각이 컸었다. 감사하게도 이후 강남대로 학교를 옮길 때쯤, 전국적으로 수화통역센터가 자리 잡기 시작했고, 직접 가르친 제자들이 전국 방방곳곳에서 수화통역사로 일하게 되었다. 물론 이미 한국농아인협회와 사회복지기관 등에서 일하고 있었던 제자들도 있었다. 하지만 시간이 흐르면서 최근 수화통역사들이 일할 수 있는 자리도 그리 많아 보이지 않는다. 이런 맥락에서 보면 이제 다시 한 번 다각도로 유능한 수화통역사들이 자신의 역량을 발휘할 수 있는 수어통역 현장을 개발할 때가 되었다고 본다.

같은 지역 내에 수화통역센터 내지 농인복지기관이 좋은 성과를 낸다고 해서 덩달아 유사한 수어통역을 실시해서는 절대로 안 된다. 만약 지역 내의 어떤 수어통역 서비스 기관이 성공적인 활동을 실시하여 그 지역 농인들의 욕구를 충족시키고 있다면, 새로 시작하는 수어통역은 경쟁적인 것이 될 것이다. 그러므로 기관을 신설하기보다는 기존의 기관들과 연계하고 협력하여야 하는 것이 바람직하다.

셋째, 만약 새로 시작하려는 수어통역 서비스가 기존 수어통역의 '빈틈'을 메워 줄 수 있는가?

만약에 이미 수어통역 서비스를 수행하고 있는 기존 기관이나 협회가 농인들의 욕구를 충족시키지 못한다고 한다면, 오히려 그 기관 내지 협회와 협력함으로써 경쟁과 알력을 일으키지 않고, 그 빈틈을 메워 줄 프로그램을 개발할 수 있을 것이다.

넷째, 농인 사회와 농인이 지금 시작하려는 수어통역 서비스를 지지하고 있는가?

반드시 유념할 것은 농인 사회와 그 구성원들이 이 계획에 찬성하고, 하고자 하는 수어통역 서비스를 지지하도록 해야 한다는 점이다.

2) 수어통역 서비스 대상 지역의 농인 지도자와의 접촉

수어통역과 관련하여 접촉하여야 할 가장 박식한 사람은 지역에서 오랫동안 생활하고 있는 농인 지도자이다. 전자 메일이나 문자 메시지를 보내든지, 아니면 '카톡' 등등 어떻게든 연락하여 그를 만나야 한다. 진솔하게 만나서 순수한 뜻을 나누면 반드시 그는 새롭게 시작하는 수어통역에 기꺼이 협조해 줄 것이다. 그는 여러 가지 필요한 일들과 그것들을 충족시키는 데 이용할 수 있는 재원에 관하여 수화통역사에게 조언을 해 줄 수 있다.

그는 또한 수어교실을 맡아 교육할 수도 있으며, 수화통역사 훈련 업무를 담당할 수 있으며, 수화통역사들이 서비스 대상 지역사회에서 수어통역을 수행할 때 구체적으로 맡을 수 있는 역할이 무엇인지 보여주고 농인들과의 만남을 적극적으로 주선해 줄 수 있을 것이다. 그는 수화통역사가 가고자 하는 지역에 대략 얼마나 많은 농인들이 살고 있는지와 이미 그 지역에서 수화통역을 하고 있는 다양한 수화통역사들과 관련 기관들에 관해 벌써 알고 있을 것이다. 그는 수화통역사가 통역 서비스를 시작할 수 있도록 도와줄 필수적인 정보를 제공해 줄 수 있다.

그렇기 때문에 수화통역사는 그를 초청하여야 한다. 이들 농인 지도자들은 스스로 찾아오지 않으며 관심도 없을 것이다. 수화통역사가 먼저 찾아가거나 적극적으로 만남을 주선하여 초청하지 않으면 절대 만나 주지 않는다. 그러므로 그를 꼭 초청해야 한다. 그러면 그는 수화통역사에게 최선의 협조 제공원이 되어줄 것이다. 금상첨화로 훌륭한 친구도 되어 줄 것이다.

3) 수어통역 서비스 지원을 위한 모임 조직

수어통역을 시작하고 지속적으로 실시하기 위해서는 수어통역 서비스 지원 모임 내지 지지체계를 조직할 필요가 있다. 이와 같은 모임을 통해 수화통역사는 이용 가능한 모든 정보를 수집하고, 다양한 대안들을 토론하며, 수어통역에 정통한 사람들을 불러 모으고, 한국농아인협회, 농인복지관, 농인을 대상으로 복지서비스를 제공하는 일반 사회복지기관 등에서 수어통역에 관한 가능한 모든 정보를 파악할 수 있어야 한다. 이를 기초로 하여 한국농아인협회와 협력해 지역 내에서 수행되는 수어통역 서비스 활성화를 위한 실질적인 노력을 전개해 나가야 한다. 다음의 단계들은 '수어통역 서비스 지원을 위한 모임' 활동이 활성화되기 위한 몇 가지 제안 사항들이다.

첫째, 지원 모임 내지 지지체계를 한국농아인협회와 협력하여 조직한다.

둘째, 지역사회의 명망 있는 농인 지도자와 접촉한다.

셋째, 자신의 지역사회에 살고 있는 농인들을 찾아내기 위하여 한국농아인협회, 수화통역센터, 지역사회 내에 있는 복지관과 주민자치센터의 협조를 받는다.

넷째, 수어통역이 필요한 프로그램을 계획한다. 가령 수화통역사를 구할 수 있으면 유명강사를 초청하여 교양강좌를 개최한다. 협회와 공동주관할 수도 있고, 지역 내의 다양한 사회복지기관과 협력할 수도 있다.

다섯째, 수어를 배우는 학생들이 모여서 연습할 수 있는 규칙적인 시간을 정한다. 이들 수화통역사 지망생들은 잠재적인 지지 세력임을 명심할 필요가 있다.

여섯째, 농인의 삶의 질을 개선시켜 줄 여러 가지 활동에 참여하기 위해 노력해야 한다. 한국농아인협회 그리고 부설 수화통역센터와 긴밀하게 협력해야 한다. 센터에 근무하는 수화통역사로부터 법원, 병원, 취업 현장 등에서의 통역을 의뢰받을 수 있도록 연계체제를 구축해야 한다.

일곱째, 수화통역사 지원체제를 도울 수 있는 농인 팀(The "Deaf Team")을 조직해야 한다. '농인 팀'이 조직되면 수화통역사에게는 큰 도움이 될 수 있다. 먼저, 수화통역사들이 수행하는 통역 서비스의 질에 대한 분명한 평가를 받을 수 있다. 이를 위해서는 '브레인스토밍' 기법이 유용하다. 이 기법을 통해 현재 수행하고 있는 통역 서비스의 문제점들에 대해 더 나은 해결책을 얻어낼 수 있다. 다음으로, '농인 팀'으로 인해 더욱 많은 농인들이 수화통역사들에 대해 알아가게 된다. 즉, 수어통역 서비스에 대한 홍보가 이루어진다. 나아가 많은 재능을 가진 농인들이 연계될 수 있다.

3. 수화통역사의 자질

수화통역사의 책임은 단지 통역을 하는 것만으로 끝나는 것이 아니다. 그들의 역할은 상담자, 사회복지실천 실무자, 그리고 농인들의 친구이다. 많이 좋아졌다고 해도 여전히 수화통역사의 업무는 거의 슈퍼맨 수준이다. 즉, 사회복지사, 수화강사, 수화통역사, 행정가, 자원동원가 등 농인복지와 관련된 대부분의 업무를 다 담당하고 있다. 싫든 좋든, 바람직하든 그렇지 않든, 향후 개선되든 안 되든, 여하간 현실이 그렇다면 우선은 현실에 맞추어가야 할 것이다. 이런 맥락에서 수화통역사의 자질을 몇 가지로 구분하여 정리하였다.

1) 기본 자질

현실로부터 도출된 수화통역사에 대한 6가지 기본적인 자질들을 설명하고자 한다.

(1) 수화통역사는 무엇보다도 성숙한 인격을 갖고 있어야 한다

수화통역사는 성장하는 인격의 증거를 보여 주어야 하며 생활의 모범이 있어야 한다. 즉, 사랑, 기쁨, 평강, 인내(균형 이룬 기질과 참을성), 친절, 선량함(자애로움), 충실성(온유와 겸손), 점잖음, 자제력(극기와 절제) 등을 함양해야 한다. 수화통역사는 자기 주변의 모든 사람들과의 관계가 심리적, 정서적으로 가급적 최선의 것이 될 수 있어야 한다. 신체적으로도 균형 잡힌 체질과 체격을 유지해야 한다(체중조절을 포함하여). 그리고 도덕적으로도 모범적이어야 하며 자신의 업무에도 정력적이어야 하고 농인 사회를 항상 사랑하고 있어야 한다. 이 점을 이렇게 강조하는 이유는 수어통역에 발 들여 놓은 사람들 중 잘못된, 엉뚱한 이유로 수어통역을 하는 사람들이 종종 있기 때문이다.

가끔 어떤 사람이 단순히 수어에 흥미를 갖게 되고 남는 시간으로 수어교실을 계속 수료하여 나중에 수화통역사가 된다. 그러다가 흔히 그러한 수화통역사들은 농인들을 이 농인기관 저 농인기관으로 이동을 시키기도 한다. 바로 문제 있는 수화통역사들의 한 형태이다. 그들은 수어통역에 나서지 않는 것이 훨씬 좋았을 것이다. 그들 자신의 호기심과 정서적 욕구 만족을 위해서 수어통역을 하고, 나아가 농인들이 수화통역사들을 필요로 한다는 사실에 주목하고 자신의 행위를 과시하기 위한 도구로 이용하기도 한다. 그들 중에는 농인을 사랑하는 사람이 아무도 없다는 착각(?!)을 불러일으킬 만큼 수어통역에 지나치게 자기중심적으로, 과도하게 정서적으로 몰입하게 된다.

바로 이런 이유로 인해, 수화통역사들이 성숙한 인격을 가져야 한다는 것은 그래서 타당한 논리가 성립된다. 수화통역사들은 해결책의 일부가 되어야지 문제의 일부가 되어서는 안 된다. 바로 이런 이유 때문에 인격을 자격요건 중 맨 먼저 내세운 것이다. 사실 현재 농인을 대상으로 의외로 많은 "나쁜 수화통역사"(?) 들이 "수어통역"을 하고 있다. 바꾸어 말하면 그들은 다른 사람들의 핸디캡을 이용하여 자신들의 자만심을 살찌우고 있는 것으로 보인다. 수화통역사는 신실하고 헌신적이며 자신의 인격 도야에 열성적인 사람, 받기보다는 주기를 더 소원하는 사람이어야 한다. 이러한 사람이야말로 지역사회 내의 농인들을 도와서 그들에게 필요한 지식과 경험을 주고자 진실로 애쓰는 '진짜 전문가'가 될 수 있을 것이다.

(2) 수화통역사는 농인을 사랑하는 사람이어야 한다

이 자격요건은 앞선 첫 번째 자격요건에 내포된 것이지만 매우 중요한 것이므로 분리시켜 열거하고 강조하고자 한다. 사랑은 농인들을 상대로 일을 하는 동안 반드시 필요한 것이다. 그것은 나눔에 대한 되받기를 기대하지 않는 진실한 사랑이며, 또한 그것은 기독교에서 말하는 예수님의 사랑과도 같다. 즉, 기독교인들이 모든 곳의 사람들에게 베풀어야 하는 일상적인 봉사, 연료를 공급해 주는 것과 같은 바로 그러한 사랑이다. 이런 아가페적인 기독교 사랑은 '사회복지'에서 말하는 인간존중의 사상이라고도 말할 수 있다. 어떤 사랑이든 농인을 진정으로 아끼고 사랑하는 마음이 없이는 그 어떤 수어통역도 성공적으로 수행할 수 없다.

(3) 수화통역사는 수어에 관한 철저한 지식을 갖추어야 한다

수화통역사는 농인에 대한 자신의 사랑을 효과적으로 표현하여 전달할 수 있어야 한다. 낮은 수준의 구화 기술을 포함하여 수어에 능숙하지 않고는 그렇게 할 수 없다. 그러나 수어를 할 줄 아는 것이 수화통역사로 하여금 농인들의 욕구를 처리할 수 있는 자격을 자동적으로 부여한다고 속단해서는 안 된다. 수화통역사는 자신의 신념을 전달할 수 있는 능력을 갖추어야 하지만 그에 앞서 전달할

만한 신념을 갖추는 것이 더욱 중요하다. 마찬가지로 수어를 한다고, 농인의 삶에 있어서 심리적, 사회학적, 교육적 또는 직업적 측면들에 대한 이해까지 자동적으로 갖추어지는 것은 아니다. 자신의 수어능력에만 전념하고 수어통역에 관한 중요한 기술들을 배제시키는 사람은 반쪽짜리 통역사에 불과하다고 봐야 한다.

이것이 흔히 주장되는 견해, 즉 농인 부모의 청인 자녀들이 수화통역사로 가장 좋다는 견해에 동의하지 않는 이유이다. 동시에 농인 부모를 두지 않은 사람들은 우수한 수화통역사가 될 수 없다는 극단적인 견해도 있는데 이 역시 동의하기 어려운 주장이다. 이들이 수어와 더불어 성장하였음이 사실이긴 하지만(아마 정상적인 언어 습득보다 먼저 수화를 배울 수도 있을 것임) 그래도 뭔가 약점을 지니고 있을지도 모른다. 그 약점이란 다음과 같은 것들이다.

첫째, 일부 수화통역사들은 수어통역 서비스를 객관적으로 바라보지 못할 수 있다. 그들은 농인 집단을 의식적으로 자기 부모들을 대하듯 하거나 보살필 수 있다. 그러한 심리상태는 농인들 중에서 진정한 지도자가 배출되지 못하게 하는데, 그 이유는 "애정과 염려" 때문에 수화통역사가 매사를 다 처리하여 주기 때문이다.

둘째, 일부 수화통역사들은 농인복지기관에서건 농인복지기관 밖의 농인 사회에서건, 건청인 동료들과 좋은 관계를 구축하는 데 어려움을 겪을 수 있다.

셋째, 일부 수화통역사들은 자신들의 일에 대하여 너무 민감하다.

이상에서 말한 것들이, 많은 재능 있고 훌륭한 현역 수화통역사들을 평가절하할 의도로 말한 것은 결코 아니다. 그들은 부모에 대한 애정 때문에 자신들의 삶을 농인들을 돕는 일에 바친 것이다. 진정으로 바라는 것은 이들 수화통역사들 중에서 농인 부모를 두고 있는 사람들이 더욱 열정적으로 자신의 일에 전심전력을 하도록 권장하는 데 있다.

어쨌든 수화를 능숙하게 구사할 수 있는 통역사의 능력이 수년간에 걸쳐서 증진됨에 따라 농인들과 만나서 수어통역을 수행할 수 있는 전문가의 능력도 증진되었다. 대화를 나눌 때 농인들은 더욱 편안해하며 수화통역사는 더욱더 자신의 일에 자신감을 가진다. 이것은 효과적인 수어통역의 수단에 관심을 가지고 있는 전문가에게는 중요한 사항이다. 수어를 효율적으로 그리고 유창하게 사용하는 것은 이런 이유 때문에 중요한 것이다.

(4) 수화통역사는 농인에 관한 철저한 지식을 소유하고 있어야 한다

이러한 지식은 자동적으로 주어지는 것이 아니라 오직 수년에 걸친 경험과 공부를 통해서만 터득할 수 있으며 수어에 능통한 사람만이 가질 수 있다. 이 자격요건은 수어통역을 이제 갓 시작한 초보 통역사에게는 기대할 수 없다. 그러나 부단한 노력을 통한 통역 업무의 질적 성숙이 수화통역사들이 마음에 품고 있는 하나의 목표가 되어야 한다. 농인들의 욕구는 특수한 욕구일 때가 흔하다. 따라서 특수한 해결책과 독특한 접근방식을 요한다. 수화통역사는 가장 능률적인 방법으로 문제를 해결하기 위하여 농인들과 대화하는 방법을 익혀야 한다. 면접의 원리와 기법에 대한 지식을 가져야 하며 훈련을 통해 자신의 것으로 만들 수 있어야 한다.

(5) 수화통역사는 지속적인 교육에 심혈을 기울여야 한다

교육을 계속하는 체계적인 프로그램이 수화통역사 자신에 의하여 세워져야 한다. 이것은 농인을 대상으로 일하는 수화통역사가 담당하고 있는 업무에서 지속적으로 자신의 능력을 발휘할 수 있기 위해서이다. 그런 면에서 나사렛대 재활복지대학원 국제수화통역학과는 우리나라 유일의 대학원 과정의 수어 및 농인 연구의 산실이다. 유수의 사회복지대학원에서의 사회복지 전공과정도 추천해 볼 만하다. 또한 특수교육대학원이나 일반대학원의 심리학이나 상담학 전공도 고려해 볼 수 있다. 중요한 것은 어떤 과정이든 수화통역사는 계속 자신의 능력을 향상시키기 위한 정규적이며 지속적인 교육을 받으며 성장하여야 한다는 것이다.

(6) 수화통역사는 자신의 계획에 있어 융통성을 유지할 수 있는 능력을 지니고 있어야 한다

농인을 위한 교육기회가 제한되어 있으므로 수화통역사는 자신이 통역 서비스를 제공하고 있는 농인 고객들을 농인 사회의 지도자로서 키워가며 그 역량을 갖도록 훈련하는 데에 상당한 시간을 사용해야 한다. 그러면서 동시에 수화통역사는 자신이 구상하고 있는 목표들을 향하여 집단을 이끌어감에 있어 융통성을 발휘해야 한다. 농인들이건 동료 전문가들이건 팀의 한 구성원으로서 일할 수 있는 능력이 바로 융통성과 관계있는 것이다. 최선의 업적은 팀에 의하여 달성되는 것이지 외톨박이에 의하여 달성되는 것은 아니다. 더 많은 방법으로 도움을 받을 수 있기 때문이다. 유능한 수화통역사는 농인들을 '데리고' 또 그들을 '통하여' 일하는 요령을 재빨리 터득한다.

과거 농인 현장에서 경험했던 일 중 가장 가슴 아픈 상황은, 일단의 열성적인 농인들이 시기심 많은 수화통역사들의 '내부적 다툼질'(?)로 인하여 분열되는 것을 지켜보아야 했을 때이다. 젊고 지성적인 농인들로 구성된 가장 우수한 집단 중의 하나였던 집단이 갈갈이, 마치 넝마처럼 찢겨서, 그 와중에 어리둥절한 농인들이 나가떨어지는 일을 경험했었다. 한 집단에 여러 명의 수화통역사를 갖는 것이 다행스러운 일로 보일 수도 있는 반면에, 그들이 진정으로 농인을 위해 헌신하고자 하는 마음을 버리게 되면 수화통역사들 간에 과도한 경쟁과 갈등이 발생할 수도 있는 것이다. 그러므로 수화통역사는 갈등을 중재할 수 있는 화평의 전문가들이 되어야 하며 다른 수화통역사들과 원활한 인간관계를 가질 수 있어야 한다.

2) 책 임

수화통역사라면 맡아야 할 책임과 수어통역의 영역들을 잘 이해하고 준수할 수 있어야 한다. 다음에 제시하는 내용들은 본 저자들이 경험했던 내용에 기초하여 주관적으로 정리해 본 것이다.

(1) 의무와 책임

① 행 정

ⓐ 농인들이 사용하는 시설물들을 항상 사용할 수 있는 상태로 유지한다.

ⓑ 제공중인 수어통역 서비스의 적절한 진행상황에 대한 필요한 기록을 보존한다.

ⓒ 수어통역 서비스 관련 일정표와 함께 앞으로 있을 통역 관련 업무 일정표를 정확하게 기록해 둔다.

ⓓ 한국농아인협회와 부설 수화통역센터, 그리고 농인복지기관 등에서 일할 수화통역사들을 채용하는 것에 관하여 관계 전문가에게 협조한다.

ⓔ 적절한 수어통역 서비스 제공을 위하여 필요한 물자와 장비를 구입하도록 예산 관련 부처에 요청하거나 건의할 수 있는 자료를 준비해 놓아야 한다.

ⓕ 수어통역 현장에서 활용 중인 유급 시간제(프리랜서) 또는 자원봉사 수화통역사들을 지도 감독한다.

② 프로그램

ⓐ 모든 연령층의 농인들에게 수준 높은 수어통역 서비스를 받을 수 있는 기회를 제공함에 있어 농인들과 협력한다.

ⓑ 매번 실시될 집중적인 재가방문에서 농인들과의 만남을 효과적으로 진행한다.

ⓒ 수어통역을 수행할 때, 항상 균형 잡힌 집중력을 견지한다.

ⓓ 수어통역이 필요한 행사에 대하여 지역 신문이나 언론매체가 숙지할 수 있도록 계속 홍보한다.

ⓔ 수화통역사가 실천개입하게 되는 농인복지 프로그램이 포함해야 할 활동들은 다음과 같다. ㉠ 직업전 교육과 훈련 및 직업상담, 사회적응 훈련, 정보화 대회, 전국 농인 바둑대회 등, ㉡ 여름방학이나 겨울방학 혹은 휴가 시 단기 재활복지 프로그램, ㉢ 캠프, 연회, 소풍, 교제모임, 기타 등등, ㉣ 대사회적 홍보, 계몽 및 사회운동 - 입법관계 문제들, 시민클럽, 병원사회복지실천, 농인 대상 위기상담, 농인복지 관련 기관과의 협조, ㉤ 한국농아인협회 주관 체육대회 개최, ㉥ 정신보건기관, 법원, 병원, 취업 알선기관 등에서의 수어통역, ㉦ 농인들의 결혼식과 장례식 지원, ㉧ 농인 축제, 농인 수어 합창단 등을 포함하여 농인들을 위한 특수 프로그

램 제공

ⓕ 지역에 있는 사회복지기관 및 관련 단체의 수어교실 운영을 돕는다.

ⓖ 특별행사를 위하여 좌석을 예약하거나 수어통역을 제공한다.

③ 윤리와 에티켓(예절)

수화통역사는 반드시 수어통역 윤리에 대한 인식을 소유하고 있어야 한다. 아직 우리나라는 수화통역사 윤리강령과 윤리지침이 마련되지 못한 상황이다. 그런 면에서 미흡하나마 다음의 각 항들은 앞으로의 윤리강령 개발에 도움이 될 것으로 확신한다. 지금부터 소개할 각 항들은 과거 통역 현장에서 여러 가지 익숙하지 못한 여건에 부딪쳐야 했을 때마다 저자들에게 길잡이가 되어준 기준으로서 매우 도움이 되었던 것이기도 하며, 동시에 그러한 실천개입 현장의 경험을 통해 수정·보완된 것이기도 하다.

ⓐ 개인적 행동

㉠ 성숙한 인격함양을 위해 노력하는 것은 수화통역사의 의무이자 책임이다.

㉡ 내가 수행해야 할 과업에 신체적으로나 정서적으로 적합하게 내 자신을 유지하는 것은 의무이자 책임이다.

㉢ 수입 범위 내에서 생활하며 빚을 지지 않는 것이 의무이자 책임이다.

㉣ 내 가족을 공평하게 대하며 적절한 시간을 할애하는 것이 나의 의무이자 책임이다.

㉤ 내가 맡아 하는 일의 분야에 관련된 자료들을 읽고 연구함으로써 내 자신의 방법을 유지하며, 나의 활동 분야에서 성장하고자 최선의 노력을 하는 것이 나의 책임이자 의무이다.

㉥ 내 시간에 대하여 정직함으로써 내가 활동하는 수어통역 서비스 기관에 완전한 업무를 실천한다.

㉦ 내가 받는 보수에 상응하는 대가를 치르는 것이 나의 의무이다.

㉧ 저술이나 강연에 있어서 당연히 밝혀야 할 원천은 정확하게 밝히고, 표절하지 않는 것이 나의 의무이다.

㉨ 사람들의 지위가 높건 낮건, 모든 사람들에 대하여 최선을 다하는 것이 나의 의무이다.

㉩ 나의 수어통역은 꼭 필요하지만 최고는 아니라는 것을 명심하는 겸손함을 유지하는

것이 나의 의무이다.

㉪ 나에게 토로된 농인 이용자의 모든 은밀한 개인적 고백은 결코 누설하지 않는 것이 나의 의무이다.

㉫ 농인 집단 내부의 다툼에서 어느 한쪽도 편들어 주지 않는 것이 나의 의무이다.

㉬ 농인들과 농인 사회의 '하인'됨이 내 소명이라는 사실을 잊지 않는 것이 나의 의무이다.

ⓑ 인간으로서의 수어통역

㉠ 효과적인 수어통역을 위하여 자신의 신체를 바르게 관리하는 것이 필수적이다. 수화통역사의 책무를 지켜나가기 위해서는 바른 식사습관과 규칙적인 운동을 통한 긴장 해소가 필요하다. 주 1일 휴무가 필요하며 휴무일에는 휴식, 사우나, 낚시, 가벼운 산행 등으로 여가생활을 한다.

㉡ 수화통역사는 자신의 정신건강에도 적절한 주의를 기울여야 한다. 연구, 독서 그리고 묵상을 위한 조용한 방과 생각할 수 있는 시간을 가져야 한다.

㉢ 가장이자 남편 혹은 아내로서 수화통역사는 자신의 가정에 적절한 주의를 기울여야 한다. 그가 받는 보수로서 가족을 부양할 수 있어야 하며 또한 전문가의 가족들이 농인복지기관의 온갖 자질구레한 허드렛일까지 맡아 하는 일이 없도록 유의하여야 한다. 집까지 일을 가져가서는 안 된다.

㉣ 수화통역사는 자신의 정서적 안정과 인격 성숙에도 올바른 관심을 기울여야 한다. 스트레스를 바람직하게 해소하는 자기 나름의 방법을 찾아서 활용할 수 있어야 한다.

㉤ 수화통역사는 재정을 다루는 데 있어서 문제가 발생할 수 있음을 알아야 하며, 돈 문제에 관한 한 엄격하여야 한다.

ⓒ 시민으로서 수화통역사

㉠ 시민단체를 위한 공식 석상에서 대중 연설을 해달라는 부탁을 받을 때, 만약 수화통역사로서 아직은 부족해서 나설 수가 없다면 아예 나서지 않도록 한다.

㉡ 수화통역사는 언제나 유권자로서 등록을 하고 투표하여야 한다. 업무 때문에 중요한 투표권을 행사하지 못해서는 안 된다.

㉢ 수화통역사는 시민의 한 사람으로서 필요한 규정을 준수하여야 한다.

ⓓ 동료와의 관계에 있어서 수화통역사

㉠ 새로운 활동 현장에 도착하여 다른 수화통역사의 후임이 될 때, 전임자 또는 다른 어떤 수화통역사에 대하여 험담하지 말라. 너무 과격하거나 시급한 변화를 일으키지 말라. 먼저 사람들을 알도록 하라. 그런 후에 필요하거든 점진적으로 변화를 모색하라.

㉡ 현직을 그만두고 떠나게 되어 후임자가 올 때, 반드시 그를 만나서 현 상황에 관하여 그에게 조언하도록 하라. 많은 것을 그에게 말하여 주되 모든 것을 다 말해 주지는 말라.

㉢ 수어통역의 손길을 받아본 적이 없는 농인들을 찾아가도록 항상 노력하라. 다른 농인복지기관의 구성원들을 빼내 오지 말라.

㉣ 수화통역사들이 수어통역의 현재 상황을 숙지하도록 하되 자만하지 않도록 유의하라. 상급자인 선임 수화통역사나 리더와 의견교환을 원활하게 하라.

ⓔ 수화통역사의 우선순위

㉠ 환자와 유가족들을 우선적으로 하라. 다시 말해서 가장 지원이 필요한 이용자를 우선적으로 선정해서 통역 서비스를 제공해야 한다.

㉡ 수화통역사 자신의 담당 지역 신규 이용자를 환영하고 노약자들을 돌보도록 해야 한다.

㉢ 편파성을 피해야 한다. 서비스가 필요한 모든 이들에게 실천 개입하도록 노력해야 한다.

㉣ 이용자를 차별하지 말아야 한다.

㉤ 수어통역을 할 때는 자신을 환경의 일부가 되게 해야 한다. 붙임성이 있는 매너와 태도는 신뢰감을 심어줄 것이다.

㉥ 남성 혹은 여성들에 대한 지나치게 되풀이되는 서비스 개입을 삼가야하며, 쑥덕공론을 일으킬 여지가 있는 행동은 어떤 것이건 피해야 한다. 이용자와의 스캔들이 일어날 소지는 아예 만들지 않도록 주의해야 한다.

ⓕ 수화통역사이면서 통역 전문가와 농인복지기관 행정가로서의 본분

㉠ 농인복지기관은 행정 업무를 담당하는 행정 전문가와 농인 이용자를 대상으로 직접적인 수어통역을 담당하는 수화통역사 모두에게 요구되는 모든 의무사항들을 준수해 줄 것을 기대할 만한 충분한 권리를 보유하고 있다.

㉡ 부정적인(파괴적인) 비판을 피해야 한다. 그러한 비판은 백해무익일 따름이다. 그러나 사랑의 정신을 지니고 행한 비판은 구성원들에게 새로운 사고의 방향을 제시할 수

있다.

㉢ 수어통역에 관한 홍보는 언제나 진실성이 있어야 하며 그 중요성과 효과성이 실제보다 과대 포장되어서는 안 된다.

ⓖ 농인의 친구로서, 자문역으로서의 수화통역사

㉠ 수화통역사는 농인들이 올바른 사고와 감정과 이해를 가질 수 있도록 돕기 위하여 끊임없이 노력하여야 한다. 농인들이라도 청인과 마찬가지로 이 정도의 일은 해야 한다고 속단하는 것은 누구나 빠지기 쉬운 유혹이다. 농인의 말을 경청하고 공감하는 일에 최선을 다해야 한다.

㉡ 수화통역사는 청인과 농인 간에 의사소통의 가교를 유지한다. 의사소통은 반드시 유지되어야 한다. 수화통역사는 농 사회와 농 문화에 대한 이해를 함양하고자 부단히 노력해야 한다. 결과적으로 이는 농인 사회와 청인 사회의 이해의 폭을 좁힐 수 있게 해 준다.

㉢ 수화통역사는 문제점들과 갈등이나 오해 등이 표현되는 것을 보다 잘 이해할 수 있기 위해서, 수화 구사 능력을 향상시키려고 노력해야 한다.

ⓗ 전문가로서의 윤리의식

㉠ 수화통역사는 고매한 덕성을 지닌 사람으로서 정직하고 양심적이며 신뢰성 있고, 정서적으로 성숙한 사람이어야 한다. 수화통역사는 자신을 믿고 어려움을 토로한 농인들의 은밀한 개인적 정보를 결코 누설해서는 안 된다.

㉡ 수화통역사는 통역을 하고 있는 동안 공평한 태도를 견지하며, 당사자들의 요구를 받지 않는 한 자신의 견해를 끼워 넣는 일을 해서는 안 된다.

㉢ 수화통역사는 충실하게 능력껏 최선을 다하여 통역해야 한다. 항상 말하는 이의 생각과 의도 그리고 정신을 전달해야 하며 자신이 맡은 일의 한계를 명심하여 자신의 "책임"을 벗어나서는 안 된다.

㉣ 수화통역사는 자신의 수어능력을 인식하여 업무를 수락함에 있어서 신중을 기하고, 필요할 경우 다른 수화통역사의 협조를 구하여야 한다.

㉤ 수화통역사는 옷차림에 있어서는 보수적인 방식을 택하여 직업상의 위신을 지키고, 필요 없는 시선을 자신에게 집중시키는 일은 피해야 한다.

㉥ 수화통역사는 통역에 대한 보수를 받는 문제에 있어 신중을 기하며, 자금이 부족한 상

황에서도 기꺼이 통역할 수 있어야 한다. 외국어 통역사에게 제공되는 것과 맞먹는 법정 사건과 같은 사례에서는 전문 직업상의 기준에 따라 사전에 보수에 관한 약정이 이루어져야 한다.

㉦ 수화통역사는 그저 단순히 청각장애라는 장애에 대하여 자신이 동정적이라는 이유만으로 농인에게 유리한 법적 결정을 내리도록 권장해서는 안 된다.

㉧ 법정 통역의 경우, 관련 농인의 문제 이해도가 축자적 통역이 가능하지 못할 상태일 때, 그 사실을 법정에 통고하여 통역사가 농인을 상대로 말해지는 것과 농인이 하는 말을 크게 요약해서 전달하지 않으면 안 될 사정을 설명하고 법정의 허락을 구하도록 한다.

㉨ 수화통역사는 농인들이 필요로 하는 다양한 유형의 협조를 인식하고 그 특정 욕구를 충족시키기 위하여 최선을 다하고자 노력해야 한다. 수어를 이해하지 못하는 농인들은 글을 써서 의사를 전달하는 식의 도움을 필요로 할지도 모른다. 손짓에 의한 의사소통(원초적인 몸짓표현이나 구두방식)을 이해하는 농인들은 번역이나 통역의 도움을 받을 수 있다.

㉩ 전문성 향상의 필요성을 인식하여, 같은 수어통역에 종사하는 동료들과 새로운 지식 계발에 관한 정보를 나누고, 청각장애가 함축하는 것들과 그들의 욕구를 이해하며, 다양한 교육을 통해 수화통역사로서의 지식을 넓히고, 통역과 번역에 있어서 자신의 표현력과 수취력을 최대한 계발하고자 노력해야 한다.

㉪ 수화통역사는 수어의 존엄성과 순수성을 지키기 위해 노력해야 한다. 또한 농인 이용자를 이해하는 데에 필요하다면 해로운 수어(가령 욕설 등과 같은 것)까지도 배우고 수용할 마음의 준비를 항상 갖추고 있어야 한다.

㉫ 수화통역사는 가능하다면 언제든지 농인들에 관하여 대중을 교육해야 할 책임을 져야 한다. 청각장애인과의 의사소통에 관하여 대중이 잘 알지 못하는 탓으로 많은 오해가 일어난다는 사실을 인식해야 한다.

08 한국수어와 서비스 체계

한국수어와 관련된 법들을 살펴보면, '장애인·노인·임산부 등의 편의증진보장에 관한법률' 제 16조에 시설 이용 상의 편의제공과 장애인에 대한 편의제공을 명시한 부분에 청각장애인을 위한 보청기기 등을 비치하여야 하며, 수어통역 등의 편의제공을 요청할 수 있다고 규정하고 있다. '장애인고용촉진 및 직업재활법' 제 21조 1항에는 청각장애인의 의사소통을 위하여 수화통역사를 배치하기 위한 비용 및 보조공학기기 등을 융자하거나 지원할 수 있다고 명시하고 있다.

또한 '장애인복지법'과 '장애인차별금지 및 권리구제 등에 관한 법률'에서는 의사소통을 정보이용으로 보고 있는데, '장애인복지법'은 제 22조에서 전기통신, 방송시설, 방송 프로그램에 청각장애인이 수어 또는 폐쇄자막을 요청할 수 있도록 명시하고 있다.

'장애인차별금지 및 권리구제 등에 관한 법률'의 경우 제 20조에서 정보접근에의 차별금지를 위해 개인·법인·공공기관은 장애인 관련자로 수화통역, 대필 등을 위해 동행해 의사소통을 지원하는 자에 대하여 정당한 사유 없이 이를 강제·방해하거나 부당한 처우를 하여서는 아니 된다고 명시하고 있다.

제21조에서는 정보통신·의사소통에서의 정당한 편의제공의무를 명시하고

있는데, 청각장애인이 각종 행사 및 방송 제작물 등에서 장애인이 아닌 사람과 동등하게 접근·이용할 수 있도록 자막, 수화, 보청기기, 통신 중계서비스 등 필요한 수단을 제공하여야 한다고 명시하고 있다.

제 23조는 정보접근·의사소통에서의 국가 및 지방자치단체의 의무를 명시하고 있는데, 국가와 지방자치단체는 장애인이 장애의 유형 및 정도, 특성에 따라 수화, 구화, 점자, 큰문자 등을 습득하고 이를 활용한 학습지원 서비스를 제공받을 수 있도록 필요한 조치를 강구하여야 하며, 위 서비스를 제공하는 자는 장애인의 의사에 반하여 장애인의 특성을 고려하지 않은 의사소통 양식 등을 강요하여서는 아니 된다고 명시하고 있다.

이처럼 법에 명시되어 있음에도 불구하고 안타깝지만 현실은 농인들이 수어통역 서비스를 지원받기란 여전히 매우 힘들다는 것이다. 가령 '장애인복지법'의 경우 명시된 내용이 '요청할 수 있다'로 되어 있어 매번 행사 때마다 요청을 하여야 한다. 이로 인해 현장에 가서야 통역지원이나 자막지원이 없다는 것을 알고 지원을 요청해도 긴급하게 구할 수 없어 지원받지 못하는 경우가 많다. 또한 '장애인차별금지 및 권리구제 등에 관한 법률'에 정당한 편의제공 의무가 있고, 장애인의 특성을 고려하지 않은 의사소통 양식을 강요하여서는 아니 된다는 규정에도 불구하고 현실적으로 청각장애인들이 직접 신청해야 가능하며, 의사소통 양식 또한 지원이 따라주지 못해 실질적으로 선택하지 못하는 실정이다.

이와는 별도로 청각장애인의 의사소통 지원을 위해 한국농아인협회에서 수화통역사 자격제도를 실시하고 있다. 1997년 비공인 민간 수화통역사 자격제도로 시작해 2005년까지 총 693명의 통역사를 배출한 후 2006년부터는 국가공인 민간 수화통역사제도로 발전되었다. 한국농아인협회(2013)의 자료에 의하면 2006년부터 2012년까지 배출된 국가공인 민간 수화통역사는 1,052명으로 두 자격을 중복 취득한 423명과 사망한 3명을 제외하면 현재까지 총 1,322명의 수화통역사가 배출되었다.

2012년 말 현재 등록 청각장애인은 258,589명으로 수화통역사 1인당 195명의 청각장애인을 맡아야 한다. 그러나 자격증을 취득하고도 수화통역사로 활동하지 않고 있는 숫자를 고려하면 수화통역사 1인당 감당해야 하는 청각장애인의 수는 더욱 늘어날 수밖에 없다.

1. 의사소통지원 서비스 제공 기관

농인을 위한 의사소통지원 제도 가운데 현재 국내에서 직접적으로 통역 서비스를 제공하고 있는 기관은 수화통역센터와 통신중계센터가 있으며, 일부 병원 및 학교 등에서 개별적으로 통역 서비스를 지원하고 있는 곳이 있다. 여기에서는 주된 통역 서비스 제공 기관이라고 할 수 있는 수화통역센터와 통신중계센터에 대해서 살펴보고자 한다.

1) 수화통역센터

수화통역센터는 '장애인복지법' 제 58조 제 1항 제 2호에 의한 장애인지역사회재활시설로 의사소통에 지장이 있는 청각 · 언어장애인에 대한 수화통역 및 상담 서비스를 제공함으로써 원활한 일상생활 및 사회생활을 할 수 있도록 지원하고 있다.

현재 한국농아인협회(2013)에서는 '수화통역센터 중앙지원본부'를 두고, 시 · 도협회에 '수화통역센터 지역지원본부'를 두고 있으며, 시 · 군 · 구지부에 '수화통역센터'를 두고 총 191개의 수화통역센터에서 통역서비스를 제공하고 있다.

센터의 인력은 센터장 1인과 수화통역사 4인(청각장애인 통역사 1인 포함)을 포함한 5명을 원칙으로 하고 있으나, 지역에 따라 수화통역사 1인을 증원하여 6명으로 운영되는 곳도 있다.

그러나 수화통역센터에서 근무하는 수화통역사가 청각장애인 258,589명을 감당하기는 사실상 불가능한 일로 주로 긴급한 통역이거나 중요한 통역 위주로 수어통역서비스가 진행되고 있다. 이에 일상생활 관련 통역 욕구가 많으나 다

지원하지 못하고 있는 실정이다.

특히 교육 통역의 경우 시간이 오래 걸리고 장기적인 통역으로 수화통역센터 직원 4명 중 한두 명이 교육통역을 하게 되면 다른 청각장애인들의 통역 대기 시간이 길어져 학교 수업 및 학원 수업 등의 경우 대부분 지원하지 못하고 있다.

2) 통신중계센터

통신중계센터는 전화통화가 어려운 청각·언어장애인이 통신중계센터의 중계사에게 전하고자 하는 메시지를 영상 및 문자로 전달하면 중계사가 그 내용을 음성전화로 통화하는 상대방에게 전달하고, 다시 상대방의 음성 메시지를 영상 및 문자로 청각·언어장애인에게 전달하는 실시간 전화중계 서비스로 현재 한국정보화진흥원에서 운영하고 있는 '손말이음센터'와 경기도농아인협회가 운영하고 있는 '경기도통신중계서비스센터'가 있다.

한국정보화진흥원은 2005년 11월 국내 최초로 통신중계서비스를 제공하기 시작했다. 2005년 서비스제공을 개시한 이래 현재까지 단계적으로 중계사 증원 및 시스템 증설, 서비스 제공시간 확대를 추진하여 현재 4천여 명의 장애인을 대상으로 일일 평균 900여 건의 중계서비스를 제공하고 있으며(성선제·박영우, 2008), 현재 '손말이음센터'로 명칭을 바꾸어 365일 24시간 운영하고 있다.

경기도농아인협회는 2007년 4월부터 경기도통신중계서비스센터를 통해 통신중계서비스를 제공하기 시작했다. 경기도 내 청각장애인을 대상으로 하고 있으며, 9명의 중계사가 365일 24시간 서비스를 제공하고 있어 청각장애인들이 야간 긴급 상황 발생시 중계서비스를 이용할 수 있다. 통신중계 매체로는 홈페이지를 통한 영상 및 문자중계와 이동전화 문자중계, 영상전화기 중계, 팩스 중계를 통해 하루에 약 500여 건의 전화를 중계서비스로 제공하고 있다(이준우·김연신, 2010).

경기도농아인협회(2010)의 조사에 따르면 통신중계서비스 이용 만족도는 83.35%로 높은 편이나 사용하는 인원은 1,200여 명으로 경기도 내 등록 청각장애인의 2.5%에 불과한 것으로 나타났다.

이처럼 통신중계서비스는 주로 이용하는 청각장애인 일부에 치우친 것이 사실이다. 또한 청각장애인의 의사소통을 지원함에 있어서도 24시간 365일 지원한다는 장점은 있으나 지원 분야가 전화통화에 국한된다는 한계가 있다.

2. 의사소통 분야별 지원 실태

1) 교 육

농인들의 학업을 지원하기 위한 교육통역은 농 학생들의 학습권 보장과 관련해 중요한 부분이라고 할 수 있다. 그러나 교육통역 지원은 매우 부족한 상황이다.

농 학생들이 선택한 언어에 따라 농 학교 중에서 수화를 주된 의사소통 방법으로 사용하는 학교, 결합법 혹은 종합법을 사용하는 학교, 구화법을 사용하는 학교, 그리고 일반학교의 통합학급에 재학하고 있는 학생 등 다양한 환경에 대한 특화된 교육환경 개선을 위한 지원이 필요하다.

실제로 대부분의 농 학교는 의사소통 지원이라는 측면에서, 여전히 농인 학생들을 위한 교육환경이 열악한 것으로 판단된다. 더욱이 일반학교에 통합된 농 학생들의 경우에는 일반 건청인 학생들의 환경에 포함되어 있어 농 학생들만을 위한 의사소통 차원의 지원이 거의 없는 상태로 많은 문제점이 드러나고 있다.

그래도 농 학교에 재학중인 학생들을 위해서는, 청각적 지원으로 FM보청기와 인공와우수술 등에 대한 지원이 있지만 수어를 선택한 학생들이 일반 통합학급에 재학할 경우에는 수어통역이 거의 지원되지 않고 있다. 향후 농 학생들을 대상으로 하는 교육의 경우, 학생에 대한 교육과 함께 농 학생의 부모와 교사 상담 등 교육전반에 의사소통이 될 수 있도록 전국적으로 수어통역 지원이 교육현장에서 더욱 확대되어야 할 것이다(권재일 외, 2009).

또한 대학에 재학하고 있는 농 학생들을 위한 통역지원서비스는 농 학생들이 가장 많이 다니고 있는 나사렛대, 대구대, 한국복지대학, 강남대 등에서 수어통역 및 문자통역을 제공하고 있는 것이 대표적인 사례라고 할 수 있으나 문자통역의 경우 전문가가 아닌 타이핑이 빠른 도우미 학생들에 의해 이루어지다보니 예산은 절감되지만 질적인 측면에서는 만족스럽지 못한 실정이다.

2) 문화 · 예술 · 스포츠

'장애인복지법' 제 8조에는 누구든지 장애를 이유로 정치 · 경제 · 사회 · 문화생활의 모든 영역에서 차별을 받지 아니하고, 누구든지 장애를 이유로 정치 · 경제 · 사회 · 문화생활의 모든 영역에서 장애인을 차별하여서는 아니 된다고 명시하여 장애인의 문화생활에 대한 차별금지를 규정하고 있다. 또한 '장애인차별금지 및 권리구제 등에 관한 법률' 제 24조에 문화 · 예술 활동의 차별금지가 명시되어 있으며, 제 25조에는 체육활동의 차별금지가 명시되어 있다.

그러나 농인이 공연장 및 전시장 등을 찾아 의사소통의 불편 없이 문화예술을 즐기지 못하는 것이 사실이다. 국내 영화를 전혀 볼 수 없었던 농인을 위해 일부 영화의 경우 자막을 넣어 주고는 있으나 제한된 시간과 장소에서 상영을 하다 보니 퇴근 후 동료들과 편안한 시간에 한국영화를 즐길 수 없는 실정이다.

한편, 국립중앙박물관 등 일부에서 수어통역을 지원하고는 있으나 여전히 문화 · 예술 부분에 있어서 농인은 접근이 어려운 것이 사실이다. 스포츠 분야의 경우에도 다른 분야보다 의사소통이 적어 농인들이 많이 즐기는 부분이기는 하나 의사소통이 어려워 체계적으로 배울 수 없다는 한계를 가지고 있다.

3) 보건 · 의료

농인이 의료서비스를 이용하는 과정에서 의료진과의 의사소통이 어렵고, 의사가 잘못 전달되는 경우 건강에 치명적인 상황이 발생할 수도 있어 의료기관에서의 통역서비스가 절실하지만 현재 국립의료기관 중 농인을 위해 통역서비스를 제공하는 기관은 없다. 다만 사설 병원인 부산 성모병원과 서울 세브란스병원 등이 수화통역사를 배치해 수어통역 서비스를 지원하고 있을 뿐이다.

부산 성모병원은 2004년 8월부터 수화통역사가 상주하면서 농인들의 접수와 진료 등을 지원하고 있다. 또한 영상전화기를 갖추고 예약과 상담까지 해 주는 서비스를 실시하고 있다. 서울 세브란스병원은 2013년 4월부터 병원 자체로 의료전문 수화통역사를 채용해 농인 환자와 보호자들을 위해 수어로 의료진과의 의사소통을 지원하고 있다.

현행 '장애인차별금지 및 권리구제 등에 관한 법률' 제31조 제2항은 의료기관 및 의료인의 의료정보를 장애인에게 제공하도록 되어 있고, 동법률 제21조 제1항 및 시행령 제14조 제1항, 시행령 별표3 등에서는 수화통역을 제공할 의무를 부과하고 있다. 그러나 국가인원위원회의 〈2012 장애인차별금지법 모니터링 결과보고서〉에 의하면 전국 6개 권역의 종합·한방·요양병원 중 진료·상담과정에서 수어통역 및 화상전화 서비스를 제공하는 곳은 39곳으로 전체 조사 대상의 24.7%에 불과한 것으로 나타났다(웰페어뉴스, 2013.4.20).

보건·의료분야의 수어통역 수요는 '수화통역센터 수화통역서비스 지원 현황'에서도 확인할 수 있듯이 일상생활 분야 다음으로 많은 분야이다. 그마저도 수화통역센터에서 지원하는 것은 대부분 외래진료로 응급실 진료나 장기입원치료 등의 경우 의사소통지원이 이루어지지 못하고 있는 실정이다.

4) 법률

법률통역은 경찰서·검찰·법원·교도소 등에서 조사과정 및 재판 등을 통역하는 것을 말한다. 인권과 직결된 형사사건의 경우 사법기관에서도 반드시 수화통역사를 배치하고 있으며, 수화통역센터에서도 우선적으로 통역 지원을 하고 있다. 그러나 '형사소송법' 제181조에는 '농자 또는 아자의 진술에는 통역인으로 하여금 통역하게 할 수 있다'고 명시되어 있어, 사실상 '할 수 있다'라고 임의규정으로 된 이 법에 의하기보다는 동법 제180조 '국어에 통하지 아니하는 자의 진술에는 통역인으로 하여금 통역하게 하여야 한다'라는 조항 혹은 실무관행에 의거 수화통역사를 배치하고 있다고 보아야 할 것이다.

더욱이 사법기관에서 통역사를 배치하는 형사 사건과 달리 민사 사건이나 가정법원 관련 통역은 대부분 농인이 혼자 해결하려고 관공서를 갔다가 의사소통의 어려움으로 처리하지 못하고 직접 수화통역사를 섭외해 가야 하는 어려움이 있다.

5) 직업

취업 및 직업 현장에서 실시하는 통역으로 농인과 직장 상사 혹은 동료들과의 의사소통을 지원한다. 대부분의 농인들은 상사의 업무 지시를 제대로 알아듣지 못하여 실수하거나 의사소통의 어려움으로 인해 오해가 생기는 경우가 많다. 또한 의사소통의 장애로 인해 승진이 제한되거나 기대에 미치지 못하는 급여를 받아도 제대로 건의하거나 의사표현을 하지 못하고 이직하게 되는 문제점이 있다. 따라서 생계와 관련된 직업관련 통역지원은 중요한 부분이라고 할 수 있다.

정부에서 지원하고 있는 직업관련 의사소통지원 제도는 2010년부터 장애인고용촉진공단에서 실시하고 있는 '근로지원인 지원사업'이 있다. 근로지원인 지원사업은 직장생활에서 장애인이 수행하는 직무 중 핵심 업무를 제외한 부수적인 업무를 근로지원인의 도움을 받아 처리할 수 있도록 지원하는 서비스로 청각·언어장애인의 경우 수어통역지원, 직무상 연관된 고객관리지원, 직무상 강의·교육 등 외부 스케줄과 관련된 지원, 업무와 관련된 전화 받기·대회기록 등을 지원받을 수 있다. 지원시간은 주 40시간, 1일 최대 8시간 이내이며 지원받는 시간당 300원의 본인 부담금이 있다.

시행 초기부터 예측된 일이나 본인 부담금 지급에 대한 부담으로 인해 농인들의 이용은 저조한 실정이다.

6) 기관이용

'장애인차별금지 및 권리구제 등에 관한 법률' 제 20조에는 개인 · 법인 · 공공기관은 장애인 관련자로 수어통역, 대필 등을 위해 동행해 의사소통을 지원하는 자에 대하여 정당한 사유 없이 이를 강제 · 방해하거나 부당한 처우를 하여서는 아니 된다고 명시하고 있다.

국가권익위원회가 운영하는 '110 정부민원안내 콜센터'에서는 정부 3.0부처 협업과제인 '민간사각지대에 대한 맞춤형 서비스 강화'의 추진을 위해 안전행정부, 전국 각 지자체와 함께 주민센터, 보건소 등의 민원실에 화상수화 통역서비스를 제공하기로 했다. 이에 따라 '2013년 6월 현재 4,096개인 화상 수어통역 서비스 제공기관이 올해 말까지 6,257개소 이상, 내년까지 8,857개소 이상으로 확대된다(연합뉴스, 2013.7.31).

그러나 홍보 부족으로 인해 현재 설치된 화상 수어통역 서비스 제공기관의 이용률은 아주 저조한 실정으로 적극적인 홍보가 이루어져야 할 것이다.

7) 정보이용

'장애인차별금지 및 권리구제 등에 관한 법률' 제 21조에 정보통신 · 의사소통에서의 정당한 편의제공 의무를 명시하고 있는데, 청각장애인이 각종 행사 및 방송 제작물 등에서 장애인 아닌 사람과 동등하게 접근 · 이용할 수 있도록 자막, 수화, 보청기기, 통신 중계서비스 등 필요한 수단을 제공하여야 한다고 명시함으로서, TV 등 영상 매체를 통한 청각장애인들의 정보접근 및 정보이용을 지원하고 있다.

또한 국립중앙도서관에서는 청각장애인에게 필요한 자료들을 선정해 수어로 변환하는 수어영상도서자료 등을 제작해 청각장애인들에게 제공하고 있다.

'공직선거법' 제 70조 6항에는 후보자는 선거방송광고에 있어서 청각장애선거인을 위한 수어 또는 자막을 방영할 수 있다고 명시되어 있으며, 제 72조 2항에는 후보자 연설의 방송에 있어서는 청각장애선거인을 위하여 수화 또는 자막을 방영할 수 있다고 명시되어있다. 또한 제 82조의2 제12항에는 각급선거방송토론위원회는 대담·토론회를 개최하는 때에는 청각장애 선거인을 위하여 자막 방송 또는 수화통역을 할 수 있다고 명시되어있다. 이 조항들 모두 강제규정이 아닌 '방영할 수 있다'는 임의규정으로 명시되어 있어, 지난 2006년 5월 31일 지방선거 당시 후보자 선거광고에서 청각장애인을 위한 자막이나 수화통역이 표시되지 않자 청각장애인들이 헌법소원을 내는 등 선거통역과 관련해 청각장애인의 참정권 문제가 선거 때마다 거론되고 있다.

8) 일상생활

일상생활 통역은 농인이 일상생활을 영위하는 데 있어 필요한 통역으로 가정, 은행, 부동산 등 일상생활 속에서 이루어지는 통역을 의미한다. 대부분의 사람들이 당연하게 아무 불편 없이 생활하는 일상적인 활동이지만 농인들에게는 시골에 계신 부모님께 하는 안부전화조차 통역을 필요로 하며, 공과금 고지와 관련해 의문점이 있을 시에도 통역을 필요로 한다.

이렇듯 긴급하지는 않으나 곳곳에서 의사소통으로 인한 어려움에 맞닥뜨리게 된다. 일상생활 통역은 수화통역센터의 인원 부족으로 인해 충분히 지원하지 못하고 있다. 그럼에도 불구하고 수화통역센터에서 지원하는 수화통역 분야 중에 가장 많은 영역이 일상생활에서 요구되는 이런저런 통역들이다. 이는 농인의 일상생활 속에서 의사소통 지원에 대한 요구가 많다는 것으로 이에 대한 지원 대책이 필요함을 말해 준다.

3. 권리적 차원에서의 수어통역 서비스

수어의 역사는 매우 오래되었다(이준우, 2002). 그러나 언어로서의 가치를 인정받게 된 것은 불과 약 40여 년 전의 일로 그 이전까지는 구화주의자들에 의해서 수어는 상당한 핍박을 받아왔다(이준우, 2003). 심지어 농 교육가들이나 농인들에 의해서도 마임이나 제스처의 한 유형으로서의 원시적인 의사소통의 방식으로 취급받기까지 했다(이준우, 2002). 그러나 수어는 여느 다른 언어들과 마찬가지로 나름의 문법과 어휘를 가지고 있다는 사실이 판명되었다(Stokoe, 1960).

따라서 수어는 한국어, 영어, 일본어 등과 마찬가지로 엄연한 언어로 대접받아 마땅하다(Klima & Bellugi, 1979). 촘스키는 언어의 요건으로 '음성에 의한 의미의 전달'을 예로 들었으나 나중에 '신호에 의한 의미의 전달'(*signal- meaning correspon-dence*)로 수정했다(Klima & Bellugi, 1979). 이 언어의 정의에 관한 변화가 농인들이 구사하는 시각적 언어인 수어가 비로소 언어의 범주에 들어가는 데 결정적 요인으로 작용했던 것이다.

수어는 언어이다. 그러므로 수어통역은 언어통역이다. 수어는 언어이기 때문에 다른 외국어 통역과 같은 맥락을 갖고 있다. 수어통역이란 일반적으로 농인과 건청인 간의 원활한 의사소통을 돕기 위하여 음성언어를 수어 또는 그 반대로 전달하는 과정을 말한다. 결국 수어통역은 농인의 의사소통을 지원함을 의미하며 이는 곧 이들의 의사소통의 권리를 보장하는 것이라 할 수 있다.

1) 서비스 체제 활성화

수어통역 서비스 체제가 전문화되고 권리의 하나로 정착되기 위해서는 우선, 수어에 대한 언어학적 연구[1]가 활발하게 이루어져야 한다. 다음으로는 탁월하고 준비된 수화통역사를 지속적으로 배출할 수 있도록 하는 제도적 뒷받침이 강

1 이 책을 집필한 이유도 바로 여기에 있는 것이다. 수어를 언어학적으로 살펴본 개론서가 국내에 전무한 실정에서 이 책은 하나의 효시가 될 것으로 기대된다.

구되어야 한다.

특히 수어통역 수요가 늘어나고 농인 이용자의 요구가 다양해지면서 우리나라에서도 점차 두드러지고 있는 경향은 첫째, 수어통역 양성의 질과 평가기준의 높은 수준 유지, 둘째, 재교육의 의무화 및 수어통역 교육방법의 개선, 셋째, 농인 이용자 중심의 수요에 부응하기 위한 수화통역사 자기 계발 등으로 요약할 수 있다.

부수적으로 수화통역사의 복지에 관한 관심 또한 증대되고 있는데 심신의 건강, 활동여건의 개선, 합리적인 보수체제 등을 위한 다각적인 지원 방안이 마련되어야 할 것이다.

2) 이용이 편리한 서비스 체제의 확립

수어통역 서비스를 편리하게 이용할 수 있게끔 제도・체제의 변화는 농인 이용자의 접근성 보장을 목표로 지속적 조정이 이루어지고 있다. 바꾸어 말하자면 수어통역 활동이 고객인 이용자 중심 체제로 그 구조가 변화하고 있다는 것이다. 여기서 조정기능과 전문성은 편리한 이용과 다양한 수요를 내용으로 하는 고객중심체제에서 없어서는 안 될 요소이다. 농인 이용자가 이용하기 편리한 체제를 갖추기 위해서는 먼저 발상의 전환이 이루어져야 하는데, 종적인 단순 조직 체제를 중심으로 하는 수동적 운영방식으로부터 벗어나야 할 필요가 있다.

이를 위해서는 횡적인 관계를 통해 강화할 수 있는 기능과 전문성을 높여 나가야 한다. 즉, 조정역(*coordinator*)을 중심으로 하는 '이용자-공급자-전문가'의 연대가 필요하고, 그것은 이용자를 찾아나서는 능동적인 운영체제의 지지를 받게 된다. 여기서 농인 이용자를 대상으로 하는 상담 활동은 가장 직접적인 계기가 될 것이고, 이에 따른 수화통역센터의 역할과 기능 확대는 불가피하다. 따라서 다양하면서도 유연성을 잃지 않는 체제를 구축할 수 있도록 체계적으로 지원해나가는 노력이 필요하다. 이를 통해 향후에는 농인들이 자유롭게 수어통역 서비스를 더욱 풍성하게 제공받을 수 있는 날이 속히 와야 할 것이다.

참고문헌

1. 논 저

강주해 (1998), "수화(手話)냐 수어(手語)냐", 〈낮은자의 행복〉, 3호, 74~75.
강창욱 (2000), "문법수화가 언어인가에 대한 토론", 수화언어의 미래를 생각하는 세미나, 한국수화학회 학술발표자료, 27~30.
경기도농아인협회 (2010), 〈경기도통신중계서비스 사용실태보고서〉.
고영근·구본관 (2009), 《우리말 문법론》, 집문당.
교육부 (1991), 《한글식 표준수화》, 교육부.
권재일 (2004), 《국어 한국어의 의향법 실현방법(한국학 모노그래프 18)》, 서울대학교출판부.
권재일·윤병천·김응범·이미혜 (2009), "청각장애인의 언어 사용 실태 연구", 국립국어원·한국농아인협회.
금옥학술문화재단 (1983), 《표준수화사전》, 대지 출판사.
김미옥·이미선 (2013), "청각장애인의 의사소통 경험", 〈한국사회복지학〉, 65(2), 155~177.
김만영 (2009), "한국수화의 부정어에 대한 연구", 제 11회 한국수화학회 학술대회 한국수화의 새로운 조명, 한국수화학회, 43~65.
김민수 (2002), 《남북의 언어 어떻게 통일할 것인가》, 국학자료원.
김성도 (1995), "소쉬르 기호학 서설", 〈기호학연구〉, 1호, 한국기호학회, 11~38.
______(1999), 《로고스에서 뮈토스까지: 소쉬르 사상의 새로운 지평》, 한길사.
______(2006), 《퍼스의 기호 사상: 찰스 샌더스 퍼스의 기호론과 현상론 선집》, 민음사.
김성희·변용찬·손창균·이연희·이민경·이송희·강동욱·권선진·오혜경·윤상용·이선우 (2012), 〈2011년 장애인 실태조사〉, 보건복지부·한국보건사회연구원.
김승국 (1983), "한국수화의 심리언어학적 연구", 성균관대학교 박사학위청구논문.
______(1991), 《한글식 표준 수화》, 서울: 교육부.
김연신 (2011), "수화통역사의 역할에 관한 연구", 강남대학교 사회복지전문대학원 박사학위논문.
김종인·우주형·이준우 (2010), 《장애인복지론》, 고양: 서현사.

김칠관 (1996), "한국 고유 수화 단순어에서의 복합 구성 특성", 〈수화연구〉, 1호, 3~18.
______(1998), 《한국수화 어원연구》, 인천성동학교.
______(1999), 《수화지도의 이론과 실제》, 인천성동학교.
______(2001), "용어로서의 '수화', 그 이용 배경과 개변 논의에 대한 검토", 〈한국수화연구회회보〉, 6호, 3~9.
______(2010), 《한국수화언어학입문》, 미간행자료.
______(2013), "한국수화 및 한국수화 원어민 관련 용어에 대한 검토", 수화기본법 제정을 위한 농 사회 용어 정리 토론회 발제문, 한국농아인협회.
남기현 (2007), "한국수화의 수화 공간의 통사적 기능에 관한 연구", 〈특수교육저널: 이론과 실천〉, 8(3), 45~68.
______(2010), "한국수화의 동사 유형과 수 표현의 특성", 〈특수교육연구〉, 17(1), 157~178.
______(2012), "한국수화의 기호학적 연구 - 분류사 구문을 중심으로", 고려대학교 박사학위청구논문.
______(2013), "한국수화 동시적 합성어의 단위", 제 15회 한국수화학회 학술대회 수화언어학과 수화통역의 재탐구, 한국수화학회, 27~48.
남기현 · 원성옥 · 허 일 (2011), "한국수화 내러티브 속에 나타난 구성된 행위 분석", 〈언어연구〉, 26(4), 767~789.
박승희 역 (2003), 《마서즈 비니어드 섬 사람들은 수화로 말한다》, 파주: 한길사.
박정란 (2010), "농아인의 수화사용경험과 수화통역서비스이용 경험에 관한 질적연구", Social Science Research Review Kyungsung University, 26(4), 93~122.
박철우 (2003), 《한국어 정보구조에서의 화제와 초점》, 역락.
강범모 (2010), 《언어: 풀어쓴 언어학 개론》, 한국문화사.
서도원 (2007), "충남 아산(온양) 지역 수화의 어휘 특성에 관한 조사 연구 - 《한국수화사전》을 중심으로 한 비교 분석", 나사렛대학교 재활복지대학원 석사학위 청구논문.
서정수 (2008), 《국어문법의 연구1》, 한국문학도서관.
석동일 (1989), "한국 수화의 언어학적 분석", 대구대학교 박사학위청구논문.
성선제 · 박영우(2008), "통신중계서비스 대화내용 및 개인정보 보호 방안 연구", 한국정보화진흥원 연구보고 08~05.
송지원 · 양승호 (2009), "청각장애인을 위한 의사소통 시스템의 디자인 제안", 〈디자인학연구〉, 22(1), 197~206.
심재기 · 조항범 · 문금현 · 조남호 · 노명희 · 이선영 (2011), 《국어 어휘론 개설》, 지식과 교양.

양정석 (1996), “대칭구문과 상호구문의 의미 해석”, 〈언어〉, 21(1·2), 347~370.
엄미숙 (1996), “한국수화의 통사론적 특징 분석”, 대구대학교 대학원 석사학위논문.
원성옥·강윤주 (2002), 《수화교육개론》, 농아사회정보원.
원성옥·장은숙 (2003). “한국복합수화의 조어특성”, 제 5회 한국수화학회 학술대회 농아인의 고등교육과 수화, 81~93, 한국수화학회.
원성옥·허 일·김만영·김유미·남기현·배재만·변강석 (2013), 《장애인 의사소통 및 교육 시리즈1 - 수화통역의 기초》, 교우사.
유영옥 (2008), 《상징과 기호의 정치행정론》, 학문사.
윤병천 (2003), “한국수화의 비수지신호에 대한 언어학적 특성 연구”, 대구대학교 대학원 박사학위논문.
윤평현 (2008), 《국어의미론》, 역락.
이건수 (2000), 《언어학개론》, 신아사.
이영재 (2013), “국어와 한국수화언어(KSL)의 관형어 비교 연구”, 서울농학교 개교 100주년 기념 총동창회 문집, 74~88.
이율하 (2008), “한국수화언어의 동시적 결합구조에 대한 형태론적 연구”, 강원대학교 대학원 석사학위논문.
______(2011), “한국수어의 동시적 결합구조에 대한 통사론적 연구”, 강원대학교 대학원 박사학위논문.
______(2013), “한국수화 일치동사의 상호 - 구조에 대한 토론”, 제 15회 한국수화학회 학술대회 수화언어학과 수화통역의 재탐구, 한국수화학회, 113~115.
이정옥 (2012), “한국수어의 복합문 실현 특성 연구”, 대구대학교 대학원 박사학위논문.
이준우 (2002), 《농인 재활복지 개론》, 서울: 농아사회정보원.
______(2003), “한국 농(聾) 청소년의 농(聾) 정체성과 심리사회적 기능과의 관계에 관한 연구”, 〈특수교육저널: 이론과 실천〉, 4(4), 173~204.
______(2004), 《농인과 수화》, 서울: 인간과복지.
이준우 역 (2008), 《장애인과 함께하는 사회복지실천》, 서울: 파란마음.
이준우·김연신 (2010), “청각장애인을 위한 통신중계서비스(TRS) 이용 결정 요인에 관한 연구”, 〈재활복지〉, 14(3), 195~223.
이준우·김연신 (2011), 《데프 앤 데프》, 파주: 나남출판.
이준우·박종미 (2009), “청각장애인의 지식정보서비스 이용 욕구와 사회복지실천 과제”, 〈재활복지〉, 13(2), 257~285.
임정택 (2008), 《바퀴와 속도의 문명사》, 연세대출판부.
임지룡 (2001), 《국어 의미론》, 탑출판사.

장세은 (1996), "수화언어와 음운중첩현상", 〈언어학〉, 21, 263~287.
______(1999), "한국 수화언어의 음운구조 연구", 〈언어과학〉, 6(1), 81~109.
장윤명 (2006), "국운 윤백원의 특수교육업적연구", 단국대학교 특수교육대학원.
장진권 (1995), "한국 수화의 어원적 의미", 단국대학교 교육대학원 석사학위논문.
______(2004), 《알기 쉽고 재미있는 한국수화여행》, 한국농아인협회.
정 은 (2002), "수화의 사회적 인정, 그 당위성에 관한 논의를 중심으로 의사소통권과 사회통합의 연관적 의미 고찰", 〈특수교육저널: 이론과 실천〉, 3(3), 109~124.
조경순 (2006), "현대 국어 상호동사 구문 연구", 〈한국언어문학회〉, 57, 87~110.
최상배 (2012), "수화소 기반 한국수화언어사전 개발을 위한 한국수화언어 수형소 분석", 제14회 한국수화학회 학술대회 한국수화언어학의 기초와 활용확대, 한국수화학회, 7~24.
최상배 · 안성우 (2003), 《한국수어의 이론》, 서울: 서현사.
평생교육원 (2005), 《외국어로서의 한국어학》, 한국방송통신대학교.
한국농아인협회 (2013), 지역별 수화통역센터 개소 현황(내부자료).
홍성은 (2013), "한국수화 일치동사의 상호 - 구조", 제15회 한국수화학회 학술대회 수화언어학과 수화통역의 재탐구, 한국수화학회, 69~75.
황주희 · 김지혜 · 이선화 (2013). "청각장애인을 위한 수화토역서비스 의무제공 현황 및 활성화방안 모색", 〈한국장애인복지학〉, 20, 63~87.

Aronoff, M., Meir, I., & Sandler, W. (2005), The Paradox of Sign Language Morphology, *Language*, 81(2), 301~344.
Aronoff, M., Meir, I., Padden, C., & Sandler, W. (2003). 'Classifier Complexes and Morphology in Two Sign Languages', In Emmorey, K. (Ed.), *Perspectives on Classifier Constructions in Sign Languages*, 53~84. Mahwah, NJ: Lawrence Erlbaum Associates.
Battison R. (1978), *Lexical Borrowing in American Sign Language*, Sliver Spring: Linstok Press.
Bergman, B. (1978), On Motivated Signs in the Swedish Sign Language, *Studia Linguistica*, 32(1-2), 9~17.
Boyes-Braem, P. (1981), *Features of the Handshape in American Sign Language*, Unpublished Doctoral Dissertation, University of California, Berkeley.
Brennan, M. (1990), *Word-Formation in British Sign Language*, Stockholm: University Press.

Brennan, M. (2001), Making Borrowings Work in British Sign Language, In D. Brentari (Ed.), *Foreign Vocabulary in Sign Language: A Cross-Linguistic Investigation of Word Formation* (49~85), Mahwah, N. J. : Erlbaum.

______(2005), Conjoining Word and Image in British Sign Language, *Sign Language Studies*, *5*(3), 360~382.

Brentari, D. (1995), Sign Language Phonology: ASL, In Goldsmith, J. (Ed.), *The Handbook of Phonological Theory*, Oxford: Blackwell.

Compton, B., & Galaway, B. (1994), *Social Work Processes*, Pacific Grove, CA: Brooks / Cole.

Crystal, D., & Craig, E. (1978), Contrived Sign Language, In Schlesinger, I. M., & Namir, L. (Eds.), *Current Trends in the Study of Sign Language of the Deaf*, 141~168, New York: Academic Press.

Deuchar, M. (1990), Are The Signs of Language Arbitrary?, In Barlow, H., Blakemore, C., & Weston Smith, M. (Eds.) *Images and Understanding*, 168~179, Cambridge: Cambridge University Press.

Eccarius, P., & Brentati, D. (2007), Symmetry and Dominance: A Cross-Linguistic Study of Signs and Classifier Constructions, *Lingua*, *117*, 1169~1201.

Emmorey, K. (1996), The Confluence of Space and Language in Signed Language, In Bloom, P., Peterson, M., A, Nadel, N., & Garrett, M., F. (Eds.), *Language and Space*, 73~115, Cambridge, MA: MIT Press.

______(1999), Do Signers Gesture?, In Messing, L., & Campbell, R. (Eds.), *Gesture, Speech, and Sign*, 133~160, New York: Oxford University Press.

______(2002), *Language, Cognition, and the Brain: Insights From Sign Language Research*, Mahwah NJ: Erllbaum.

Emmorey, K., Corina, D. P., & Bellugi, U. (1995), Differential Processing of Topographic and Referential Function of Space, In Emmorey, K., & Reilly, J. (Eds.), *Language, Gesture, and Space*, 43~62, Mahwah, NJ: Lawrence Erlbaum Associates.

Emmorey, K., Tversky, B., & Taylor, H., A. (2000), Using Space to Describe Space: Perspecitve in Speech, Sign, and Gesture, *Spatial Cognitive and Computation*, 2, 157~180.

Frishberg, N., & B. Gough (1973), *Morphology in American Sign Language*, Working Paper, Salk Institute for Biological Studies, La Jolla, CA.

Groce, N. E. (1985), *Everyone here spoke sign language.*

Hockett, C. F., & Altmann, S. A. (1968), A Note on Design Features, In: Sebeok, T. A. (Ed.), *Animal Communication: Techniques of Study and Results of Research*, 61~72, Bloomington: Indiana University Press.

Hohenerger, A. (2008), The Word in Sign Language: Empirical Evidence and Theoretical Controversies, *Linguistics*, *46*, 249~308.

Johnston, T., & Schembri, A. (1999), On Defining Lexeme in a Signed Language. *Sign Language & Linguistics*, 2(2), 115~185.

Johnston, T., & Schembri, A. (2007), *Australian Sign Language: An Introduction to Sign Language Linguistics*, Cambridge University Press.

Juliet C. Rothman (2003), *Social Work Practice Across Disability.*

Katamba, F. (1993), *Morphology*, Macmillan Press Limited, 김경란·김진형 역(2008), 《형태론》, 한신문화사.

Kendon, A. (2004), *Gesture: Visible Action as Utterance*, Cambridge University Press, 김현강·신유리·송재영·김하수 역 (2013), 《소통을 위한 인간의 몸짓 제스처》, 박이정.

Klima, E., & Bellugi, U. (1979), *The Signs of Language*, Cambridge: Harvard University Press.

Lakoff, G., & Johnson, M. (1980), *Metaphors We Live by*, Chicago: University of Chicago Press.

Lane, H. (1992), *The Mask of Benevolence: Disabling the Deaf Community*, New York: Alfred A. Knopf.

Liddell, S. (1980), *American Sign Language Syntax*, The Hague: Mouton.

______(1984), THINK and BELIEVE: Sequentiality in American Sign Language Syntax, *Language*, *60*, 372~399.

Liddell, S. & Johnson, R. (1986), American Sign Language Compound Formation Processes, Lexicalization, and Phonological Remnants, *Natural Language and Linguistics Theory 8*, 445~513.

Liddell, S., & Johnson, R. (1989), American Sign Language: The Phonological Base, In Clayton, V., Ceil, L. (2000), *Linguistics of American Sign Language: An Introduction*, Gallaudet University Press.

Liddell, S. (2003), Sources of Meaning in ASL Classifier Predicates, In K. Emmorey (Ed.), *Perspectives on Classifier Constructions in Sign Languages*, 199~120,

Mahwah, NJ: Erlbaum.
Mandel, M. (1977), Iconic Devices in American Sign Language, In Friedman, L. (Ed.), *On the Other Hand: New Perspectives on American Sign Language*, 57~107, New York: Academic Press.
McNeill, D. (2000), Introduction, In D. McNeill (Ed.), *Language and Gesture Introduction*, 1~10, Cambridge University Press.
Meir, I., Aronoff, M., Sandler, W., & Padden, C. (2010), In Scalise, Sergio & Irene Vogel (Eds.), *Cross-Disciplinary Issues in Compounding*, 301~322, University of California San Diego.
Meier, R. P. (1990). Person Deixis in American Sign Language, In S. Fischer & Siple (Eds.), *Theoretical Issues in Sign Language Research 1: Linguistics*, University of Chicago Press, Chicago and London.
Nöth, W. (1990), *Handbook of Semiotics*, Bloomington and Indianapolis: Indiana University Press.
Oviedo, A. (2004), *Classifier in Venezuelan Sign Language*, Signum Verlag.
Padden, C. (1990), The Sign between Space and Grammar in ASL Verb Morphology, In C. Lucas (Ed.), *Sign Language Research: Theoretical Issues*, 118~132, Washington DC: Gallaudet University Press.
Petronio, K. (1995), Bare Noun Phrases, Verbs and Quantification in ASL. In E. Bach, E. Jelinek, A. Kratzer and H. Partee (Eds.), *Quantification in Natural Languages*, 603~618, The Netherlands: Dordrecht; Boston: Kluwer Academic Publishers.
Poizner, H., Klima, E. & Bellugi, U. (1987), *What the Hands Reveal about the Brain*, Cambridge MA: MIT Press.
Sallandre, M., & Cuxac, C. (2007), Iconicity and Arbitarariness in French Sign Language: Highly Iconic Structures, Degenerated Iconicity and Diagrammatic Iconicity, In Pizzuto, C., Pietrandrea, P., & Simone, R. (Eds.), *Verbal and Signed Languages: Comparing Structures, Constructs, and Methodologies*, 13~33, Mouton de Gruyter.
Sandler, W. (1989), *Prosody in Signed and Spoken Language*, London: Kingston Press Services.
Sandler, W., & Lillo-Martin, D. (2006), *Sign Language and Linguistic Universals*, Cambridge University Press.

Sandler, W. (2009), Symbiotic Symbolization by Hand and Mouth in Sign Language, *Semiotica, 174*(1/4), 241~275.

Schembri, A. (2001), Issues in the Analysis of Polycompoential Verbs in Australian Sign Language(Auslan). Unpublished Doctoral Dissertation, University of Sydney, Australia.

______(2003), Rethinking Classifiers in Signed Language, In K. Emmorey (Ed.), *Perspectives on Classifier Constructions in Sign Languages*, 3~34, Mahwah, NJ: Lawrence Erlbaum Associates.

Schwager, W., & Zeshan, U. (2008), Word Classes in Sign Language Criteria and Classifications, *Studies in Language*, *32*(3), 509~545.

Stokoe, W. (1960), Sign Language Structure: An Outline of the Visual Communication Systems of the American Deaf, *Studies in Linguistics Occasional Papers*, 8, Washington, DC: Gallaudet University Press.

Stokoe. W., Casterline, D. & Croneberg, C. (1965), *A Dictionary of American Sign Language on Linguistic Principles*(Washington, D.C.: Gallaudet College; Reprint, Burtonsville, Md.: Linstok Press, 1976).

Stokoe, W. (1972), *Semiotics and Human Sign Languages*, The Hague, Mouton.

______(2001), *Language in hand*, Gallaudet University Press.

Supalla, T. (1982), Structure and Acquisition of Verbs of Motion and Location in American Sign Language, Unpublished Doctoral Dissertation, University of California: San Diego.

______(1986), The Classifier System in American Sign Language, In Craig, C. (Ed.), *Noun Classes and Categorization: Typological Studies in Language*, *7*, 181~214, Amsterdam: John Benjamins.

Supalla, T., & Newport, E. (1978), How Many Seats in a Chair? The Derivation of Nouns and Verbs in American Sign Language, In P. Siple (Ed.), *Understanding Language through Sign Language Research*, 91~132, Academic Press.

Sutton-Spence, R., & Woll, B. (1999), *The Linguistics of British Sign Language, an Introduction*, Cambridge University Press.

Taub, S. F. (2000), Iconicity in American Sign Language: Concrete and Metaphorical Applications, *Spatial Cognition and Computation*, 2, 31~50.

Valli, C., Lucas, C. & Mulrooney, K. (2005), *Linguistics of American Sign Language: An Introduction*, Washington, DC: Gallaudet University Press.

Wilcox. P. (2000), *Methaphor in American Sign Language*, Gallaudet University Press.
Zeshan, U. (2000), *Sign Language in Indo-Pakistan: A Description of a Signed Language*, Co Philadelphia: John Benjamins Pub.
Zwitserlood, I. (2003), Classifying Hand Configurations in Nederlandse Gebarentaal (Sign Language of the Netherlands), Unpublished Doctoral Dissertation, Univcrsity of Utrecht.

2. 신문기사

웰페어뉴스 (2013. 4. 20.), "〔성명〕 공공보건의료기관에 수화통역사를 배치하라!".
연합뉴스 (2013. 7. 31.), "권익위, 화상수화통역 민원서비스 내년 전국 확대".

3. 인터넷 사이트

경기도농아인협회, http://ggdeaf. or. kr.
경기도통신중계서비스센터, http://www. trs. or. kr.
두산백과사전 두피디아, http://www. doopedia. co. kr/doopedia/master/master. do?_method=view&MAS_IDX=101013000733398.
국립국어원 표준국어대사전, http://stdweb2. korean. go. kr/main. jsp.
손말이음센터, http://www. relaycall. or. kr.
위키피디아, http://en. wikipedia. org/wiki/Village_sign_language,
http://en. wikipedia. org/wiki/Fingerspelling,
http://en. wikipedia. org/wiki/Sign_language,
http://en. wikipedia. org/wiki/American_Sign_Language#Syntax,
http://en. wikipedia. org/wiki/Japanese_Sign_Language
한국농아인협회, http://www. deafkorea. com.
한국수화사전, http://222. 122. 196. 111/.
한국정보화진흥원, http://www. nia. or. kr.
함노시스 수형, http://www. sign-lang. uni-hamburg. de/dgs-korpus/tl_files/inhalt_pdf/HamNoSys%20Handshapes. pdf

찾아보기

용어색인

기타

찾아보기

한국 수어 단어 색인

ㅈ · ㅊ · ㅋ

묘사 동사 색인

나남사회복지학총서 ④

주) 나남 나남의 책은 쉽게 팔리지 않고 오래 팔립니다 2014

46 의료사회사업론

의료환경의 변화 속에서 사회복지사의 전문성을 높이기 위한 의료사회사업 관련지식, 기술 및 윤리적 태도를 제공.

윤현숙(한림대), **김연옥**(서울시립대), **황숙연**(덕성여대) **공저**

• 신국판 / 538쪽 / 22,000원

48 사회복지 윤리와 철학

변화된 사회복지제도와 조직환경에 맞추어 사회복지사의 가치와 윤리문제에 대한 철학과 윤리교육의 필요성을 제기하였다.

김상균(서울대), **오정수**(충남대), **유채영**(충남대) **공저**

• 신국판 / 378쪽 / 15,000원

52 수화의 이해와 실제: 초급과정(개정2판)

수화를 처음 배우는 사람에게 기초부터 차근히 농인과 대화하고 통역하는 데 큰 도움이 될 것이다.

이준우(강남대) **저**

• 4×6배판 / 224쪽 / 18,000원

53 아동청소년복지론(개정2판)

아동청소년의 올바른 이해와 그들의 욕구 및 문제를 효과적으로 다룰 수 있는 관점에서 기초이론과 더불어 아동청소년복지의 과제와 전망을 제시.

표갑수(청주대) **저**

• 신국판 / 620쪽 / 28,000원

54 현대 불교사회복지론

서구적 관점에서의 사회복지연구에 치우친 것에 대한 반성과 비판으로, 사회복지적 요소를 담고 있는 전통적 가치를 중심으로 한 불교사회복지에 대한 체계적 연구.

권경임(종교사회복지회) **저**

• 신국판 / 450쪽 / 17,000원

56 고령화 사회의 도전(개정증보판)

빠르게 전개되는 한국사회의 고령화를 가족, 효, 재혼, 성, 질환, 실버산업, 교육 등 다양한 분야와 관점에서 분석.

임춘식(한남대) **저**

• 신국판 / 359쪽 / 14,000원

57 사회복지개론(개정판)

생산적·예방적 사회복지사업의 발전을 모색하면서 학생과 사회복지에 관심을 가진 일반인들에게 유용한 사회복지에 관한 개론서.

표갑수(청주대) **저**

• 신국판 / 512쪽 / 22,000원

58 가족과 레질리언스

가족을 새롭게 의미부여하고 특히 탄력성으로 번역되는 레질리언스(*resilience*)라는 개념을 통해 가족을 이해한다.

프로마 월시 저 / 양옥경 · 김미옥 · 최명민 공역

• 신국판 / 496쪽 / 18,000원

59 수화의 이해와 실제: 중급과정(개정판)

전문 수화통역사와 일선 사회복지사 및 관련 전공 학생들과 수화에 관심 있는 이들이 수화를 깊이 이해하는 데 도움이 된다.

이준우(강남대) **저**

• 4×6배판 / 260쪽 / 15,000원

60 지역사회복지론

사회복지의 개념을 지역단위로 한정하여, 소득·보건·환경·주택·교통 등 지역사회 주민의 요구와 사회적 노력에 초점을 맞추었다.

표갑수(청주대) **저**

• 신국판 / 411쪽 / 16,000원

61 장애인복지실천론

장애인복지실천의 현장과 이론을 소개, 우리나라 장애인의 현황과 복지에 대한 이해를 넓힌다

김미옥(선북대) **저**

• 신국판 / 504쪽 / 22,000원

62 사회복지 질적 연구방법의 이론과 활용

사회복지 분야의 문제해결 및 실천적 활용을 위한 다양한 질적 연구방법과 대안적 연구방법을 제시.

Edmund Sherman, William J. Reid / 유태균(숭실대), **이선혜**(중앙대), **서진환**(성공회대) **공역**

• 4×6배판 / 544쪽 / 28,000원

경기도 파주시 회동길 193 TEL : 031)955-4601 FAX : 031)955-4555 www.nanam.net

나남사회복지학총서 ⑤

주) 나남 나남의 책은 쉽게 팔리지 않고 오래 팔립니다 2014

63 **가족복지론**

가족복지에 대한 지식과 개입에 필요한 실천기술을 습득하는 데 도움이 될 것이다.

김연옥(서울시립대), **유채영**(충남대), **이인정**(덕성여대), **최해경**(충남대) **공저**

• 신국판 / 600쪽 / 28,000원

64 **자원봉사론**

자원봉사의 개념과 역사, 현황 및 자원봉사관리의 영역들, 즉 자원봉사 프로그램 기획, 자원봉사자 모집, 선발과 면접, 교육훈련, 슈퍼비전, 평가와 승인 등과 자원봉사관리의 실제를 소개하고 있다.

남기철(동덕여대) **저**

• 신국판 / 472쪽 / 25,000원

65 **학교와 사회복지실천**

국가의 내일을 짊어질 차세대 인재들의 요람인 학교의 전인교육 및 학교사회사업에 대한 길잡이.

한인영(이화여대), **홍순혜**(서울여대), **김혜란**(서울대) **공저**

• 신국판 / 328쪽 / 15,000원

66 **지역사회복지론(개정판)**

지역사회에 대한 개념정의 및 지역사회복지실천의 이론과 실천모델, 실천과정 등을 소개하고 있다.

감정기(경남대), **백종만**(전북대), **김찬우**(가톨릭대) **공저**

• 신국판 / 448쪽 / 24,000원

68 **청소년복지론**

일반적인 청소년복지분야를 일반청소년과 소외청소년 및 문제청소년복지분야로 구분하고, 청소년의 발달을 최적화할 수 있는 방법을 모색하였다.

이소희(숙명여대), **도미향**(남서울대), **정익중**(덕성여대), **김민정**(한남대), **변미희**(백석대) **공저**

• 신국판 / 624쪽 / 27,000원

70 **현대복지국가의 변화와 대응**

복지국가의 변화, 그 변화의 성격과 내용, 그리고 변화의 방향 등에 대해 소개하고 있다.

김태성(서울대), **류진석**(충남대), **안상훈**(서울대) **공저**

• 신국판 / 328쪽 / 15,000원

71 **비교빈곤정책론**

고용 없는 성장, 청년실업 등에 따른 양극화 현상, 사회적 배제 등 '신빈곤'에 대한 세계 주요국의 빈곤정책을 일목요연하게 정리.

김상균 · 조흥식(서울대) **외 공저**

• 신국판 / 624쪽 / 32,000원

72 **사회복지연구조사방법론**

사회복지 연구조사방법론을 쉽게 풀이하여 과학적 진리탐구 방법을 소개하고 있다.

김환준(경북대) **저**

• 4×6배판 / 304쪽 / 18,000원

73 **사회복지조사방법론**

사회복지조사방법론이 응용사회과학으로서 사회복지학의 실천현장에서도 사회과학적 관점을 충분히 살려 사회조사를 수행하는 데 도움이 되도록 쉽게 소개하고 있다.

최성재(서울대) **저**

• 4×6배판 / 664쪽 / 28,000원

74 **수화의 이해와 실제: 고급과정**

전문 수화통역사와 일선 사회복지사 및 관련 전공자들의 수화읽기와 수화사용에 깊이를 더하는 길잡이.

이준우(강남대), **남기현**(나사렛대) **공저**

• 4×6배판 / 216쪽 / 15,000원

75 **사회복지실천이론의 이해와 적용**

사회복지 실천의 다양한 이론을 총망라한 사회복지 실천이론의 베스트 셀러.

F. 터너 / 연세사회복지실천연구회 역

• 4×6배판 / 800쪽 / 38,000원

76 **사회복지자료분석론**

독자의 입장에서 사회통계를 보다 근본적으로 이해하는 데 이 정도의 상세한 사회통계 교재는 없다고 믿고, 이 교재가 사회복지학의 이론과 실천에 크게 도움이 될 것으로 기대한다.

최성재(서울대) **저**

• 4×6배판 / 576쪽 / 29,000원

경기도 파주시 회동길 193 TEL : 031)955-4601 FAX : 031)955-4555 www.nanam.net

나남사회복지학총서 ⑥

주) 나남 　 나남의 책은 쉽게 팔리지 않고 오래 팔립니다 　 2014

77 욕구조사의 이론과 실제

욕구조사의 이해에 필요한 지식과 이론, 욕구조사의 기술·방법·절차 및 욕구조사활동의 비판적 분석능력과 욕구조사결과를 보다 적극적으로 활용할 수 있는 접근방법 등을 소개하고 있다.

서인해(한림대), **공계순**(호서대) **공저**

• 신국판 / 224쪽 / 12,000원

78 사회복지정책론

이 책은 철저하게 한국의 현실조건에서 일어나고 있는 정책적 문제들을 분석하고 어떤 해결책을 찾아가야 하는지에 초점을 맞췄다.

이태복(사) 인간의 대지 이사장), **심복자**(사) 인간의 대지 이사) **공저**

• 신국판 / 408쪽 / 20,000원

79 사회문제와 사회복지(개정판)

빈곤문제, 노동문제, 교육불평등문제, 환경오염문제, 도시문제, 이혼, 비행, 범죄, 폭력, 약물남용, 정신질환문제 등 다양한 사회문제에 대한 기존이론과 실제를 하나로 묶은 실천지침서.

표갑수(청주대) **저**

• 신국판 / 576쪽 / 25,000원

80 복지국가의 태동

한국에서 복지국가가 시동을 걸게 된 배경과 과정, 특성과 제약 등 복지제도의 발전과 변화에 대한 이론적 시각을 날줄로 하고, 그에 대한 실증적 자료를 씨줄로 삼아 엮은 책으로 새로운 복지정치 탐색의 길잡이.

송호근(서울대), **홍경준**(성균관대) **공저**

• 신국판 / 368쪽 / 18,000원

81 21세기 새로운 복지국가

이 책은 생애주기에 관련된 네 가지 주요 쟁점을 다룬다. 그 네 가지 쟁점은 아동기 및 아동이 있는 가족, 양성평등 및 일하는 어머니들이 직면하는 가정과 직장의 양립문제, 경제활동기간, 퇴직 후 기간이다.

에스핑앤더슨 · 갈리 · 헤머릭 · 마일즈 / 유태균(숭실대) **외 공역**

• 신국판 / 368쪽 / 15,000원

82 복지재정과 시민참여

국민이 모두 인간다운 삶을 영위하고 나눔의 정신을 통해 사회통합을 이루며 지속가능한 발전을 이룰 수 있는 사회복지 시스템이 필요하다. 사회복지에 대한 국가의 역할을 논할 때 재정은 가장 중요한 핵심문제이다.

윤영진(계명대) **외 공저**

• 신국판 / 440쪽 / 22,000원

83 임파워먼트와 사회복지실천

이 책은 이 시대의 사회복지사라면 피해 갈 수 없는, 그리고 피해서는 안 되는 임파워먼트의 핵심가치와 철학을 제공한다는 점에서 실천현장과 교육현장 모두에 가치가 있다.

로버트 애덤스 / 최명민(백석대) **역**

• 신국판 / 288쪽 / 12,000원

84 한국의 복지정책 결정과정: 역사와 자료

이 책은 산재보험, 의료보험, 국민연금, 고용보험의 4대보험과 방대한 자료목록을 바탕으로 한국복지정책의 결정과정을 실재에 가깝게 구성하여 정책결정자 및 실무자에게 지침서 역할을 한다.

양재진(연세대) **외 공저**

• 크라운판 / 464쪽 / 24,000원

85 여성복지 실천과 정책

이 책은 여성복지의 환경변화에 부응하여 여성복지의 정책과 실천을 여성주의 시각에서 접근한 다양한 논의들을 소개하고 있다.

김인숙(가톨릭대), **정재훈**(서울여대) **공저**

• 신국판 / 448쪽 / 22,000원

86 보건복지정책론

이 책은 사회변화와 보건복지정책, 사회문제와 복지정책, 보건의료문제와 보건정책을 포괄적으로 다루고 있어 정책결정자 및 실무자에게 지침서 역할을 한다.

문창진(포천중문의과대) **저**

• 신국판 / 328쪽 / 17,000원

87 다문화사회, 한국

이 책은 다문화사회로 이행하는 한국의 변화에 대한 이해와 그 파급효과를 체계적으로 정리하였다.

김은미 · 양옥경 · 이해영(이화여대) **공저**

• 신국판 / 400쪽 / 18,000원

나남사회복지학총서 ⑦

주) 나남 나남의 책은 쉽게 팔리지 않고 오래 팔립니다 2014

90 사회복지정책론

이 책은 현실사회에서 작동하고 있는 사회복지정책을 이해하는 데에 필요한 사회과학의 이론을 비롯하여 사회복지제도의 분석틀과 각 분야의 정책들을 검토하고 평가하고 있다.

구인회(서울대) · **손병돈**(평택대) · **안상훈**(서울대) **공저**

• 신국판 / 528쪽 / 20,000원

91 한국수화회화 첫걸음

이 책은 기존의 수화학습서와 달리 청인이 사용하는 국어어순을 그대로 따르거나 단어만 나열하지 않고, 수화 특유의 독특한 표현방식과 수화문법을 소개하여 누구나 쉽게 수화로 대화할 수 있도록 꾸몄다.

이준우 · 김연신 · 송재순 · 한기열 · 홍유미 공저

• 4×6배판 / 296쪽 / 18,000원

92 인간행동과 사회환경

이 책에서는 '인간행동'을 개인체계 내적 이론인 정신분석이론, 인본주의, 행동주의, 인지이론 등을 통해 탐구하고, '사회환경'을 사회·정치이론인 갈등론, 기능론, 다원주의 이론 등을 통해 탐구하며, 인간과 사회의 상호작용을 '생태체계론'을 통해 고찰한다.

강상경(서울대) **저**

• 신국판 / 408쪽 / 18,000원

93 의료사회복지실천론

이 책은 의료환경의 급속한 변화 속에서 의료기관에 종사하는 사회복지사의 전문성을 높이고 활동영역을 확장하는 데 필수적인 의료사회사업의 전문지식과 실천기술, 윤리 등을 제공한다. 구체적으로 의료사회복지실천의 개념·환경·역사, 의료보장제도, 의료기관, 지역사회서비스 등에 대해 살펴보고, 이러한 지식을 실제에 활용한 사례연구를 소개한다.

윤현숙(한림대) · **김연옥**(서울시립대) · **황숙연**(덕성여대)

• 신국판 / 576쪽 / 28,000원

94 장애인소득보장론

이 책은 2010년 제정된 '장애인연금법'의 사회적 의의와 국회 제정과정의 상세한 기록이다. 법조계와 장애인 운동계의 경험자이자 장애인 관련 입법활동 중인 현직 의원으로서 누구보다도 장애인 정책의 현실을 잘 알고 있는 저자는 '장애인연금법'의 국회 제정과정을 상세히 다루며, 향후 '장애인연금법'과 장애인 관련 사회제도가 어떻게 발전되어야 하는지를 정리하였다.

박은수(국회의원)

• 신국판 / 248쪽 / 14,000원

99 사회복지행정론

사회복지행정은 사회문제의 해결을 통한 사회구성원의 삶의 질 향상이라는 목적을 위하여 조정과 협력을 통해 조직의 목표를 정의하고 성취해 나가는 과정에 대한 책이다. 사회복지행정의 영향은 사회복지조직의 모든 구성원과 그 이해관계자에게 미친다. 이 책을 통하여 사회복지조직의 모든 이해관계자들의 사회복지행정에 대한 이해가 한 단계 높아질 수 있을 것이다.

이봉주(서울대) · **이선우**(인제대) · **백종만**(전북대)

• 신국판 / 448쪽 / 20,000원

100 사회복지실천론

사회복지학 교과목 '사회복지실천론'은 '사회복지실천기술론'의 선수과목으로 일반적으로 학생들은 이 두 과목을 이수하고 실천현장으로 실습을 나가게 된다. 이 책은 모두 열네 장으로 구성되어 있는데 사회복지실천의 이론과 현장, 사회복지사와 클라이언트의 관계, 사례관리, 국내 현황 등 사회복지실천에 대해 필수적으로 알아야 하는 내용을 다뤘다.

김혜란(서울대) · **공계순**(호서대) · **박현선**(세종대)

• 신국판 / 372쪽 / 18,000원